大学课堂讨论式教学法的理论与实践

Discussion as a Teaching Method in College:
Theory and Practice

杨国华 /著

人民出版社

责任编辑：洪　琼

图书在版编目（CIP）数据

大学课堂讨论式教学法的理论与实践/杨国华 著 .—北京：人民出版社，
　2024.8
ISBN 978－7－01－026512－4

Ⅰ.①大…　Ⅱ.①杨…　Ⅲ.①高等学校–课堂教学–教学研究　Ⅳ.①G642.421

中国国家版本馆 CIP 数据核字（2024）第 080310 号

大学课堂讨论式教学法的理论与实践
DAXUE KETANG TAOLUNSHI JIAOXUEFA DE LILUN YU SHIJIAN

杨国华　著

人民出版社 出版发行
（100706　北京市东城区隆福寺街 99 号）

北京汇林印务有限公司印刷　新华书店经销

2024 年 8 月第 1 版　2024 年 8 月北京第 1 次印刷
开本：710 毫米×1000 毫米 1/16　印张：25.75
字数：420 千字

ISBN 978－7－01－026512－4　定价：129.00 元

邮购地址 100706　北京市东城区隆福寺街 99 号
人民东方图书销售中心　电话（010）65250042　65289539

序一

学习的三个根本问题

柳　驰

自 2013 年早春接触杨老师的讨论式教学法,至 2019 年赴英(牛津大学)前,我参加了几乎所有以讨论式教学法展开的 WTO 案例课程。八年间,我从校园走入社会,又走入他国的校园,然后又走入社会。如今,案例的许多细节早已忘光,讨论课的影响则一直持续到现在。如今想来,讨论式教学法最重要的,是解决了当代学生在学习过程中面临的三个根本问题:

第一,为何学?

无论大中小学生,乃至步入社会,想学习,总要先问清意义。填鸭式教育就很难显露出意义——不知课本枯燥,所学何用;常想先生宣科,与我何干?工业化社会的痛苦矛盾让学习和教学过程异化,把自然学习替换成填鸭,把学习享受替换成竞争快感,让课堂成为竞争优势的痛苦训练营。然后,大中小学课堂还不够,还要课外班、考证……一切为了竞争、一切都是名额有限、零和博弈……终于,所有人都"内卷"其中。

然而,讨论式课堂内外,学习竟不是某种为了奖励或未来美好生活的"代价"——这对当代学生而言,简直令人称奇。上几次杨老师的讨论课,学生便不难发现,把填鸭模式去掉,按学习应有的样子去学,便能做回一个自然的学生,自然地顺从人类好奇天性——接触新知、寻找问题、尝试解答问题、再与同辈讨论,原来是种精神享受。进而,一个问题、一种解答、一套逻辑不够了,甚至旧的生活方式也不够了,便也自然想要"博学之,审问之,慎思之,明辨之,笃行之"。

让学习服务于意义,既学不下去也服务不了意义。讨论式教学还原了本来的学习过程,让学习意义自现,让学生在教育中学会自我教育。

第二,如何学?

背书?猜考官思路?网课?刷题?

对许多学生而言,在大学挑灯夜读、奋笔疾书、撰写论文、泡图书馆……都是一个人,似乎也理应是一个人。长此以往,闭门造车的习惯就养成了。以往的学习场景中,问题明确、目标明确、答案在哪里找也明确;闭门造车确实效率高。过了考试,假期回来发现,期末自学的二八分成、老师教的如数奉还。

讨论式课堂里,学生从开始就要自己找问题,然后自由地向其他同学提出自己发现的问题。第一节课,同学们就能发现,好问题也不是那么容易就提出来、能提出好问题也是稀缺本领——闭门造车的神话上来就被推翻了。阅读资料、总结发言、梳理框架、给出方案、发散思维、拉回主题……无论哪个环节,同学们无一不是个个身怀绝技、三人行必有我师。

知识能教,学习方法只能带。讨论课上,杨老师一次次带着同学们学会学习,又邀请同学们出师,学习如何带别人。众人拾柴火焰高,在学习共同体集体智慧作用下,问题澄清了、权威化解了,于是疑难澄清了、方案出来了、心态谦虚了。

教书育人融为一体——此唯讨论式教学法独有。

第三,学什么?

问题不再受限、学习场景不再单一,可学的东西一下就多了起来。

我发言过长,杨老师鼓励我学习其他口才好的同学组织语言的方法,这个习惯带到了工作里,好处多多。我问法律解释的问题,杨老师鼓励我自主多想,于是想到了哲学、语言学、数学,得到了一个时时可以研究的问题。研究起来,面对着完全开放、却又无人一起讨论的问题,又可以学习如何抗压、面对寂寞、接受挫败、征询意见、选择材料、享受思考、克服头疼……

步入社会、走出国门,问题的内容变了、复杂程度也变了,但面对问题的心态却没有变,而且早就在讨论课当中被锤炼出来。上过讨论课的同学,想必在面对复杂问题时,心里都有一种莫名的淡定。工作中的学习也是学习,工作之余的学习更是学习。学习早就不再是为了一个考试、一个证书、一劲儿背书、一个人自习。讨论课打开了眼界——学习环节多了、丰富了,便发现各个学科、各个技能、课堂内外,样样有用。出了课堂,便发现各个领域、各路人等,工作生活,简直是何等广阔。天地之间,实在是到处可以学、可以问,永远不会疲倦无聊,实在是样样精彩。

大家总关心,教育减去知识,还给学生留下什么。讨论式课程给出了答案——帮助学生解决掉为何学、如何学、学什么这三个最基本的问题,从思想和实践两个方面,把主动学习、相互学习、无限制学习作为终生的目标和习惯。

作为讨论式教学法的第一代受益者,除了感谢还是感谢。相信这本书一定能够帮助更多的老师和同学把讨论式教学法用好。真切盼望有越来越多的同学从中受益!

[作者为北京师范大学法学院 2011 级本科生,2013 年选修杨老师课程,随后一直旁听该课程,2019 年出版专著《论法律解释方法的逻辑基础》(法律出版社)]

序二

我为什么反复上同一门课？

王语嫣

自2016年起，我参加杨老师的"世界贸易组织法中国案例研究"课程两次，"中美经贸关系中的法律问题"课程五次。某一次与其他院系的老师谈起来，对方打趣：你这学生是不是特别笨，学不会？我想读者可能会有这样的疑问。不过在杨氏教学法的课程中，我学习的不是某种有限的知识，而是在学"学习"本身。多年以来，我可能无法像当年一样对专家组每一句论证的逻辑都信手拈来，无法对贸易战的每个时间点都熟稔于心，但课上的思维模式，发现问题并自我追寻解答的能力，以及在课上形成的学习共同体，却一直在影响我，让我体会到原有的认知体系被检验、被戳穿、被打碎又重组，被反对、被点拨、被推拉着进步，我得以瞥见一些更严密的思想，并在学习共同体中遇见志同道合之人。

杨氏讨论教学法，并不是简单的讨论课堂或翻转课堂。它不但独一无二，且具有广泛适用的巨大潜力。它的独一无二首先体现在，主导讨论的人需要达到一种"无我"的境界。在这种讨论式教学中并没有真正的"老师"，每个人达到了真正的平等，人人皆为我师。这其实是一件知易行难的事情。在苏格拉底问答法和美国式法学院课堂，老师虽然也让同学阅读材料，但是老师往往预设了问题，预设了答案，虽然答案是借学生之口说出来的，但老师会对讨论内容进行"实质审查"，用"看不见的手"操控答案，或者至少操控话题走向。我认为这不同于杨氏教学法。杨氏教学法敢于真正地放手，尊重学生提出的任何问题，并真正地相信学生会将讨论课从无序脱缰，引向真知灼见。我一直记得当年杨老师的一个生动的比喻：讨论课就像踩着西瓜皮，滑到哪里算哪里,但是在"滑西瓜皮"的实践中,学生能够学会掌控方式方法。在他的课堂上没有对错,每一个人的观点和声音都能得到尊重,哪怕是我曾经的"突发奇想",他也会"小题大做",不研究清楚决不罢休。我们不但推敲贸易法的字里行间,更能谈正义与哲学;不但辩论国际法治的政治与法理,也能谈个人的价值与社会的需求。我们不但质疑一个英文单词的字典含义,也质疑所谓的"常识",一切都要正本清源,推翻重来。

在此基础上,杨氏教学法的独特之处体现在对于问题的重视,在课堂上最重要的是发现问题,而不是找寻答案。正如杨老师经常在笑谈中承认:很多问题他自己也回答不了。在过去的教育中,我被锻炼的能力更多是解决问题的能力,因而我学习的动力可能很大程度是外源性的,来源于短期的需求,比如应对考试或论文的压力,很难对某一个研究问题保持长久的研究兴趣。但是杨氏教学法使我感受到了真正的内生动力,因为对自我研究的不断追问,发现更多问题后与学习共同体更加充分地研讨,这种愉悦使我源源不断地去找寻问题并追寻答案。杨氏教学法有对于问题真正的尊重,问题没有深浅好坏之分。杨氏教学法让我养成了不满足于看似明了并已经解决的结论,而是进一步追问到底的习惯。

此外,杨氏教学法的独特之处还体现在广泛适用性以及灵活性。在疫情期间,很多教学活动移至线上,传统的讲授式教学法面临着转型的巨大考验,无法在实景下师生同堂,教学效果受到学生是否专注自觉听课等因素的影响。但杨氏教学法却几乎未受影响,因为杨氏教学法的初衷就是解决在网络学习过程中群体的知识建构问题,将师生、生生、学习者和学习内容之间都互相联通起来。杨氏教学法的上课模式,此前就有很大一部分是在微信中进行的;微信上的交流贯穿了课堂始终,每个人都可以成为知识发出者。比如课前提问,很多同学都是基于大量的资料查阅而提出问题,他们会把整个问题都进行详尽的描述,因此可以看到这个同学查阅过哪些资料,有过什么样的整合和体悟。另外讨论的多元化也有利于对问题的全面解决。课堂中可能既有相对低年级的法学入门者,也有高年级、在国际法和仲裁领域相对熟悉的法学研究生;既有法学院的同学,也有经济学、社会学和马哲的同学。不同人之间因其知识履历的不同,思考方向也多维发散。此外,由于交互的充分性,讨论主持者可以根据讨论者反馈的方向和了解程度,决定讨论话题的安排并因材施教。每个人不仅仅是聆听一位教授的课,更是在上所有比我们课前准备更加翔实,阅历比我们更多的同学的课,同时获取所有头脑处理过的信息,学习的强度和效率都迅速提高。微信群变身了磅礴的知识流,变成了短期高强度的法学全领域集中训练营,因此无论在疫情期间还是正常时期,都具有旺盛的生命力。此外,杨氏教学法的应用场景并不仅限于法律课程,甚至不仅限于大学教育。杨老师用此种教学法带着同学们实地走访,学习"清华学",形成并出版了美学的研讨成果,也曾经用此举办初高中同学的讲座。杨氏教学法用实践向我们证明,给予个人必要的尊重和引导,每个人都具有充分自主学习的潜能。

现在我已经走入职场,成为律师,但是我仍然时常参加杨老师的讨论课。我感受到学习研究从未画上终止符,而只是换了一个立场,从新的角度去看待这个问题。在班级微信群中,我仍然能看到讨论课盛况空前。在杨老师营造的学习共同体中,我仍被鞭挞着不断追踪,而我的研究,也能让我在职场中以一个更高、更综合的眼界分析问题,预判问题,并提前为中国企业预警,企业的反馈也被我不断反思并批判,从而加入自我学习过程中。另外,杨氏教学法涉及广博的领域,要求我在诸种法律界的高墙之间建立识别与连接,这种连接主义的学习模式让我获益匪浅。

(作者为清华大学法学院 2013 年本科生)

目　　录

第二编　课程实录

附录　课程评价

前言　从业余到职业

《讨论式教学法的理论与实践》初稿完成于 2014 年上半年,汇聚了我从 2009 年开始的教学实践和思考。那时候,我是商务部条约法律司的工作人员,主要从事 WTO 法律工作,特别是代表中国在 WTO 打官司。这项工作,从 2002 年中国刚刚加入 WTO 的时候就开始了,为中国积累了丰富的国际诉讼经验。不仅如此,作为一个法律人,从 WTO 公正合理的争端程序、充分说理的裁决报告和有效执行的裁决后果,我看到了法律的力量,坚定了法治的信念。自然而然地,我在大学的讲课中,开始使用这些案例作为教材。

我喜欢教学,对于朋友们的邀请,基本上来者不拒,因此有机会经常在一些大学法学院讲课,甚至承担整学期课程,以至于几年下来,授课时间达到 200 学时以上。不仅如此,我几乎从一开始就尝试一种新的教学方式,即上课以学生发言为主,老师只是引导和参与,因为我认为法律学习应该以阅读、思考和辩论为主,而老师"满堂灌"讲课的方式是低效的。这种方法是原创的,据我所知,世界上没有第二个人采用相同的方法;不管其他方法的名称是什么,我的课堂情景都是独一无二的。现在想来,之所以能够采取一种新的教学法,可能与我自己大学时代的师范专业学习,特别是教育学、心理学和教学法等必修课的学习有关,并且肯定得益于教学法尝试期间对 50 余册教育学专业书籍的研读,以及教学实践中对学生们的深入了解和与老师们的广泛讨论(特别参见我主编的讨论实录:《法学教学方法:探索与争鸣》,厦门大学出版社 2013 年版)。

我觉得这种教学法的效果很好,不仅充分调动了同学们的学习积极性,而且是一种名副其实的法律学习和训练,重理解、重思辨和重说理,还培养了同学们公开表达的能力。经过 5 年时间的实践,这种方法基本成型了,我也从课程理论、课程技巧、课程实录和课程评价等方面进行了总结,即本书第一版《讨论式教学法的理论与实践》(厦门大学出版社 2014 年版)。

然而,那时候的教学是业余活动,是在本职工作之外的零星安排。2014年 8 月,当我来到清华大学法学院工作,才真正开始了职业教学生涯,教学成为主要工作。我将那套案例不断提炼完善,给本科生开设了"世界贸易组织法中国案例研究"课程,并且在其他学校从事了更多的教学活动。不仅如此,我还在研究生课程"中美经贸关系中的法律问题"和留学生课程"中国经济与法律制度:WTO 中国案例视角"(全英文)采用了相同的教学法。更有甚者,在我开设的本科新生通识课"清华学"中,也使用了这种方法!最后,我还有机会给初中生和高中生举办了多次讲座,内容不同,但是方法基本相同。

因此,10 年来,我在内容更加丰富的课程和成分更加复杂的学生中采用相同的教学方法,并且不断学习(参见本书附录参考文献)和总结,使得这种教学法更加成熟。这一切在本书中能够得到充分的反映。与第一版相比,读者能够看到讨论式教学法的理论总结,特别是本书导论;微信在课堂教学中的使用;单元总结作为学习组成部分;我对教学法的系统思考过程,特别是整学期讲课笔记;更多的课程评价,特别是同学们的课程总结和感想。与第一版相比,读者还能看到,在一学期的课程中,我作为老师在课堂讨论中的角色,逐渐淡化,从主持人,到参与者,最终甚至离开课堂。也就是说,即使老师不在课堂,讨论也能够有效进行!在老师的帮助下,同学们逐渐能够自主学习和相互学习,最终摆脱老师的一切控制,这应该是所有教学法的最高境界!这样,我对讨论式教学法的总结,也凝结成四个字:相信学生,即相信学生有学习动机和能力,而老师所要做的,不过是想方设法把课堂还给学生而已,因为他们才是课堂的真正主人。当然,本书是我对大学应该如何讲课的一家之言,权作引玉之砖,求教于大方之家。

本书是一本教学实践汇编,而不是教育学专著,在体例和理论方面有诸多不足,恳请读者谅解。(2024 年 3 月 23 日)

附：

讨论课广告之一：致同学

同学们：

我的讨论课的特点是：大家课堂积极发言，由此带动课前认真阅读和讨论，课后深入研究。

上我的讨论课，对大家的短期就业、长期发展和人生幸福都是有益的。

一、短期就业

找工作需要面试和笔试。在我的讨论课上，是学生发言为主的。当着全班同学和老师的面，阐述自己的观点，或者为自己的观点辩护，有利于训练大家的口头表达能力，而清晰、准确地表达自己的观点，能够在面试中获得较好的评价。

至于笔试，题目一般有知识类和分析类的。关于知识，在我的讨论课上，是反复讨论的，并且是大家自己在课前和课后主动阅读研究的，能够给大家留下深刻的记忆。关于分析能力，在我的讨论课上，经常使用案例，并且经常是同学之间的辩论，能够提高大家的分析能力。因此，我的讨论课，有利于大家提高笔试的分数。

总之，我的讨论课，从短期看，是有利于大家找工作的。

二、长期发展

在单位工作，要想有很好的发展，需要有较强的工作能力，包括解决问题的能力，团结协作的能力和充分表达的能力。在我的讨论课上，大家分析案例，辩论概念；同学们在课前课后相互讨论，共同学习。这样的学习过程，有利于培养大家的以上三种能力，在工作中脱颖而出。

三、人生幸福

在我的讨论课上，大家除了讨论专业，而且还会涉及文史哲等人文内容，以及政治经济心理等社会内容，因为大家对法律问题的讨论，必然会牵带出这些内容。因此，在我的讨论课上，大家充满了求知和探索的乐趣，会感到世界之大、学无止境。这样有利于大家形成不断学习的习惯，使得生活丰富多彩，进而不断提高自己的精神境界。这样的人生,才是幸福的。

讨论课广告之二:致教师

教(teach),并非可以狭义地理解为将自己所知道的讲出来。

教之目的,是让学生"学",即将自己知道的,让学生学进去;将自己的知识,化成学生的知识。不仅如此,学生还能在将来熟练地运用这些知识。

因此,要想实现"教"之目的,就必须了解学生的状况,包括他们已有的知识水平、思考能力和心理特点。

如果你面对的是一群博学多识、思维敏捷、勤奋好学的学生,你的"教"的内容和方式,是要"三思而后行"的。

如果你面对的学生是一群生活在复杂社会的年轻人,未来和就业是他们最大的焦虑,那么你"教"的内容和方式,是要从他们的角度出发的。

以上仅是讲"教"知识,而教师的职责,除了传授知识,还包括训练能力、培养品格,而这就需要教师更多地思考"教"的内容和方式。

那种以"讲授"为主的传统教学模式,是无法实现这三大目标的。不让学生说话,你就无法了解学生的状况和想法,就无法选择适当的内容,而传授知识、训练思维和培养品格,一切皆无从谈起。所以,应当考虑改变方式,尝试"讨论式教学法"。

此外,教师是一种职业,教学是一种工作,师生关系是一种生活状态。采用讨论式教学法,在课堂上与学生平等讨论、教学相长,教师也可以学习新知识、开拓新思路,并且在学生的不断反馈中,承接年轻人青春的阳光雨露,看到自己工作的价值。这样的职业、工作和生活,丰富多彩、活力无限。因此,即使单纯从教师自己的角度出发,也应当摒弃以讲授为主的方式,转而采用讨论为主的方式。

导 论

讨论式教学法的理论与实践概述

——以大学法学院课程为例

引子

2009 年以来,本人一直在实践一种"讨论式教学法",课堂上主要是学生发言和讨论,本人只是主持和引导。受众包括本科生和研究生,在校生和在职者,中国人和外国人,甚至初中生和高中生。主题涉及法律、人生、清华和教学法等。课程有一次或系列讲座以及整个学期的课程。规模有十几个人的小班课和数百人的大讲座。与此同时,本人还与高校老师和学生进行了广泛研讨,包括示范课、集体讨论和单独交流,甚至有些老师已经开始尝试使用这种方法。经验表明,"讨论式教学法"效果良好,基本成型。本书仅以法学院课程为例,描述课堂情景,总结课程理论,介绍课程方法,评价课程效果,并且解析课程问题。

(一) 课堂情景

要想了解一种教学法,最好的路径就是听课。① 坐在课堂里,看到师生们

---

① 听课是现场观察。了解教学法的其他路径还包括书面和口头方式,即阅读书籍和听他人介绍。然而,这两种路径常常引起误解。例如,同样自称"讨论式教学法",而课堂情景可能大相径庭;自己觉得鼓励学生发言,但在课堂上可能是"一言堂"的教师。语言(书面和口头)的功能是交流,但是语言本身却有很大的局限性,相同用词在不同使用者处所体现的外延和内涵的多样化,加上说者和听者表达和理解的能力差异,使得交流成为一门科学,也成为一门艺术。因此,就了解一种教学法而言,更为可靠的路径是听课。关于语言的特点,参见[美]索尔所等:《认知心理学》(第七版,上海人民出版社 2008 年版)第 11 章(语言:结构和抽象化)和第 12 章(单词

的表现,课程特点一览无遗,课程效果不证自明。

1. 一节课

"讨论式教学法"的典型课堂,大致分为两个阶段:自由发言和集中讨论。在第一个阶段,学生们围绕课程主题随意发表感想,例如介绍认知、提出疑问和分享信息。在第二个阶段,学生们就来自第一个阶段的一个或几个问题进行讨论,包括互相补充或辩论。在此过程中,教师的行为大致可以分为四个方面:上课时让学生们"随意发表感想",按照举牌顺序安排发言,①强调或提问某些主题,下课前布置作业。

因此,在这样的课堂听课,大致会有如下印象:学生主导:他们可以随意发言,而后来讨论的主题也来自他们的发言;学生优秀:他们有充分预习,对课程资料非常熟悉,思路开阔;两极分化:几个学生"霸占"了课堂,有些学生,甚至是多数学生没有发言;知识有限:只就一个或几个知识点进行了深入而广泛的讨论,但是仍然有很多知识点没有涉及。②

课堂气氛活跃,学生踊跃发言,师生互动频繁,这应该是最为理想的课堂情景。此外,从学习效果看,学生们主动学习和积极思考,不仅能够加深知识记忆,而且能够培养思维能力,也应该是所有课程所追求的目标。那么,这一切是如何实现的?"两极分化"和"知识有限"等问题如何理解?听课者必然会有这样的思考和疑问,③因此也是本书将要重点讨论的主题。

和阅读),内容涉及语言学层级、语法理论、心理语言学、知识与理解、理解的模型、语言和神经学、知觉广度、词汇决策任务、单词再认等;[美]安德森:《认知心理学及其启示》(第七版,人民邮电出版社 2012 年版)第 12 章(语言结构)和第 13 章(语言理解),内容涉及语言与脑、句法形式结构、语言的特征、语言与思维的关系、语言获得、脑和语言理解、语法分析、语用、文本加工等。

此处需要澄清的是,"讨论式教学法"的名称,并非作者第一次提出。例如,本书附录参考资料中就提及《实用讨论式教学法》一书。然而,以课堂情景为据,本书论述的教学法应为首创,教学实践和文献检索中,未见类似的教学法。

① 每位学生都自制桌签,请求发言就竖起桌签。教师则按照先后顺序指名发言,保证公平有序的课堂讨论秩序。这种做法借鉴了国际会议的模式。

② 以上内容来自听课教师的评价和反馈。本人多次以公开课和邀请听课的方式,听取教师的意见。

③ 这是听课教师经常提出的两个问题。

2.学期课

以下是一个"典型课堂",即除了第一节和最后一节课之外的某一个课堂。从整学期课程看,"讨论式教学法"的课堂情景大致会经历以下三个阶段:第一节课,学生们开始了解课堂特点,即"老师不讲、学生讲";老师针对学生们课前提交的课程感想和疑问进行澄清,引发讨论,大家发言并不踊跃,基本上是教师与几个学生之间对话,其他学生只是"听众";第二节课,学生们已经"有备而来",针对第一节课留下的思考题等作业进行了检索和阅读,发言人数增加,课堂气氛活跃;随后的课堂,都是"典型课堂"(最后一节课例外,一般是总结汇报),学生们习以为常,驾轻就熟。除此之外,有些课程从期中开始,还会出现一次甚至多次学生担任主持人的情况,即一位学生站在讲台上主持大家的讨论,教师像普通学生一样倾听和发言。①

因此,如果整学期听课,②能够看到学生们学习和进步的全过程,包括知识体系的构建,思维能力的提高,以及表达能力的锻炼。在知识体系方面,是师生一起,通过阅读、检索、分享和讨论,逐渐搭建起学科知识的框架,并且其中某些方面的知识,特别是在课堂上集中讨论过的知识,深度和广度非常坚实,足以支撑学科的大厦。在思维能力方面,一些似是而非的观点得到澄清,思考问题的方法得到巩固,"批判思维"和"法律思维"③得以建立。在表达能力方面,从含糊其辞到清晰明确,从长篇大论到言简意赅,学生们的发言越来

---

　①　本人在北京师范大学、清华大学和北京大学的本科生及研究生课程中,都曾尝试过学生担任主持人的做法,包括学期中间的一两次主持和后半学期全部由学生主持。本人作为"普通学生"参与讨论,能够从讨论参与者角度发现很多改进之处,例如如何照顾"排队"(即等待发言)时的心态和轮到自己发言时主题的转变(等待时在班级微信群中概述自己的观点,将想法文字化、固定化,能够有效解决这些问题);以及相比于教师主持的优点,例如学生发言更为踊跃,教师能够直截了当发表自己观点。

　②　廖诗评等老师曾经整学期听课。

　③　"批判思维"和"法律思维"是法学院最为强调的教学目标。在词典里和实践中,这两个概念并不完全相同,但是外延和内涵有很多重合之处。本人认为,"批判思维"主要是指以思考和质疑的态度对待一切事情,而不是盲信盲从。"法律思维"则是在"批判思维"、发现问题的基础上,能够在事实厘清、法律查证及其适用论证方面进行完整的建构。一个典型的例子就是法庭辩论,"法律思维"能力较强的律师,能够作出对自己有利事实、法律及其适用的理解和论证。

越自信和有效。① 对于"两极分化"和"知识有限"的问题,听课者可能会有更加全面的看法,例如如何看待有人发言、有人不发言? 课堂倾听与课程总结的效果是什么?② 知识体系的组成要素是什么?③ 当然,听课者可能还会有一些新的发现,例如教师似乎很享受课堂讨论的过程。④

更为重要的是,听课者可能会试图从理论角度总结分析这种教学法,正如本书将要做的那样。从感性到理性,从归纳到演绎,这是人类思维的自然过程。就本书的目的来说,除了记录这一思考的过程,作者更希望这样的总结分析能够有利于读者借鉴,开发出适合自己的教学法。

3. 对比的视角

以上情景及效果,显然不同于法学院常见的其他课堂。

首先,不同于"讲授式教学法"。这种课堂,以教师讲授为主,即教师将学科知识和案例等,在课堂上以语言的形式呈现出来。课堂上可能会借用 PPT 等技术手段,也可能会有提问,但是并没有改变教师向学生单向灌输的性质。这是最为常见的教学方法,也许教师的讲授体系完整、深入浅出、生动有趣,但是学习效果却是令人怀疑的,因为学生处于被动倾听的地位,学生是否认真听讲,是否认真思考,特别是学习能力是否得到提高,都是有疑问的。也许同样常见的学生在课堂上打瞌睡或"干私活"等现象就印证了这种怀疑。

其次,不同于"纠问式教学法"。这是美国法学院普遍采用的教学方法,

---

① 口头表达,特别是公开讲话,显然是一种可以通过训练而得到提高的能力,而讨论式课堂就提供了训练的机会。

② 在整学期课程中,学生会就某个案例或专题撰写课程综述(通常为两周一次),不仅能够通过反思和总结对课堂讨论的内容进行"升值",而且能够为教师提供一种了解学习状况的渠道。例如,课堂很少发言的学生,通过倾听同伴的发言进行了有效学习,甚至自称为"倾听型"学习者。下文"讨论参与度"部分有较为详细的阐述。

③ 例如,课堂讨论中所涉及的知识点如何组成且带动整个学科知识体系的构建。下文"知识体系性"部分有较为详细的阐述。

④ 认真倾听和巧妙引导,是一种参与性和创造性的智力活动,其乐无穷。

教师不断抛出问题,甚至揪住一两个学生不放,不断追问。① 这样的课堂,看似学生精力集中,不断思考,但是课堂气氛紧张,学生处于被牵着鼻子走和被逼迫的地位。这是有效的学习环境吗? 人们难免产生这样的疑问。

最后,不同于"小班研讨课"。这是研究生课程中常见,并且在本科生教学中得到鼓励和推广的教学方法,其课堂情景一般是教师先讲解某个问题,然后学生们提问,与教师互动,或者是学生们按照课前分工(例如分配给自己的专题)演示自己的研究成果,供师生评论。前一种情况师生互动很多,但是基本上是"你问我答"的教师主导模式,仍然是学生围着教师转的被动学习方式。后一种情况看似学生主导,但是经常出现的问题是一个学生讲解,其他学生持"事不关己"的态度,并没有认真听讲或参与讨论。这种模式,事实上是将教师讲授转变成学生讲授,是变相的讲授式,唯一的不同就是每个学生会在自己分工研究的问题上收获较多。

与"讨论式教学法"不同,"讲授式教学法"、"纠问式教学法"和"小班研讨课"都是教师主导的,课堂情景是教师为中心,学生跟着老师跑、围着老师转,课堂效果也是教师想方设法将自己的知识和思维单向灌输给学生,学生被动学习和接受。在这些课堂上,学生仿佛一群绵羊,而教师则是牧羊人,举着鞭子,驱赶着羊群。

(二) 课程理论、方法与效果

以上从听课者的角度对"讨论式教学法"课堂情景及效果进行了简单描述,并且与其他教学方法进行了简单对比,基本上是具体、感性的印象。但是其背后的理论是什么? 例如,学生们学习的动力是什么? 教师的定位是什么? 课堂讨论是如何进行的? 课堂讨论如何带动了课前和课后的学习? 知识体系

---

① 以哈佛大学法学院为背景的电影《寒窗恋》(*The Paper Chase*)和本书附录参考资料中的《哈佛新鲜人——我在法学院的故事》(*One L: the Turbulent True Story of a First Year at Harvard Law School*),都生动地展现了这种教学法,即通常所说的"苏格拉底教学法"。事实上,苏格拉底与年轻人的对话,是身份平等、心平气和的对话,而不是高高在上、颐指气使的追问。关于苏格拉底对话,参见:[古希腊]柏拉图:《柏拉图对话集》,商务印书馆 2004 年版。下文"助产士"部分也有介绍。

是如何构建的？思维能力是如何提高的？教师需要具备什么条件和掌握什么方法？如何处理讨论中出现的细节问题？如何理解与克服这种教学法的"短处"？这些都需要抽象、理论的分析。事实上，作者的实践过程，恰恰也是试图回答这些问题的过程。

1. 既有理论的启示

教育是人类最为古老的一种智力活动，因此教育学始终是一门兴旺发达的学科，各种各样的学说，随着人类社会的发展层出不穷。特别是进入以信息化和全球化为代表的现代社会以后，人们的知识观念和学习方式发生了根本性变化，①因此教育学更加繁荣昌盛，力图跟上时代的发展。在"讨论式教学法"探索过程中，以下教育学理念、心理学规律和教学方法都提供过某个方面的启示，能够部分解释上述课堂情景与效果。这些学说可能有相似或重合之处，但是各有侧重和特色。与此同时，本书也从反面的角度，考察了其他教学方法的理念，以彰显"讨论式教学法"理念。

（1）"助产士"

这是苏格拉底自称的教学理念，即知识并非他传授给别人，而是别人原已具备，他不过是帮助别人"接生"而已。阅读苏格拉底对话，我们会认同这种说法，因为苏格拉底似乎并没有告诉别人什么，例如什么是"美德"，而是让别人先说，然后一个劲追问，让对方发现自己的思维的瑕疵，从而达到求知的

---

① 例如"知识爆炸"令人应接不暇，教师的知识垄断地位遭到颠覆。互联网的知识检索和课程分享也对实体课堂形成了巨大冲击。于是，一个问题就自然而然产生了：面对一台电脑，知识触手可及，为什么还要去课堂听教师讲课？本人认为，传统课堂必须作出改变，而这也是"讨论式教学法"的时代背景，即通过师生交流的方式训练学生的理解和思考能力。这种面对面交流，具有不可替代的作用，也是实体课堂仍然存在的理由。当然，随着远程教学技术的发展，实体课堂完全可以转变成虚拟课堂，但是师生同时在线交流讨论的实质，仍然具有不可替代性。未来的课堂，可能会是师生同时视频在线，仿佛置身相同教室，但是不同于当前流行的大规模在线课程"慕课"，因为"慕课"的"课堂情景"并非"讨论式教学法"下的师生现场、即时互动，因此无法实现相同的教学效果。关于慕课，参见［美］哈伯：《慕课：人人可以上大学》，中国人民大学出版社2015年版。

目的。①

在"讨论式教学法"课堂上,教师从来不会讲授知识,最多只是追问学生一些问题,并且常常是"无果而终",在没有得到答案的时候就停止对话了。此处的理念是:教师的任务是帮助学生思考,而不是给学生提供答案;学会思考就是学会"钓鱼之术",学生自然会用于学习所需要的知识。

（2）"人本主义"

这主要是指马斯洛的"人本主义"心理学理论,即人类有一些基本需求,会产生一些自发的动力去满足这些需求,特别是"自我实现"。具体到教育学领域,人本主义强调尊重人的尊严和价值,主张为学生创造学习资源以发挥潜能。②

"讨论式教学法"课堂的一个显著特点,是以人为本,追求师生平等的感觉。教师经常会鼓励和引导学生,但是从来不会批评或否定学生,其理念是对学生的人格尊重:学生与教师是与教师一样平等的人,教师不应该高高在上地俯瞰学生,并且相信在这种平等的气氛下,学生的潜力能够得到充分的发挥。

（3）"自主学习"

这主要是指罗杰斯的"当事人为中心"心理学治疗方法所延伸的教育学理念,即人类天生就具有学习能力,教师的任务是构建真实的问题情境,提倡"做中学",鼓励学生自由探索;学生是学习的主体,教师只是促进者。③

在"讨论式教学法"课堂上,每个学生似乎都在倾听、思考、检索和查阅,教师仿佛能够看到他们繁忙而艰难的思维活动,却"袖手旁观",最多偶尔提醒一下,因为教师相信,学生能够通过自己的努力,哪怕是跌跌撞撞地尝试,发现知识和规律,并且只有学生自己发现的,才是他自己的。

---

① 关于苏格拉底的理念,参见张法琨等选编:《古希腊教育论著选》(人民教育出版社 2007年版),内容涉及论人的智慧在于"认识自己"、论关心人事的人才是高尚的、论美德即知识、论寻求定义的方法等。
② 关于马斯洛的理论,参见[美]马斯洛:《动机与人格》(第三版,中国人民大学出版社2007 年版),内容涉及动机理论、心理病态与正常状态、自我实现和人类科学的方法论等。
③ 关于罗杰斯的方法,参见[美]罗杰斯:《自由学习》(北京师范大学出版社 2006 年版),内容涉及管理者如何成为促进者、促进自由学习的因素、构建自由学习的路径、"以人为中心"的课堂等。

(4)"民主主义"

这主要是指杜威的哲学思想,即主张从学生的天性出发,促进学生的个性发展。具体到教学,他主张"儿童中心论"和"做中学",因为"教育即生长"、"教育即生活"。他反对将教材知识灌输给学生的做法,而是主张从学生的直接经验中查找学习的资料。在此过程中,教师只担任助手的角色。①

"讨论式教学法"尤其重视每个学生的特点,是名副其实的"因材施教",因为课程伊始,每个学生都是在自己的基础上起跑,并且每节课的表现和收获,也都决定于自己的预习和参与。教师是"民主"、"公平"的,给每个学生提供了均等的机会,并且强调学生自己发现的知识才是真知识,即将学习转化为学生直接经验的探索。

(5)"过程模式"

这是指斯坦豪斯的教育学理念,即课程的目标并非既定,而是随着课程的进行逐渐展开,或者说"过程即学习"。他认为,教师编制课程,不是为了生产出一套计划或"处方",然后予以实施和评价效果,而是一种研究的过程,其中涉及对变量、要素及其相互关系的不断评价和修正。教师是过程中的核心人物,但是应该与学生一起讨论问题,并且教师应该认真研究对话所反映出来的问题。②

在"讨论式教学法"课堂上,"教学目标"这个概念常常是模糊的,因为是学生的发言和讨论主导了课堂的方向,学生们说什么,讨论什么,具有很大的偶然性和不确定性。也就是说,同样的主题,不同的课堂,可能讨论完全不同的问题。因此,"教学目标"似乎是由学生们随机决定的。其实,这恰恰是教师对"教学目标"的认识,即教学目标是一个抽象、笼统的概念,例如增加学科知识和培养学习能力,因此只要是在课程主题范围内的讨论,就是"条条大路通罗马",教师乐见其成。从表面上看,这是重过程不重视目的,但是从长远

---

① 关于杜威的思想,参见[美]杜威:《民主主义与教育》(人民教育出版社2001年版),内容涉及教育即指导、教育即生长、保守的教育和进步的教育、教育中的民主概念等。

② 关于斯坦豪斯的理念,参见[英]斯坦豪斯:《课程研究与课程编制入门》(春秋出版社1989年版),内容涉及行为目标与课程编制、目标模式批判、过程模式、教师作为研究者和课程研究与课程编制的应用问题等。

的角度,例如从整学期课程看,目的仍然是"罗马"。

(6)"学习共同体"

这是一个流行的概念,主要内容包括"一群有着共同的目标、观念、信仰的人,在相互协商形成的规则的规范和分工下,采取适宜的活动方式相互协作,运用各种学习工具和资源共同建构知识,解决共同面临的复杂问题,由此构成的一种学习的生态系统"。作为学习共同体的一员,教师也是学习者,是学生学习的高级合作伙伴。学习共同体的学习目标是生成性的,即在一定的学习情境中随着学习过程的展开而自然形成的。"混沌学"为极少数原理或关键性操作步骤的重复创造出灵活而复杂的学习系统提供了理论解释。①

"讨论式教学法"的课堂是典型的学习共同体,即由师生共同组成的学习小组,各司其职,各尽其力。不仅如此,在课前和课后,通过微信平台等技术手段,还创造了一个线上课堂,师生继续交流互动。② 在这个学习共同体中,"教学相长"非常显著,教师得到的乐趣和启发丝毫不亚于学生。这个理念彻底打破了师生界限,而是将师生置于"一条船上"。

(7)"建构主义"

这也是一个流行概念。在"学习是如何发生的"这一问题上,建构主义认为,知识是个体依据自己的经验来创造意义的结果,学习是依据经验来创造意义;建构主义并不否认真实世界的存在,但却强调我们之所以能把握世界,是因为对自身的经验作出独特的解释,即人创造着意义而不是获得意义。③ 换

---

① 关于学习共同体,参见郑葳:《学习共同体:文化生态学习环境的理想架构》(教育科学出版社 2007 年版),内容涉及探求一种新型的学习环境、走向文化生态的学习环境、生态性学习、系统结构模型、设计理念和生成模式等;赵键:《学习共同体的建构》(上海教育出版社 2008 年版),内容涉及学习共同体的渊源、学习共同体与学校教育、构建学习共同体和网络时代的学习共同体等。

② 班级微信群在讨论式教学中得到常规使用:分享资料观点,师生交流互动。见下文"方法六"详述。

③ 关于建构主义,参见高文等:《建构主义教育研究》(教育科学出版社 2008 年版),内容涉及理论基础、学习课程与教学、教学设计和案例研究等;[美]Ertmer 等:《行为主义、认知主义和建构主义:从教学设计的视角比较其关键特征》,《电化教育研究》2004 年第 3 期;第 4 期。

句话说,知识并不存在,知识来源于人的创造。

在"讨论式教学法"课堂,这一点也非常明显。上课伊始,大家仿佛置身荒野,四周空空,但是大家纷纷拿出自己携带的材料,群策群力,很快搭建出一栋漂亮的房子。在这个过程中,每个人自己在建构——此前也许不知道自己有什么材料或者某些材料有什么用处,是建筑的过程让他意识到了其用途。与此同时,又是大家一起在建构,"众人拾柴火焰高",相互启发,创造出意想不到的成果。

(8)其他教学方法的理念之对比

如上所述,"讲授式教学法"、"纠问式教学法"和"小班研讨课"的课堂情景及效果非常不同,那么这些教学法的教育学和心理学依据是什么?

对于使用"讲授式教学法"的教师,也许从来没有想过这个问题。[①] 过去自己上学时听课,现在当了教师讲课,一切似乎自然而然,天经地义,何况大家不都是这样的吗? 即使被追问这个问题,甚至莅临过"讨论式教学法"课堂,他们的答案可能也是非常简洁的:讲授式能够系统传授知识,[②]而不愿意进一步质疑"讲"与"学"的区别以及看似完整的教师讲授是否有效地转化为完整的学生记忆和有效的实际运用,或者将学生学习动力不足、上课不听讲简单归咎于学生懒惰、世风日下。[③] 当然,追究这种教学法的起源,应该能够发现一些理论依据,例如"行为主义"的认知理论,相信"刺激—反应"的心理学过程,

---

　　① 重专业研究而轻课堂教学,是大学教师中普遍存在的现象,具体表现为大多数教师在专业研究上卓有建树,但是在课堂教学中却表现平平,基本上以教师讲解为主,同时对教育学、心理学和教学法没有研究。这是非常奇怪的现象。教师走进课堂,面对年轻人,理所应当具备两个必要条件:专业知识和教学技巧(教师必备的四种知识:"关于教学内容的知识,学科教学知识,一般教学法知识,有关学习者和学习的知识",参见[美]埃根等:《教育心理学——课堂之窗》(第四版,北京大学出版社2009年版,第7页),而后者的高标准和重要性丝毫不亚于前者。缺乏教学技巧的后果,是教学效果不好、师生关系紧张,从而有悖于培养人才之目的。
　　关于"讲授式教学法"的理论和实践,参见[美]阿兰兹:《学会教学》(第六版,华东师范大学出版社2007年版)第7章(讲授和解释)和第8章(直接教学),内容涉及知识的结构与组织、有意义的言语学和学习的认知心理学等。
　　② 很多听课者表达过这种观点。
　　③ 这些都是常见的教师的抱怨。

因此将"讲授—练习—考试"作为学习的过程。① 例如古代的知识垄断和近代的工业化培训，使得讲授式成为代代相传的模式。② 但是当信息化打破了知识垄断的局面，当人的全面发展成为教育的目标，当"刺激－反应"理论不能充分解释复杂学习的过程，③特别是当学生们开始厌恶课堂，讲授式教学法便开始捉襟见肘了。也就是说，作为一种传统的讲课方法，讲授式教学法受到了很大的挑战，其存在的现实和理论基础也许已经不复存在。

对于"纠问式教学法"，最大的问题是如何从心理学规律上解释高压、紧张环境下的有效学习，以及如何从教育学理念上解释"君主专制"的课堂培养民主社会的人才。关于前一点，答案是否定的，下文将详述有效学习的心理学规律。关于后一点，答案显然也是否定的，我们很难想象这样的课堂能够培养学生法治的信仰和自由的理念。

"小班研讨课"的出现，应该主要是针对大班讲授的缺陷，但是其重点在于解决班级规模太大不能很好实现师生互动的问题，而不是转变教师主导课堂的问题。也就是说，"小班研讨课"的重点是"小班"，而非"研讨"，实质上仍然是"讲授式教学法"，因此很难想象有什么新的理论依据。

2. 新理论的尝试

前文提到，既有的教育学理念、心理学规律和教学方法为"讨论式教学法"提供了某个方面的启示，能够部分解释课堂情景与效果。但是单个理论解释"讨论式教学法"，却是支离破碎的，往往只及其一而不及其他。本人曾经尝试为这种教学法下过一个定义："讨论式教学法"是将以人为本作为指导思

---

① 关于行为主义，参见［美］华生：《行为主义》（北京大学出版社 2012 年版），内容涉及行为主义理论的起源（哲学家笛卡尔和动物学家洛布、桑代尔和巴甫洛夫等），如何研究人类的行为，人体，是否存在人类的本能，情绪，人类习惯，言语和思维，人格，等等。

② "讲授式教学法"的古代来源是教师对知识的垄断，而近代来源之一是工业领域大规模培训的需要，相应理论是行为主义、社会学习理论以及教师效能研究。参见［美］阿兰兹：《学会教学》，第 251 页。

③ 学习过程，特别是技能学习之外高级学习（例如法学和哲学学习）的过程，是"刺激－反应"理论所不能充分解释的。详见下文"互动即认知"部分正文及脚注。

想,师生作为学习共同体,围绕特定主题进行研讨,从而增加学生的知识和培养学生的思维的教学方法;"讨论式教学法"由学生课前阅读、课堂讨论、课后研究三个环节组成,其中课堂讨论环节,以学生发言和辩论为主,教师只是讨论的主持人和促进者。可以看出,这个定义综合了既有理论,涉及课程理念、目标和过程等方面。从每句话单独看,这个定义也许没有什么新意,但是课堂情景显然是新颖的,并且将理念、方法和效果融为一体的教学法,也是独树一帜的。为了引用便利,姑且称其为"讨论式教学理论"。

本书开头已经对课堂情景进行了具体描述,对课程效果作出了感性记录。以下从理念、方法和效果等三个方面,尝试对"讨论式教学法"进行理论阐述,力图为这种教学法提供体系化的理论基础。

(1)理念

理念一:"人生而平等"。

"讨论式教学法理论"认为,师生是平等的,所谓"弟子不必不如师,师不必贤于弟子"。[①] 学生和教师,为了共同的学习目标相聚在课堂,应该是"为师为友,相磋相磨"(1914年梁启超在清华学校演讲《君子》)的关系,平等对话,共同探讨。

"人生而平等",这句话可能不会有人反对,但是课堂上经常见到的情景,却是教师高高在上,侃侃而谈,仿佛真理掌握在自己的手里,而学生坐在台下,毕恭毕敬,仿佛朝圣一般,师生之间似乎不仅是社会地位的高下,而且还是人格尊严的高下。"人生而平等"在师生之间往往被忽视,而这恰恰是其他教学法与"讨论式教学法"有实质性区别的根源。[②]

---

① 韩愈:《师说》。此处引用韩愈的话,并非表明本人同意韩愈关于师生的所有观点。例如,《师说》开篇所说的"师者所以传道授业解惑也"仍然体现了"师主生辅"的观点,与"讨论式教学法"所秉持的师生平等和自主学习等理念不符。

② 关于"传统教育模式"的弊端,罗杰斯有生动的描述,包括教师是知识拥有者而学生只是接受者的理念,课堂讲授和考试的方法,教师大权在握而学生只能服从的状况,依仗权威进行课堂管理,信任被压抑到最低程度,学生被置于恐惧状态,民主精神被忽视和践踏,只重视智力而不是全人等八个方面。参见[美]罗杰斯:《自由学习》,第191—192页。

理念二：人生而会学。

"讨论式教学法理论"认为，人天生具备学习能力，①能够通过自己的观察和思考取得进步，因此教师的作用只是促进学习，包括提供资料，适时提醒。体现在课堂上，是应该以学生发言为主，放手让他们自己去探索，教师只是简单引导或者以平等身份参与讨论。

人生而会学，这个道理不一定所有教师都能够认识到，所以我们看到的课堂，很多都是教师的一味灌输，以为自己是知识的来源，自己不讲出来学生就不会知道，而学生的任务只是记忆和练习而已。

理念三：互动即认知。

人是怎样注意并获取信息的？信息在头脑中是怎样储存和加工的？人是怎样思考并解决问题的？这些都是认知心理学研究的基本问题。② 尽管研究的角度和结论多种多样，但是互动是认知的重要方式，这一点却是共识，③而其对课堂教学的启示是：要尽量创造师—生和生—生互动的情境，让信息和思想在课堂多次数、多角度、多层次碰撞，从而强化认知，提升思维。

单向传输不能形成有效认知，因为信息传输过程中，不仅会发生大量损耗，而且抵达受众的信息，也不会长久停留，更不用说"生根发芽"，生长出新

---

① 这是罗杰斯"自主学习"理论的心理学基础，参见［美］罗杰斯：《卡尔罗杰斯著作精粹》（中国人民大学出版社 2006 年版），内容涉及一种新的心理治疗方法、当事人中心/以人为中心疗法，情感反射与移情，在当事人中心框架中发展起来的一种治疗、人格和人际关系理论等。

② 关于认知心理学，参见［美］索尔所等：《认知心理学》，内容涉及认知神经科学、知觉与注意、模式识别、意识状态、记忆过程、记忆模型、知识的表征、心理表象、语言(结构和抽象化，单词和阅读)，认知发展、思维(概念形成、逻辑和决策，问题解决、创造力和智力)、计算机认知(人工智能)；［美］安德森：《认知心理学及其启示》，内容涉及知觉、心理表象、知识的表征、人类的记忆、推理、判断与决策、语言结构、语言的理解和认知的个体差异等。

③ 在这一点上，罗杰斯对学习的分类很有启发："无意义学习"，例如被要求记住音节，是毫无意义的，而"有意义学习"是体验、参与式的，并且具备四个要素：全身心参与(情感和认知)，自发性参与(探索感、成就感以及理解和掌握感发自内心)，渗透性(影响行为、态度乃至人格)，自我评价(学习者清楚学习的内容或过程是否符合自己的需要和兴趣，是否解答自己心中的疑惑)。参见［美］罗杰斯：《自由学习》，第 42—43 页。

此外，教育心理学的研究结论也支持互动促进学习的判断，即学生不是从教师的解释获得概念，而是主动去解释自己所听到、经历或读到的内容，并将其与自己现有知识相联系，以试图使两者都变得有意义。参见［美］埃根等：《教育心理学——课堂之窗》，第 11 页。

的思想。不仅如此,机械的练习和考核,仅仅是试图固定记忆和训练应用的工具,而不是培养复杂、高级思维,例如法律思维的活动。

(2)方法

方法是理念的表现形式,但是在将理念付诸实践的过程中,方法需要千变万化,也需要"万变不离其宗",因此方法本身具有独立的价值。

方法一:课前作业。学生就课程资料提出感想和疑问,课前分享到微信群。这些感想和疑问,是课堂讨论主题的来源,也是学生们之间相互学习的资源。不应该设定问题范围,甚至直接要求学生回答某个问题("思考题"),以免束缚学生的思维甚至让学生产生依赖心理。

方法二:自由发言。每个学生就课前作业的内容进行简单介绍和澄清,打开思路,相互启发,同时也是汇集信息,为集中讨论提供主题和素材。不应该过早评论和组织讨论,以免使得有些学生没有表现和分享的机会,从而打击积极性和局限讨论范围。

方法三:集中讨论。讨论主题的产生,应该自然而然或顺水推舟,可以是教师认为重要的问题,也可以是学生表示兴趣的问题,但是主题必然出于自由发言阶段某个学生所表达的观点或提供的信息。不应该由教师提出讨论主题,以免影响学生的学习主动性。

方法四:教师参与。教师可以参与讨论,发表意见,但是应该在"安全"的情况下进行,即在学生已经没有依赖教师的心态,能够平等对待甚至批评教师观点的情况下进行,而不应该过早轻率发表自己的观点,以免抑制学生们的思维。

方法五:专题综述。每个专题结束,例如两周课后,应该要求学生撰写分享课程综述和感想,以提供反思总结的机会,对课堂讨论的内容进行升值,并且提供相互启发的机会,将课堂讨论延伸到课后。但是不应该要求每节课都写综述和感想,以免学生负担太重、敷衍了事。

方法六:技术手段。可以借助班级微信群等技术手段,课前、课中和课后分享信息和观点,使得课堂讨论更加丰富和高效,而且将讨论向课前和课后两端延伸。但是教师不宜在微信群中过于活跃,包括发送太多信息和通知,以免学生们的课余生活受到过多干扰。①

以上六种方法并非讨论式课堂的所有主持技巧，②而是理念在课堂中具体化，核心原则是将课堂交给学生，让他们成为课堂的主人。事实上，这也是讨论式课堂成功的秘诀所在，即有效解决了学习动机，特别是以课堂讨论为中心带动课前和课后学习的问题。其实人的心理不难理解：一旦发现这是自己的事情，责任心便会自然产生，加上课堂表现"自我实现"的成就感，③同伴学习的启发和鞭策，④学习进步的激励，⑤这一切都会转化成学习动力，使得学习成为心甘情愿、乐在其中的事情。此外，教育心理学的规律告诉我们，在轻松快乐的心情下，大脑处于积极学习的状态，勤于思考，善于倾听，思维的广度和创造性有很大提高。因此，讨论式课堂可以称为"积极课堂"，以上方法也可以称为"积极方法"。

（3）效果

评价课程效果，一个重要的方法是考察课程目标是否实现。"讨论式教学法"定义中所提到的课程目标是比较宽泛的，即"增加学生的知识和培养学生的思维"。在课堂情景描述中，课程效果已经可见一斑，因为学生们在课堂积极讨论和课前课后的主动学习中，知识和思维都得到了显著提高。此外，从学生的专题综述和期末感想以及期末论文中，更加能够感受到学生的明显进步。⑥ 这种评价方法虽然是感性、概括的，却是实证的，其结论毋庸置疑。

评价课程效果，还可以考察其与教育理念是否相符。例如，"因材施教"

---

① 关于微信，详见本书第一编"微信在课堂中的使用"。

② 关于主持技巧，参见本书第一编"讨论课三十六技"。

③ 在众人面前侃侃而谈、头头是道，能够产生强烈的成就感，展现了自己的进步，也表现了对课堂讨论的贡献。

④ 同伴学习是有效的。同伴之间相互促进，在讨论式课堂尤为明显：先进带动后进，后进督促先进，所有人都从自己的起点向前进步。

⑤ 在课堂讨论和课程综述过程中，学生能够明确感到自己的进步，例如对某个专题或案例的理解，对某些知识的学习，对某些观点的纠正，等等。

⑥ 学生的专题综述常常体现了阶段性的学习进步，特别是知识的增加和思维的锻炼。期末感想是对整学期学习的全面总结，一般涉及专业知识、法律思维和表达能力等方面，结论通常是感受独特、收获巨大。期末论文往往长篇大论，不乏万字以上的长文。参见杨国华：《探索WTO》（三）（清华大学法学院课程实录），厦门大学出版社 2016 年版。

是每位老师都认同的教育理念,也是教学法应该遵循的原则,而"因材施教"的精确目标,应该是针对每个学生的特点"施教"并且使之进步,但是学生数量众多与这个目标似乎是冲突的。然而,在讨论式课堂,每个学生都是从自己的水平出发,提出自己观点,倾听他人观点,并且发生互动碰撞,从而每个人都能有所提高。在这里,"因材施教"的主体不是教师,而是学生自己,是自我"施教",从而能够完美实现个性化的精确目标。①

评价课程效果,还有一些"科学"、"理论"的方法,例如布卢姆的课程评估分类表,即从知识(事实性知识、概念性知识、程序性知识和反省认知知识)和认知过程(记忆、理解、运用、分析、评价和创造)两个维度,以直角坐标的形式,从具体到抽象、从简单到复杂地评价课程效果,曲线角度45度为最佳。②如果将课堂情景、专题综述、期末感想和期末论文中的若干要素,例如四类知识的数量和六类认知的证据等变量投入分类表,必定能够得到一条近似最佳角度的曲线。

当然,在讨论式教学法的理念和方法之下,课程效果不仅限于"术"的层面,即知识增加和能力提高,而且可以上升到"道"的层面,即培养平等、民主和法治等意识以及自信和尊重他人等品质,更加符合培养"完整人"的教育方向。③

(三) 课程问题与挑战

以上从理念、方法和效果等三个方面,对"讨论式教学理论"进行了比较系统的阐述,结论是"讨论式教学法"的理念新颖,方法独特,效果良好。那么如何理解和解决这种教学法实践中所存在的"问题",特别课堂情景中所提到

---

① "讲授式教学法"的解决办法,教师根据自己的经验作出大致判断,例如针对"中等生"的水平进行讲授,因此其效果只能是大概、模糊的。关于因材施教,详见本书第一编"因材施教与教学相长"。

② 关于布卢姆分类表,参见[美]安德森等:《学习、教学和评估的分类学:布卢姆教学目标分类学修订版》(华东师范大学出版社2008年版),内容涉及目标的结构、具体性和争论问题,分类学表,知识维度,认知过程维度,分类学的运用等。

③ 这些方面在期末感想中有明确的记载,特别是在学会倾听和互助学习方面。参见杨国华:《探索WTO》(三)。

的"两极分化"和"知识有限"的问题,或者说讨论参与度和知识体系化问题,以及教师应该具备什么条件等问题?

1. 讨论参与度

讨论式课堂上,有些学生讲话,有些学生不讲话,以至于整个学期都是少数几个学生活跃,大多数学生只是倾听和偶尔发言,这种现象是存在的,在较大班级(15 人以上)甚至是典型的课堂情景。作为教师,自然应该关注这个问题,并且思考讨论的参与度。

首先,什么是讨论参与度? 这来自课堂发言的现象。从课堂发言的角度看,学生可以分为三类。第一类学生课堂比较活跃,本人称之为"学霸",积极思考,频繁发言,他们的参与度当然最高。第二类学生偶尔发言,对某些问题有独到看法,本人称之为"学民"。第三类学生从不发言,本人称之为"学渣"。① 发言次数与讨论参与度大致为正相关,即发言越多,参与度越高。然而,从经验看,二者的关系并非如此简单。例如,发言是参与,倾听也是参与。曾经有学生发言很少,但是自称是倾听型的学习者,感觉讨论式课堂是其参与度最高的课堂。② 再如,有人整学期一言不发,却应该归入"学霸",因为这位学生认真听讲,认真记录,并且对全班的学习情况进行综述和总结。③ 也就是说,讨论参与度与课堂发言并非完全相等。此外,讨论参与度与学习参与度有所区别,即课堂没有发言,并不等于没有努力学习。讨论式教学法以课堂讨论为核心,带动课前和课后学习,因此只要课前预习、课堂倾听和课后研究,就是在参与学习。总之,讨论和学习参与度的衡量标准,不仅仅是课堂发言,还有专注倾听、专题综述、课程感想和期末作业。对这些方面综合研究,才能对参与度作出客观评价。

其次,如何理解讨论参与度? 学生人数与课堂时间的冲突,以及学生努力

———————

① "学霸"和"学渣"是比较流行的说法,"学民"是本人发明的说法。以上说法仅为描述课堂参与之目的,表明参与程度之高中低三个档次,没有褒贬之意。

② 与一位学生的谈话,匿名。

③ 一位学生的真实情况,匿名。

程度的差异,决定了参与度问题的必然性。只要教师对大家公平,①只要学习效果良好,②则"参与度现象"就不是一个问题,而是讨论式课堂的一个自然特征。事实上,由几位"学霸"带领大家一起学习,共同进步,教师何乐不为?

最后需要澄清一个误区。讨论式课堂,容易引起"参与度问题"的思考,其潜在的比较对象,是讲授式课堂,似乎那里不存在这个问题。事实上,如果将参与度界定为学生参与学习的程度,那么两种课堂几乎不可同日而语,因为在讨论式课堂,有发言有互动,学习效果明显,而讲授式课堂,所有学生都在被动听讲,学习情况不明。换句话说,讲授式课堂上"参与度问题"隐而不显,说明这个问题更加严重,并进而引起了对于学习效果的严重质疑。

2. 知识体系性

在讨论式课堂上,好像只讨论了少数问题,相较于讲授式课堂,似乎缺乏知识体系性。

首先,学科知识的数量与课堂时间的冲突,使得课堂不可能覆盖所有知识。甚至从学习效果的角度看,即从学生能够理解和运用的目标看,重点知识或结构性知识也不容易覆盖。

其次,课堂集中讨论的几个问题,并非课程学习的所有知识。恰恰相反,自由发言阶段所涉及的知识,讨论进行中所分享的知识,以及课前和课后自学的知识,数量是巨大的,并且每个学生会将其整合成体系。③ 也就是说,课堂讨论能够带动学科知识体系的自我建设。

再次,教师讲授了知识体系,并不等于学生学习了知识体系。教师看似完

---

① 课堂时间是一种公共资源,因此就涉及资源分配是否公正的问题。如果教师没有偏袒某些人并且刻意照顾发言较少的学生(例如鼓励进步和点名发言),而少数学生"垄断"课堂的局面是自然形成的,则公正性问题就迎刃而解。详见本书第一编"课堂教学中的正义理论"。关于资源公正分配中"人人平等"和"照顾弱者"两个原则,参见[美]罗尔斯:《正义论》(修订版),中国社会科学出版社 2009 年版。

② 包括每个人都在自己的起点上进步。

③ 学习过程的一个特征就是知识体系化,即将零星知识组成一个自治系统或者纳入一个已有体系。这个过程必定是由学习者自己完成的,而不能由他人或教师代替。讨论式学习,由于开启了学习动力,体系整合的过程应该更加高效。

整的讲解,有多少到达了学生那里,并且转化为记忆、理解和能力,即实现了学习效果,是有很大疑问的。

综上所述,与"讨论参与度"一样,"知识体系性"也涉及何为体系性和如何理解体系性的问题,包括与讲授式课堂的比较,结论是讨论式课堂能够更好解决知识体系性问题。

3. 教师的条件

听课者常说讨论式教学法对教师要求很高,现实中也很少有人使用这种方法。

对教师要求高的感觉,主要来自教师对主持技巧的使用,例如如何巧妙地引导讨论,如何处理冷场和"过热"问题,等等。事实上,技巧或方法是次要的,理念是主要的。相信学生,将课堂还给学生,这是讨论式教学法最为根本的理念。当然,教师逐渐掌握一些主持讨论的方法,使得课堂始终保持在以学生为中心的状态,也是必要的。此外,教师专业精深,知识面广,才能够应对放手给学生之后可能出现的各种各样的专业和非专业问题。

转变观念是很难的,尝试一种新的方法要付出代价。假设讨论式教学法的确是一种先进的教学方法,那么现实中很少有人使用的原因,就是观念和代价的障碍了。然而,传统的教学方法面临巨大挑战,以至于严重影响了教育目标的实现和教师的生存状态,[1]使得"变革"成为迫不得已的选择,何况有这样一种貌似理想的教学方法,学生喜欢,教师开心,师生共同进步。[2]（2017 年 4 月 3 日初稿,2021 年 6 月 6 日修改）

---

[1]　传统的教学方法不能实现教育目的,本书已经有比较充分的说明。事实上,本书提及的学生课堂表现、师生紧张关系和教师普遍抱怨等现象,也反映了教师的不良生活状态。

[2]　本人认为,"讨论式教学法"是师生共赢的教学方法,使得教师和学生都能够获得"自我实现"的成就感。学生的愉快和进步,本书多有论及。教师能够与学生交流,看到学生进步,并且启发自己的教学与研究,也是值得追求的生存状态。

第一编 课程理论

一、讨论式教学法的探索过程

首先需要坦白的是,我上学的整个过程,从来没有上过讨论课。从小学、中学、大学,到硕士、博士,所有的课堂,都是老师讲学生听,最多有一些老师的课堂提问。其次需要坦白的是,过去很多年,我讲课不少,但是从来没有使用过讨论式教学法。从五年的中学教师,到 2000 年前后加入 WTO 热时的无数场讲课,以及平时在大学的零星讲座,都是我滔滔不绝地讲授,最多留一点时间给大家提问。

(一) 西南政法大学(1)

我最初开始尝试讨论式教学法,好像是在西南政法大学。2009 年 11 月29 日晚,我给国际法本科生做了一个小讲座,大约 50 位学生参加了。30 日晚,我做了一个开放式大讲座,是那种 300 多人的学术报告厅,座无虚席,后面还站了很多人。

关于小讲座的情况,我在大讲座开始时有这么一段描述:"给大家提一个要求,2009 级国际法的学生刚刚高中毕业,进入大学两个半月的同学,有近 10个站起来向我提问,质疑我的观点,提出不同的观点。他们之间也互相辩论。

今天我对在场同学的期待,应该至少有 20 个同学站起来和我辩论,质疑我的观点,当然我更希望同学之间有更多的互相不同意。我和唐(青阳)老师这几天聊的一个话题是:法学的训练不只是一个知识的积累,更重要的是一个思维的训练。思维的训练很重要的一个方面,就是思考。思考的体现就是:当一个人,站在台上给大家讲所谓的一些权威的东西,所谓的一些知识性的东西的时候,你能发现一些问题。这些问题既包括跟你之前理解的内容有没有不一样的,也包括这个人前后讲的内容是不是一致。同学们现场不用做笔记,笔记是次要的。这是我对各位的一个期待,不知道能不能实现,至少有 20 个同学向我质疑或者提问。现在有没有?现在如果有的话,先举手。"从这个大讲座记录可以看出,我开篇陈述的时间只有四分之一,大约半个小时,而剩下的近两个小时,都是我和学生,以及学生和学生之间的对话了。而从上面引用的那段描述可以看出,我是鼓励学生质疑和提问的。

后来我又去过几次西政,做过几次小讲座和大讲座,用的都是这种讨论式的方法。我发现,我渐渐地喜欢上了这种方法。

这一切,为什么会发生在西政?现在回想起来,可能有两个原因。一个是学生,另一个是老师。我曾经说过,西政学生异常活跃,为国内高校所罕见,而西政老师非常开放,也为国内高校所罕见。上面引用的段落提到了我与唐青阳老师的共识。事实上,正是唐青阳老师将我引入了西政这片神奇的沃土!我俩一见如故,就法学教育的目的和方法进行了广泛的讨论,形成了众多共识。此外,我还向各位说过在西政大讲座上遭到五位老师集体爆轰的经历——我讲座结束后,五位老师上台,一字排开,对我进行猛烈批判!学生的活跃与老师的开放,据说得益于西政的"论辩文化"。也许正是因为承受了这种论辩文化的阳光雨露,我的讨论式教学法开始破土发芽了。

(二)中国青年政治学院

真正系统地使用这种讨论式教学法,则是在中国青年政治学院。2011 年春季学期,我给中青政法律系研究生上了一门课"WTO 专题"(32 学时)。这是真正以学生为主体的讨论课堂。学生阅读案例和资料,学生讲述案例和资料,学生互相提问和辩论,我只是穿针引线,激发讨论。根据课堂录音整理的书《探索 WTO》,以及根据这本书总结的文章"案例教学法的实践"(已经发给大家),全面记录了教学过程,并且分析了教学效果,此不赘述。感谢中青政张新娟老师给我这个机会,更感谢张新娟老师、李晓玲老师以及全体 15 名同学的宽容与耐心。

(三)西南政法大学(2)

后来,我在北大、外交学院和西安交大等学校都使用过这种讨论式教学法。我事先将材料发给学生,上课时直截了当进入讨论,让学生讲,让学生问,让学生辩论(有时我也与学生辩论),我连开场白都省去了!

直到 2012 年 4 月和 5 月,在张晓君老师的鼓励、安排、策划、组织下,我在西政主持和参与了"WTO 案例教学"的模拟课,在此基础上形成了文章"案例教学法初探"。这是我第一次就讨论式教学法进行描述和总结。文章早已发给大家,此不赘述。讨论式教学法这棵小树,在西政破土发芽,在外面经历风雨,后来又在西政长成小树苗了!希望它能在张晓君老师的呵护下,成长为一棵独特的大树!

(四)理论

由此可以看出,我对讨论式教学法的实践,并没有什么理论指导。一切似乎自然地、幸运地发生了。

2012 年 5 月,我在清华大学听课,是一个星期的心理学课程,我突然对马斯洛"自我实现"的心理学理论开始感兴趣,进而更加对他的人本主义心理学和教育学理论感兴趣,读了他的代表作《动机与人格》。后来又跟踪阅读了罗杰斯的《自由学习》,对他的"以人为中心"的教育学理论十分感兴趣。我恍然发现,我所说的"案例教学法"、"讨论式教学法",其实是以人为本的。这种教育学的理论是:人是有潜能的,而教学的过程,就是开发学生潜能的过程,因此教师不应当是灌输者,而应当是促进者(facilitator)。关于这种理论,我已经发给大家两篇整理的资料:"人本主义对教育学的启示"和"罗杰斯与心理学的新发展"(网络资料)。

此外,我还从苏格拉底、柏拉图、亚里士多德的思想中发现了"人本主义教育学"的蛛丝马迹,并且发给了大家一篇资料"古希腊三贤的教育观"(网络资料)。

当然,发给大家的"讨论式教学法的三大问题",也是我阅读和思考的一些结果。阅读的书籍,包括曾经向大家推荐的《实用讨论式教学法》和《教学勇气——漫步教师心灵》,而且过去一个多月的与众多老师的网上讨论也给了我很多启发。这些阅读和思考,都加强了我对"人本主义教育学"的理解。

2012年8月18日晚,在何志鹏老师策划并主持的"国际法学会主办、吉林大学承办的暑期国际法研修班"教学法讨论会上,我介绍了讨论式教学法,追问大家"什么课不能用讨论式教学法",并且笑谈:反对讨论式教学法,就是反对马斯洛和罗杰斯,甚至是反对苏格拉底、柏拉图和亚里士多德! 这当然是开玩笑的。但我认真的是,讨论式教学法是有教育学和心理学的理论支撑的。也就是说,按照这种理论进行实践,能够画一个完美的圆圈。任何反对的观点,包括提倡其他教学法的观点,只有具备相应的理论支撑,才能够立得住。

最后值得一提的是,在2012年8月18日上午的课堂上,我主持了以"WTO与国际法治"为主题的讨论。我事先将我写的一些文章发给了听课的50多位学员。上课开始,我用40分钟时间介绍了这些文章的主要内容——要不是超星学术视频录像的要求以及担心大家认为我糊弄,我肯定上来就提问的——其余的两个多小时一直是讨论的,有10多位学员发言了。特别令我兴奋的是,第一个问题是"亚里士多德与WTO的关系"! 是坐在最后一排的吉大王彦志老师提出来的。我问听众:谁能回答这个问题? 课堂上一片哄笑!然而,随后,就有一位学员站起来回答这个问题,另一个学员补充他的回答,何志鹏老师确认大家的理解,最后由王彦志老师进行了长篇大论的阐述! 我总结说:这说明了两个问题:其一,提问者都是有答案的,王老师提问是显然已经深思熟虑了(当然也可能受了大家讨论的启发)。其二,我是十分聪明的,因为虽然我在读亚里士多德,在从事WTO工作,但是这两者的关系,却是我从未想过的;我把王老师的问题抛给大家,是十分明智的,因为我根本不可能作出王老师所自己作出的那么全面深入的回答。这次课我感受特别深刻的是，我自己的收获，特别是理论思考的收获，可能大于所有学员！我也更加坚定了我的讨论式教学法——我想说的关于"WTO 与国际法治"的知识和想法，已经通过文章告诉大家了，而通过讨论，大家在这些文章之上，又有了更加高度的理解，并且我自己也有了很大的收获；在这种情况下，我为什么非要把自己的文章念一篇，非要"不自量力"地自己回答问题呢？集体的智慧，甚至一些高人的智慧，不是远远高于我个人的思想吗？这样的上课效果，难道是我一个人滔滔不绝讲授所能及吗？我抛出我自己的观点和文章，不过是名副其实的抛砖引玉而已！我在课堂上的作用，不过是让大家围绕"WTO 与国际法治"这个主题而已。事实证明，这次讨论，不仅没有离题，而且是在这个主题的深度和广度方面，大大超出了我想象和能力的范围。大家探讨法治的标准，追溯亚里士多德的定义，质疑"模范"（我提出的"WTO 是模范国际法"）的含义，分析 WTO 的特点……我相信每一位学员都在思考，都有收获，甚至还会有人进一步研究。

（五）结语

从我个人的经历看，从以人为本的理论看，讨论式教学法充满了乐趣，是值得各位尝试的。（2012 年 8 月 24 日，于日内瓦）

二、讨论式教学法的三大问题

一、为什么使用讨论式教学法？

二、如何使用讨论式教学法？

三、如何评价讨论式教学法？

讨论式教学法，是师生作为学习共同体的教学方法，也就是师生围绕一个重要的主题，平等讨论，共同进步，在知识、思维和理念方面都有所提高的一种学习方法。

讨论式教学法，不过是让学生课前阅读参考资料，课上讨论若干主题而已。

——题记

"尽管我们从来没有彻底准确地搞清楚讨论是怎么一回事，尽管我们总是达不到我们的理想目标，但是我们仍然从它纯粹的不可预知性中体会到快乐。我们陶醉于它的无限制性，沉醉于表达不同观点的体验中，沉浸在可以获得另外一种理解的情绪里。""我们发现，不知道对话如何进行，不知道下课时我们应该在哪里结束，不知道我们学习的途径，这些都极大地激发了我们的兴趣。不确定性使我们思维敏捷，并保持高度敏感。我们发现，预言是专注的敌人，而我们最渴望的一件事情就是全神贯注于我们的实践而心无旁骛。"

——（《实用讨论式教学法》，第 220 页）

引言

在过去一个多月与众多老师的网上讨论中，在此前和此间我向很多老师请教的过程中，我发现很多老师在研究生小班中使用讨论式教学法，但是更多的老师,在研究生和本科教学中,仍然以讲授式为主。是不是可以这么说:在当前法学院教学中,讲授式仍然是最为主要的教学方法!

然而,在讲授式课堂上,最为常见的现象是:教师口干舌燥声嘶力竭、学生心不在焉昏昏欲睡。自己这么辛苦,学生这么疲惫,但是我们仍然在使用这种方法!为什么要使用讲授式?虽然很多老师给了我很多答案,但是我仍然对此百思不得其解!

在网上,在当面,我一直在鼓吹讨论式的好处——不仅教学效果好,而且简便易行。但是仍然有很多老师说:普遍使用讨论式并不可行。那么,究竟什么课不适合用讨论式?到目前为止,我仍然没有得到一个令自己信服的答案。

面对令我如此困惑的问题,我目前似乎有两个幼稚的心理学解释:习惯和恐惧。习惯:大家习惯了讲授式——我们自己当学生时,老师就是这样讲的;恐惧:大家没有尝试过讨论式——很多老师从来没有使用过讨论式,也没有看到过别的老师使用过讨论式。在既有的习惯和未知的恐惧之下,很多使用讲授式和不能使用讨论式的理由,都只是不由自主地伪装而已!

正是因为如此,我才想系统地介绍一下讨论式教学法。我按照曾向大家推荐过的书《讨论式教学法》的体例,分三大问题进行介绍,顺便谈谈自己的认识(大多为括号中的内容),也算是向大家汇报读书心得。

再次需要说明的是,我是个教学的局外人,站着说话不腰疼,并且可能隔岸观火不得要领。但也正因为是局外人,所以我才无知者无畏,才可以信口开河,甚至说出下面的话而各位老师仍能给以宽恕:上好讨论课,的确需要一些技巧,但是更为重要的,是教师本人的内涵——对教学效果的关注,对民主平等的信念,对讨论主题的信仰,以及清醒的头脑,敏锐的眼光,广博的知识。可以这么说:课堂效果,就是教师内涵的体现!看似教师在与学生平等讨论,实际上教师是课堂的灵魂;看似教师没讲什么,实际上这是"大道无形"。看似教师只是在听学生发言,实际上教师全神贯注。在这种课堂上,教师仿佛一只猎鹰,能够随时抓住猎物让大家分享!如此说来,讨论课其实是对教师很大的挑战,并不是所有教师都能够经得住这种挑战!想到这里,我似乎也完全理解了本文开头的那个发现,即在当前法学院教学中,讲授式仍然是最为主要的教学方法。也就是说,在教师的习惯和恐惧之外,还有教师的能力。

请容我为自己这个狂妄的、得罪人的结论辩解一下:我是因为对讲授式"百思不得其解"以及对什么课不能用讨论式"没有令自己信服的答案",才如此胡思乱想——这正是无知者无畏的特征,同时也希望借此向大家求教。此外,我鼓吹讨论式教学法,在《案例教学法初探》和《案例教学法的实践》两文中进行了阐述,并且从事了有限的实践,是因为我自己发现了讨论式教学法的魅力,因此想"立"、"达"("己欲立而立人,己欲达而达人")。各位,这绝对不意味着我自己就做得多么好了。相反,我感到了讨论式教学法的挑战性,并且不断阅读与思考,希望能够形成自己的讨论式教学法。以下将《实用讨论式教学法》介绍给大家,就是一个证据——不仅介绍书的内容和我的体会,更希望得到大家的指正。

(一) 为什么使用讨论式教学法?

1. 反对讨论式教学法的理由(前 8 个问题基于《实用讨论式教学法》,第一版序言)

(1)讨论会减少对重要内容的关注。(相反,讨论会增加对重要内容的关注,因为讨论的主题,就是经过选择的重要内容)

(2)使用讨论式教学法意味着其他教学方法没有价值、不重要。(讲授式最多可以作为"引子",例如简单介绍课堂的方法,简单介绍一些资料的背景,等等,而课堂上的主要时间,应当用于师生之间的讨论。教师自己的知识和思想,可以在讨论中讲出来与大家分享与讨论,而不是一味灌输"真理"。可以说,在印刷术和电子技术如此发达的今天,在信息如此丰富的今天,讲授式应当完全让位于讨论式。)

(3)对于大多数课程(例如大课、理论法学和本科的课程),讨论式不切实际。(大课也是可以使用讨论式的,例如让学生主讲,鼓励学生之间相互提问和辩论。理论法学的思辨特点,更加适合于讨论式。本科学生思想活跃,最为适合,也最为需要讨论式课堂。)

(4)讨论法虽好,但我不在行,肯定会失败。(主持讨论需要一定的技巧,而技巧是需要学习和演练的;不知道一些基本的技巧,或者从未尝试过这些技巧,是不可能成为一个好的主持人的。)

(5)学生需要大量时间投入,实际上做不到。(事实上,并不是每门课的教师都分配大量的阅读材料,也并不都是使用讨论式,因此学生有时间投入。)

(6)上课必须是教师主导。(错误的观念。师生平等应当成为一种理念。)

(7)讨论课就是教师偷懒。(讨论课不是放羊。教师认真投入的讨论课,不会有人认为偷懒。相反,讲授式是教师偷懒——照本宣科是最容易的。)

(8)讨论只会让少数同学受益。(讨论课可能出现少数几个同学比较活跃,其他同学消极沉默的情况。首先,教师有技巧让全班学生都活跃起来。其次,少数几个同学活跃,也比讲授式课堂的大家昏昏欲睡要强。最后,少数几个同学的学习示范作用,会对其他同学产生影响。)

(9)讨论不能够让学生形成系统的知识。(通过指定阅读材料,可以解决知识的系统性问题。课堂应当用于讨论重点问题。退一步讲,讲授式教学,常常也不会覆盖所有知识,何况教师系统讲一遍并不意味着学生就能够形成系统知识——没有经过思考和辩论的知识,不会成为自己的知识。)

(10)学生不喜欢讨论课。(学生喜欢讨论课,前提是讨论课有趣,并且让学生看到自己的进步。)

2. 讨论式教学法的好处(前 15 个问题基于《实用讨论式教学法》,第 2 章)

(1)讨论有助于学生思考多方面的意见。

(2)讨论会增强学生对含糊或复杂事情的关心和容忍度。

(3)讨论有助于学生确认和研究他们的假设。

(4)讨论会鼓励学生学会专心地、有礼貌地倾听。

(5)讨论会有助于学生对不同意见形成新的理解。

（6）讨论会增加学生思维的灵活性。

（7）讨论会使学生都关心所谈的话题。

（8）讨论会使学生的想法和体验都得到尊重。

（9）讨论有助于学生了解民主讨论的过程和特点。

（10）讨论会使学生成为知识的共同创造者。

（11）讨论能够培养学生清晰明白地交流思想和看法的能力。

（12）讨论有助于学生养成合作学习的习惯。

（13）讨论能使学生变得心胸博大、更容易理解他人。

（14）讨论有助于培养学生分析和综合的能力。

（15）讨论能够导致思想转变。

（16）讨论课能培养学生的法律思维。（讨论的过程，也是思考的过程。通过对法律著作、条文或案例的研讨，有助于学生形成法律思考的方法）

（17）讨论课能培养学生的法律理念。（经过课堂的讨论和辩论，只有那些法治的理念才能够得以生存）

（18）教师也能从讨论课受益。

（19）讨论课有趣。（讨论课是十几个甚至几十个大脑的运动与碰撞，因此变幻莫测，充满了挑战和趣味）

（20）讨论课有助于培养师生关系。（经过平等的讨论，师生必定会成为朋友）

（二）如何使用讨论式教学法？（体例和内容基于《实用讨论式教学法》，第3—9章）

1. 准备讨论

（1）大家提前获得相关资料。

（2）模拟讨论。

（3）确定讨论的基本原则。

（4）要求学生系统地、批判性地提前阅读资料。

（5）澄清期望和目的。（即说明采取讨论课的原因和目的）

2. 开始讨论

（1）讨论开始时应当避免的错误做法：不要讲解，模糊不清，有任何偏向，害怕沉默，误解沉默。

（2）宣布讨论原则。

（3）询问所做的准备工作。

（4）围成圆圈，让所有发言者都能听见。（包括看见。圆圈有神奇效果，因为面对面的交流，能让讲者声情并茂，身临其境，更能让听者专心致志，积极思考）

3. 通过提问、倾听和回应来进行讨论

（1）提问的类型：要求讲出更多证据，要求进一步澄清，开放式，把各个发言联系起来，假设，因果相关，概括总结。

（2）倾听：学生成对倾听训练，听出主题，专门地倾听。

（3）回应：非提问的回应，肯定，用沉默来回应（迟延回答有益于学生自己开动脑筋）

（4）学生之间对话训练。

4. 通过创造性分组使讨论持续进行

（1）改变小组的大小：松散型漫谈小组，组织型漫谈小组，组织小组讨论的一些基本方针。

（2）向大组报告的策略。

（3）旋转舞台。

（4）扮演不同角色。

（5）给讨论注入活力：戏剧表演式讨论，绘画式讨论，电子邮件讨论。

5.跨越性别差异的讨论(讨论中注意男女差异和平等的问题)

6.让学生的发言保持平衡

(1)当一些学生说得太多时:怎样算是说得太多,为什么一些学生会说得太多?

(2)当学生默不作声时:这样算是说得太少,为什么一些学生说得太少?

7.让教师的发言保持平衡

(1)当教师说得太多时。

(2)为什么教师说得太多?

(3)当教师说得太少时。

(4)为什么教师说得太少?

（三）如何评价讨论式教学法?（基于《实用讨论式教学法》,第14章）

(1)评价既是一个评价教学效果的过程,也是一个学习的过程。(每次课后和期中对课程评价,既能够检查效果,也能够改进讨论方法;期末的评价,能够看到一学期的学习效果,也能够培养学生总结提炼的能力,并且达到对讨论方法和讨论内容"统一认识"的效果)

(2)评价的方法:学生写作课程讨论日记,学生写作课程讨论报告,制作"课程评价表"。(2012 年 8 月 23 日)

三、学习共同体

——《学习共同体:文化生态学习环境的理想架构》摘要

读《学习共同体:文化生态学习环境的理想架构》(郑葳著,教育科学出版社 2007 年版)一书,有"他乡遇故知"的亲切感,更有"找到组织"的归属感,因为这本书似乎就是在从教育学理论的角度,总结我近年来从事的"讨论式教学法"实践。

描述讨论课是比较容易的。课堂上同学们和老师,围绕一个有意义的主题进行讨论;同学们发言为主,老师只是一个主持人;课前课后,同学们都在主动阅读和讨论;渐渐地,同学们越来越主动学习,几乎到了不需要老师的程度,与此同时,同学们的知识面得到极大拓宽,分析问题的能力得到极大提高。不仅如此,老师在此过程中,也得到了很大乐趣和很多启示。这样的教学效果,我当然是乐见的。

然而,这一切是如何发生的? 为什么简单改变一下教学方式,就能产生迥然不同的教学效果? 这本书就从理论的角度回答了这些问题,让我意识到我的课堂就是一个"学习共同体"。以下摘录的段落,比较全面地阐述了"学习共同体"的理念。(2013 年 5 月 19 日)

(一)学习共同体(learning communities),是指一群有着共同的目标、观念、信仰的人,在相互协商形成的规则的规范和分工下,采取适宜的活动方式相互协作,运用各种学习工具和资源共同建构知识,解决共同面临的复杂问题,由此构成的一种学习的生态系统。学习共同体主要是由学习主体(包括个体的或群体的学习者)、目标、课程知识、工具及资源、规则、学习活动分工以及学习的情景等要素组成的。这样的学习生态系统所要生产的不仅是个体及共同体的知识,而且还生产了学习者自身,即在共同体成员的广泛认同中,学习者的个体主体性得到了滋养,反之又为群体的主体性的形成作出贡献。(第19—20页)

(二)如果学生的学习需求和关切能得以适当地表达,如果教师和教学设计者能充分考虑考虑影响学生学习的各种条件,并将自己作为学习者参与到学生的学习生活中,那么课堂学习环境就是一个教师和学生作为学习共同体的成员,共同走进一种完满生活的世界。学校是教师和学生们共同学习和生活的场所,学习是一种文化,是一种生活实践。既是如此,它就应该充满生命的跃动和激情,充斥着不确定性和生活所具有的本真与复杂。为了更好地去生活,就应该"去自我更新,去成长,去不断地生成,去爱,去超越孤独的内心自我之牢笼,去关心,去倾听,去给予"(弗洛姆,《占有或存在》)。在这种环境中,一个人并不以自我为中心,她常常忘记了自我,忘记了她的知识和身份。正由于此,使得她得以全力以赴地去了解对方及其思想,但又不恪守成规,不断地产生出新的思想。这就是人在教育中应有的生存方式——一种主体性的生存。

学习共同体的出现,因应了这种生存方式,使学生能够在一种相互信任、相互尊重、民主平等而又安全的环境中学习,在与共同体其他成员的交往合作中,体验着探索世界、探究人生的精神愉悦。……学生在这样的学习世界中,真实世界的问题能够得以讨论,所需的学习资源和工具能够方便地获得,教师和同伴能给予支持、鼓励和榜样,共同完成共同协商的目标,因而其所学能够便捷地迁移到校外的工作生活实践中。教室中的学习共同体,使每个人,包括教师在内,都处于学习方式中,学习者不是由教师或教学设计者来控制,而是将自己"自我组织"进共同体中。共同体成员的具体角色不是硬性指派的,而是在全体成员的互动、交往中形成的。在知识的学习过程中,在共同体成员间的交往互动中,学习者的主体性由此形成。(第21—22页)

(三)学习共同体形成的前提是承认其成员都拥有各自的专门知识与技能。由于共同体中的知识是分布式的,分布于共同体的各成员以及工具和各种资源之间,每个成员都可能是某一领域的专家,都能为集体的知识库的建设、共同的学习目标的实现作出自己的贡献。但他们绝不可能是所有领域的专家,这就为共同体成员间的相互支持与合作奠定了基础。在共同体学习环境中,每个成员的贡献都会受到重视,每个成员的发展都将得到支持,他们共同面对学习任务,通过共同体的交往机制而共享集体智慧。若呈现给学习共同体一个问题,那么它将运用集体的智慧来加以解决。(第65页)

(四)作为学习共同体中的一员,教师也同样是学习者,是学生学习的高级合作伙伴。……当我们把焦点集中到学习活动时,并不意味着教师的角色不重要了,相反,为了促进学生对所学知识的意义建构,为了促进学生社会化自我的形成,为了培养学生的信息素养,对教师的能力、对教师工作的要求更高了。教师不仅要精通教学内容,更要熟悉学生,掌握学生的认知规律、社会文化背景和经验,掌握现代化的教育技术,充分利用、设计和开发有效的人类学习资源和工具,对学生的学习给予宏观的引导和具体的帮助。……在学习共同体这样一种生态型学习环境中,教师和学生都被视为是真正意义上的"人",即师生之间只有价值的平等,而没有高低、强弱和尊卑之分。……

现代学习理论强调,教师和学生都是带着自己已有的知识和经验来到教室的,在共同分享这些知识和经验的过程中,教师和学生们互相指导、相互学习。例如,在一种"交互式"(reciprocal)教学法中,教师和学生都扮演双重角色:教师既是教师也是学习者,学生是学习者也是教师。也就是说,学校应该是学生们学会如何学习的场所,而教师则是学生们学习怎样学习和自我激励的榜样。随着教室中权力关系的转移,学生们开始更多地参与课堂学习活动目标的生成、活动方式的选择,甚至可以对学习什么样的内容主题有一定的发言权。当然,学生还形成了一些评价其自身的学习进程,以及与他人合作一同评价共同体学习活动进程的方式方法。在学习共同体中,这种权力的转移是一个动态的过程,随着学生逐渐走向熟练,教师为学生提供的指导将越来越少。(第139—140页)

（五）学习共同体的学习目标是生成性的，主要是指在一定的学习情景中，随着学习过程的展开而自然生成的目标。作为一种学习的生态系统中的要素，它是教师、学生与学习情景通过交互作用自然引发生长而成的，而非共同体外部力量或共同体的中心角色的强加。共同体的学习目标并非仅局限于共同的学习主题，而是体现在学习实践中的学会学习的能力。因为它的自然生成性，所以才能保证共同体中所有成员的需求都能够得到满足。因为它的自然生成性，整个共同体才能作为一个自组织的生态系统而得以生长发育。

这种目标旨在养成一种学习的文化，这种文化的特征是个体和共同体作为一个有机的整体去学习如何学习，不仅是要养成多样化的个人专长和集体性知识，而且还塑造了学习者个体的自我以及共同体的"自我"。这种在共同体支持下个体自主学习的文化，使共同体的所有成员共享每个成员经研究后得出的对课程内容的深度理解。学生们学会如何综合多种观点，尝试用各种方式解决问题，增进理解。在这样一种文化中，共同体成员应逐渐学会尊重并重视共同体中存在的差异，珍视其价值。学会认识自我，了解自己在共同体中的角色和作用，从而适应该共同体的文化，学会在共同体中生存。……简言之，学习共同体的学习目标就是使所有学习者掌握共同体中的学习实践，即学会学习的能力。具体而言，首先，学习共同体的目标之一，是追求个人的全面发展，促进学习者个体专长及其"自我"的发展。……共同体的任务就是，创造机会，令成员们充分地发挥自己所长，使人人都能术业专攻，而同时，在其欠缺的领域也将能得到及时而适当的帮助。具体而言，就是学习者要学会如何学习并对学习进行反思；成为批判型的思考者，知道如何形成问题，并能够对其研究的问题提出深刻的理解；将自己的学习及其成果作为资源与共同体中的其他成员共享。（第143—145页）

（六）混沌学的最主要的特征就是非线性。……根据混沌学的观点，在进行教学设计时，只要我们通过极少数的原理或关键性操作步骤的重复，就能创造出灵活而复杂的学习系统，因为系统是适应的、自组织的。

因此,混沌学教学系统设计的功用不在于提供给学习者一套有助于其达成预定目标的特定程序,而在于为其创建一个富有生命活力的、适应性的学习环境,譬如我们的学习共同体。这里,环境中的各个组成要素之间动态地相互作用着,以一种自然的状态进行着学习活动。

非线性教学设计的一个主要手段就是"回归",即同样的问题在整个设计过程中被一而再再而三地提出并加以解决。我们知道传统线性设计过程的第一步是分析,即进行需要分析、任务分析和教学分析等,这是确定要学什么的过程;接下来是设计,包括教学目标的确定、教学策略的选用和教学媒体及教学资源的选择与开发等,是一个确定如何学的过程;最后是评价,是一个确定教学效果和影响的过程。如果我们从混沌学的"分形"的角度来看,这些固定的、彼此独立的步骤是有问题的,因为在分形结构中,整体在部分中出现,而部分又寓于整体之中,分形结构因而由这一不断重复的过程而产生。由于可以"条条大路通罗马",再加上设计活动的所有操作步骤和水平是相互依赖的,因此,基于混沌学的教学设计应是一个重复迭代的、动态生成的、正在进行中的过程。在这一过程中,所有的操作都是共在并存的,是相互依赖的。与其选择最有效的手段去最优化地达成目标,倒不如构建一种自然的、共同学习的环境,使学习者自主参与到学习过程中,并使共同体中的所有成员在实践的过程中领会和评价这一学习过程的各个方面。随着不断重复、不断回归,新的理解、新的评价和新的活动都将自动地形成和显现。"回归"就是指,假如你对学习共同体的构建工作进行到了"设计"阶段,正在与教师及学生共同协商学习的目标,这时有必要适时地回转到"分析"阶段,对影响目标确定的因素再次详加考量,从而使学习共同体目标的确定更加合理。……这种方法看起来似乎有些混乱,说它混乱,是因为它事先没有规定出一个具体的模式,你下一步做什么完全依赖于具体的情景。这种回归式的设计策略,能够使我们在构建学习共同体时,可以不拘泥于任何设计程序,可以在设计过程中的任何一点起步,及时地适应环境的迅速变化,使设计的过程达到自组织的程度。(第200—201页)

（七）对于一元教育哲学传统机构中培养出的人们来说，掌握这种学习共同体的观念和教与学的方法是非常困难的，即便是学习共同体的设计者，也因为长期受到传统以成人为主导的学校教育的浸染，虽然努力尝试革新传统的教学方式，但在遇到实践中的问题和挑战时，第一反应还是到传统实践宝库中去寻找良方。……

事实上，学习共同体的设计无法像传统的教学设计那样，根据分析、设计、开发、实施和评价等一系列严谨的步骤，制订出一个系统的教学方案、教学产品。作为一个合作的、开放式的学习环境，它面对的是系统内外的瞬息万变，任何预先的设计都可能会遭遇到复杂的、真实世界的挑战。也许，生活本身是不能设计的，我们能够做的只是去热情地激发、积极地参与、悉心地培养，让自己的内心时时涌动出一股股应对挑战、尊重平等和爱的力量。在这种力量的温润下，一个能够自我生成的、富有生命力的文化生态学习环境豁然天成！（第232页）

四、讨论的生成

—— "关于讨论式教学法的思考与实践座谈会"纪要①

　　我的课程目标,是向"同学们"(即参加讨论的老师们)展示"讨论式教学法"。我选择了"讲课的方法"作为授课内容。

　　上课开始时,我开宗明义,简要介绍了我所谓的"讨论式教学法"②的三个组成部分:课前阅读、课堂讨论、课后研究。我说:为了这次课,我可能会选取一些教育学的著作供大家课前阅读,例如苏格拉底、柏拉图和亚里士多德的教育学理论,马斯洛的人本主义思想,罗杰斯的自由学习理论,杜威的民主主义与教育理论,以及北师大教育学部郑葳老师的《学习共同体》。如果这是一堂真正的关于教学法的课,我的确会选择这些著作作为课前阅读材料的,因为我的讨论式教学法的理论基础,就体现在其中。此外,我点出这些教育学的著作,是想暗示同学们:我的讨论式教学法是有理论基础的,并非我一个外行的异想天开。至于特别提到本校老师郑葳的著作,这不仅是因为在本次课的通知中,已经明确提到了讨论式

---

　　① 2014年2月21日,在北京师范大学教师发展中心举办的"关于讨论式教学法的思考与实践座谈会"上,我演示了"讨论式教学法"。座谈会的参加者为该校70余位老师。其中有16位老师发言和参与讨论,分别来自文学院、外文学院、图书馆、法学院、辅导员基地、化学学院、教育学部、地球遥感学院、政府管理学院和生命科学学院等10个部门。

　　作为一个局外人,在北京师范大学这样一个地方给专职老师讲教学法,实属"无知者无畏"。因此,这纯粹是一次班门弄斧、"票友"给"正角"说戏的冒险!在此特别感谢教育学部郑葳老师的推荐,中心李芒主任的邀请,以及法学院张桂红和廖诗评老师、韩悦和柳驰同学、北京大学法学院刘东进老师的参与和支持。

　　② "讨论式教学法"之名久已有之,但是我所提出的"讨论式教学法"之实,似乎有所不同,姑且戏称为"杨氏教学法"(郑葳语)。

教学法是要建立一个师生"学习共同体",而且是为了给同学们增加一种亲切感。

我接着说:虽然没有办法给大家布置课前阅读资料,但是我们也可以讨论一下教学的方法;例如,这是一堂课,内容是"讲课的方法",请大家介绍一下自己上个学期授课的内容和方法。选择"讲课的方法"作为讨论的内容,是因为这样一个主题,作为老师的每位参加者都是有话可说的。

果然,先后有九位同学站起来发言。每位同学发言后,我都没有任何评论和提问,而只是表示感谢和请下一位同学发言。作为"讲课的方法"这样的主题,大家能够分享经验,本身就应该是课堂的目标之一,所以我乐于看到大家的积极发言。当然,作为主持人,我心中始终有一个清醒的意识:讲课的方法多种多样,但是本次课的目标,是展示讨论式教学法,要想方设法让大家讨论起来。因此,我让大家敞开发言,也是为了从中找到合适的讨论点。按照我的"讨论式教学法",讨论点最好从大家的发言中产生,而不是由我提出一个什么有价值的问题让大家讨论。

因此,当第一轮 9 位同学发言后,我请大家就他们发言的内容进行提问或发表不同的看法。让同学们自己讨论,也就是让讨论在同学们之间进行,而不是在老师与同学们之间进行,正是讨论式教学法的特点。整个教室 70 多人,在听了 9 个人的发言之后,肯定是有想法、有疑问的。果然,同学们之间进行了互动,就好几个问题进行了讨论,课堂气氛开始活跃起来。

讨论已经有了,但是如何转向"合适的讨论点"? 其实,在十几位老师的发言中,我已经发现了两三个讨论点的线索。① 只要我一伸手,就能将某个"线头"扯出来,形成讨论的中心,就"讨论式教学法"的核心问题进行探讨。然而,我主动这样做属于下策,而上策是让讨论的中心自然而然出现。因此,我决定憋着,再等等看。

---

① 例如,有老师提到了主要在研究生课堂使用 seminar 的方法,而在本科生课堂上主要采取讲授的方法。但是另外一位老师则是在本科生课堂上也使用讨论的方法。此处的讨论点可以是:本科生课堂是否适合讨论式? 还有,有位化学系的老师说主要采取传统的讲授式。此处的讨论点可以是:理科适合讨论式吗?

我是幸运的！方老师出现了。在大家开始涉及讨论式课堂的一些问题，例如教学任务的完成和成绩的考查等内容的时候，方老师站起来说:我想请教大家一个问题,如何解决学生参与度不够的问题?

我兴奋得心蹦蹦跳!"兔子"出现了!我故作镇静地对方老师说:今天这么多同学,只有十几个同学发言,还有三分之二同学没有发言,你可以问问他们为什么不发言啊!

于是,方老师开始认真地问大家。大家纷纷发言,气氛热烈,坦白了自己不发言的原因。我觉得我的策略是正确的。如果听了方老师的提问后,我让方老师问大家为什么他们的课堂上学生们不爱发言,甚至是我主持问大家同样的问题,那么情况就会截然不同了。现在的情况,是各位老师现身说法,换位思考,分析自己不发言的原因,这样的讨论就是真实的,生动的,能够走向深入的。我看到,现场几位督导老先生,脸上表情也极为丰富! 在这个讨论告一段落后,我对方老师说:还可以问问那 9 位同学,为什么愿意发言!大家笑,方老师也开始认真地问。这个问题,与其说是我故意为之,不如说是我情不自禁。大家在讨论课堂参与度的问题,我也在思考,觉得除了问不说话的同学之外,还应该问问说话的同学。此时此刻,我觉得我也是一个讨论的参与者。此时此刻,也是我在整整两个小时的讨论中,感觉最好的时候。

对参与度的讨论,进行了大约半个小时,成为本次课的中心。至此,我的课就大功告成了。我们使用"讨论式教学法",讨论了"讲课的方法",特别是讨论课中的学生参与度问题,有点有面,有深有浅,信息量大,并且提供了进一步思考的空间,"讨论式教学法"的特点和优势不言自明。各位老师来听课,不仅体验了传说中的"讨论式教学法",而且可能真的从大家的发言中受到了或多或少的启发。满满一屋子人,整整两个小时,始终兴致勃勃,几乎没有人提前退场,也许就证明了这一点。

在课程最后,我简单总结了本次课的过程,即第一轮的自由发言,第二轮的相互讨论,第三轮的深入研究,试图帮助同学们厘清本次课的层次和思路。我还按照惯例,布置了"课后研究"的内容,例如对参与度的理论研究,讨论课是否适用于本科生,讨论课是否适用于理科,等等。这些内容,都是来自课堂发言,相信如果真的有第二次课,老师们会像真的学生一样,在课后进行深入研究的。(2014年2月22日)

五、纠错式学习法①

这次课的内容,是学习"WTO 争端解决程序"。在讨论中,有同学提到了我所提供的材料中以下一个段落:

> 上诉机构听证会,常常给人一种"缺席审判"的感觉。案件一方对专家组裁决不满,"义愤填膺"地列举裁决中的种种错误。此时的"被告",应当是专家组,由它出庭辩解,论证自己的裁决是正确的。然而,替专家组"辩护"的,却是案件另一方!作为案件当事方,怎么可能为"初审法官"进行最佳辩护呢?裁决是专家组写的,当事方只是"读者",需要"深入领会"专家组的意图。当事方也许会喜欢对自己有利的某段裁决,但不一定会喜欢这个裁决的推理过程,觉得论证过于单薄,甚至论证中有瑕疵。现在要这个当事方一味称赞专家组,就有点勉为其难了。在"交叉上诉"的情况下,当事双方都就专家组裁决中的某些方面提出上诉,一会儿说专家组这一点裁决是对的,一会儿又说专家组另一点裁决是不对的,"被告"专家组的形象就更为模糊了。②

我追问这位同学:"缺席审判"的感觉为什么会出现?她开始解释上诉机构审理案件的特点,特别是根据 WTO "诉讼程序法"——"争端解决谅解"(Dispute Settlement Understanding, DSU)第 17 条第 6 款的规定,上诉机构只审查专家组报告中的法律适用和法律解释问题,也就是"法律审",而国内法院

---

① 2013 年 12 月 10 日,北京大学法学院法学硕士课程,"WTO 法律导论"。感谢邵景春老师邀请。

② 杨国华:《拷问——上诉机构听证会简介》,载杨国华:《WTO 中国案例评析》,知识产权出版社 2015 年版,第 418 页。

就不会出现这种"错觉",因为国内法院的上诉法院是事实和法律都审的。接下来,很多同学发言,就这种"错觉"展开讨论。大家先是讨论国内法院中上诉法院判决书的形式和内容。对于这个问题,大家似乎过去没有很多关注。通过现场上网查找判决书,形式和内容很快得到了澄清。随后大家将判决书与 WTO 上诉机构报告进行比对。这就引起了大家对 WTO 专家组和上诉机构程序的讨论。大家查找 DSU 条款以及相关文章,使得有关这套程序的内容越来越丰富。经过比对,出现了好几种观点:国内法院上诉中,这种"错觉"更加强烈;美国法院上诉中,更可能出现这种"错觉";WTO 上诉程序中,这种"错觉"是错误的……

　　最后,我"得意洋洋"地对同学们说:我希望大家通过对这种"错觉"的讨论,比较深入地认识了"WTO 争端解决程序"。我这样说,是认真的。我认为,也许"法院作为被告出庭",这是一个匪夷所思的问题,是一个"缺乏基本的诉讼法常识"的问题,但是大家要论证这种感觉是"错误的",就必须运用 WTO 专家组和上诉程序的知识,说出什么是"正确的"。因此,大家在课堂上交流这方面的知识,以及现场查找网上资料,就是带着问题的学习过程,而带着问题的学习是最为有效的学习方式。不仅如此,讨论中自然而然地出现了与国内和国外诉讼程序的比较,以及诉讼法的基本理论。在这种对比中,WTO 程序的特点就凸显出来。这样学到的"WTO 争端解决程序",是立体、全方位的,也是活生生、难忘记的。(2013 年 12 月 11 日)

六、建构主义之实践

——讨论式访谈

　　最近有三位同学访谈我,让我谈谈"学术"、"人生"等。① 我建议:让我们来一次"讨论式访谈"吧;你们先谈谈对我的印象,我也谈谈自己的认识。我的理由是:这次访谈的主要目的,是要说说"杨老师是什么样的人";按照传统的访谈方式,即"自述式",我要回忆一下经历,然后总结一些启示,最后提出几条建议;但问题是:我的自述是真实的吗? 也就是说,我真的知道自己是什么样的人吗? 不是有句俗话"人最难认识的是自己"吗? 因此,我们何不讨论一下,汇集一下大家的看法?

　　他们都上过我的课,知道我的"讨论式教学法",现在听说要运用到访谈上,觉得新鲜,欣然应允。

　　于是,访谈就这样进行了。第一位同学(A 同学)先总结了几点印象,第二位同学(B 同学)表示同意 A 同学的看法并谈了自己的印象,第三位同学(C 同学)说同意前两位同学的看法并提供了自己的视角,然后 A 同学又补充了一些看法。我看大家说完了,问道:A 同学认为我在课堂上应该发表自己的观点,其他同学怎么看? C 同学说:赞同 A 同学的意见,有些问题,老师应该发表自己的观点,例如有一次课上讨论英国哲学家休谟对因果关系的质疑,只是同学们在讨论,老师没有发表自己的看法,于是大家下课时仍然一头雾水。A 同学评论说:休谟的讨论是一个例子,但自己想说是……我问 B 同学:对于现在

---

① 访谈时间为 2015 年 5 月 6 日下午 3—5 点。感谢清华大学法学院鲍抒、吴绍轩和叶简剑同学的组织和参与。

讨论的问题是什么,是否需要 A 同学和 C 同学澄清一下再发表意见? B 同学同意,并且在两位同学简单澄清后谈了自己的看法:对于知识性的问题,自己查找就可以了,而对于观点性的问题,则需要老师发表看法。

随后,我说道:对于老师是否应该发表自己观点的问题,我曾经与很多老师讨论过,现在以休谟例子说说我的观点:有一次上课,我只是偶尔提到休谟,没想到有同学对此产生了浓厚兴趣,课后进行了阅读和思考,并且在 A 同学和 C 同学提到的那次课上发表了自己的看法。C 同学本科是学哲学的,发表了不同看法,然后有几位同学也参与了讨论。的确,作为课堂上的老师,我只是看着同学们面红耳赤地辩论,最多有时候穿插提问一下,并没有发表自己的观点;事实上,我对休谟也没有研究,仅仅限于最近阅读的罗素《西方哲学史》的间接介绍,但是我觉得大家讨论很有价值,因为这是在试图澄清和理解一个比较复杂的哲学思想,我听了很受启发,课后还进一步阅读了关于休谟的介绍;我的理念是:即使我十分清楚休谟的理论,我也不会"轻易"发表自己的看法,因为这样可能会抑制同学们讨论的热情和探索的兴趣:老师已经给了正确答案,同学们还需要自己去争论什么呢? 总而言之,我认为对休谟的讨论是很好的学习过程,而我自己不发言的定位是正确的。

接着,我顺便总结了"老师是否应该发表自己观点"问题的"两阶段论":在一学期的课程中,前几次课是无论如何也不能发表自己观点的,而等到了后几次课,课堂"安全"了,也就是同学们不再期待老师提供标准答案或权威解释,则可以发表自己观点了。最后,我又针对三位同学发言中所提到的事情,"回忆一下经历"、"总结一些启示"、"提出几条建议"。在我讲述期间,同学们随时插话发表不同观点。两个小时过去了,我问同学们:访谈稿能写了吗?他们互望一眼:差不多了。

我觉得,经过这样的讨论,同学们对于"杨老师是什么样的人",应该有一个比较立体的看法,能够写出比较有特色的人物访谈了。他们可能会重点写这次访谈形式的新颖性,并且借此写我对教学法的理念,其间穿插我的经历、启示和建议等,使得这篇访谈有血有肉、详略得当,可以让读者在耳目一新的形式中得到启迪。我还觉得,传统自述式访谈的结果,只是一幅作者"自画像"而已,可能美化、丑化或片面,而"讨论式访谈",却是一幅集体作品,大家从不同角度观察描写,画像中的人物可能更加接近于真实形象。

然而,当主笔同学分享了一份手写的提纲,我却看了半天、想了半天:"我是一个怀疑论者! 我总在怀疑自己说话是否有用。杨国华。"其一,"我希望自己是立体的";其二,"我在商务部是'×××'(绰号)";其三,"我讲这一切,仿佛做了一道菜端上桌,大家爱不爱吃,就不知道了";其四,"我的人生中,年龄只是个数字。""我是个怀疑论者……(同开头)。"我们讨论了两个多小时,涉及了那么多问题,并且重点谈论了教学法的理念,但是为什么主笔同学会这样写呢?

困惑中,我发微信,请另外两位同学也独立草拟一份提纲看看。以下是他们在微信群中分享的内容:"1.在知天命之年。2.在商务部。3.在清华。4.在学生眼中。""'你与我之间'之杨老师初印象。'官员与学者之间'之商务部18年。'专注与创新之间'之清华的学术理想。'人事与天命之间'之漫步人生路。"

完全不同的结构! 此时此刻,我面前的墙上仿佛展示着四幅肖像,神态各异,却都注明"杨国华肖像"!

困惑、惊慌、反思之下,我的看法是这样的。三位同学各不相同:男生和女生,研究生和本科生,本科来自不同学校(清华、南开、浙大)和不同专业(法律、哲学、法语),在不同地区长大(河北、浙江),下学期就在不同地方学习(清华、美国);他们的家庭背景不同,兴趣爱好不同;他们与我交流的程度不同。如此不同的同学,在访谈之前,对我这个老师的看法怎能相同呢? 我怎能期待两个小时的座谈后,大家的看法就能够统一呢? 事实证明,访谈开始之前,我们四个人对于"杨国华"的认识是不同的,但是在讨论中,每个人仍然是在自己看法的基础上,在与他人的交流中,从自己的角度看待"杨国华"。虽然在这两个小时里,我们四个人的信息是共同的,但是每个人的接受却是选择性的:也许我在特别强调一个方面时,有同学却走神了,想到了另外一件事情;也许我一带而过的话题,却被某位同学的注意力所抓住、放大,用以支持或否定自己的已有观点。最后,我们四个人在原有经验的基础上,在信息交流的选择性刺激中,形成了各自不同的"杨国华"。

此处特别要提及的是我自己。访谈之前,我心中当然有一幅"自画像";访谈过后,想到同学们的描述和评价,我修改了这幅"自画像",有些地方添几笔,有些地方减几笔。然而,我怎么能够期待,一个与同学们年龄和经历迥异的老师,画出同样的"杨国华"肖像呢?想到这里,我心中释然了。原来,不同才是正常的。俗话说得好:一千个人眼中就有一千个哈姆雷特。

然而,我们不能否认,画像上的都是"杨国华",只是"神态各异"而已,并且我们可以推论,对于四位"画家"而言,每幅画都比访谈前更为生动、传神,因为大家互相交流了"初稿"和看法,大家对人物的理解更加丰富了。不仅如此,我还敢肯定:经过这次微信交流,大家对"绘画"的技巧和思考又提高了一步!

至此,我恍然大悟了:这不正是教育心理学的一个流派"建构主义"(constructivism)所描述的学习过程吗?[①] 学习的过程,是学习者在自己智力和经

---

① "知识从哪里来"和"人如何学习"是人类的古老追问。根据对这两个问题的回答,形成了两个主要哲学派别:经验主义(empiricism)和理性主义(rationalism)。经验主义认为,知识来源于经验;有机体好像一张白纸,任何知识都来自它同环境的互动及联系,而理性主义认为,知识来源于推理,学习是通过回忆或发现已经存在于心灵的东西。

在此基础上,又发展出三种现代学习理论:行为主义(behaviorism)、认知主义(cognitivism)和建构主义(constructivism)。从以下七个方面,能够把这三种理论进行大体区分:学习是如何发生的,哪些因素影响着学习,记忆的作用是什么,迁移是如何发生的,哪一种学习类型可以用某一种理论得以最佳说明,该理论的什么假设与原理对教学设计来说是特别相关的,为了促进学习应如何安排教学。

例如,对于"学习是如何发生的",行为主义将学习等同于可观察业绩的形式或频率所发生的变化;在一个具体的环境刺激呈现之后,能够表现出一个恰当的反应,学习就算发生了。认知主义认为,学习是获得知识时状态之间的离散变化,而不是反应概率的变化;认知理论致力于将学生学习的过程概念化,想要弄清楚信息是如何接收、组织、贮存和提取的。行为主义和认知主义都认为世界是真实的,存在于学习者外部,教学的目标就是将世界的结构与学习者的结构相匹配。但是建构主义则认为,知识是个体依据自己的经验来创造意义的结果,学习是依据经验来创造意义;建构主义并不否认真实世界的存在,但却强调我们之所以能把握世界,是因为对自身的经验作出独特的解释,即人创造意义而不是获得意义。

参见[美]Ertmer 等:《行为主义、认知主义和建构主义:从教学设计的视角比较其关键特征》,盛群力译,《电化教育研究》2004 年第 3 期,第 34 页;第 4 期,第 27 页。

验的基础上,在与他人的交流中,构建知识的过程;知识构建的过程,也是能力培养的过程;有效教学,就是给学习者创造构建知识的环境,例如自由平等的气氛,丰富多样的信息,不同角度的观点;老师和学生是学习共同体的成员,每个人都是学习者。

以这次访谈为例,我们师生四人围坐一圈,谈对"杨国华"的认识,有优点,有缺点;有肯定,有质疑,气氛非常融洽。一位同学的印象中,我非常温和,以至于缺少"强硬"的一面。我开诚布公,说明并不一定了解自己,并且坦承自己的经历和观点不一定对同学们有启迪。我还抓住一位同学的观点,让大家集中交流一下"老师是否应该发表自己观点"的不同看法。访谈结束后,我对"杨国华"有了进一步了解,并且在微信群中的大纲交流中,我更进一步思考"杨国华"究竟是什么样的人。我知道,也许世界上并不存在一个客观真实的"杨国华";也就是说,也许我永远不可能知道我自己是什么样的人,但是在追问和思考中,我在无限接近,并且认识自己和认识世界的能力得到了提高。相信同学们也有同感——一位同学开始时说我"深不可测",后来就点头认为可以写我了。虽然认知的结果是不可知的,但是认知的过程却是真实的。我也相信同学们会同意我的看法,(同学们也可能并不同意我的看法):认识"杨国华"并不重要,但是这个过程却是非常有趣的,因为这让我们看到了自己作为学习者的教育心理学规律,而对学习规律的认识却是非常重要的,涉及我们怎样学习,怎样成长。

事实上,这次"讨论式访谈"比较典型地再现了我所开发的"讨论式教学法"的学习情境。在"WTO 与国际法治"的单次讲座中,在"中国外贸法"的两次授课中,在"世界贸易组织"、"中美经贸关系中的法律问题"和"中国经济与法律制度"的整学期课程中;在与律师的小范围交流中,在上百人大会场的WTO 研讨会主持中;在法学院"法律与人生"讲座中,在本科生迎新致辞中;甚至在与朋友的古典音乐欣赏和与学生的古希腊文学研讨中,大家围绕一个主题,不断深入和扩展自己的认知,是大家,包括我自己在内,在一块巨型画布上描绘自己心中的图景。这不都是"建构主义"之实践吗?!但是这次访谈给我的启示是:在我认为大家达成共识之处,却可能仍然是学习过程中的一个点而已;求知之路,路漫漫其修远兮;"讨论式教学法"只是开启了大路之门,而非到达了终点。

相比于"讨论式访谈",传统自述式访谈提供给同学们的,最多只是一幅静止的"自画像",与大家一起动手画像的效果岂可同日而语?!而相比于"讨论式教学法",传统的讲授式教学法也需要深刻反思了。(2015 年 5 月 8 日)

七、市场营销与教学方法

《市场营销》①一书的目录如下：

第一部分　启动营销进程

　　第1章　通过营销建立顾客关系与顾客价值

　　第2章　开发成功的营销和组织战略

　　第3章　扫描营销环境

　　第4章　营销中的伦理与社会责任

第二部分　理解买方和市场

　　第5章　理解消费者行为

　　第6章　理解组织市场

　　第7章　了解全球顾客　开拓全球市场

第三部分　发现营销机会

　　第8章　营销调研：从洞察顾客到采取行动

　　第9章　市场细分、定位与预测

第四部分　满足营销机会

　　第10章　开发新产品和服务

　　第11章　产品与品牌管理

　　第12章　服务管理

　　第13章　确定定价基础

　　第14章　制定最终价格

---

① ［美］凯林等：《市场营销》，世界图书出版公司 2012 年版。

老师讲课,不就是将知识①"销售"给学生的过程吗？学生是特定市场的"消费者",老师是"营销员",知识就是"产品"。营销员如何将产品卖给消费者,这就是市场营销的核心内容。这可不是一个简单的过程。这里面是有大学问的。所以才有一个专门的学科"市场营销"啊！老师讲课不也是有大学问的吗？"教育学"就是这样一个专门的学科。

先说市场营销。这本书介绍说:美国商业历史可以划分为四个阶段:生产观念时期,销售观念时期,营销观念时期和当今的顾客关系时期。生产观念时期包括了美国 20 世纪 20 年代以前的历史,这个时期的购买者愿意接受任何可以购买到的产品。这一时期的核心观念是产品会实现自我销售。销售观念时期从 20 世纪 20 年代持续到 60 年代,制造商发现它们生产的产品数量超过了购买者的消费量,竞争也由此产生,因此当时的解决办法就是雇佣更多的销售人员去寻找新的购买者。20 世纪 60 年代,又进入了营销观念时期,组织开始将营销整合到企业经营的各个阶段。在当今的顾客关系时期,组织将努力集中于:(1)不断搜集有关消费者需要的信息;(2)部门间共享这些信息;(3)利用这些信息创造顾客价值。(第 17 页)

---

① 　老师对于学生,是"传道授业解惑也",当然不仅仅是传授知识而已。为简化论证之目的,此处姑且用"知识"代之。

我们也许不能肯定这样的阶段划分是否有明确的界限,但是供求关系的常识告诉我们,当"求大于供"的时候,厂家是不用操心销售的。产多少卖多少,工厂外面排着队,还用关心怎么卖出去吗？这个阶段,应该属于所谓的"生产观念"阶段。然而,当"供大于求"的时候,市场上同类产品琳琅满目,消费者变得挑三拣四,情况就发生变化了。厂家要想方设法把产品卖出去。这可能就进入了所谓的"销售观念"阶段。厂家最初可能是建立专门的、庞大的销售队伍,随后可能是在生产和设计时就考虑销售的问题,从包装到质量都考虑消费者的喜好。而最新的发展,是一切以消费者为中心,不仅千方百计满足消费者的需求,而且试图开发出引领消费者需求的产品。不仅如此,营销的最高境界,是建立消费者的忠诚度,让顾客用了就忘不掉离不开！在这个过程中,所谓的"营销观念"阶段和"顾客关系"阶段就出现了。因此,商业历史的发展,也许就可以大致分为两个阶段,即"求大于供"阶段和"供大于求"阶段,期间的分界线就是竞争的出现。可以这么说:没有市场竞争,就没有市场营销。还可以这么说:在市场经济条件下,除了受到严格管控的垄断行业之外,市场竞争已是常态,那种"皇帝女儿不愁嫁"的时代,已经一去不复返了。

商业的发展,多么像课堂的演变啊！在"知识垄断"的年代,只有私塾先生有知识,甚至只有私塾先生有一本"四书五经",那么先生说什么,学生就要信什么。如果先生说了,而学生却不信,那是要挨板子的！但是后来呢,印刷术发展了,交通发展了,信息发展了。现在的学生,是生活在信息时代。印刷的书都不用了,太累赘！百科全书和字典都不用了,直接上"百度百科"！现在的学生,古今中外的知识,都可轻而易举得到——在 Wi-Fi 覆盖的教室里,轻轻一点,再轻轻一划,所有的知识都出现了！面对这样的学生,先生们还能坐在台上摇头晃脑地自我陶醉吗？先生的竞争者出现了,生龙活虎、来势凶猛。先生的垄断被打破了。

我们经常听到老师们抱怨:学生不认真听讲。我们仿佛是听到了一家老厂抱怨:别人不买我东西。

学生凭什么听你讲？你讲的知识够新吗？你的课堂有趣吗？这些问题,

也是消费者的问题:我凭什么买你东西？满大街都是好东西,凭什么非买你的？

如果是选修课,学生就不选;如果是必修课,学生就不听。消费者不也是这样吗？我可以不进你这家商店。实在没办法,导游强迫进商店,我也象征性地走一圈,但是别想让我掏腰包!

看来,老师得换点招了。"强买强卖"是不行的。时代不同了。

这本书给营销所下的定义是:营销是一项组织职能,它是为消费者创造、沟通和传递价值,并以有利于组织及其利益相关者的方式来管理顾客关系的一系列过程。(第17页)这个定义比我们常说的"卖东西"复杂多了,但是其核心,恐怕仍然是"卖东西"。

本书提供了一家食品公司的"五年营销计划"样本,共10个方面:管理层简介,公司情况概述,战略重点与计划,形势分析,市场—产品定位,营销方案,财务数据与预测,组织结构,执行计划,评估与控制。(第49—59页)这简直就是一份完整的"课程方案":老师简介,课程概况,课程重点与计划,课程所针对的学生情况,教学方法,课程预期效果,课程评估……看来,要想把知识"卖出去",这份样本是有参考价值的。也就是说,在课程方案的制定和实施过程中,应逐一对照这些要素。也许只有采取这样科学的方法,才能"卖个好价钱",并且维持一个良好的"客户群"。

其中,"营销方案"所对应的,就是"教学方法"。从前述市场营销的发展历史看,营销方案是统揽全局的部分,上承产品开发,下启售后服务。"教学方法"也有这样的作用,上承课程设计,下启课程评估。

上述"营销方案"有四个部分:产品策略(产品系列、独特的质量、包装)、定价策略(产品的定价点、相对于潜在替代品的价格定位)、促销策略(店内展示、烹饪方式、赠优惠券(周日报纸插页、包装内置优惠券、直接邮寄优惠券、店内展示派送))和地点策略(通过分销商、通过代理商)。此外,从本书的目录可以看出,市场营销是一个系统工程,包括如何建立客户关系、如何确定战略方向、如何进行"环境扫描"、如何理解营销伦理、如何理解消费行为、如何发现营销机会、如何进行市场细分、如何开发新型产品、如何实施品牌管理、如何确定定价基础、如何管理营销渠道、如何进行物流管理、如何经营公共关系、如何整合营销过程,等等。如上所述,这个过程的核心就是如何将东西卖出去。

那么,教学方法呢? 教学方法的核心,就是如何把课程内容有效地传达给学生。这样的过程,一点不比市场营销简单。兹以上课方式为例,是使用讲授式还是讨论式? 如果使用讲授式,如何讲出新意? 如何让学生保持注意力? 如何让每一个学生都有所收获? 如何能够通过课堂学习带动学生课后自学? 如何做到"授人以渔",而不仅仅是"授人以鱼"? 如果使用讨论式,如何确保知识的系统性? 如何争取更多同学的参与? 如何把握讨论的节奏? 如何处理"七嘴八舌"中出现的各种各样的问题? 除了讲授式和讨论式,教学方法还涉及很多内容,例如如何使用教学辅助工具,如何利用互联网,等等。

当然,教学方法看似仅仅发生在课堂上,实质上是要从课程设计到课后评估全程考虑的,正如市场营销要"整合到企业经营的各个阶段",并且要致力于建立顾客关系。市场营销固然需要技巧,但是产品必须首先是好产品,这是市场营销之本。教学方法也一样,其所承载的必须是"好知识"——有用加有益的,经典加现代的。至此,我们看到了市场营销和教学方法的共同关键点,即产品开发或课程开发。不能开发出好产品,市场营销乃无本之木;不能开发出好课程,教学方法乃无本之木。产品开发与市场营销之间的关系,是产和销的关系;课程开发与教学方法之间的关系,也是"产"和"销"的关系。本文开头说老师讲课就是将知识"销售"给学生,但是有一个重要的前提不能被忽视,即知识必须是"好知识",正如市场营销,看似眼花缭乱,但是万变不离其宗,其产品必须是好产品。

当然,如此定位市场营销和产品开发之间的关系,并不是贬低前者的作用。相反,正如前文所述之美国商业历史的阶段所显示的,随着供求关系的变化,市场营销的作用日益彰显,以至于产品开发也要融入市场营销之中。同理,如此定位教学方法和课程开发之间的关系,也不是贬低前者的作用。相反,在信息化的社会,课程开发的时候,就要考虑如何送达学生的问题。如此定位,只是希望说明,市场营销也好,教学方法也罢,于千变万化之中,其轴心之所在。

前文我们提到老师的抱怨就像老厂的抱怨。那么,"市场营销"对老厂的启示就是:你有好产品和好的营销策略吗? 对老师的启示就是:你有好知识和好的教学方法吗?(2014 年 5 月 21 日)

八、"因材施教"与"教学相长"

"因材施教"和"教学相长"是教师们的口头禅,是教学工作的理想状态。

"因材施教",意指根据每一个学生的特点开展教学活动。[1] 世界上没有两个完全相同的学生,而最为理想的教学状态,应该是针对每一个学生的特点所进行的教学。例如,单独设计方案,单独指导交流,单独释疑解惑。这样的教学,可能是最为有利于学生的进步和成长的。

"教学相长",是"教"与"学"相互促进,主要意指教师也能从"教"中有所"学"。[2] 如果说"因材施教"是以学生为主体的,那么"教学相长"就是以教师为主体的,即教师在"教"的过程中,在自己研究备课、课堂讲授和学生反馈中,发现很多问题,进而促进自己的学习和提高,使得自己的研究和教学水平不断提高。[3]

进而言之,学习是快乐的,因为通过学习,一个个未知世界在我们面前展开,一个个疑难困惑在我们心中释然,那么,如果能从"教"中有所"学",应该是一件开心的事情——在与朝气蓬勃、千差万别、日新月异的年轻人交往中学

---

① "因材施教"源自《论语·先进篇》:"公西华曰:由也问,闻斯行诸? 子曰:有父兄在;求也问闻斯行诸,子曰:闻斯行之。赤也惑,敢问。子曰:求也退,故进之;由也兼人,故退之。"

北宋理学家程颐说:"孔子教人,各因其材。"朱熹对此的注释是:"圣贤施教,各因其材。小以小成,大以大成,无弃人也。"于是有了"因材施教"的说法。参见梁秋英、孙刚成:《孔子因材施教的理论基础及启示》,《教育研究》2009 年第 11 期。

② "教学相长"出自《礼记·学记》:"虽有佳肴,弗食,不知其旨也;虽有至道,弗学,不知其善也。是故学然后知不足,教然后知困。知不足,然后能自反也。知困,然后自强也。故曰:教学相长也。"

③ "教学"之"教"似应读作平声"jiāo",因此"教学"所对应之英文应为"teach",而"教学相长"之"教"则似应读作去声"jiào",此处"教学"所对应之英文应为"teach and learn"。实际使用中,似乎不会出现混淆,因此本文也未作特殊说明。

习到很多知识,感悟到很多真谛,是多么幸福啊!因此,"教学相长"是最为理想的职业状态。

然而,现实与理想却存在很大差距。以班级教学为例,教师可能会根据年级的高低等设计课程,从而对本科生低年级、本科生高年级和研究生开设不同课程,但是基本无法进一步细分,例如对本科生低年级的不同班级区别对待,更不可能对同一班级的不同学生分别照顾。也就是说,在班级教学的情况下,理想状态的"因材施教"是不可能的(mission impossible)。于是,现实中,教师只能采取"大概"、"差不多"的策略。例如,面对同一班级的学生,教师所设计的课程,是针对大致平均水平的,也就是中间大多数同学,类似于橄榄球的中间部分。至于"两端"(优秀和较差)同学,以及这个中间部分同学的个体差异,教师不可能顾及。试想一下,教师面对几十个学生讲课,怎么可能知道每个学生的听讲效果呢?如果不知道,那么"因材施教"又从何谈起呢?在这种情况下,理想状态的"教学相长"也是不可能的。

以上反复使用"理想状态",是想强调,理想的"因材施教"和"教学相长",是在师生之间建立一一对应的关系:教师针对每一个学生,同时也得到每一个学生的反馈,而这在班级教学的情况下,是不可能实现的。[①] 这并不是说,在班级教学的情况下,不存在"因材施教"和"教学相长"。前文提到,备课和讲授,教师也有可能"学"。此外,课堂提问,课后交流,也会有"因材施教"和"教学相长"的效果。但是,如果将"理想"的分值设为100,那么"现实"的分值可能很低,例如最多只能达到10。

以上叙述,大家可能不会有什么异议。理想本来就是很难实现的,而本文所定义的理想"因材施教"和"教学相长",则是根本不可能实现的。那么,一位"有理想"的教师所能做的,就是想方设法提高"现实"的分值,特别是课后花费更多时间与学生交流,因为"因材施教"也好,"教学相长"也罢,其来源和归宿都是学生;学生的反馈越丰富,效果就可能越好,

---

① 此处以班级教学为例,是因为班级教学是一种主要的教学方式。课后个别指导和教师指导研究生,与班级教学不同,此处暂不讨论。

"现实"的分值就可能越高。

但是大家可能没有注意到，以上叙述是在一个假设的背景下进行的：教师讲课，学生听课。在这个情景下，我们所能够想到的，也就是以上这么多了。但是，如果改变一下这个背景，例如上课的方式不是我们所耳熟能详的"教师讲课、学生听课"，那么在不增加课后时间的情况下，班级教学的"现实"分值也可能大幅度、实质性提高。

我在法学院上课采用了一种"讨论式教学法"，课堂上主要是同学们发言，我仅仅是主持人。同学们发言的内容，可能是我按照课程大纲所提供的参考资料，也可能是与某一次课主题相关的、他们自己查找的资料，包括现场上网搜索的资料。讨论一般分为"发散"和"集中"两个部分，即上课开始的时候，是同学们分享阅读和研究心得，铺开一个较广的知识面，然后围绕一个或几个问题，向深度和广度发展。从学习的角度看，同学们的学习主动性非常高，积极进行课前阅读、课堂讨论和课后研究。讨论中，大家齐心协力，不仅搭建了某个专题的知识框架，而且锻炼了思维的方式，培养了自主学习和相互学习的习惯。我把这种教学法描述为："讨论式教学法"是将以人为本作为指导思想，师生作为学习共同体，围绕特定主题进行研讨，从而增加学生的知识和培养学生的思维的教学方法；"讨论式教学法"由学生课前阅读、课堂讨论、课后研究三个环节组成，其中课堂讨论环节，以学生发言和辩论为主，教师只是讨论的主持人和促进者。

这个描述中已经出现"师生作为学习共同体"的说法，明确反映了"教学相长"的特征。"教"是指我设计了课程，精选了资料，主持了讨论，并且参加了讨论，是"师→生"方向，而我在与同学们的讨论中，随时都在接收他们的信息，即"生→师"方向。不仅如此，课堂的主体是"生←→生"方向，同学们之间的热烈讨论，时常给我提供信息和启发。还有，这样的课堂，主要是"师生"和"生生"之间的互动和交流，"因材施教"不仅得到了充分的实现——教师每时每刻都在根据每个同学的特点进行引导，而且其外延得到了拓展——同学们之间也在彼此"因材施教"。因此，在我的课堂上，"现实"分值应该是相当高的，因为同学们看到了进步和成长，我也获得了提高和乐趣。

在长期的教学实践和众多的教学交流中，我发现，要运用这种"讨论式教学法"，必须具备两个条件：将以人为本作为指导思想，即真正信任学生的教育理念，以及巧妙主持讨论的教学方法。真正信任学生，是指相信学生有学习的动力和能力，敢于将学习的主动权还给学生。巧妙主持讨论，是指激发学习主动性和引导讨论方向的技巧，包括如何创造"问题情境"，如何搭建知识框架，如何培养批判思维，以及如何让爱发言的同学有节制，让爱沉默的同学说出来，等等。教学方法可能需要实践和总结才能运用自如，但它只是"末"，而教育理念才是"本"。如果能够真正信任学生，主持的技巧自然能够生成——在整学期课程的中后期，我甚至都让学生担任主持人，而我仅仅是作为一名普通的学生参与讨论而已！此时此刻，"因材施教"和"教学相长"的内涵和外延不仅进一步得到了拓展，而且可能到了颠覆性的程度。

最后需要说明的是，"讨论式教学法"的称谓早已有之，但是我所使用的教学法，可能具有全新的含义。因此，有教育学家朋友称为"杨氏讨论法"，以示区别。（2015年4月9日）

九、挑战极限

——WTO 案例讨论所适用的学生①

这是一次普通的 WTO 案例讨论课。上课了,我让同学们随意谈谈读后感(第一轮)。同学们就几周前收到的"中国知识产权案"专家组报告,②开始发言。有人说,感觉专家组没有明确的立场,模棱两可,只是反复引用当事方的观点,好像是一个调解人。有人说,专家组裁决非常有逻辑的连续性,非常清楚。有人介绍了专家组对"commercial scale"一词的分析思路,有人质疑原告美国为什么没有充分使用数据作为证据,有人认为美国对"commercial scale"一词的解释违反常识,还有人猜测美国起诉的政治动机。同学们的发言范围很广,但很快就集中到本案的核心问题,即对"commercial scale"一词的解释上(第二轮)。中国刑事法律规定,假冒盗版达到 5 万元或 500 张光盘,才应承担刑事责任,而 WTO 的知识产权协定第 61 条却要求对具备"commercial scale"的侵权给予刑事处罚。美国认为,"5 万元或 500 张"这一"刑事门槛",不符合 WTO 的规定。但是专家组认为,"commercial"和"scale"是两个词,不能说凡是"commercial"行为就是具备"scale"的行为,而"scale"(规模)是一个相对概念,必须证明"5 万元或 500 张"所在的市场有多大,才能确定是否具备"scale"。由于美国没有证明这一点,所以美国没有证明中国刑事法律的这一规定不符合

① 2013 年 10 月 27 日,我在清华大学法学院国际班主持 WTO 案例讨论。感谢何海波老师邀请。感谢吕晓杰老师点评。感谢北京师范大学教育技术学院研究生殷向荣同学录像。

② 中国知识产权案(362):专家组报告中关于"刑事门槛"的部分(VII. C. Criminal Thresholds,第 82—134 页,第 7. 396-682 段)。

WTO 规则。

同学们对这一点的讨论，不仅澄清了本案所涉"措施"，即本案中被告的是中国刑事法律中的"刑事门槛"问题，而且理解了专家组的法律解释思路。不仅如此，同学们还进一步分析了专家组所设的标准是否容易满足，证据是否容易提供，WTO 规则的规定是否存在问题以及能否作出更加明确的规定，等等。最后，我请同学们评价一下专家组的分析思路（第三轮）。有人认为，专家组不敢得罪中美双方才会得出作出这样的解释。有人认为专家组根本没有解决问题，而是"和稀泥"。但更多人则认为，面对这样的难题，专家组在其职权范围内作出了令人信服的解释，显示了高超的智慧。我觉得，通过大家的讨论，本案的核心问题得到了澄清，专家组的法律解释方法和法律思维特点也得到了展现。因此，这次讨论课的目标实现了。

然而，随着讨论的深入，我越来越感觉到，这不是一次普通的 WTO 案例讨论课。32 名同学，举牌发言十分踊跃，但由于上课时间有限，在第一轮的开放发言中，我不得不舍弃 9 位同学，没有给他们发言的机会，而在第二轮集中发言中，我又不得不舍弃 10 位同学。这是与以前任何一次 WTO 案例讨论课都不同的。以前的讨论中，同学们的发言都会比较积极，但是不会如此踊跃，以至于时间不够。

这的确不是一次普通的 WTO 案例讨论课。没有给每个举牌同学发言的机会，这是令人遗憾的事情。然而，如果你知道这些学生主要是法学院大一新生（以及少数大二学生），可能你就会感到震惊了！WTO 的法律裁决，涉及中国刑法、知识产权协定和条约解释方法等法律专业内容，属于世界上最高水平的裁判文书，并且是 50 多页英文原文。这些学生，刚刚入学一个多月的学生，严格说来还属于高三毕业生的学生，是如何能够做到在这样的课堂上，面对老师，面对同学，对本案侃侃而谈，对美国"说三道四"，对专家组评头论足的？这样的理解能力和表达能力，这样的逻辑思维和英文水平，这样的知识面和专业性，若非亲眼所见，实在难以与高三毕业生相提并论。

也许你会说，这是清华大学法学院国际班的学生，是优中选优，精英中的精英。然而，清华大学普通班的学生，差距是多大？其他重点大学"国际班"或"实验班"的学生，差距是多大？这些重点大学普通班的学生，与"重点班"的学生，差距是多大？同样这一份案例材料，哪些学校的大一新生不能胜任？哪些学校的高年级学生才能胜任？

　　WTO 案例是好教材，但是不适合本科生，因为他们还没有法律的基本知识和训练。这似乎是很多老师的共识。虽然我对此心存疑惑，但是我以前的教学经验，也只到达过大三下学期。① 然而，这次课挑战了极限，到达了大学教育的最前沿！（2013 年 10 月 28 日）

---

　　① 2013 年春节学期，我在北京师范大学法学院大三年级主持了一个学期的"WTO 专题课"。从课程效果看，这些学生完全能够胜任 WTO 案例研讨。参见课堂实录《探索 WTO 之二》（厦门大学出版社 2013 年版）。全程听课的廖诗评老师认为，这门课可以前移至大二开设。

十、古希腊文学的意义^①

——关于课程目标

当我把"普罗米修斯"和"俄狄浦斯王"列入"古希腊文学研讨小组方案"的时候，我并没有想太多。最近一段时间，我一直在读古希腊悲剧，经常用以下词汇表达心理感受：惊心动魄的故事，丰富多彩的情节，令人读时欲罢不能，读后回味长久；戏剧气氛和精彩对白，读之扣人心弦，感慨万端；栩栩如生的描写，惊心动魄的情节，巧妙动人的设计，生动精彩的对白；悲惨，太悲惨了；震撼，太震撼了！古希腊悲剧的力量太强大了！此

---

① 古希腊文学研讨小组方案：时间：2013 年秋季学期，每次讨论两小时；参加者：北京师范大学法学院本科四年级学生。形式：研讨式：学生课前阅读并讨论资料；讨论课以学生发言为主，教师主持讨论。

内容：第一、二周：阅读资料（必读，下同）：戏剧《俄狄浦斯王》、《普罗米修斯》（《古希腊悲剧喜剧集》，译林出版社）。参考资料：《悲剧心理学》（朱光潜，江苏文艺出版社）。第三、四周：阅读资料：《荷马 伊里亚特》（人民文学出版社）第一卷，第 1—26 页；观看电影《特洛伊 木马屠城》（TROY, Wolfgang Petersen, 2004）（优酷视频）。参考资料：《神圣的荷马》（陈中梅，北京大学出版社）；《希腊神话和传说》（斯威布，人民文学出版社）。第五、六周：阅读资料：《伯罗奔尼撒战争史》（商务印书馆）"阵亡将士国葬典礼上伯里克利的演说"，第 144—155 页；"关于密提林的辩论"，第 231—243 页。参考资料：《希腊罗马名人传》（普鲁塔克，商务印书馆）"伯里克利传"；《修昔底德笔下的演说》（斯塔特，华夏出版社）。第七、八周：苏格拉底。阅读资料：《柏拉图对话集》（王太庆译，商务印书馆）"治国篇"卷一；"苏格拉底的申辩篇"；戏剧《云》（《古希腊悲剧喜剧集》，译林出版社）。参考资料：《回忆苏格拉底》（色诺芬，商务印书馆）。第九、十周：亚里士多德。阅读资料：《亚里士多德全集》（中国人民大学出版社）第二卷"论宇宙"第 605—632 页；第六卷"体相学"第 37—57 页，"论植物"第 67—79 页；第八卷"尼各马科伦理学"第 94—119 页（论公正）；第九卷"政治学"第 148—160 页（论政体），第 271—286 页（论教育）；"亚历山大修辞学"第 617—632 页（论演说）；第十卷"雅典政制"第 1—70 页（全文）。参考资料：《亚里士多德的世界》（译林出版社）。感谢北京师范大学法学院廖诗评老师的邀请和安排。

外，我也在和朋友聚会聊天时，讨论过"俄狄浦斯王"，内容涉及戏剧冲突、情节激烈、剧作家想象力和人的命运等，进而引发大家探讨人性的永恒、情感的不变、善良、悲剧、命运、人生、幸福和邪恶等主题。经典，用普鲁塔克的话说，具有"取悦和提高"的功能。阅读经典，讨论经典，能够获得愉悦，能够得到提高，这就是我向同学们推荐这两剧的原因。或者说，这就是我的课程目标。

当然，我知道，我所采取的"学生发言老师主持"的讨论式教学法，必然能够使得"愉悦"和"提高"的过程精彩纷呈，尽管我不知道讨论的具体内容和方向究竟会是什么。

果然，第一次讨论，同学们就提到了黑格尔的美学理论，普罗米修斯反抗命运之动机，普罗米修斯与释迦牟尼的相似性，俄狄浦斯继任者克瑞翁的丑恶，普罗米修斯像白求恩，阿伽门农，安提戈涅，谁救了普罗米修斯，宙斯的花心，悲剧与喜剧的区别，俄狄浦斯王中令人震撼的"和丈夫生了丈夫，和孩子生了孩子"独白，西方文化对待乱伦的态度，等等，并且后来讨论的焦点，集中到从戏剧文本看，普罗米修斯是否反抗了命运。讨论的范围之广，内容之深，是我始料未及的。

第二次讨论，集中在两个问题上。其一，为什么同学们的感受有所不同？事实上，在第一次讨论的时候，这种分歧就出现了。有的同学说读得流泪，有的同学说仿佛听到了两声惊雷，但是也有的同学说"没什么呀"，有的同学说没有什么感觉。大家从朱光潜的《悲剧心理学》、黑格尔的美学理论以及亚里士多德的悲剧理论中寻找理论支持，深入研究悲剧的特点以及读者/观众的心理。其二，主人公的命运是怎么回事？有同学引用黑格尔的理论，说命运决定了主人公的反抗，同时决定了主人公反抗命运的失败。由此，大家开始探讨每个人的命运是否可知以及能否改变。两剧主人公的不同结局，即普罗米修斯的获救和俄狄浦斯王的悲惨，也给同学们提供了不同的思路。很多同学的共识是，命运之悲喜结局虽不可知，但每个人应该积极努力。

当初，我只是觉得两剧精彩，才推荐给同学们，并且模糊地感觉到能够有愉悦和提高的效果，但是我并没有想到同学们能够提高到命运和人生的高度！是我低估了古希腊文学的意义。这些文学作品，两千五百年后的今天，仍然有这么多人在阅读，靠的不就是这些永恒的魅力吗？这样看来，我的课程目标太低了。

依此类推，随后讨论中的"荷马史诗"、"伯罗奔尼撒战争史"、"苏格拉底"和"亚里士多德"等，也必定会有出人意料的效果，而不仅仅限于我自己的阅读感受：（1）荷马史诗：《伊里亚特》中宏大的战争场面，奇妙的人神关系，震撼的悲剧情节，激动的英雄业绩，以及巧妙的语言，精彩的描写，令我神魂颠倒、魂牵梦萦。每天清晨，我的内心仿佛一个巨大的空洞；过去发生的一切，成功与失败，欢乐与忧伤，皆归于零和；是……以及荷马史诗中那些英雄"如翼飞翔"的话语，填充了这个巨大的空洞；这样，我的一天时光就会在这种浪漫、伟大、高尚、神圣的心情中度过。因此，每天清晨阅读荷马，使得我的日常生活变得五彩斑斓。（2）伯罗奔尼撒战争史：大量精彩的演说，恰恰是本书的最大特色之一。是战是和，将领之间的辩论；两军对垒，各自将军的鼓气；敌强我弱，游说之士的巧辩……唇枪舌剑，旁征博引，精彩纷呈，内容涉及战争与和平，民主与专制，政治与人性，等等，等等。这是一幅波澜壮阔的历史画卷，有待我们细细欣赏。这也是一部丰富多彩的演说文集，关于演说与辩论的技巧，关于法律与正义的概念，关于西方传统，关于古代社会，一切的一切，尽在其中。我想，这本书，应该成为法学院学生的必读书目。（3）苏格拉底：当老人家不经意间说出了"justice"一词，苏格拉底就一把抓住，开启了一场旷日持久的对话，他不是蓄意为之，仿佛双目炯炯的猎鹰等待着野兔的出现，又是什么？由此可见，苏格拉底一直在等着"justice"一词的出现；只要出现了，不管是否为别人讲话的重点，他就会抓住不放，穷追不舍。高明的提问，比完美的回答，更能够启发心智，需要更高的智慧。苏氏的追问，正是围绕问题的核心，沿着清晰的思路，由表及里，层层推进。如此高超的技巧，岂是简单提供一个是非对错的答案所能企及的呢？此刻，我们仿佛看见苏格拉底站在那个世界的集市上，向围坐在身边的人手舞足蹈滔滔不绝地演讲，还不时抛出一个个连珠炮似的问题，问得听众面红耳赤哑口无言。（4）亚里士多德：亚里士多德绝对不会是望而生畏，枯燥乏味的，绝对会是可亲可敬，生动有趣的。我们非常惊讶！亚里士多德不是哲学家吗？他不是写那些深奥的政治学、伦理学、逻辑性、形而上学的吗？他怎么还写这些呢？我们非常惊讶！他观察得可真细啊！我们怎么就没有注意过这些呢？读到这里，我们被他的观察和分析深深地折服了！他是连气象都研究的呀！多么精细的观察，多么精妙的分析啊！我们惊叹：一个两千三百年前的人，竟然对法治有这样的认识！竟然对政治有如此深刻的判断！竟然对社会有如此精准的预见！（2013年11月11日）

十一、殊途同归

——实现教学目标的路径

两天三场相同主题的 WTO 讲座，其中前两场在同一学校，且相距仅两个小时。① 不仅如此，部分师生两场讲座都参加了！这真是一种挑战。如果是讲授式，相同内容两天说三遍，老师自己恐怕都不堪忍受，而连续听两场的同学估计早已感到味同嚼蜡了。

然而，同样的主题，在不同的课堂却是沿着完全不同的路径进行的，因为在"自由发言"阶段，不同的课堂出现了不同的提问和发言，因此决定了后续的"集中讨论"阶段内容之差异。事实上，对这些主题的研讨，可以有不同方面，只不过是不同课堂展现了不同方面和角度而已，而每个内容的讨论都能够引起对主题的思考和认识。因此，讲座伊始，我开门见山发表的理念，即"自由发言"阶段的每个问题都有价值，都可以成为"集中讨论"的内容，并非虚诞之言。

在随后一周的"讨论式教学法的理论与实践"讲座中，② 集中讨论的三个问题，即"老教师与新教师"、"如何应对学校当局的要求"和"适合哪些课程"（例如理工科课程是否适用），也都体现了殊途同归的特点，即每个问题的讨论，都是对"讨论式教学法"这一主题的不断回归和认识，因而不断强化相关内容的辨析和理解。当然，如何在众多的发言中选择最好的讨论内容，在这次讲座中我做了简单介绍，例如已经出现不同意见的话题，

---

① 2017 年 4 月 19 日下午和晚上华东政法大学，20 日下午浙江大学法学院，主题为"WTO+TPP＝WITO"。感谢朱榄叶老师、贺小勇老师和赵骏老师邀请并主持。

② 2017 年 4 月 27 日上午，北京师范大学教师发展中心学术讲座。感谢李芒老师邀请并主持。

轻松的话题和结合听众组成的话题（文理科老师都有）。不仅如此，这次讲座，一个小时就完整展示了讨论式教学法的全过程，而后一个小时是增值、强化和提高，用更多的例证阐释这种教学法。

　　教学法讲座，如果也是三天两场，也必定会出现 WTO 讲座那样殊途同归的效果，而这恰恰体现了学生主体的特征，即学生不同，当然讨论的切入点就不同。当然，对于老师来说，这种千变万化的课堂，必然是其乐无穷的。（2017 年 5 月 1 日）

十二、条条大路通罗马

——相同目标在不同课堂的实现

最近，我有机会先后在两个班主持讨论。一个班是中国青年政治学院法律系的研究生（中青政课），另一个班是北京大学法学院在职法律硕士（北大课）。① 讨论的主题都是"WTO 概论"，共两次课。课前几周，我把相同的阅读资料发给同学们。

第一次课，我走进中青政课堂，发现不少同学在看我提供的资料。按惯例，我让同学们分享阅读感受，并且组织讨论和辩论。大家积极发言，课堂气氛热烈。我发现，讨论很快集中到了争端解决程序。大家都是学法律的，当然对这套诉讼程序最为感兴趣。结束时，我根据大家所讨论的问题，布置了几项作业，包括争端解决的全套程序及其所需时间，当事方在专家组阶段开始后的接触是否仍为"磋商"（consultations），以及 WTO 究竟是什么。前两个问题是大家反复讨论中所涉及的，而第三个问题是以下讨论中自然而然延伸出来的：假设某个成员违反了 WTO，却没有其他成员起诉，那么 WTO 管不管？我觉得，虽然大家重点讨论了争端解决程序，但是却牵扯出了WTO 的基本内容，而这恰恰是"WTO 概论"的主要目的。同学们之间的讨论扩大了大家对 WTO 基本内容的了解，而更为重要的是，在讨论中，大家感受到了对 WTO 知识的需要，必然会在课后围绕那几个问题，主动查找资料，并且自己组织讨论。有目的学习，是有针对性的，也是有效的。

果然，在第二次课上，同学们就有声有色地讲解和讨论起来了。有三个

---

① 感谢中国青年政治学院张新娟老师和北京大学法学院郭瑜老师的邀请。

同学介绍了争端解决程序，但是就打一个官司需要多长时间无法达成一致意见。一个同学使用《维也纳条约法公约》解释条约的方法，从文本、上下文和宗旨目的等角度论证了当事方后来的接触仍然为 consultations，但是在其他几位同学发表了不同意见之后，却戏剧性地承认自己的结论是错误的！而关于 WTO 是什么，同学们查看了 WTO 的主要协议、所涉及的主要领域等内容。这次讨论，在 WTO 知识的深度和广度上，都超过了第一次课。然而，同学们一定发现，WTO 内容非常丰富，需要花更多时间去学习。短短两次课，让同学们初步体会了 WTO 的特点，产生了学习的兴趣。我认为，我的教学目标实现了。

相比之下，北大课堂却是沿着另外一条道路实现了同样的教学目标。第一次课上，我发现十几个同学中，只有一位同学打印了我提供的阅读资料，还有几位同学正在 IPAD 和 IPHONE 上查找，而一半以上的人根本没有收到资料，也不知道这节课要讲什么！我并没有十分意外。他们是在职研究生，平时工作很忙，能在周末抽出时间来上课，已经很不容易了。于是，我请已经看了资料和正在查找资料的同学谈谈想法，我则是引导大家讨论。很快，讨论集中到了"加入 WTO 对中国的影响"这个问题上。这是个大众话题，每个人都能谈点感受的。我根据大家的讨论，布置了作业，包括论证加入WTO 对中国的影响，举汽车产业为例，以及 WTO 的基本内容。前两个问题是大家在课堂上众说纷纭的，而第三个问题是合情合理的推论：如果不知道WTO 的基本内容，那么 WTO 对中国的影响从何谈起？果然，第二次课的讨论，已经相当专业了。有同学详细讲解了为什么汽车关税下降而价格下降不明显这个形象，由此引出了中国加入 WTO 承诺、国民待遇、最惠国待遇等专业知识。大家还通过"中国自主降税是否需要 WTO 同意"的问题，引发了对 WTO 宗旨和基本内容的辩论。我觉得，对于这样起点的同学，这两次课的讨论已经非常好了，因为他们已经从对 WTO 泛泛而谈的"普通人"，变成有根有据的专业人士，并且对 WTO 产生了"亲切感"。

在校研究生和在职研究生，具有很大的差异性。然而，他们却都能从自己的不同起点出发，通过两次课的讨论，得到一定程度的提高。第一次课，让他们清楚了讨论课的方法，以及明确了学习任务。第二次课，他们就能畅所欲言了。他们显然在课后做了充分的准备。在第二次的两个课堂上，分别有两位同学主动上台板书或演示 PPT，并且与其他同学进行了互动。上课伊始，我就阐述了我的讨论式教学法，主张课堂时间有限，应该用于大家的讨论；至于老师想讲的内容，应该通过课前提供材料解决。我觉得，经过两次课，他们应该发现，他们所学到的知识，不仅仅是课堂讨论所涉及的那几个知识点；为了解决课堂上出现的那些问题，他们需要查阅大量的资料。不仅如此，这种讨论的方法促使他们带着真问题去主动学习，而这样学到的知识是有用的，并且是能够牢记的。

同样的阅读资料，交由不同的学生讨论，课堂所出现的重点必定是不同的，但在老师的引导下，却能够实现相同的教学目标，正所谓"条条大路通罗马"。然而，这通向"罗马"的条条大路，是学生们自己走出来的。他们边探索，边交流，欢声笑语，其乐无穷。他们能够感到求知的渴望，能够发现集体的力量。不仅如此，相信他们到达"罗马"之后，还会主动去探索"巴黎"和"伦敦"，因为在通往"罗马"的路上，他们发现了乐趣，培养了思路。因此，"罗马"并非终点，而是他们求知之路的开始。（2013年 10 月 23 日）

十三、从"山重水复"到"柳暗花明"

——讨论的戏剧化①

这次讲座的主题是：WTO 与国际法治。

讲座开始，我问同学们：谁能介绍一下克里米亚危机的现状和起源？

话音刚落，一位同学就举手，滔滔不绝讲了起来。显然，他对当前的这场国际危机非常关注。

他讲完了，我问大家：谁有补充或更正？

又一位同学站了起来，从不同角度介绍了更多情况。

他讲完了，我问大家：谁有补充或更正？

又一位同学站了起来。

随后，"谁有补充或更正"这个问题，我又问了很多次，更多同学站了起来。渐渐地，克里米亚危机的全貌展现在大家面前，包括历史根源，民族矛盾，苏联给予，西方影响，俄罗斯操控，乌克兰内乱，政治、经济、文化、国际关系等。

看大家说得差不多了，我接着问：大家说了这么多，谁有什么问题，可以提出来。

有两个同学提出了三个问题。大家对前两个问题（克里米亚何时开始想脱离乌克兰；危机的经济影响）进行简单讨论之后，我建议：让我们集中讨论一下第三个问题，即从国际法的角度怎么看，因为我们是法律系的学生，应该更加关注法律问题。

---

① 2014 年 4 月 16 日晚，国际关系学院法律系。感谢李汉军老师邀请并全程"监督"。

三言两语之后，就有同学提出：俄罗斯违反了国际法，克里米亚公投无效。另外一些同学不同意，认为这是民族自决行为。于是，围绕是否违反国际法，大家展开了激烈辩论，一度出现了唇枪舌剑的争吵！辩论中，乌克兰宪法的规定、民族自决的条件、联合国、国际法的作用等词汇，像五彩斑斓的气球，飘荡在教室上空。

我在一边看得热闹。在辩论呈现胶着状态的时候，我让一位主张俄罗斯不违反国际法的同学走上前台，大声朗读我准备的一份资料：联合国官方网站上关于3月27日联合国大会决议的两则新闻稿。"联大3月27日上午举行全会，并通过了有关乌克兰的领土完整问题的决议。决议确认，乌克兰克里米亚自治共和国及其南部港口塞瓦斯托波尔市3月16日举行的'脱乌入俄'全民公投无效。""联大有关乌克兰领土完整问题的决议草案27日以100票赞成、11票反对和58票弃权的表决结果获得通过。美国和欧盟国家投了赞成票，俄罗斯投了反对票，中国和巴西等国弃权。""乌克兰临时政府代理外交部长德谢茨亚在当天的会议上第一个发言：在过去的一个月中，我们目睹了自联合国成立以来对国际法的最公然的违反。乌克兰的一个组成部分在被军事占领两个星期后，被一个国家强行兼并，这个国家恰巧是安理会的常任理事国，而安理会是受联合国会员国委托肩负着维护国际和平与安全的首要职责的。""俄罗斯常驻联合国代表丘尔金在乌克兰代理外交部长之后、第二个发言：克里米亚以压倒性的赞成票产生的公投结果选择了加入俄罗斯，这是一个具有历史意义的事件，使得克里米亚以'重返俄罗斯'。俄罗斯尊重克里米亚人民的自主选择，俄罗斯不能拒绝克里米亚人民，并且支持他们行使自决权，实现他们长期的渴望。"

这位同学读完后，我先是静静地看着大家，然后建议：让我们就俄罗斯是否违反国际法的问题进行一次"公投"，认为不违反的举手。只有那位朗读者举手。我又问：认为违反的举手。齐刷刷举起了一大片。我一拍桌子，大喝一声：难道还有弃权的吗？果然有三只手举了起来。大家笑。

我让三种意见的代表陈述了理由。有"观众"情不自禁站起来质问：联大已经作出决议，难道还能说不违反国际法吗？于是，大家又针对联大决议的性质进行了简短的讨论。

最后，我盯着大家，一字一顿地说：怎—么—办？绝大多数国家认为俄罗斯违反国际法，但是俄罗斯认为没有违反国际法，现在已经将克里米亚划为经济特区并编入俄罗斯南方军区，怎—么—办？

寂静。同学们的目光躲闪着我的目光。寂静。

这时，有两位同学犹犹豫豫、吞吞吐吐地说：只有政治解决；克里米亚只能就这样了，但是俄罗斯应该承诺下不为例，不能再试图将乌克兰东部地区纳入俄罗斯。

这时，我故作义愤填膺道：我作为一个法律人，最不能接受的就是这样一个方案：你拿了我的东西，我却说下不为例！随后我又故作痛心疾首道：那么，怎—么—办？

寂静。同学们的目光躲闪着我的目光。寂静。

我叹了一口气道：如果没有联合国，这个事情连是非都没有公论，因此这是联合国值得赞许之处；然而，面对这一事件，国际社会应该采取更加积极主动的行为。

我看了一下时间：讲座已经进行了 100 分钟！

我停了一下，故作释然道：我们不要谈这个话题了，让我们换一个话题，一个完全不同的话题；讲座开始的时候，主持老师提到了"稀土案"，谁能说一下？

有同学站起来说，这个案件是美国等国家在 WTO 起诉中国，最近 WTO 裁决中国违法。又有一个同学补充了稀土产业的状况。我看大家对这个案件了解不多，于是三言两语讲了这个案件的情况：欧美日在 WTO 起诉中国限制稀土出口的措施，一审（专家组）已经裁决该措施不符合 WTO 规则，但是中国可以上诉，而如果上诉机构维持专家组裁决，中国就必须取消这个措施。

随后我问大家：在 WTO 里，中国告外国，外国告中国，还有哪些案例？

有几个同学提供了零零星星的信息。我看大家对这方面的情况了解不多，于是大声地、一口气说了这么多话：中国成为 WTO 成员 13 年来，已经有 31 个案件，都是中国政府告外国政府，或者外国政府告中国政府的；也就是说，如果中国认为外国的做法违反了 WTO 规则，就告到位于日内瓦的 WTO 总部；WTO 有一套争端解决程序，是"两审终审制"，即经过专家组和上诉机构的审理而成为最终裁决，并且败诉方必须执行裁决。例如，2002 年，中国加入 WTO 伊始，就起诉美国限制钢铁进口的措施；WTO 经过两审，认定该措施违反了 WTO 规则，随后美国取消了措施。2009 年，中国认为美国限制中国鸡肉进口的立法违反了 WTO 规则，提起诉讼并且胜诉，随后美国修改了这个立法。还是 2009 年，欧盟对中国的紧固件采取反倾销措施，中国认为其方法违反了 WTO 规则，于是提起诉讼并且获胜，随后欧盟修改了立法和做法。与此同时，中国也有一些被诉案件。例如，2006 年，中国对进口汽车零部件提高关税，被欧盟、美国和加拿大起诉到 WTO，后被 WTO 裁决不符合规则，于是中国取消了这种措施。2007 年，美国在 WTO 起诉中国的《著作权法》第 4 条第 1 款，结果 WTO 认定该条款不符合 WTO 规则，于是全国人大常委会作出决定，删除了该条款。

在我做这番长篇大论演讲的时候，同学们都坐直了身体，全神贯注地看着我。

我望着大家，问道：你们已经知道我要说明什么了吧？刚才我们讨论克里米亚危机，我垂头丧气；现在讲到 WTO，我慷慨激昂；从判若两人的态度，你们已经发现什么了吧？

我指着屏幕上的讲座标题"WTO 与国际法治"，总结道：学习国际法，如果不了解 WTO，就可能影响大家对国际法的态度；在 WTO 这里，国际法是名副其实的法律；关于这一点，我写过很多文章和案例，并且提出了"WTO 是模范国际法"的观点，发表在"北大法律信息网"上，请大家阅读、提意见。

我看了一下时间：WTO 这个部分的内容，只用了 15 分钟！我降低声调，故作平静地说：今天的讲座到此结束，谢谢大家。

讲座结束了。我有一种酣畅淋漓的感觉，兴奋和疲惫交织在一起。也许刚刚参加一场成功的演出之后，就会是这种感觉吧。

事实上，我确实觉得，这个晚上的讲座，确实是一场精彩的戏剧，有叙事，有冲突；有轻松，有困惑；最后在绝处逢生的高潮中结束，仿佛经历了一场艰苦跋涉之后的欢乐颂，既有高昂的情绪，又有无限的遐思。这出戏剧的演员当然是频频发言的同学们，是他们的聪明才智使得这场演出精彩纷呈。我好像是导演，但事实上我也是演员。或者准确地说，我是主角。这是因为，虽然主题是我选定的，引导是我承担的，但在"演出"之前，我也只是有个大体的思路，即将联合国应对克里米亚危机的不力与WTO争端解决的有效进行对比。至于"演员"素质如何，"情节"如何发展，我并不知道。例如，讨论克里米亚危机100分钟，而介绍WTO只有15分钟，就不是我事先预定的。现场讨论的情况是，气氛越来越热烈，铺垫越来越浓烈，我早已身不由己参与其中，与同学们一起烘托着气氛，直至我感觉火候已到，可以让主题闪亮登场了。这是一种"山重水复疑无路，柳暗花明又一村"的效果！

我相信，参加"表演"的同学们会有很强的满足感，因为他们付出了努力，并且"演出"大获成功。而没有发言的"观众"，也会看得过瘾，因为这出戏精彩紧凑，更为重要的是，"演员"就是身边的同学。我也相信，讲座结束后，同学们还会议论、思考这次讲座的主题：面对克里米亚危机和WTO争端解决，我们应该怎样看待国际法？我认为，这样的议论和思考，不仅事关他们对待国际法的态度，更事关国际法的未来。（2014年4月18日）

十四、用脚和耳投票①

——关于学生出勤率

一个周六的下午，我走进教室，发现只有一半学生来了。我笑着问：这么多人没来，是觉得上课没意思？随后我打听第一次课发言踊跃的几个同学情况，有的是参加别的活动了，有的是去外地参加会议了。我数了数，只有17个学生，不像上次黑压压一屋人。

我走到他们中间说：其实我的讨论课，最好就是这个规模，人太多就无法充分讨论了；关于上课，我有一个理念：课堂宝贵的时间，应该用于讨论，即同学们之间以及同学们和老师之间的交流，而不应该用于老师讲学生听，因为老师要讲的内容，是完全可以通过提供课前阅读资料解决的；此外，讨论式课堂，给大家提供了锻炼清晰表达思想的机会；将来大家不论做什么工作，不论是律师、法官还是职员、公务员，都会遇到在很多人面前讲话的情况，因此表达能力很重要。

随后，我们开始讨论案例，即第一节课留下的作业："专家组是如何用《条约法公约》解释刑事门槛问题的。"② 第一位同学上台，边板书边讲，详细介绍了专家组报告中的相关段落。第二位同学站起来提出质疑，第三位同学加入讨论。几个来回之后，大家的注意力转移到了该公约第31条和第32条的具体内容上，也就是这两条究竟规定了哪些解释条约的方法。第一

---

① 2013 年 11 月 9 日、16 日、23 日和 30 日，我在南开大学法学院主持 WTO 案例讨论课。此为 16 日课程。感谢左海聪教授的邀请。感谢胡建国和向前老师的周到安排。

② 中国知识产权案（362）：专家组报告中关于"刑事门槛"的部分（VII. C. Criminal Thresholds，第 82—134 页，第 7. 396—682 段）。

位同学将英文写在黑板上，第三位同学先是一字一句为全班朗读中文版本，后来干脆进行了板书。① 随着讨论的深入，大家发现，对第 31 条第 1 款的理解，存在着很大的分歧。有人认为，解释方法包括 ordinary meaning, context, object and purpose，但是也有人认为，其实 context 和 object and purpose 是用于解释 ordinary meaning 的。这时，又有两位同学加入了讨论，一位试图点出大家的分歧所在，另一位则上台写写画画，从英语语法的角度进行了分析。最后，大家发现在讨论一个有趣的问题：如何用该公约的解释规则解释该公约条款！我认真地对大家说：这看起来是在循环论证，但这却是一个真实的问题，我本人就曾经和一位大律师进行过类似的讨论。我还鼓励他们道：这个案例我多次在课堂讨论中使用，但是讨论到这个问题，却是第一次！我还总结道：看起来我们在讨论语言，但事实上解释法律是我们法律人的基本功；例如，将来你做了律师，你的当事人被控从事了"情节严重"的行为，应该处以刑罚；但是你可以通过查找词典含义、结合上下文和刑法的宗旨及目的，论证"情节严重"一词的含义，从而辩护你的当事人的行为没有达到这个程度。

这个时候，第一位同学，即那个上台"边板书边讲"、俨然小老师的同学，突然举手说：我开始讲的专家组报告中的段落，说错了，因为从专家组报告第 531 段看，专家组是在之前分析 context 和 object and purpose 的，而我是向后找的！② 我故作惊讶道：这可麻烦了，你发现了颠覆性的文字！但是，有些同学并不同意第一位同学的这个结论。于是，讨论转向对这一段的理解，以及最初的问题，即"专家组是如何用《条约法公约》解释刑事门槛问题的"。

---

① Art. 31. General rule of interpretation A treaty shall be interpreted in good faith in accordance with the ordinary meaning to be given to the terms of the treaty in their context and in the light of its object and purpose. 第三十一条 解释之通则 一、条约应依其用语按其上下文并参照条约之目的及宗旨所具有之通常意义，善意解释之。

② 专家组报告，7. 531 Bearing in mind these aspects of the context of the first sentence of Article 61, and the object and purpose of the TRIPS Agreement, the Panel now turns to the ordinary meaning of the words "on a commercial scale".

三个小时过去了，我们的讨论"无果而终"。主要发言的三位同学争得面红耳赤。第一位同学课前显然做了充分准备，课堂讨论为她提供了大展身手的机会。第二位同学显然也详细阅读了专家组报告，所以能够提出质疑。第三位同学的发言，主要是在讨论缩小到条约文本的时候才开始的；她积极思考，发言积极，但是似乎没有表现出对专家组报告内容的熟读。而另外两位零星发言的同学，显然是临场发挥，在听了以上三位同学发言之后有感而发。我觉得，这就是讨论式课堂的优势，即每位同学，不管能力和努力如何，都会有所收获。当然，老师提供给每位同学的机会是平等的。在这样的课堂上，公平竞争，谁下工夫，谁勤思考，谁就有发言权。

那么，还有那些一言不发的十几位同学呢？我注意到，绝大多数同学都是竖着耳朵睁着眼睛看着这几位同学争来争去，很少有开小差的情况。一会儿这个说，一会儿那个说，一会儿有人板书，一会儿有人朗读，这样的课堂，与老师一言堂相比，注意力是不容易分散的。此外，同班同学的发言，也许比老师的讲解更能吸引注意力——别人为什么这么有本事，将我自己看不懂的问题说清楚的？他们在说什么呢？最后，我特意问了两位旁听生，也就是并不知道第一节课的作业，面前没有专家组报告的两位同学。她们能够准确地说出本案的案情，以及大家讨论的要点。也就是说，这些"听众"也是有收获的。这些同学，由于能力或努力问题，显然课前阅读不够，并没有认真阅读专家组报告，但是从同学们的讨论中，他们也大概知道了课堂内容的关键所在。

我们讨论的，是重要的案例，即美国在 WTO 起诉中国的刑事法律，但是 WTO 专家组却裁决美国没有能够证明中国的相关规定违反了 WTO 规则，而且专家组运用条约解释的方法，用长达 50 页的篇幅论证了这一结论。讨论所涉及的，如上所述，是法律解释方法，"是我们法律人的基本功"。课堂积极发言的同学，一定收获很大，而没有发言的同学，也有所收获。那么，那些缺席的同学呢？当知道了来上课的同学都在进步，他们是否会不安或后悔呢？

未必吧。

　　我一直认为，大学生是成年人，因此大学的课堂应该是开放、自由的。同学们是不是来上课，来上课了是不是听讲，都应该由他们自己决定，别人不能强制，不能勉强。因此，他们是有权用脚和耳投票的人。老师的任务，是想方设法将课堂变得有吸引力，争取同学们的"投票"。但老师们应该清楚，众口难调，世界上恐怕并不存在一种所有人都喜欢的课堂，这正如在开放和自由的社会中，再好的事情都不可能存在真正统一的认识，所以有的同学不愿意来上课，这是正常的。在这种情况下，老师应该认真对待那些愿意来上课的同学，让他们在课堂上有所收获。至于不愿意来上课的同学，他们既然行使了"投票权"，那么就是在同时承担相应的责任，这正如在开放和自由的社会中，权利是与责任相生相伴的。他们也许不会不安或后悔，他们也许有其他更大的收获，但是他们有可能会是由于自己的懈怠和懒惰而失去了进步的机会。他们是成年人，他们应该自己做主。

　　当然，当我走进教室，发现有一半学生没来，我要反思自己的课堂是不是存在问题。课堂内容太深？50页英文资料，有些同学看不懂？配套的中文资料不够？大家觉得没有意思没有收获？大家不习惯于讨论式，而是习惯于听老师讲解？与此同时，我也在设想传统的讲授式的效果。如果我改为滔滔不绝的精彩演讲，出勤率会高吗？同学们的学习效果如何？如何调动同学们的学习积极性？从我在其他学校主持案例讨论的经验看，一半学生出席，其中一半学生发言，这是常态，而且我能够清晰地看到每个人，特别是发言积极同学的进步。从我与其他老师交流的情况看，缺课是大学课堂的常态，也是老师们最为头疼的问题，而且讲授式的效果是未知的，因为一堂课讲了很多内容，绝不意味着学生们学到了这些内容，更不用说法律思维能力的提高了。反思和比较，让我得出了以下结论：既然同学们有用脚和耳投票的自由，那么我坚定地选择这些案例，选择讨论式，因为我看到了其中有一些学生，包括这个课堂上发言的三个学生，成为课堂讨论的核心力量，带领着一半自愿来上课的同学们，体验着 WTO 的奥妙，探索着法律的真谛。（2013年11月19日）

十五、课堂教学中的正义理论[①]

（一）问题的提出

我上课使用一种"讨论式教学法"，我的课堂是"讨论式课堂"。课堂上，同学们围绕课程主题发表自己的看法，并就某些问题展开讨论，我只是主持人。一学期的课程后期，往往会有同学自愿报名担任主持人，而我则"沦为"一名普通学生参与讨论。

这样的课堂，在我面前是"立体"的——有三分之一同学发言很积极，此处姑且称为"学霸"；其中甚至有几位同学主导了课堂讨论，此处姑且称为"学神"；有三分之一同学几乎不发言，此处姑且称为"学渣";[②] 中间还有三分之一同学偶尔发言，此处姑且称为"学民"。[③]

在这样的课堂上，我常常惊讶于"学神"的"超能量"——他们对课程资料的理解十分透彻，经常能够提出批判性意见，其思维的广度和深度经常超越我的知识边界，令我措手不及。我常常惊喜于"学霸"的努力——他们对课程资料十分熟悉，对任何同学提出的任何问题都能够作出反馈，令我十分钦佩。

---

① 感谢北京大学法学院研究生尤保暖、黄曼兮、李晓蓉、范晓羽和孙嘉珣等同学，以及清华大学法学院研究生吴绍轩同学提出修改和评论意见。感谢吉林大学法学院何志鹏老师指导。

② "学神"、"学霸"和"学渣"是学生常用词汇。此处借用这些说法，仅为本文写作分类需要，并无褒贬之意。事实上，这些称呼并非一成不变，一门课上的"学渣"，完全可能是另一门课上的"学神"和"学霸"。

③ "学民"一词仅为本文写作而创造。

这样的课堂，在我印象中，又仿佛一场长跑比赛，有的人遥遥领先，有的人则远远落后，中间还有奋勇向前的人们，冠军、亚军和季军等名次自然排开了。

在这样的课堂上，我也常常对"学渣"和"学民"感到困惑——他们在想什么呢？他们为什么上课不发言呢？

学期结束，批阅作业时，这些同学就仿佛栩栩如生站在我面前——除了少数例外，也就是除了有一两个"学渣"和"学民"的作业质量不错，其他人的作业质量基本上是与课堂表现一致的。[①]

于是，一学期课程结束，在满足于众多"学神"和"学霸"取得显著进步的同时，也经常有一个问题萦绕在我的脑海中：这样的课堂被三分之一同学"垄断"，对于"学渣"和"学民"公平吗？

（二）正义理论的启示

罗尔斯在其名著《正义论》开篇即提出以下论断：

> 正义是社会制度的首要德性，正像真理是思想体系的首要德性一样。一种理论，无论它多么精致和简洁，只要它不真实，就必须加以拒绝或修正；同样，某些法律和制度，不管它们如何有效率和安排有序，只要它们不正义，就必须加以改造或废除。每个人都拥有一种基于正义的不可侵犯性，这种不可侵犯性即使以整个社会的福利之名也不能逾越。因此，正义否认为了一些人分享更大利益而剥夺另一些人的自由是正当的，不承认许多人享受的较大利益能绰绰有余地补偿强加于少数人的牺牲。所以，在一个正义的社会里，平等公民的各种自由是确定不移的，由正义所保障的权利决不受制于政治的交易或社会利益的权衡。允许我们默认一种有错误的理论的唯一前提是尚无一种较好的理论，同样，使我们忍受一种不正义只能是在需要用它来避免另一种更大的不正义的情况下才有可能。作为人类活动的首要德性，真理和正义是决不妥协的。[②]

[①] 课程考核的方式是写作论文。我认为，论文质量最能反映学习的成效。

[②] ［美］约翰·罗尔斯：《正义论》（修订版），何怀宏、何包钢、廖申白译，中国社会科学出版社 2009 年版，第 4 页。Rawls, John（1999），*A Theory of Justice*, *Revised Edition*, Cambridge, Massachusetts, London, England: The Belknap Press of Harvard University Press, p. 3.

精辟的论断!"正义是社会制度的首要德性"(Justice is the first virtue of social institutions),正义应该成为人类社会的追求目标。在一个正义的社会里,公民享有平等的自由和权利。由此推论,公民不能享有平等自由和权利的社会就不是一个正义的社会。推而广之,课堂是一个小社会,每位同学享有平等自由和权利的课堂才是正义的课堂。① 由此观之,我的课堂是否为"不正义"呢?"学神"和"学霸"占用了更多的课堂资源,"学渣"和"学民"没什么机会,他们享有平等的自由和权利吗?

也许这是曲解了罗尔斯的正义理论。罗氏本意,应该不是说社会资源占有不均,有的人富有、有的人贫困就是"不正义",而是说每个人获得资源的机会(权利)应该是平等的。为此,罗氏经过初步论证,提出了正义的第一个原则:

第一个原则:每个人对与其他人所拥有的最广泛的平等基本自由体系相容的类似自由体系都应有一种平等的权利(Each person is to have an equal right to the most extensive scheme of equal basic liberties compatible with a similar scheme of liberties for others.)②

也就是说,享有自由的权利是平等的,就是正义的。不仅如此,罗氏还紧接着提出了正义的第二个原则:

第二个原则:社会和经济的不平等应这样安排,使它们(1)被合理地期望适合于每一个人的利益;并且(2)依系于地位和职务向所有人开放(Social and economic inequalities are to be arranged so that they are both (a) reasonable expected to be to everyone's advantage, and (b)

---

① 也许有人认为正义理论探讨的是"社会正义"(social justice),并不适用于学生课堂。然而,既然社会正义理论所要解决的是社会资源公平分配的问题,那么只要有社会的地方,就会出现资源公平分配的问题。由老师和学生组成的课堂,当然是一个社会,尽管是一个比较小型的社会,而课堂时间,当然是一种稀缺资源,因此课堂时间如何分配,当然存在是否公平的问题。不仅如此,甚至更为小型的社会——家庭,也存在公平的问题——人们不是经常说"家庭是个小社会"吗?兄弟姐妹不是经常抱怨父母"不公平"吗?

② [美]约翰·罗尔斯前引书,第47页;Rawls, John (1999), p. 53.

attached to positions and offices open to all.)①

也就是说，有时候"不平等"也可以是正义的，但条件是符合每个人的利益，并且对所有人一视同仁。

第一个原则很好理解。具体运用到我的课堂：每个课程，第一次走进课堂，我面对的每个同学都是陌生的。课程资料已经提前发送给所有人，我的提问也永远是"谁愿意发表意见"，并没有专门提问某些人。也就是说，每个人的机会都是平等的。因此，这样的课堂是符合第一个原则的。

第二个原则需要一点解释。根据我的理解，这个原则属于"例外条款"，也就是"不平等也正义"的情形，并且罗氏所指，应该是对于社会"弱势群体"有所照顾，给他们提供一些优惠。这对于整个社会健康发展是有利的，但是优惠应该平等地对所有"弱势群体"开放，而不是只提供给某些人。具体运用到我的课堂，随着课程的进展，课堂上逐渐形成少数人"垄断"的局面。这时，我会刻意询问"沉默寡言"的同学，看看他们是不是需要发言。这种"刻意"将机会给某些人，显然"不平等"，但是我认为，这些"弱者"需要更多的照顾。不仅如此，他们的参与，能够使得课堂讨论更加有效，包括有利于发言积极的人从更多角度深入思考。当然，这

---

① [美]约翰·罗尔斯前引书，第47页；Rawls, John (1999), p. 53.

罗氏对两项原则的完整描述，是在考察了更多的"变量"之后作出的，兹录于后。出于简化论证的考虑，本文没有使用这一描述作为分析标准。

第一个原则：每个人对与所有人所拥有的最广泛平等的基本自由体系相容的类似自由体系都应有一种平等的权利。

第二个原则：社会和经济的不平等应这样安排，使它们：(1) 在与正义的储存原则一致的情况下，适合于最少受惠者的最大利益；并且 (2) 依系于在机会公平平等的条件下职务和地位向所有人开放。

第一优先规则（自由的优先性）：两个正义原则应以词典式次序排列，因此，自由只能为了自由的缘故而被限制。这有两种情况：(1) 一种不够广泛的自由必须加强由所有人分享的完整自由体系；(2) 一种不够平等的自由必须可以为那些拥有较少自由的公民所接受。

第二优先规则（正义对效率和福利的优先性）：第二个正义原则——一种词典式次序优先于效率原则和最大限度追求利益总额的原则；公平的机会优先于差别原则。这有两种情况：(1) 一种机会的不平等必须扩展那些机会较少者的机会；(2) 一种过高的存储率必须最终减轻承受这一重负的人们的负担。

[美]约翰·罗尔斯前引书，第237页；Rawls, John (1999), pp. 266-267。

种询问是针对所有不怎么发言同学的，而不是具体提问某个人。所以，我觉得这样的课堂也是符合第二个原则的。①

简而言之，我的课堂给每个同学提供了平等机会，并且给部分同学提供了特殊机会，完全符合罗尔斯的正义理论。因此，我的课堂是"正义"的。

然而，由于能力和努力的双重差异性——能力不够或努力不足，课堂仍然呈现出三个"三分之一"的"立体"状态结果。罗氏理论似乎并不涉及这个问题——他似乎只讨论"程序正义"，也就是给所有人提供平等机会，而没讨论"结果正义"，也就是事实上仍然参差不齐。也许正义理论只能及于"程序正义"，因为社会制度设计，只能考虑机会平等，而不能保证结果上每个人都一样。对于每个人能力存在差异的客观情况，正义理论的第二个原则已经有所顾忌，但事实上无法让一个天才和一个普通人同样发财致富。与此同时，每个人的努力程度不一样，勤奋与懒惰，则属于个人修养，而不属于正义理论范畴了。因此，如何理解"正义"课堂的"立体"状态，就超越罗氏理论之外了。

为此，有必要在"程序正义"的两个原则之外，发展出"结果正义"的两个原则：

第一个原则：优秀者脱颖而出是正义的；
第二个原则：所有人都有所进步是正义的。

在机会平等的社会里，由于能力和努力的差异性，有些人作出了突出的成绩，这样的社会是正义的。反之，优秀者受到压抑以致于泯然众人的社会是一个不正义的社会。与此同时，所有人，包括优秀者和平凡人，都在自己的基础上不断进步的社会，就是一个正义的社会。在我的课堂上，"学神"和"学霸"有的很聪明，有的很努力，有的既聪明又努力，机会平等的课堂给他们提供了大展身手的机会，使得他们遥遥领先，表现非凡，而"学民"和"学渣"有的不聪明，有的不努力，有的既不聪明又不努力，在机

① 此处需要特别提及的是，如果给予"弱者"过多时间，则对于"强者"是不公平的。用罗氏的话说，就不是"被合理地期望适合于每一个人的利益"。

会平等甚至受到照顾的课堂上，他们只能是旁观者，但一学期下来，"看热闹"也能看出点门道，耳濡目染也能有所收获，即使无法与前两种人的收获同日而语。因此，这样的课堂符合"结果正义"的两个原则。

（三）与讲授式课堂的比较

罗氏理论所研究的，是民主社会的正义问题，也就是如何在民主社会实现正义。事实上，罗氏理论也适用于"非民主社会"，只不过结论是"非民主社会"根本就是不正义的——第一个原则"每个人享有平等的自由权利"是不可能的，因为在"非民主社会"里根本就没有自由，并且社会资源的分配原则是随心所欲和特权至上；第二个原则"对弱势群体的优惠"也是要么名存实亡，要么分配不均。至于我提出的两项原则所要解决的问题根本就没有出现——"优秀者"没有动力，"所有人"得过且过。

"非民主社会"很像传统的讲授式课堂。表面上看起来是老师讲大家听，老师对每位同学一视同仁，但事实上同学们没有自由，老师讲什么就听什么，根本没有自己思考和发挥的余地；老师没有给"优秀者"提供脱颖而出的机会，也没有给"弱势群体"提供特殊的照顾，所有人都在默默地听着，学习效果一无所知。这种课堂似乎没有出现"资源分配不公"问题，但这种课堂从根本上就是"不正义"的。这与"非民主社会"一样。①

---

① "民主"是一个常用而复杂的概念。Oxford Dictionaries Online 的简单定义是：A system of government by the whole population or all the eligible members of a state, typically through elected representatives（http：//www. oxforddictionaries. com/definition/english/democracy）。Oxford Advanced Learner's Dictionary 略微展开的定义是：a system of government in which all the people of a country can vote to elect their representatives; a country which has this system of government; fair and equal treatment of everyone in an organization, etc., and their right to take part in making decisions（http：//www. oxforddictionaries. com/definition/learner/democracy）。而"民主"一词的古希腊起源乃"rule of the people"之意（见维基百科：https：//en. wikipedia. org/wiki/Democracy）。从以上考察可以看出，民主的内涵尽管复杂，但是"自由"（liberty：freedom to live as you choose without too many restrictions from government or authority（http：//www. oxforddictionaries. com/definition/learner/liberty）应为"民主"必不可少之组成部分。

本文重点并非研究"民主"、"自由"及其二者关系，但是自由显然是民主之结果，也可以说自由是民主的必要条件，即没有自由就没有民主。并且，有自由，才会出现自由的平等分

（四）结论

"讨论式课堂"给所有同学提供了平等机会，并且给少数"弱者"提供了优惠，因此"讨论式课堂"是"正义"的。不仅如此，"讨论式课堂"的情景是同学们差异情况的真实反映——"优秀者"更优秀，"落后者"也得到进步。罗氏所谓正义社会，也不过如此吧——每个人对于自由享有平等的权利，"弱势群体"得到了更多的优惠，但是实际呈现的社会状况，却是有些人成为杰出人物，而有些人却是默默无闻，甚至被社会淘汰。如果社会制度追求正义的目标做了最好的设计，那么社会现实就是正义的结果而无可厚非了。

当然，此处所说的"最好"，并非绝对意义上的，而是相对意义上的。也就是说，基于人类的局限性，这是目前能够设计出来的最好制度。如果说这种社会仍然"不正义"，那么只能用前引罗氏开篇中的一句话来解释了——"允许我们默认一种有错误的理论的唯一前提是尚无一种较好的理论，同样，使我们忍受一种不正义只能是在需要用它来避免另一种更大的不正义的情况下才有可能。"沿用罗氏的思路，如果再延伸出一项正义原则，则可以表述为：能够避免更大的不正义即为正义。具体运用到"讨论式课堂"，如果其"缺点"和"不足"是必然结果，或者说没有更好的教学法，那么这种"能够避免更大的不正义"的讨论式课堂就是"正义"的。

最后需要强调的是，"正义是社会制度的首要德性"，人类社会对正义的探索没有止境——也许根本不存在一种"绝对"和"纯粹"的正义社会，而这也许是人类的局限性决定的。因此，所有社会，所有理论，都需要不断完善，"讨论式课堂"和"讨论式教学法"也不例外。（2016 年 1 月 20 日）

配问题，即正义理论所要研究的核心问题。

从文本开头的课堂情景描述可以看出，"讨论式课堂"是"民主"的，因为同学们自由发言、自主决定课堂讨论的走向，而我们习以为常的"讲授式课堂"则是"非民主"的，因为同学们是没有自由的，只能被动倾听老师的讲述。与此同时，"时间资源公平分配"的问题在前一种课堂"显山露水"，而在后一种课堂却"深藏不露"。

十六、自由与责任

——来自讨论式课堂的思考

　　我的课堂是自由的。同学们可以自由发言，我只是主持人，维持先后发言的秩序以及引导集中讨论的焦点。因此，常规的课堂情景是：上课了，我先让大家分享课前阅读资料的感想；"任何感想"，我经常这样笑眯眯地强调；话音未落，一个桌签竖起来，几个桌签竖起来；我记下顺序，让同学们逐个发言，而在此过程中，更多桌签竖起来；我常常提醒大家：第一轮发言，先不要评论此前发言同学的观点，而是限于分享课前阅读的感想；我把这个阶段称为"发散"阶段；待大家发言差不多了，我常常采取以下方式让课堂进入第二阶段，即"集中"阶段："刚才有同学提到了××观点，我们是不是可以集中讨论一下？"或者"对刚才其他同学的发言，你有什么需要回答或评论的？"或者"你觉得刚才的发言中，有什么值得大家集中讨论一下？"随后，大家就会围绕一两个问题深入和拓展。

　　在我的课堂上，总是有几个同学脱颖而出，成为"学霸"。他们课前阅读我提供的资料，并且自行查找其他相关资料；一上课就举牌发言，谈感想，提问题；其他同学发言时，他们在倾听，或者忙着上网查证资料；他们积极参与讨论，不断评论其他同学的观点，还会纠正其他同学的错误；课间休息时，他们三三两两聚在一起争论；课后，他们还会进一步阅读资料，以便下一节课提出更加严谨的观点。这些同学，有的面前摆着课程资料，上面画得面目全非；有的带着三个电子产品，手机、IPAD和笔记本电脑一起上；有的甚至自告奋勇，当上了课堂主持人，把我"贬"成了一个普通学生。在我的课堂上，每节课，每两节课，每学期课，我都能看到这些同学的进步，包括知识的增加，视野的开阔，思维的缜密，论证的充分，甚至表达能力的提高，法治信念的坚定。

在这样的课堂上，我感到了极大的精神享受，并能够看到他们的进步，因为能够与他们共同经历学习和进步的过程，也因为我自己收获和启发多多。我觉得，这样的课堂是最佳的学习环境：我给他们提供了最权威、最前沿的资料，为他们创造了最民主、最平等的课堂，让他们自由发言，自由交流，与同学和老师进行思想碰撞。在这样的学习环境中，同学们的进步是意料之中的。

然而，在这样的课堂上，我常常也有困惑：总是有几个同学不怎么说话。根据我的经验，这些"沉默者"中，有些人是性格内向，不爱讲话；他们的面前是带着阅读标记的课程资料，他们兴致勃勃地听着别人的发言，并且不时上网查找资料；他们的课程论文会写得很好；他们还有人表示：这种课是他们参与度最高的体验！但是还有一些人，课堂上一直在发呆，或者眼睛扑闪、扑闪地看别人发言，面前没有一张纸，甚至也不上网查资料。这两类同学，我们姑且将前者称为"性格内向者"，后者称为"无所用心者"。

与"学霸"们相比，这两类同学的课堂学习收获肯定是偏低的。沉默寡言与表达交流的学习效果肯定不同，而课前不读资料，课堂不爱讲话，只是听听别人的发言，这样的学习效果就更加有限了。

然而，作为老师，我能如何作为呢？我的课堂是自由的，是最佳的学习环境，使得很多同学大为受益，但是有些同学选择成为"沉默者"。对于"性格内向者"，我不愿意逼迫他们发言，因为这未必是他们最好的学习方式。对于"无所用心者"，我不愿意强迫他们学习，因为这样未必奏效，甚至可能因此破坏课堂的自由气氛。

也许自由也意味着责任。在这样的课堂上，他们有了选择"如何学习"的自由，也就因此承担了"学得怎样"的责任。他们都是成年人，非常清楚学习是自己的事情，别人无法替代；老师和学校只是提供了学习的便利，但是不能保证学习的效果。在这样的课堂上，同学们表现各异，是典型的

"多劳多得"、"一分耕耘一分收获"。对于这一点,"学霸"和"沉默者"应该是有共识的。(2015 年 5 月 14 日)

　　补注:我认为自由状态的学习,即没有压力、没有强制的学习,是最为有效的学习,也是学习或教育之本意所在。很多时候,学习表现为学习技能、学习知识和学习思考,但是学习的根本目的,却是将自己塑造成完整的人(whole man),即身心健康和思想独立的人,而完整的人只有在自由状态的学习中才能实现。

十七、"杨氏讨论法"百问

提出一种新的教学方法，必然要经历释疑解惑和发展完善的过程。从提出这种方法那一刻起，我就一直在与众多师生进行讨论。刚刚结束的一个学期，我一直在与清华法学院的同学们探讨这种教学法的"利弊"，估计很多同学仍然认为这种教学法有"值得改进之处"；去年底在西南政法大学国际法学院主持一次大型对话后，我与十几位同学，特别是一位非常熟悉这种教学法的同学邮件往来，就这种方法是否适用于大型对话的问题进行了深入讨论，估计这位同学仍然"不服气"；在北京师范大学法学院一学期课程之后，同学们提出了很多善意的建议；在与四十位法学院老师持续半年的邮件讨论之中，绝大多数人提出了保留意见；在与一个个老师的小范围讨论中，他们都提出了种种顾虑。而我的一些好朋友们更加直率，在经历了我将这种方法运用在他们身上之后，"嬉笑怒骂"、"讽刺挖苦"，甚至提出了"严重警告"。

这些善意、建设性的批评，都在促使我不断完善这种教学方法。然而，我能够坚持这种方法，更为主要的原因，是在这些"质疑"和"批评"之外，我看到了课堂上一双双热情洋溢的眼睛，看到了同学们立竿见影的进步，看到了由课堂讨论所带动的课外学习的主动性。此外，我也得到了很多老师的热情鼓励和赞扬，特别是一些教育学专家毫无保留地指导和鼓励。于是我越来越坚定地认为，这种教学法是最为适合当代信息化社会的一种教学方法，因为只有它才能够实现在短短几小时的课堂上，使大家汇聚一起，组成一个学习共同体，研究和分析问题，扩大知识面和提高思维能力。这种面对面的交流碰撞所产生的效果以及课后研究所形成的学习动力，乃至对学习习惯的养成和学习能力的培养，都具有不可替代性。

关于"讨论式教学法"，我已经有几十篇文章汇集而成的《讨论式教学法的理论与实践》，三个完整学期的课堂实录《探索 WTO》（一）、（二）、（三），以及与前述 40 多位老师就教学法进行讨论的实录《法学教学方法：探索与争鸣》。应该说，对于这种教学法，我已经有比较系统的论证和实践。但是很多人，包括已经知道和体验过这种方法的师生朋友，经常提出一些疑问和建议。因此，为了帮助大家更好地了解这种方法，我觉得有必要进行一次系统描述。我知道，描述的过程，并非简单的"你问我答"，而是我整理思路和完善论证的一个过程。我也知道，大家看了这个描述，还会产生更多的问题，而这也是我所期待的，因为只有这样，这种教学法才能不断完善。

描述采用了"百问"的形式，针对性强，易于阅读。问题的设定没有什么规律，大体按照"常见问题"（FAQs）的程度排列。

（2015 年 2 月 11 日）

（一）讨论式课堂是怎样的情景？

答：在讨论式课堂上，一般是几个或十几个同学轮番发言，就一些问题发表自己的看法，并且进行深入而广泛的讨论。老师只是主持人，"消极"引导大家的讨论。所谓"消极"引导，是老师在课堂上的基本不发表自己的看法，而好像是"随波逐流"、"随行就市"，顺着同学们讨论的思路走。

在这样的课堂上，发言的同学当然需要全神贯注，而不发言的同学也更容易集中注意力，因为是不同人发言，声调、语速不同，角度、信息不同，听者不太会疲劳。

（二）如何鼓励同学们积极发言？

答：这样的课堂气氛是民主、平等、轻松、自由的，大家畅所欲言，围绕着一些复杂的主题发表自己的看法。一些活跃的同学积极发言，一些不太活跃的同学，听着、听着也会"有话要说"。因此，大家的发言是主动的、争先恐后的。

（三）如何保证同学们课后研究课程资料？

答：这样的课堂讨论，必然会带动课后自主学习。课堂讨论中会发现很多问题，并且都是同学们自己提出的问题，即问题是"生成"的，而不是老师强加的，所以同学们课后会如饥似渴地通过查找资料和小组讨论寻找答案。事实表明，由于课堂讨论的驱动，同学们不仅会认真阅读课程资料，而且会阅读一切与课程相关的其他资料。简而言之，课堂讨论构建了真问题的情景，使得所有参与者都会想方设法地解决问题，从而化为无穷的学习动力。

（四）讨论式教学法的效果如何？

答：在课堂上能够看到同学们"立竿见影"的进步，即知识面和思维能力的拓展和提高；同学们的学习积极性较高，课前、课后、课间都在用功；学期作业论文有较高水平。与此同时，同学们也有很好的学习体验，对这种教学法评价很高，尽管也提出了这样那样的意见和建议。

（五）讨论式教学法的课程如何考核？

答：考核可以分为两个部分，即课堂表现和课程论文。课堂表现是印象分，谁积极发言谁就得到高分。课程作业则是客观分，由老师对作业水平作出判断。

（六）讨论式教学法的理论基础是什么？

答：讨论式教学法的理论基础是以人为本，尊重人，平等待人。

人本主义教育学相信，每个人都有归属、自尊和自我实现的精神需求，并且每个人都有无尽的潜能；教育的任务，是把教育对象作为平等的人对待，提供条件开发他们的潜能。心理学家马斯洛（Abraham Harold Maslow）和罗杰斯（Carl Ranson Rogers）是人本主义教育学的奠基人，但是此前的"古希腊三贤"（苏格拉底、柏拉图、亚里士多德）的思想，特别是苏格拉底的"接生婆"理论，即教师的任务只是"接生"而已，都是"人本主义"的。此外，哲学家杜威（John Dewey）的"民主主义教育理论"和教育家斯腾豪斯（Lawrence Stenhouse）的"过程模式"课程编制理论等，也都是"人本主义"的。（详见拙著《讨论式教学法的理论与实践》）

除了以上理论，我还坚信：事不辩不明；未经讨论的知识不是真知识；讨论止于真理。讨论的过程，是追求真理的过程，而只有真理才能经得住反复的讨论。因此，自由、开放的讨论，必然会让真理水落石出，让谬误无处藏身。同时，追求真理的过程，也是培养思维的过程，正确思维的方法会在这个过程中得到磨炼。

（七）讨论式是否仅适用于小班教学？

答：不是。

我经历过十几人的小课堂，几十人的中课堂，甚至上百人的大课堂，都曾尝试过讨论式。

的确，班级规模小，每个同学发言的机会增加。在 15 人规模的小班上，几乎每个人都会有发言的机会。

但是在大班上，甚至是几百人的大会场上，讨论在部分甚至少数人之间进行，大多数人都是"观众"，也有很好的效果——有了"观众"，"演员"会更加"卖力"；而"演员"与"观众"的同质化，即都是大家熟悉的同学，必然会增加"观众"与"演员"互动的效果。

（八）讨论式是否仅适用于高年级教学？

答：不是。

讨论式曾运用于刚入学一个多月的本科生课堂，也曾运用于博士生和成年人课堂。任何年级都适用于讨论式，只是不同年级的讨论主题，必然会有所不同而已。事实证明，一般而言，低年级同学更加活跃，参与程度更高。

此外，成员越多样化，讨论效果越好，因为差异性，例如本科、硕士和博士，能够构建相互学习的共同体，大家取长补短，共同促进。

（九）讨论式是否仅适用于某些学科的案例教学？

答：不是。

我的教学法虽然主要运用在 WTO 案例教学上，但是也曾运用在知识性专题的讨论中，甚至运用在讨论古希腊文学和古典音乐等专题上。

此外，从我阅读到的资料看，我认为，社会科学各学科，人文科学各学科，自然科学各学科，都适合采用讨论式教学法。因此，我提出过"讨论万能论"。只是囿于我自己的专业能力，我不太可能在所有专业中都实践这种方法而已。

（十）使用讨论式教学法需要具备什么条件？

答：首先老师必须是某个学科的专家。其次必须信任学生。最后要掌握一些技巧。

作为讨论课堂的主持人，要应付随时出现的变化，要判断讨论主题的价值，若非专家，就无法把控讨论的方向。但是"专家"这个条件比较容易具备，因为敢开一门课的老师，一般都自信自己已经是某个领域的专家了。

"信任学生"说起来容易，但是做起来可能是非常困难的，并且也是讨论式教学法成败之关键。你相信学生有上进心吗？你相信学生聪明吗？你相信学生会努力吗？如果你相信学生愿意学好也能够学好，那么你作为老师的任务，就只是帮助他们学好了。你作为老师的任务，就不是"苦口婆心"地把什么都讲给他们听，而是想方设法为他们的学习提供一切便利。

相比于"信任学生"，"技巧"是次要的。我觉得，只要能"信任学生"，就能开发出适合自己的课堂主持技巧。我提出过讨论式"三十六技"，比较全面地总结了我所使用的讨论技巧。例如，讨论的主题应该是有意义的，讨论的开始应该是开放式的，讨论的内容应该是"生成"的，等等。

（十一）为什么要使用讨论式?

答:这是一个信息爆炸的时代,知识已经不再被少数人所垄断,因此传统的讲授式课堂面临着生死存亡的挑战。在"掌握"智能手机和网络全覆盖的时代,同学们为什么来上课呢?老师讲的那些东西,通过书籍和网络,不是可以更好地获得吗?因此,在传统讲授式课堂,缺课和上课不听讲已经成为常态。上课方法不得不进行改变。

我认为,课堂的价值,在于一群人聚集到一起,就一些有意义的主题进行研讨。在平等宽松的气氛中,大家各抒己见,观点碰撞,从而扩大知识面,提高思维能力,并进而带动课后自主学习。

进一步讲,我认为大学的价值,也在于"荟中西之鸿儒,集四方之俊秀,为师为友,相磋相磨"(1914年梁启超清华学校演讲《君子》)。大学的学习应该以学生为主,老师只是学习的促进者(facilitator),提供必要的帮助(例如资料、建议、经验、思想、智慧)。讨论式课堂恰恰是以学生为主的课堂。

顺便说一句,上课方式的改革势在必行,也花样繁多。而我认为,虽然上课方式可以多种多样,但是在民主化、信息化的时代背景下,只有遵循了以下原则的方式才会有持久生命力。一是以学生为主。要尊重学生,要信任学生。任何把学生当"奴隶"一样驱赶、当"军人"一样训练或当"宠物"一样圈养的方法,都是错误的。二是老师要放下身段。知识日新月异,学生朝气蓬勃。老师要带着与学生共同学习的心态走进课堂。任何高高在上、训斥教导的态度都是错误的。三是课堂应该出现"头脑风暴"。只有观点碰撞的课堂,才是有持久吸引力、有价值的课堂。单纯、单向的知识传授,是没有出路的。

（十二）你是怎么想到用讨论式的?

答:过去我一直使用讲授式,滔滔不绝地讲。但是到了2009年,在给西南政法大学本科生举办的一次讲座中,我发现同学们非常活跃,积极发言，挑战权威。于是我就想到了让他们多讲、我少讲。事实证明，同学们潜力巨大，只要用适当的方法让他们的潜力释放出来，课堂学习就变成了一件有趣的事情。

这种方法大体经历了几个阶段：一是问答式，或者称为"苏格拉底式"，即我讲一半时间，另外一半时间用于回答同学们的问题。我觉得这样的讲解比较有针对性，课堂气氛也比较活跃。二是对话式，即面对同学们的提问，我先不急于提供答案，而是将"皮球"抛给其他同学，看看提问同学的"同伴们"是否有答案。我发现，一个同学的问题，常常在其他同学那里就有答案，或者有思考的角度。在这种情况下，何必由我来提供答案呢？三是讨论式，即我仅仅是主持人，同学们不会向我提出问题，而是分享自己的观点，并且在他们之间进行研讨和辩论。在这种情况下，同学们已经完全消除了对老师的依赖，不会期待老师提供什么答案，而是专注于同学们之间激烈的研讨。四是后讨论式，即主持人是学生，我只是作为一个普通的学生参与课堂讨论。目前，这种方式是在一学期的课程中，前几次课由我主持讨论，待同学们熟悉了这种方式后，由同学自愿担任主持人。有同学认为，这种方式更好，因为能够听到我作为普通学生的"一家之言"。

（十三）你是否知道有类似的教学法？

答：没有。

"讨论式教学法"的名称古已有之，非我首创。但是根据我对古今中外教学法的初步了解，没有人使用过我这种方法。

美国法学院传统的"苏格拉底教学法"，是老师纠问学生的方式［参见美国电影《寒窗恋》（Paper Chase）］，老师高高在上、咄咄逼人。

哈佛大学教授桑德尔（Michael J. Sandel）的公开课，似乎是一种"表演式"，老师是以一个智者的形象在舞台上走来走去，用精辟的语言阐述自己的观点和回答同学的问题。

美国和英国普遍采用的"seminar"模式，即小班讨论模式，似乎也是在老师的主导下进行的，老师经常会对学生的讨论进行点评和总结，与我的

"中立"，让同学们自己学习有实质性差别。有些小班讨论，甚至每位同学事先分配了任务，上课只是介绍自己的那一部分，并没有形成围绕几个问题"大家一起上"、"群起而攻之"的局面。

刚刚兴起的"慕课"（Massive Open Online Course，MOOC），在自主学习和师生互动方面很有创意，但是恐怕无法替代面对面的交流。

（十四）学生是如何通过讨论而进行学习的呢？

答：我觉得可以用"生成"和"构建"两个词来说明。

一群学生在一起，各自带着不同的知识和思维背景，阅读了相同的课程材料，配备了上网的手机和电脑。他们先是就课程材料的理解发表看法，随后讨论集中到几个问题上，大家一起深入研究、广泛分析。讨论所集中的问题，往往是"生成"的，即由某个同学提出，在老师的引导和同学的呼应下，现场形成的。随后，大家围绕这些问题，"添砖加瓦"，逐渐"构建"知识和思维的体系。这个体系是佛塔一般立体的，可以从不同角度观看。这就是学习的过程。

（十五）在学习的过程中，老师的作用是什么？

答：老师只是帮助者、促进者。具体而言，其一，课程资料是老师提供的。老师是专家，能够选择最好的学习资料，减轻了同学们的查找资料的负担。其二，课堂讨论是老师主持的。老师具备主持人的技巧，使得讨论能够"形散而神不散"。其三，虽然讨论开始时老师不发表自己的看法，但是老师对某个讨论主题的默许，是对该主题价值的肯定，使得同学们讨论时充满信心。其四，在讨论后期，当同学们不再对老师提供的"高明答案"存在期待后，老师也可以发表自己的看法。

（十六）在讨论式课堂，老师的感受是什么？

答：老师会有新鲜感，因为不可能有完全相同的两个课堂。即使相同的课程材料，不同学生完全会从不同的切入点进入讨论。老师也会感到欣喜，因为同学们的进步是"现点现"的，从他们的发言以及他们相互之间的启发都可以看出。此外，老师还会有共同学习的收获，因为同学们"七嘴八舌"、"海阔天空"的发言中，常常会有老师意料之外的观点出现。

（十七）如果同学们讨论走偏或错误怎么办？

答：这属于主持讨论的技巧。我的观点是，不要急于纠正错误或方向。对于某位同学明显的错误，我常常是让其他人同学发表看法，很快就能够得到纠正，但是这不是我作为老师出面进行的纠正。对于方向，老师要当场判断，对于有价值的主题，即使不在自己预设主题之内，也要鼓励讨论下去——事实上，讨论"生成"的主题要优于老师预设的主题，因为这才是同学们关心的真问题。

（十八）讨论式学习有什么优势？

答：与讲授式相比，讨论式学习能够锻炼同学们思维能力、表达能力和学习能力，还能够培养同学们合作学习、彼此尊重和认真倾听等品格。

（十九）讨论式有什么劣势？

答：与讲授式相比，还没发现什么劣势。

（二十）讨论式对老师和同学的负担是否太重？

答：老师尝试一种新的教学方法，有一个适应的过程，但是等到熟练运用后，与讲授式相比，教学负担不会太重。当然，教无止境，讨论式课堂千变万化，因此讨论课对老师的专业和素质的要求也是无止境的。

同学们能够很快适应这种方法。同学们课前课后的投入，与讲授式相比，必定要大幅度增加，但是通过适当设计课程和选择资料，学生的负担是能够得到适当控制的。

（二十一）如何解决课堂参与度问题？

答：这个问题所针对的现象，是课堂讨论中，发言学生有限，甚至一学期下来，总是那么几个同学发言，而有些同学，甚至大多数同学一直都是"听众"。

这个问题可以从多个角度理解和解决。

首先是对"参与度"一词的理解。发言的学生，当然是在参与讨论，这一点毋庸置疑。但是没有发言的同学，却不一定没有"参与"讨论。在我的课后调查中，已经有好几位同学坦言，这种讨论课是他们"参与度"最高的课程，而他们恰恰是沉默寡言的学生！他们的解释是：由于性格内向和学习习惯等方面的原因，他们不爱发言，但是喜欢听同学们发言，跟着发言者的思路走。他们觉得这样学到了很多知识和思路。此外，从学期考核看，不发言同学提交高水平文章者不在少数。（与此同时，勤发言同学提交中水平文章者也不鲜见）

当然，与勤发言的学生相比，不发言的同学的"内心活动"不易为老师所掌握，且仅在内心构思与拿出来碰撞，其学习效果是不一样的。讨论课的目标当然是要让尽可能多的同学发言，但是恐怕也不必强人所难。在环境宽松，机会均等的情况下，如果有人选择沉默，也应该受到尊重。不仅如此，即使每人都发言，但有人说话多、有人说话少的局面恐怕也在所难免。这是由人的差异性决定的。如果我们信奉"因材施教"，就应该容忍这种差异性。

讨论式课堂，是大家"自由"发言的课堂。既然自由，就有发言和不发言的自由。只是对于老师来说，要给现有同学提供发言的条件，甚至给不爱发言的同学提供更多的条件，例如点名发言和课后鼓励等。老师应该注意，不能只关注爱发言的同学，而忽视了不爱发言的同学。同在一个课堂，大家是平等的。如果有人选择做"演员"，而有人选择做"观众"，那么就要想方设法让"演员"结合"观众"互动起来。"观众"与"演员"互动了，也就是参与了。在我的课后调查中，很多人，包括那些经常发言的学生，都提到了从同学们的发言中受到了启发、看到了差距。我想，这就是"参与"的直接效果。

综上所述，对于"参与度"问题，需要准确的理解和适当的方法。既要想方设法让更多同学说话，也要尊重部分同学选择沉默。

其次，"参与度"问题的提出，多多少少有对照讲授式课堂的因素。在讲授式课堂上，老师讲、学生听，似乎没有出现"参与度"不同的问题。事实上，讲授式课堂，也存在"参与度"不同的问题，因为听讲的同学注意力集中度是不同的，能够跟踪老师思路的能力也是不同的。不仅如此，更为重要的是，同学们的整体参与度，与讨论式课堂不可同日而语，并且即使从"听众"的角度，讨论课上沉默学生的"参与度"，也一定高于讲授课堂的学生，因为听同伴们"七嘴八舌"的效果，必定好于听老师"长篇大论"。

（二十二）如何解决知识系统性问题？

答：这个问题所针对的现象，是课堂讨论似乎只能集中在少数几个问题上，不像讲授式那样，老师提供了一个知识体系。

首先，需要澄清的是，老师讲了一个体系，并不等于同学们就接受了一个体系。也就是说，老师"教"了，并不意味着学生"学"了。课堂上，同学们听了多少，懂了多少，将来能够使用多少，都是未知数。

其次，讨论式能够更好地解决知识的系统性问题，因为课堂讨论的那些问题，能够有效带动同学们对系统性知识的学习，只不过这样的学习是在课后自主进行的，而不是在课堂上当场学习的。

最后，也是最重要的，课堂学习的目标，不应该是试图提供系统知识，而是努力在有限的课堂时间内，提高同学们理解知识和运用知识的能力。也就是说，课堂应该"授之以渔"，而不是"授之以鱼"。

十八、"我"是谁？

——什么是讨论式教学法①

这是一次"助教培训课"，15 名学生。课前几天，我把近期写的一些感想，共 9 篇文章发给同学们，② 并且打印了一些带到课堂分发给大家。来到课堂，惊喜地发现每人桌上已经有一本我以前的文章合集《讨论式教学法的理论与实践》（厦门大学出版社 2014 年版）。于是，我的上课就开始了。

我不慌不忙、"踌躇满志"地说：我的教学法是独一无二的，与讲授式不同，但是与 seminar、workshop 等也不同；介绍这种教学法，有两种方式：一种是用 110 分钟讲解我这本书和这 9 篇文章的内容，从课程理论到课程技巧，最后留下 10 分钟回答问题；但是如果用这种方法，这节课就失败了，因为用"讲授式"来介绍"讨论式"，其本身就是矛盾的；另外一种是用"讨论式教学法"演示"讨论式教学法"，让大家体验一下，这种教学法究竟是什么样的；我决定采用后一种方式。③

在同学们的兴奋和期待中，我简单交代了一些事情：自制桌签，起立发

---

① 2015 年 6 月 30 日，清华大学大学生文化素质中心和教育研究院联合组织的培训。助教是在校研究生，配合"大学生文化素质核心课程"混合式教学，职责主要是为在线课程 MOOC 和 SPOC 提供支持，包括每周组织 10—12 人的小班研讨课。感谢清华大学教育研究院钟周老师邀请。

② "大学教育之目的"、"讨论式教学法 建构主义"、"自由与责任"、"灰姑娘的三种讲法"、"讲座与听讲座"、"论因材施教与教学相长"、"奇迹"、"像雾像雨又像风"和"杨氏讨论法百问"。

③ 此前，我曾经在两个场合使用过这种"体验法"：2014 年 2 月 21 日，在北京师范大学教师发展中心举办的"关于讨论式教学法的思考与实践座谈会"上，我演示了"讨论式教学法"。8 月 19 日，在北京大学教育学院举办的"太原市委党校教学理念与教学方法专题师资培训班"上，我演示了"如何使用讨论式教学法"。

言，使用网络，保持安静，等等。见大家准备就绪，我就开始了。

我轻松、"宽容"地问大家：大家看了材料，或者只是看了"讨论式教学法"这个题目，有什么问题或感想吗？我说：这是课程的第一阶段，即自由提问阶段。

在我重复了两遍后，大家开始发言了：讨论的目的是什么，是共识还是发散？"杨氏讨论法"与传统讨论法的区别是什么？大班也能讨论吗？时间如何把控，如何提高效率？学生乱说、跑题怎么办？如何评价讨论课的效果？没有预先看资料怎么办？如何让"沉默者"开口说话？数学课也能讨论吗？讨论的问题如何产生？灌输式更有利于学习知识？主持人起什么作用？如果有人特别想听老师讲，怎么办？同学水平参差不齐不适合讨论？如果有人说话太多怎么办？这种教学法的缺点是什么？……

在此过程中，我不断鼓励大家发言，不仅仅限于阅读我的资料，而且可以是从其他同学发言中得到的启发。结果，每个同学都发言了，其中还有同学多次发言。

20分钟过去了。见大家不再有问题，我宣布：课程进入第二阶段，即集中讨论阶段；对于其他同学的提问，谁有答案或评论？

听了这个问题，大家有点意外。在犹犹豫豫中，有同学站起来，就另一位同学提出"讨论的目的"发表了一点看法。随后，大家就这个问题展开了讨论。学科不同，讨论目的也不同；讨论目的，就是老师上课的目的；讨论的目的，实际上是讨论的阶段；有些课是不适合讨论的……凡此种种，不一而足。角度虽然不同，但是目标却都是朝向我在黑板上写下的"讨论的目的"这个主题的。最后，同学们发现，连"讨论的目的"这句话是什么含义，都成为讨论的主题！在此过程中，我只是鼓励大家不断发言，并且在必要时要求发言同学澄清自己的观点。

讨论进行了50分钟。此时我宣布，课程进入第三阶段，请同学们总结大家所讨论的问题，并且介绍一下自己的收获。同学们纷纷发言，试图理清讨论的脉络，并且坦承自己的收获和疑惑。

我最后总结道：我们的课程目标是了解"讨论式教学法"；我觉得，通过三个阶段的发言和讨论，我们对这种教学法的大致情况应该有所体验了，因此我觉得这节课就成功了。我还简单回应了第一阶段大家所提出的问题，并借此阐述了我的一些理念和技巧，例如携带打印资料到课堂作为同学们课前没有阅读的补救措施；第一阶段开放式的提问，制造轻松自由的课堂气氛；第二阶段的讨论焦点来自同学发言，在黑板上写"讨论的目的"之提醒大家不要跑题之心理暗示效果；第三阶段让同学们自己总结。这一切的核心思想，就是要把学习主动权交给同学们，让大家学会思考，学会学习。

同学们很坦诚，在承认有收获的同时，也对有些问题，例如老师是不是应该干预的问题，持保留态度。还有同学笑着说：课程后半段，一直在观察我对各种发言的处理方式！

这些未来的小老师们真是很可爱！相信他们体验了这样的课堂，看到课堂气氛如此活跃，感觉到讨论是学习，听别人提问也是学习，那么在他们主持讨论的时候，也会多多少少采用这种方法。以他们的聪明才智，他们肯定知道：要想熟练使用这种方法，需要反复锻炼，不断总结，包括思考教育之目的等大问题。事实上，在课堂讨论中，这些问题已经初露端倪，例如他们提及了学习知识的路径，知识和能力哪个更重要，要答案还是要过程等事项。这样的思考是"革命性"的，有可能颠覆传统的学习观念，例如背知识、要答案等。我感到，与这些思考相比，教学法仅仅是一种手段和载体而已。我自己发明和使用这种教学法，又何尝不是以思考教育为本呢？（2015年7月1日）

附：

这次讲课中我充满自信表达的若干观点：（1）古今中外，没有一个课堂是我们这样的（seminar，workshop 类似，但是自主学习、问题生成、平等自由等特点更加突出）；（2）这种教学法没有缺点（故意的极端。世界上当然没有完美无缺的教学法，但是这种教学法是所有可行的教学法中最优的选择，尤其是与传统的讲授式相比较的时候）；（3）课堂学生的差异性越大，越适合讨论式（因为讨论式是参与者相互学习的）；（4）"讨论万能"（故意的极端。大班、小班；文科、理科；知识学习、思维培养）；（5）在课堂时间有限的情况下，与其面面俱到，我宁愿选择集中力量击破一两个问题，从而培养同学们学习和思考其他问题的方法（课堂时间永远是有限的，这是"经济学"存在的基本前提，因此上课就是在有限的时间内实现学习效益最大化）；（6）不要把老师系统地讲出来了，等同于同学们系统地学进去了；不要把老师"清晰"地讲出来的，等同于同学们清楚地学习了（语言有模糊性，讲述和倾听有不对称性，因此没有见过讨论的知识皆非真知识）；（7）讨论的主题，要从大家的发言中"生成"，而不是老师指定（这堂课第二阶段的讨论，就是由一位同学对"讨论的目的"的评论引起的）；（8）如果有同学就想听老师讲，那是没有"断奶"的表现：听老师讲当然舒服了（重要的是培养自己学习的能力）；（9）对于某个概念，如果大家离开教室的时候，问题更多了，更加模糊了，那么讨论课就成功了（因为这说明大家明白了认识和思维的多角度、复杂性）；（10）我不会强迫不爱发言的同学发言；我会给每个同学发言的机会，但是我也尊重有些同学选择沉默（有些同学就是倾听型的学习者，不应该强人所难）；（11）对于课堂上的学霸，我不会抑制他们；不仅如此，我甚至会把课堂都交给他们（事实上，我的一学期课程中，经常是几个活跃的同学主持讨论的）；（12）讨论的时候，短暂的"跑题"没有关系；"纠偏"本来就是学习的过程；另外，"水至清则无鱼"，如果不让"跑题"，那么大家在"正题"上可能也不说话了（主持人要容忍一定的跑题，并且不留痕迹地将主题拉回来，不要打击大家发言的积极性）；（13）讨论是最为有效的学习方式（讨论可以澄清问题，使得知识真正清晰起来；可以开拓思维，学会思考的方法）。

十九、像雾像雨又像风

——大型对话的讨论式①

（一）

台上是四位代表国家"打官司"的律师和一位法学院院长，由我主持展开了一场对话。台下是三百名听众，主要是法学专业的老师和学生。

对话围绕三个问题展开：代表国家打官司与代表公司打官司有什么不同？国家对待案件输赢的态度有什么特点？律师应不应该代表外国起诉本国？台上你来我往，台下笑声不断。两个多小时的对话，似乎并没有形成统一的结论，但那三个问题，却让人产生了一些思考。例如，也许代表国家与代表公司打官司并无不同，从律师的角度看，都是法律业务而已？（这一点，台上嘉宾并未明说）。同样从律师的角度看，为什么不能代表外国起诉本国呢？（台上就有人明确表示，"当然可以"，甚至说是"优秀律师的骄傲，连外国人都请我们"，因为在国际上，律师代表外国或外国公司起诉本国，司空见惯。有一种理解是，"法律面前人人平等"，起诉本国是在用另一种方式促进本国的法治建设，云云）。国家对待案件输赢，除了关注个案得失，也许还在意规则的澄清和发展这些"长远、体制性利益"，这一点与

① 在"2014中国国际经济法学术研讨会暨姚梅镇先生百年诞辰纪念会"期间，我参与策划并主持的大型师生对话："国际法论坛 名师面对面 理性漫谈WTO诉讼经验，激情评说WTO经典案例"，武汉大学，10月30日晚。台上嘉宾：北京金杜律师事务所肖瑾律师，北京金诚同达律师事务所彭俊律师，北京锦天城律师事务所冯雪薇律师，北京中伦律师事务所任清律师，武汉大学法学院院长肖永平教授。感谢武汉大学国际法研究所邓朝晖老师的创意和安排。

《像雾像雨又像风》为20世纪80年代流行歌曲，丁晓雯作词，梁雁翎演唱。

公司对待案件似乎大不相同。（这一点，对话并未充分展开，但是结论应该是清楚的。）

作为主持人，我揪住了一位律师说代表国家打官司"责任重大使命光荣"这句话，笑问作为律师，难道代表公司打官司就不是"责任重大使命光荣"？大家你一言我一语，自然生成了对第一和第二问题的讨论。后来，我又抓住了一位同学关于"是不是可以代表外国起诉本国"的提问，使得台上嘉宾展开了对第三个问题的讨论。这场对话的主题是"代表国家打官司"，律师们都有代表中国在 WTO 出庭的经验。[1] 这是这场活动的"卖点"，但是我作为主持人，却通过抓住台上的一句话、台下的一个说法，引起热烈的讨论，揭开了这个主题的"神秘面纱"，让大家真正从法律、法律人的角度看待"代表国家打官司"。因此，这是一场"高大上"的对话，其深度和广度，罕有其匹。我觉得，也许这才是对莘莘学子最有价值之处。在"主持人感言"中，我写道：希望这是一场"头脑风暴"的对话，能够从"责任"和"使命"出发，而又超越"责任"和"使命"。[2]

我觉得这场对话的内容很有价值，是真正意义上的法律对话。但是这场对话精彩纷呈、气氛热烈的场景，不过是我的课堂的放大版而已。在我的课堂上，我都是作为主持人，引导大家围绕几个现场生成的问题进行广泛而深入的讨论。只是在我的课堂上，没有那么多"观众"，不会让台上讲话的人"紧张"或"人来疯"；也没有"观众"提问让我抓住，进而生成为讨论的主题。我的课堂都是这样热热闹闹的，只是这场大型对话热热闹闹的程度更高一些而已。

几个月后，当我仍然沉浸在"成功"所带来的沾沾自喜中，却看到了这样一段评论：

---

[1]　中国自 2001 年加入 WTO 以来，已经有 32 起案件，其中中国原告 12 起，被告 20 起。这些案件都需要聘请律师提供专业法律服务，收集资料，撰写文件，甚至在日内瓦 WTO 总部出庭辩论。目前有大约 10 位北京律师在配合 WTO 争端解决案件的主管单位商务部条约法律司"代表国家打官司"。

[2]　杨国华主编：《我们在 WTO 打官司——参加 WTO 听证会随笔集》，知识产权出版社 2014 年版，第 264 页。

……有机会见识了一系列高大上的学术活动，……

记国际法论坛："名师面对面"群贤毕至理性漫谈 WTO 诉讼经验，名家荟萃，激情评说 WTO 经典案例。……

这次论坛来的实务界大佬都是国内顶级的大型律所合伙人，均为中国政府在 WTO 应诉提供法律服务，有参加 WTO 诉讼的实战经验。那些专业性、技术性的东西暂且不论，作为律师能做到这个层面，一定是出类拔萃、凤毛麟角的人物。……

本次论坛不得不吐槽的一点是主持人多次利用主持人权威，侵占与学生的现场互动时间，他多次揪住几位嘉宾频繁纠缠于一些问题。有许多作为学生本身并不关心：譬如代表政府打官司与代表公司客户等打官司有什么区别？（我们是否有机会代表政府打官司还是未知数呢，谁会关注这个？至少我本人不关心其中的区别）

所以导致学生的收获也大打折扣，但也能深刻感受到那些律师大佬们如何巧妙应对那些倾向性、诱导性问题，（我知道你问这个问题的意图，我就是不让你得逞，我总能用一些其他貌似很有道理且旁人无从辩驳的话来巧妙回答，同时赢得一片掌声并捍卫自己的立场）所以现场看他们在台上口吐莲花、唇枪舌剑，巧妙机智地绕来绕去打太极也很有意思，只是干货太少。不过想在短短的一两个小时你又能期望得到多少干货？

干货都需要自己在台下凭一己之力默默挖掘和积累，架子都是在台下搭起来的，好嘛。这样想来，也可以原谅主持人的霸道（毕竟人家曾经是当过官的，就是这么任性），主持人与嘉宾的互动倒是一场律师该具备什么素质和优秀律师的形象生动展示。

个人认为，最后台上的肖永平院长代表学生们问的最后一个问题拯救了全场，窃以为肖院长实在是看不下去了吧，学生们几百号人充满热情填地满硕大的模拟法庭，花费 2 个小时聆听观摩，你就让他们看这个？（全场互动环节竟然只允许一两个学生提问，其余都归属于主持人权威，这像什么话，奈何咱没有话语权啊），当肖老师问出那个问题时我清楚地听到旁边的同学都舒了一口气，有人小声说这才是我们想知道的嘛。

这是一位现场"观众"的感言，直抒胸臆，文采飞扬。

然而，这位观众的感言与我作为主持人的感言，咋就差别这么大呢?!我知道，不一定每一位观众都这么想，但是为什么会有人这么想呢？

对于最擅长"矫情"①的法律人来说，以上引言有很多毛病。例如，既然你说主持人不行，但是对话为什么会这么精彩？如果换一个主持人，或者根本没有主持人，这些律师"大佬"会如此"口吐莲花"吗？再如，你说"干货太少"，又说"干货都需要自己在台下凭一己之力默默挖掘和积累"，那你为什么没有挖掘出那三大问题的意义呢？又如，你一会儿说"吐槽"，一会儿又说"主持人与嘉宾的互动倒是一场律师该具备什么素质和优秀律师的形象生动展示"，这不前后矛盾吗？至于"侵占与学生的现场互动时间"，台上五个人，台下三百人，总共两小时，你要是主持人，你怎么分配时间？

按照法律圈的惯例，我如果指出了某人的毛病，某人一定会振振有词、自我辩护——如果自己都不能给自己辩护，将来怎么从事法律职业？某人甚至会抓住机会、反戈一击——这是律师常用技巧啊！为了避开这些"惯例"，我干脆后退一步、放开一点，谈谈我的教学法吧。因为我觉得，也许是别人不了解我的教学法，或者我的教学法存在问题，才导致了一场一触即发、被我及时避免的论战。

（二）

前文说过，这场对话"不过是我的课堂的放大版"。我的课堂，使用了一种"讨论式教学法"。

2009年以来，我有机会参加了数百小时的讲课和讲座，主要对象是各大法学院的学生，内容主要是WTO中国案例。在此过程中，我开发了一种"讨论式教学法"。这是一种"旧瓶装新酒"的教学方法，即一套全新的内

---

① 北京方言，音"jiáo qing"，意为"挑毛病"、"认死理"、"纠缠不休"。

容，沿用了一个古老的名称。所谓"古老的名称"，当然是指"讨论式教学法"。这个名称由来已久，非我首创。但是其内容，却是前所未有的。有教育学家朋友甚至将这种教学法戏称为"杨氏讨论法"，以示区别。我的"讨论式教学法"，概而言之，是将以人为本作为指导思想，师生作为学习共同体，围绕特定主题进行研讨，从而增加学生的知识储备和培养学生的思维的教学方法。"讨论式教学法"由学生课前阅读、课堂讨论、课后研究三个环节组成，其中课堂讨论环节，以学生发言和辩论为主，教师只是讨论的主持人和促进者。使用这种教学法，课堂上就会出现对话那样热热闹闹的场面。

过去一些年，我已经不知道多少次为我的"讨论式教学法""辩护"了。刚刚结束的一个学期，我一直在与清华法学院的同学们探讨这种教学法的"利弊"，估计很多同学仍然认为这种教学法有"值得改进之处"；2014年底在西南政法大学国际法学院主持一次大型对话后，我与十几位同学，特别是一位非常熟悉这种教学法的同学邮件往来，就这种方法是否适用于大型对话的问题进行了深入讨论，估计这位同学仍然"不服气"；在北京师范大学法学院一学期课程之后，同学们提出了很多建议；在与四十位法学院老师持续半年的邮件讨论之中，绝大多数人提出了保留意见；在与一个个老师的小范围讨论中，他们都提出了种种顾虑。而我的好朋友们更加直率，在经历了我将这种方法运用在他们身上之后，"嬉笑怒骂"、"讽刺挖苦"，甚至提出了"严重警告"。

这些善意、建设性的批评，都在促使我不断完善这种教学方法，并且催生了《讨论式教学法的理论与实践》一书的出版。事实上，我能够坚持这种方法，更为主要的原因，是在这些"质疑"和"批评"之外，我看到了课堂上一双双热情洋溢的眼睛，看到了同学们立竿见影的进步，看到了由于课堂讨论所带动的课外学习的主动性。此外，我也得到了很多老师的热情鼓励和赞扬，特别是一些教育学专家毫无保留地鼓励和指导。① 于是我越来越

---

① 例如，北京师范大学教育学部教育技术学院郑葳老师、多元文化教育研究中心副主任张莉莉老师，教师发展中心主任李芒老师，清华大学教育研究院常务副院长史静寰老师。

坚定地认为，这种教学法是最为适合当代信息化社会的一种教学方法，因为只有它才能够实现在短短几小时的课堂上，使大家汇聚一起，组成一个学习共同体，研究和分析问题，扩大知识面和提高思维能力。这种面对面的交流碰撞所产生的效果以及课后研究所形成的学习动力，对学习习惯的养成和学习能力的培养，都具有不可替代性。

当然，对于教学法的探索，是没有止境的，因为老师所面对的，是蓬勃向上、日新月异的年轻人。同时，作为一种新型教学法，大家的接受也需要一个过程。这就需要我不断地进行"辩护"。事实上，如上所述，我发现"辩护"的过程，恰恰是我不断思考和完善这种教学法的过程，因为我常常发现，每当"质疑"之声出现，我都要进行反思，并且反思的结果未必就是"我对""他错"。翻阅我的几十篇课堂实录，特别是整学期的课堂实录《探索WTO》（一）、（二）、（三），我发现在五年的时间里，从初步尝试到基本成型，这种教学法已经从形式到内容都大为不同了：形式更加多样，内容更加丰富。当然，前后对比也让我看到了这种教学法的核心理念，即信任学生，一直没有变。我坚信学生是有智慧和能力的，老师的任务不过是创造条件，让年轻人的智慧和能力释放出来而已。在这种理念之下，我在课堂上的形象，越来越淡化，从强势的、操控讨论的老师，到"听任"大家发言的主持人，到参与讨论的"普通学生"。我觉得，如果一门课，老师的形象"淡化"至无形，同学们自己商量课程内容，自己组织课程学习，自己进行课程评估，那么这种教学法也就大功告成了。年轻人相聚大学校园，"荟中西之鸿儒，集四方之俊秀，为师为友，相磋相磨"（1914年梁启超清华学校演讲《君子》）；一切由学生做主，老师只是学习的促进者（facilitator），提供必要的帮助（例如资料、建议、经验、思想、智慧）。这难道不是每个人心中的理想大学吗？

说到这里，我有一种豁然开朗的感觉。我将这种教学法用在主持对话中，而上述观众的"吐槽"，以及我信手列举的"毛病"，岂不是对它的高度肯定吗？如果观众认为我没起什么作用，而只是看到了"大佬们"的精彩表现，岂不是印证了我的"淡化"理论？观众们认识到了"干货都需要自己在台下凭一己之力默默挖掘和积累",岂不是表明对话引起了很多思考,需要大家"课后"总结和研究?"主持人与嘉宾的互动倒是一场律师该具备什么素质和优秀律师的形象生动展示",岂不是表明观众们很享受?效果若此,夫欲何求?至于"侵占与学生的现场互动时间",不过是对我没起什么作用的感觉而已,人家也不是说我少纠缠什么就能让出多少互动时间。那么,我还"辩护"什么呢?我应该"偷着乐"才是啊!

"杨氏讨论法"啊,"杨氏讨论法"!"你对我像雾像雨又像风","我并不在乎你知道不知道,疼爱你的心却永远不会老。"(2015 年 2 月 4 日)

二十、讲座与听讲座

最近听了两个讲座。主讲人显然都是各自领域的专家，在一两个小时的时间里，侃侃而谈，如数家珍，最后还回答了一两个听众的问题。

然而，我却想：这个题目，他们肯定已经讲过多次，甚至无数次了，他们不枯燥吗？一口气讲那么长时间，他们不疲劳吗？从另外一方面看，他们所讲的，有多少被听众听进去了、听懂了？听众心中又有多少问题没有得到回应？因为我发现，讲座进行一半的时候，已经没有几个人在认真倾听，大多数人在发呆、打盹、看闲书、玩手机——这几样事情我都做了，而主讲人说了什么，当时在我脑中是支离破碎的，第二天更是所剩无几了。

联想到前几天我作为主讲人的一次讲座。题目是"中外知识产权谈判"，正是我的拿手好戏。我提前几天将相关资料发给同学们，并且叮嘱他们提前阅读以便参加讨论。讲座开始，主持人简单介绍后，我就直接问大家：看了这些资料，你们对这个主题有什么感想、疑问？或者你们没有来得及看资料，但是你们对这个主题有什么想知道的？同学们犹豫了一会儿，随后一个个提问和谈看法。我说：我们的讲座分为两个阶段，先是敞开发表意见，然后就某些问题集中讨论。

大家第一轮发言完毕，我已经大致了解了这个听众群体的水平和特点。我并没有急于回答问题，尽管我已经发现有三个问题与本次讲座主题密切相关，且很有讨论价值。我笑着问大家：对于其他同学的发言，你有没有想法或答案？同学们又犹豫了一会儿，随后就有一个同学就另外一个同学的提问，即美国一直施压，但是中国为什么仍然要保护知识产权，提出了自己的看法。接着，大家纷纷发言：美国施压有自己的利益，也可能出于公心；美国施压的事项，如果也是中国自己认为应该做的，那么施压就不是什么坏事情；保护知识产权是中国自己创新和发展的需要，也许可以借助美国施压为我所用；对于美国无理取闹的事项，中国应该解决顶住……渐渐地，对这个问题的看法变得立体起来，最后连提问的那位同学都承认自己看问题的角度更加全面了。

在此过程中，我也发表了自己的看法，甚至慷慨激昂地讲了好几分钟，但是我反复强调：我的理解不一定是正确的。最后，我把同学们第一轮所提的问题都过了一遍，有些问题已经在刚才的讨论中有所涉及和回答，有些问题我谈了一些思路，有些问题我则坦承一无所知，希望他们自己去解决。讲座结束了，主持人简单总结。大家的表情，好像都很满意的样子。

作为主讲人，我是轻松的、兴奋的。虽然这个主题，是我的专长，做过实务，写过文章，办过讲座，但是今天讨论什么、怎么讨论，讲座之前我是不知道的。因此，我饶有趣味、全神贯注地听着同学们的提问和讨论。他们为什么会提出这样的问题？他们为什么会这么想？这个角度很好，那个角度很新。关键时候，我会揪住一个点，让大家深挖下去。有时候，我还故意使用一点苏格拉底的追问技巧，揪住一个人不断提问。我始终处于智力交锋的快乐之中，同时也增加了讲座主题的多角度理解，这对我未来的研究和教学大有裨益。

我相信，短短两个小时的讲座，同学们不仅对"中外知识产权谈判"增加了知识，更为重要的是，同学们可能受到了一些启发，即应该如何看待一个问题。如果说知识是"鱼"，那么方法就是"渔"。发呆、打盹、看闲书、玩手机？NO WAY！不可能！大家你一言我一语忙得很，哪有工夫做这些事情？

对别人讲座的怀疑和对自己讲座的得意，也许纯粹是主观臆断的。别的主讲人，也许不觉得枯燥和疲劳，并且从这次叙述中发现了自己没有讲清楚或逻辑有问题之处，从而有利于自己的事后研究和下一次讲座。别的主讲人可能还会质疑我：这样的讲座不是太散了吗？根本没有知识的体系！另外，别的主讲人可能还会有一个小私心：放开让学生说，如何把控局面？学生说的，如果我也不知道怎么办？别的讲座的听众也可能会笑话我：我们就愿意听老师讲，同学们能讨论出什么？这些听众可能也会有一个小私心：还是听老师讲舒服，不用自己看资料、动脑筋，累了就发发呆、打打盹、看看别的、玩玩手机。

以上都是我独自坐在屋里面对电脑的胡思乱想。但是我想：如果能够有这样一个机会，别人用传统的方式讲座，我用自己的方式讲座，然后两组讲座的主讲人和听众坐在一起，加上一些教育学专家，就讲座之目的、方式和效果等问题进行一场讨论，也许会有利于澄清认识和改进讲座的。我觉得，这对于主讲人和听众都是好事情。

讨论的结果也许难以预料，但是有一点恐怕是所有人都会同意的：听众不是，也不应该是录音机；主讲人不想，也不应该想制作录音。既然如此，就应该进一步追问：主讲人举办讲座，是想传达某种信息或思想，希望听众有所收获，同时也希望自己"教学相长"，那么采取什么样的方式才是最为有效的？也许我们从小到大都是这样讲座和听讲座的，但是我们从来没有想过这个问题。（2015 年 4 月 3 日）

二十一、《灰姑娘》的三种讲法

周末清晨，在微信上读到一篇文章，摘录如下：

上课铃响了，孩子们跑进教室，这节课老师要讲的是《灰姑娘》的故事。

老师先请一个孩子上台给同学讲一讲这个故事。孩子很快讲完了，老师对他表示了感谢，然后开始向全班提问。

老师：你们喜欢故事里面的哪一个？不喜欢哪一个？为什么？

学生：喜欢辛黛瑞拉（灰姑娘），还有王子，不喜欢她的后妈和后妈带来的姐姐。辛黛瑞拉善良、可爱、漂亮。后妈和姐姐对辛黛瑞拉不好。

老师：如果在午夜12点的时候，辛黛瑞拉没有来得及跳上她的番瓜马车，你们想一想，可能会出现什么情况？

学生：辛黛瑞拉会变成原来脏脏的样子，穿着破旧的衣服。哎呀，那就惨啦。

老师：所以，你们一定要做一个守时的人，不然就可能给自己带来麻烦。另外，你们看，你们每个人平时都打扮得漂漂亮亮的，千万不要突然邋里邋遢地出现在别人面前，不然你们的朋友要吓着了。女孩子们，你们更要注意，将来你们长大和男孩子约会，要是你不注意，被你的男朋友看到你很难看的样子，他们可能就吓昏了（老师做昏倒状）。

老师：好，下一个问题，如果你是辛黛瑞拉的后妈，你会不会阻止辛黛瑞拉去参加王子的舞会？你们一定要诚实哟！

学生：（过了一会儿，有孩子举手回答）是的，如果我辛黛瑞拉的后妈，我也会阻止她去参加王子的舞会。

老师：为什么？

学生：因为我爱自己的女儿，我希望自己的女儿当上王后。

老师：是的，所以，我们看到的后妈好像都是不好的人，她们只是对别人不够好，可是她们对自己的孩子却很好，你们明白了吗？她们不是坏人，只是她们还不能够像爱自己的孩子一样去爱其他的孩子。

老师：孩子们，下一个问题，辛黛瑞拉的后妈不让她去参加王子的舞会，甚至把门锁起来，她为什么能够去，而且成为舞会上最美丽的姑娘呢？

学生：因为有仙女帮助她，给她漂亮的衣服，还把番瓜变成马车，把狗和老鼠变成仆人。

老师：对，你们说得很好！想一想，如果辛黛瑞拉没有得到仙女的帮助，她是不可能去参加舞会的，是不是？

学生：是的！

老师：如果狗、老鼠都不愿意帮助她，她可能在最后的时刻成功地跑回家吗？

学生：不会，那样她就可以成功地吓到王子了。（全班再次大笑）

老师：虽然辛黛瑞拉有仙女帮助她，但是，光有仙女的帮助还不够。所以，孩子们，无论走到哪里，我们都是需要朋友的。我们的朋友不一定是仙女，但是，我们需要他们，我也希望你们有很多很多的朋友。下面，请你们想一想，如果辛黛瑞拉因为后妈不愿意她参加舞会就放弃了机会，她可能成为王子的新娘吗？

学生：不会！那样的话，她就不会到舞会上，不会被王子遇到，认识和爱上她了。

老师：对极了！如果辛黛瑞拉不想参加舞会，就是她的后妈没有阻止，甚至支持她去，也是没有用的，是谁决定她要去参加王子的舞会？

学生：她自己。

老师：所以，孩子们，就是辛黛瑞拉没有妈妈爱她，她的后妈不爱她，这也不能够让她不爱自己。就是因为她爱自己，她才可能去寻找自己希望得到的东西。如果你们当中有人觉得没有人爱，或者像辛黛瑞拉一样有一个不爱她的后妈，你们要怎么样？

学生：要爱自己！

老师：对，没有一个人可以阻止你爱自己，如果你觉得别人不够爱你，你要加倍地爱自己；如果别人没有给你机会，你应该加倍地给自己机会；如果你们真的爱自己，就会为自己找到自己需要的东西，没有人可以阻止辛黛瑞拉参加王子的舞会，没有人可以阻止辛黛瑞拉当上王后，除了她自己。对不对？

学生：是的！！！

老师：最后一个问题，这个故事有什么不合理的地方？

学生：（过了好一会）午夜12点以后所有的东西都要变回原样，可是，辛黛瑞拉的水晶鞋没有变回去。

老师：天哪，你们太棒了！你们看，就是伟大的作家也有出错的时候，所以，出错不是什么可怕的事情。我担保，如果你们当中谁将来要当作家，一定比这个作家更棒！你们相信吗？

孩子们欢呼雀跃。

写得真好！从职业角度看，在这个课堂情境下，这位教师使用了启发式教学法，即通过提出问题，将这个故事的主题，例如守时、整洁、善良、友谊、自爱以及人的不完美等，一个个展现给学生，而学生则在回答教师提问的过程中不断思考。这样的教学法，课堂气氛活跃，教学效果良好。

这篇文章的后面，还提供了另外一种课堂情境，基本上是老师一直在讲。从职业角度看，后面这位教师使用了讲授式教学法。文章对这个情境的设计和描述不够理想，此处不予摘录。且让我设想一下典型的讲授式教学法下的课堂情境：

上课铃响了，孩子们跑进教室，这节课老师要讲的是《灰姑娘》的故事。

老师：同学们，今天我们学习《灰姑娘》的故事。这个故事讲的是……。

老师：同学们，这个故事告诉我们，我们一定要守时，对不对？如果灰姑娘不守时，那么……。

老师：同学们，这个故事还告诉我们，我们一定要爱干净，对不对？如果灰姑娘不爱干净……。

老师：同学们，这个故事还告诉我们，我们一定要善良，对不对？灰姑娘的后妈也不是坏人……。

老师：同学们，这个故事还告诉我们，我们一定要重视友情，对不对？如果没有朋友们的帮助，灰姑娘能够……？

老师：同学们，这个故事还告诉我们，我们一定要自爱，对不对？灰姑娘能够克服困难，遇上王子，都是因为……。

老师：同学们，这个故事最后还告诉我们，人都是不完美的，对不对？你看，这个故事中最重要的东西是水晶鞋……。

老师：同学们，这节课就上到这里。这节课的作业是……。下课！

孩子们欢呼雀跃。

这样的课堂情境，可能是我们耳熟能详的。教师将故事的主题，一股脑灌给学生，至于学生听懂了没有，是否有不同理解，是否还有更多理解，一概不知。课堂气氛则是可想而知的，学生瞌睡、走神和东张西望，恐怕在所难免。如果让他们带课外书、IPAD 和手机，那就更加不堪设想了！当教师宣布"下课"，为什么孩子们欢呼雀跃，你懂的！

从职业角度看，理想的课堂，应该能够传授知识、启发思考和开拓思维。传授知识，就要关心"学生听懂了没有"；启发思考，就要关心学生"是否有不同理解"；开拓思维，就要关心学生"是否还有更多理解"。从这三个标准看，以上讲授式教学法显然是不合格的。

不仅如此，如果以此为标准，以上启发式教学法也并非尽如人意。例如，用我们有经验的成年人的眼光看，《灰姑娘》故事的主题，应该不仅仅限于"守时、整洁、善良、友谊、自爱以及人的不完美"这六个方面吧？"运气"和"梦想"等，也应该是这个故事的主题吧？退一步讲，即使是这六个方面，我们也不一定同意教师的每一步论证。例如，"守时"和"整洁"的论证必然成立吗？"善良"的结论，我们能够同意吗？此外，"友谊"、"自爱"和"人的不完美"，都是值得推敲的。还有，教师的提问和答案，所有孩子都听懂了吗？孩子们回到家里，我们问问他们试试？

如此看来，讲授式教学法是直截了当地把教师对于故事六个方面的总结讲给学生，而启发式教学法则是通过提问，"转弯抹角"地把这六个方面讲给学生。从教师讲学生听的角度，也就是教师主导课堂和教师向学生单向传输的角度看，这两种教学法殊途同归，实质上并无不同。不仅如此，与讲授式教学法的"光明正大"相比，上述启发式教学法仿佛是教师的"阴谋诡计"：教师明明知道答案，却要学生从自己的口里说出来！还有，如果在这种课堂上，如果有学生举手说"我没听懂"、"我不同意"或"我认为还有……"，以及学生答非所问、答不到点子上，不知道教师该如何处理。

让我们抛开对这两种教学法的纠缠，回到《灰姑娘》这个故事。试想一下，一个小学班级，一篇《灰姑娘》课文，究竟该怎样"讲"，才能符合以上三个标准呢？

首先我们要知道，我们的上课对象，是一群小孩子，有人看过《灰姑娘》动画片，有人从妈妈那里听过，有人在幼儿园听过，有人可能根本没有听过；男孩子和女孩子对这个故事的兴趣可能不一样；即使同是女孩子，可能理解程度也不一样。不仅如此，每个学生课前预习的程度和收获可能也不一样。一句话，教师走进课堂，面对的是千差万别的学生，甚至没有两个学生是完全一样的。那么，教师应该怎么办，才能让他们在知识、思考和思维方面都有所提高呢？

也许可以设想以下课堂情境：

上课铃响了，孩子们跑进教室，这节课是学习《灰姑娘》的故事。

老师：同学们，你们看了《灰姑娘》故事，有什么想法吗？

（学生早已知道老师会这么问，因为每篇新课文，老师都是这样问的。）

学生一：灰姑娘好漂亮。

学生二：我也想穿水晶鞋。

学生三：灰姑娘和王子是在哪个森林相遇的？

学生四：城堡在什么地方？

学生五：老国王好善良。

学生六：后妈太坏了。

学生一：我觉得后妈也有好的一面，她对自己的女儿就很好。

学生六：我就觉得后妈坏。

学生七：灰姑娘好运气。

学生八：灰姑娘对小动物好，小动物才帮她。

学生九：我很喜欢这个故事。

学生十：水晶鞋怎么没有变回原形？

学生十一：看过 N 遍了。

……

（老师边认真记录，边微笑鼓励。待学生发言告一段落，老师发言。）

老师：同学们，大家的发言很好，想象很丰富。让我们集中讨论一下。刚才我听到同学六说后妈很坏，但是同学一说后妈也有好的一面，能请你们俩详细说说吗？

同学六：后妈当然坏了，……

同学一：我也没说后妈不坏，我是说后妈也有好的地方。……

老师：其他同学有什么看法？

同学十一：我觉得后妈也好也坏，……

同学十二：……

同学六：……

……

老师：同学们，大家争论很热烈。那么，什么是好，什么是坏呢？

同学六：后妈不让灰姑娘去参加舞会……

同学七：好坏不能只考虑自己……

……

老师：同学们，看来后妈好坏这个问题，一时讲不清楚。请大家课后继续讨论，还可以查找资料，向家长请教，下节课与大家分享一下。

同学十三：老师，我查百度，看到"好"是指……，"坏"是指……

老师：谢谢你提供这个信息。大家知道，我也一直鼓励大家上网查找资料。由于课堂时间有限，让我们再讨论一个问题。刚才同学七说灰姑娘好运气，你能详细说说吗？

同学七：当然灰姑娘好运气了，……

老师：大家怎么看？

同学一：是好运气。

同学十四：灰姑娘也很善良，有很多朋友。

同学三：灰姑娘很勤劳。

……

老师：谁能够总结一下，灰姑娘为什么能够成为王后？

同学十五：……

同学十三：还有……

……

（下课铃响了。）

老师：好的，同学们，请大家课后总结一下，为什么灰姑娘能够成为王后，发送到班级公邮中。根据这节课讨论的情况，我们下节课要讨论的题目有……。请大家课后认真阅读课文，并且上网查资料，还有同学们之间组织讨论，以便下节课更好地讨论。下课。

孩子们欢呼雀跃。

对于这个课堂情境，不知大家会作何评论。从职业角度看，我们姑且称其为讨论式教学法。我有如下几点感想。

以上述三个标准衡量，知识、思考和思维都有特色。在这种"七嘴八舌"的随意发言和教师引导的集中讨论中，在这种自主学习、相互学习和师生平等的氛围中，从知识角度看，故事情节已经为全班每一个学生熟知了。在同学们的反复讲述中，原来没听过的学生，应该知道了；原来听过的学生，应该对细节更加清楚了。在故事理解方面，看似教师预设的"守时、整洁、善良、友谊、自爱以及人的不完美"六个方面中，只讨论了一个方面，即"善良"，但是讨论比较深入透彻，学生理解应该比较充分——在课堂时间有限的情况下，与其蜻蜓点水，不如集中突破。不仅如此，对这一点多视角的讨论，一定启发了学生思考，而大家的发散讨论，则有利于开拓学生思维，使得学生挖掘出教师所预设之外的内容——对"运气"的讨论就是一例。

有人可能会问：如果课程目标是六个知识点，那么对于剩下的五个知识点，难道就放任不管了吗？我的回答是：也许不应该以六个知识点为目标。如上所述，就一两个知识点深入透彻讨论，也许教学效果更好，因为这是在教会学生"钓鱼"，而不仅仅是给学生吃鱼，何况知识点可能是无穷无尽的。

有人可能还会问：如果放任学生发言，重要知识点没有出现怎么办？我的回答是：这就要看教师引导和提炼的技巧了；看似小孩子们天马行空的发言，但是教师可以用"因势利导"和"借题发挥"等方法，让闪光的知识点"显山露水"，呈现在学生面前。此处值得提及的是，教师仍然不应该以预设知识点为目标；如果学生发言中出现了预设之外的知识点，例如"运气"，那么教师应该乐享其成，顺水推舟，就沿着这个知识点追下去。简而言之，讨论焦点，最好来自学生发言。教师自己抛出问题让学生讨论，属下下策。

以上分析都是围绕理想课堂的三个标准进行的，结论是：讨论式教学法在传授知识、启发思考和开拓思维方面，相比于讲授式和启发式教学法，都有独到的优势。

更为重要的是，讨论式教学法更加"因材施教"，因为讨论式课堂，仿佛一场业余马拉松比赛，每个人都是在自己能力的基础上向前奔跑，快的会更快，慢的会尽力。讨论式教学法还更加"教学相长"，因为学生的发言，会给教师很多启发。

讨论式教学法的核心理念是相信学生，相信学生的学习动力和学习能力，把学习主动权交给学生。而学生一旦成为学习的主人，学习的能量就会迸发出来，创造奇迹，出现上述课堂情景。"孩子们欢呼雀跃。"但这不是启发式课堂答对了教师问题后的开心，更不是讲授式课堂"终于下课了"的开心，而是一种特殊的开心。是什么呢？也许是主人翁的成就感吧，因为他们可能会觉得，在一个学习集体中，经过同学们的共同努力，大家有了很大收获。不仅如此，教师也应该"欢呼雀跃"啊，为孩子们的进步，为孩子们那些新鲜的想法。（2015 年 4 月 11 日）

二十二、大学教育之目的与方法

——以一次法学讲座为例①

最近有一次讲座，听众主要是法学院研究生课程中的十几位同学，还有几位旁听的本科生和博士生。我是主讲人，主题为"WTO 与国际法治"。

讲座开始，我介绍了常用的"两阶段"模式，即先放后收：先是大家就这个主题发表看法，然后就其中一个或几个问题集中讨论。随后我问：大家看了我课前几天发的资料，有什么看法、问题？先是一位同学发言，后来又有几位同学发言。见大家发言差不多了，我说：现在我们进入讨论阶段；根据刚才的发言，大家觉得哪个问题可以集中讨论一下？有位同学提出了建议，说某个问题似乎在大多数发言中都有所涉及，值得讨论一下。我先请这位同学谈谈自己的看法，随后大家纷纷发言。作为主持人，我有时追问，有时表达自己的困惑，使得讨论反反复复、来来回回在几个关键问题之间进行，大家对讲座主题的认识越来越拓宽、越来越深入，与此同时，也产生了越来越多的问题。讲座快要结束的时候，我简单介绍了选择这个主题的原因，同时就同学们第一阶段的发言内容简要地一一回应。

我觉得，这次讲座实现了我的预期目的。且让我结合这次讲座，谈谈对于"大学教育之目的与方法"的若干想法。

---

① 这次讲座是浙江大学光华法学院赵骏教授开设的研究生课程"国际贸易法"中的一次课，三个小时，时间是 2015 年 4 月 22 日上午，地点在浙江大学之江校区。感谢赵骏教授的邀请以及同学们的参与。

（一）大学教育之目的

结合讲座的主题，我提前发了两份阅读资料，一份是"WTO是模范国际法：在2012年中国国际法年会大会上的讲话"，另一份是"亲历法治：WTO对中国法治建设的影响"。因此，讲座的预期目的，是结合我从事WTO工作，特别是代表国家在WTO"打官司"的多年经验，向同学们传达以下认识：WTO成立20年来，在国际关系的一个领域，即国际贸易领域，建立了一种"法治"，为世界经济发展和世界和平维护作出了重要贡献，并且为国际关系的其他领域作出了示范，有利于"国际法治"的建设；与此同时，中国全面参与WTO事务，遵守WTO规则，运用WTO争端机制解决与其他国家的争端，认真执行WTO裁决，从而对国内法治建设产生了积极影响。

"WTO与国际法治"是我最近五年来在多个场合、多个学校演讲的主题。向同学们传达这些认识，是因为我一直认为，作为法学院的学生，最为重要的是树立坚定的法治信念，即信仰法治。现实社会也许缺少法治，但是正因为如此，才需要无数法律人的努力；国际社会也许没有法治，但是正因为如此，才需要充分肯定WTO的成效，使得它不断完善，并且扩大它的"溢出效应"。推而广之，我认为，大学教育，最为重要的是要帮助学生树立坚定的信念：不管是人文科学、社会科学还是自然科学，不管是具体什么学科，都有一些共同或差别的信念，例如为了人类思想的发展，为了人类社会的进步，为了科学探索的深入，具体表现为对专业的热爱，对知识的渴求，对精神的追求，等等。①

---

① 本文若以"大学教育之目的"这个宏观而抽象的表述开始论证，则难免要涉及"教育"和"大学"之界定，"目的"与"手段"之辨析，以及大学教育历史之梳理，大学教育挑战之揭示，解决问题方案之提出等内容，并且难免要认同以下理念：大学是培养高级人才的地方，而高级人才主要是指专业精湛和信念坚定的人才；大学教育之目的，可以从社会和个人两个角度看待：从社会角度看，人类社会需要存在和发展，因此需要培养高级人才；从个人角度看，上大学是为了谋求更好的生活，也是为社会做更大的贡献。在论证过程中，难免要提及不同观点，例如教育是为了社会发展还是为了个人解放，大学教师职业究竟有何特殊之处，大学教育与基础教育的实质性区别究竟为何，等等。

教育学研究源远流长，教育学论著汗牛充栋。若以此方式论证，则恐非一篇短文所能容，亦非本人功力所能逮。故本文试图以一次法学讲座为例提供一点具体的思考。虽可能只及"大说信念是大学教育最为重要的，并不意味着其他教育，例如基础教育（中学和小学）和职业教育就不需要信念，但是相对而言，基础教育主要是建立知识基础，加上学生年龄偏低，对"信念"这样抽象的内容理解不深，[①] 而职业教育主要是掌握某项工作技能。[②] 大学教育者，以本科生为例，学生年龄是18岁至22岁，已经摆脱了高中阶段按时按点上课、期中期末考试的学习模式，进入了研究实验、思考讨论的学习环境；对某些学科的学习比较系统和深入，有了选课的自由，开始接触社会，结识更多人。因此，大学教育阶段，是一个人"成型"的时期，专业和思想都在形成自己的特色。可以这么说：大学教育塑造出什么样的人，我们就有什么样的社会和未来，因为他们是社会的精英，未来的希望。由此可见大学教育的特殊使命以及信念培养的至关重要。以法学为例，没有法治信念，法学院的毕业生就是不合格的，法学教育就是失败的。

此外，说信念是大学教育最为重要的，并不是说专业学习不重要。事实上，大学教育作为高等教育，就是要使学生在一个或几个方面具备系统、专业的知识，并且培养专业思维的方法，以传承和发展人类已有知识，将人类带向更为美好的明天。大学教育的这一目的不言而喻。

综上所述，从社会角度看，大学教育在树立信念和培养专业方面承担着重要使命。如果从个人角度看，则大学教育之目的，应该是给年轻人提供未来"安身"和"立命"的专业和信念，而其中尤以信念为重要。[③] 以法学

学教育之目的"这个宏大主题之一二，且只为印证了古圣先贤之高论，然亦为有感而发，希望言之有物。

① 基础教育阶段，信念的培养应该主要采用故事和实例的方式。

② 此处并不是说职业教育不需要培养信念，例如对工作的真诚和热爱，对技术的钻研和精通。但是此处的"信念"与本文所述大学教育的信念形同实殊。

③ 文中所言社会和个人角度只是"以结果为导向"的。事实上，也可以从过程的角度看待大学教育。我认为，大学是人生最美好的一段时光：不用此前高中那样拼命苦读，没有此后工作那样压力烦恼，而是可以与同伴和老师一起，专心致志于学问钻研和思想交流，尽情享受青春和进步的欢乐。因此，大学教育之目的，也在于给年轻人提供优良的环境，使他们获得快乐。事实上，如果他们是快乐的，那么专业学习和信念培养也会是容易的。试想一下，如果不快乐，而是处于对未来的焦虑和压力之下，那么他们能够学好吗？进一步讲，如果大学时光都

为例，法学院毕业生，不仅要有系统的法律知识，法律思维方法，更要有法治信念，相信法治是最为公平、最为有效的社会治理之道，并且为之付出点点滴滴、坚持不懈的努力。②

（二）大学教育之方法

这次讲座之目的，是传达法治的信念。但是我没有采用传统的讲座方式，即多数时间演讲，最后象征性地留几分钟答问。我觉得那样的讲座，言者谆谆、听者藐藐，效果不好。我这种讲座方式，可以称作"讨论式"，为本人所首创。且让我将这种方式的特点和理念细细说来。

我认为大学课堂，不应该是"老师讲学生听"的课堂，而应该是"师生"和"生生"互动的课堂。前者可以称作"以老师为中心"的课堂，是一种传统的、仍然是主流的上课方式，然而教育心理学的理论和课堂效果的事实证明，这种课堂的学习效率是低下的，③并且在当今信息技术发达，知识和信息爆炸的情况下，这种课堂面临了很大的挑战，因为老师讲的所有内容，都是教科书或互联网中可以找到的。④相比之下，后者可以称作"以学生为中心"的课堂，即将学习主动权交给学生，让学生在与同学和老师的讨论互动中构建知识的体系和学科的信念。教育心理学理论认为，这样的学

是不快乐的，那么还能期待什么时光是快乐的呢？人生幸福不是我们的共同追求吗？大学教育不是应该在这种追求中助一臂之力吗？

② 知识的学习和思维的训练，需要较长时间的专门课程安排。本人在清华大学法学院开设"世界贸易组织法"（本科生）、《中美经贸关系中的法律问题》（研究生）和《中国经济与法律制度：以 WTO 中国案例为视角》（外国学生）等，就是整学期的课程安排。

③ 这种教学方法的教育心理学基本原理是：人的知识和思想来自外界，因此要用讲解和练习的方式灌输给学生。这种原理一般被称为"行为主义"。参见〔美〕埃根等：《教育心理学——课堂之窗》北京大学出版社 2009 年版，第 217—261 页。

④ 这种教学方法的教育心理学原理是：人的知识和思想来自自身的经验和与他人的交流；也就是说，学习的过程，是每个人在自己经验的基础上，并且在与他人交流的过程中，构建（construct）知识体系和思想认识的过程。这种原理一般被称为"建构主义"。参见〔美〕埃根等前引书，第 311—349 页。

习是有效的，因为它符合人类的认知规律。① 本次讲座，我开宗明义：我从北京千里迢迢来到杭州，与同学们相聚一堂，最为有效的利用课堂时间的方式，就是与同学们进行交流，而不是宣读一遍所发资料的内容。我相信，我想传达的信念，经过深入而广泛的讨论，必定能够得到彰显。

介绍了讲座的方式和理念之后，我就让同学们敞开发言，并且集中发言的主题也由同学们提出建议。② 讨论中，什么是法律，什么是法治，什么是国内法治，什么是国际法治，什么是"硬法"，什么是"软法"，WTO是不是在法治方面做得很好，WTO的经验是否能够适用于国际关系的其他领域等问题，都自然而然地出现了。最后，当我简明扼要地阐述自己观点时，我是针对同学们的发言进行的，同学们听得很认真。不仅如此，他们也是带着思考的神情听的，因为刚才大家的发言中表达了多样观点，与我的观点并不完全一致，甚至充满了怀疑。我觉得，这样传达信念是有效的，因为我的阐述和引导更有针对性，而且更为重要的是，讨论的过程是他们自我构建信念的过程，是批判性、创造性的，形成的信念会更加牢固。当然，我并不是要将自己的观点强加于他们，但是我坚信这样的讨论有利于他们法治信念的建

---

① 讲授式的传统，可能来自"知识垄断"的年代：只有老师有书本，只有老师有知识。然而，随着印刷术的普及，特别是随着互联网的兴起，"知识垄断"就结束了，而代之以"知识竞争"。遗憾的是，老师们上课的主要方式却仍然是讲授式的——老师们仿佛仍然沉浸在垄断知识的美梦中。

但学习这个"市场"却是无情的：你讲的内容，教科书上都有；你讲的知识，百度百科上更多，那么我为什么要到课堂来听你讲呢？因此，大学课堂正在发生一场静悄悄的革命，学生正在用逃课、上网、发呆、打瞌睡等消极方式推翻教师的"专制统治"。在这种情况下，教师只有选择更好的教学方法。其中，"讨论式教学法"就是一种解决方案，因为这种方法下的课堂，是"师生"和"生生"交流的，具有不可替代的优势，而教科书和互联网等，都不再是教师的"敌人"，而是学习的资源——课堂讨论中，同学们会不断查找资料，并且这本身就是以问题为导向的有效学习方法。

② 我的讲座，基本上都采取前文所说的先放后收"两阶段"模式，但是具体细节会根据现场情况有所不同。例如，从发散到集中的过渡环节，这次讲座是让同学们自己提出值得集中讨论的主题，此前讲座则使用过另外两种方法，一种是在第一阶段发散发言结束后，我问同学们：对于刚才其他同学的发言，你有什么评论，或者对于其他同学提出的问题，你有什么看法？另外一种则是在发散发言结束后，我直截了当地问同学们：就某个问题，刚才同学们发表的观点似乎并不一致，大家是不是可以澄清一下？

立。我还坚信，讨论之尽头乃真理之所在。

此外，我认为，这种讨论的方式，除了能够有效地学习知识和树立信念之外，其本身还有独立的价值，即老师与学生平等自由的民主气氛。如果我们需要民主社会，那么就要从创建民主课堂开始。以教师"专制"的教育方法培养民主社会的建设人才，这是不符合逻辑的。[①]

（三）大学教师的作用

以上说到，大学教育重在帮助学生树立坚定的信念。那么，作为大学教育的核心组成部分，[②] 大学教师自己有坚定的信念吗？如果教师没有坚定的信念，或者只顾传授专业知识和培训专业技能，那么"帮助学生"从何谈起呢？此外，教师即使有坚定信念，但是有适当的教育方法吗？具体到这次讲座，如果没有坚定的法治信念，我就不会选择这样的讲座主题，也不会选择这样的讲座方法。但是，我还要追问自己：还有哪些信念是法律人要坚守的？是不是还有更好的讲课方法？

美国哲学家和教育家杜威（John Dewey，1859-1952）曾经用 12 个词汇比喻教师：艺术家（artist），爱人（lover），聪明的母亲（wise mother），领航者（navigator），园丁（gardener），教育先锋者（educational pioneer），仆人（servant），社会工程师（social engineer），作曲家（composer），智慧的医生（wise physician），建筑师（builder），领导者（leader）。杜威认为，教育是"人类最为复杂、精致和微妙的事业"，教学是"所有人类艺术中最难的和最重要的艺术"，"在所有建设中最伟大的建设，即建构一个自由和充

---

① 这种自相矛盾的现象，似乎并没有引起很多人注意。

例如，在国内法学院的课堂上，常常见到老师高高在上地大谈民主平等自由的理念；在美国法学院的课堂上，常常见到老师通过当众诘问甚至羞辱学生的方式，即采用"苏格拉底式"教学法培养所谓的法律思维。民主是目的，但是实现民主的过程却是"专制"的，似乎没有很多人注意到这一悖论，老师处之泰然，学生安之若素。

课堂民主，可以称为"学习的民主"，应该引起师生和社会的思考。

② 尽管大学很大，功能很多，但是大学的核心组成部分应该是学生和教师。换句话说，大学的一切运转，都是为"教"和"学"服务的。

满力量的人格"。①

　　显然，要想成为合格的大学教师并非易事。他必须是勤勉的人，需要不断学习、不断研究，不仅学习各种知识、研究自己专业，还要学习和研究教学方法；他还必须是有信念的人，需要时刻牢记"教书育人"的使命。具体到这次讲座，像以前每次讲座和平时每周上课一样，我都感到专业基础的薄弱，百科知识的匮乏，教学方法的不足，以及法律信念的模糊，特别是在同学们敞开讲话、自由讨论的情况下。但是每次这样的讲座和讲课，都在给我注入加倍努力的能量。还有，这样的讲座和讲课，我都感到了极大的精神享受，因为我能看到年轻人的进步，因为我看到了人生的价值。为此，我愿意在杜威的词汇之外增加一个：教师是享乐者。（2015 年 5 月 1 日）

---

① ［美］辛普森等：《杜威与教学的艺术》，中国轻工业出版社 2009 年版。

二十三、沉默的大多数：学生为什么不发言？

——来自讨论式课堂的启示

（一）

昨天下午客串了一堂课，内容是 WTO。这是本科生必修课"国际经济法"，班级群里有 224 名学生。① 在这样的大课上使用讨论式教学法，显然是一种挑战。

课前 6 天，我请助教发送了一则群公告，要求同学们浏览 WTO 网站并提出问题。学生没有基础知识，我没有任何讲解，上来就讨论，这样行吗？任课老师不无担心，反复跟我确认。看到我坚持，任课老师也豁出去了，鼓励我说："您放开讲吧，我支持您！这是大学的课堂，我觉得只要我们是为了教学和学生，结果不重要。"

走进课堂，看着黑压压一片学生，我笑着说：群公告已经说了，这是讨论课，大家不要期待我讲很多。我说这节课的课程目标是学习"WTO 基本知识和学习方法"，让我们看看能否通过讨论实现。我把这几个字发送到班级群，就请已经提交问题的五位同学逐一介绍并将相关信息来源分享到班级群。介绍完毕，我总结说：这些提问中涉及了 WTO 基本原则、WTO 实体规则及其例外、WTO 争端解决程序和澳大利亚诉中国案件，而如果我们学习了这些知识，并且知道了如何寻找和如何理解这些知识，我们的课程目标就实现了。

随后，我请一位同学介绍 WTO 基本原则。她已经将 WTO 官网上的相

---

① 2021 年 4 月 7 日北京大学法学院本科生课程"国际经济法"，感谢高薇老师邀请。

关链接分享到班级群，所以大家都可以看到文字。介绍完毕，我们开始逐一讨论这些原则。对于第一个原则，即"非歧视的贸易"（trade without discrimination），在我不断提问和追问下，讨论涉及了"非歧视"的内涵（"最惠国待遇"和"国民待遇"）、"非歧视"是针对国家还是针对产品、"非歧视"的重要性以及"非歧视"的例外等问题。讨论过程中，有同学在班级群里分享了 GATT 第 1 条（最惠国待遇）和第 3 条（国民待遇），使得我们能够对照条文分析和理解 WTO 官网介绍。至此，第一个原则讨论结束，但是很多问题没有解决（例如"非歧视"是针对国家还是产品），留待同学们课后进一步研究。

此时课程已经进行 85 分钟。15 分钟课间休息后，我们继续讨论其余四个原则，即"更加自由的贸易"（freer trade：gradually，through negotiation）、"可预见性"（predictability：through binding and transparency）、"促进公平竞争"（promoting fair competition）和"鼓励发展和经济改革"（encouraging development and economic reform）。讨论仍然是以同学们介绍内容开始，但是进展很快，没有像第一个原则那样展开。待所有原则讨论完毕，我请发现这些原则的同学，即在开始介绍问题并且分享链接的同学总结一下。她简单总结后，我又请她重复开始时针对这些原则所提出的问题。她说问题是：美国对中国产品加征关税是否违反这些原则？我问她的意见，她说违反了这些原则。我随后问大家：美国加征关税是否违反 WTO 规则，WTO 是否已经有裁决？很快，有同学找到了新闻，随后又找到了 WTO 官网上的案件信息甚至裁决，发现 2020 年 9 月 15 日 WTO 专家组已经认定违法，包括 GATT 第 1 条。我问为什么违反第 1 条，有同学说只对中国产品加征关税，就是不符合"最惠国待遇"。不仅如此，我们还发现，专家组认定美国没有能够成功援引 GATT 第 20 条（a）项。这是 GATT "一般例外"（general exceptions）条款，（a）项是"公共道德"例外。在开始五个同学介绍问题之后，一位同学已经将"一般例外"条款分享的班级群，并且在讨论"非歧视的贸易"原则的时候，我们已经确认这就是其中一种例外。

既然涉及了这个案件，我们的讨论就自然过渡到了争端解决程序。在开始五个同学介绍中，有同学提到了 WTO 临时上诉仲裁机制，说这是依据 DSU 第 25 条建立，并且将 DSU 全文都分享到了班级群。我请这位同学进一步澄清第 25 条内容。随后我问：DSU（dispute settlement understanding）是 WTO "诉讼程序法"，哪位同学能介绍 WTO 是怎么审理案件的？后来从上诉机构危机出发，我们知道了 WTO 的 "两审"，即专家组和上诉机构制度，并且从 WTO 网站上的案件信息看，虽然上诉机构已经停止运作，但是专家组仍然可以审理案件，WTO 案件总数已经达 600 起。最后，我们又简单交流了澳大利亚诉中国案件，因为有同学课前已经分享了涉案措施，即中国商务部发布的反倾销和反补贴裁定，并且从 WTO 官网上看到了本案的正式名称：China — Anti-dumping and countervailing duty measures on barley from Australia（DS598）。

第二节课讨论了 70 分钟。课程结束了。我再次把课程目标 "WTO 基本知识和学习方法" 发送到班级群，认为我们的讨论覆盖了 WTO 基本原则、WTO 实体规则及其例外、WTO 争端解决程序和澳大利亚诉中国案件，并且我们知道了如何寻找和如何理解这些知识，因此课程目标实现了。

（二）

在我的讲课经历中，每一次我都觉得课程目标实现了，这次也不例外。"基本知识" 是通过师生共同建构实现的，在此过程中体验了 "学习方法"。同学们自己一点点讨论和积累的知识，应该印象深刻，并且讨论中涉及的信息来源和思考角度，为同学们自己进一步学习和研究提供了路径。这个结论也得到了一位同学课程总结的印证。

几乎每一次讲课，我都自我感觉良好，因为与同学们互动频繁，能够时刻看到他们的进步，还能够体验到师生、生生思维碰撞的快乐。然而，这次却是例外，因为从课前提问到课堂讨论，我都面对着大多数人的沉默。课程群公告规定的提交问题时限结束，打开班级群，空空荡荡，没有一个人提交问题。后来在群里一再提醒并鼓励，总算有五个同学提问。在课堂上，当五个同学介绍完毕，我问大家有什么问题和想法，集体沉默。第一个原则讨论过程中，我数次询问对于某个段落的理解，都是集体沉默。随后的讨论过程中，我无数次停下来询问，但是班级群只有零零星星几个消息。课程全部结束，除了这五个同学外，总共只有 10 个同学在班级群分享了信息，绝大多数人都是保持沉默。

课前我与任课老师分析，觉得可能是通知要求不够明确，没有说明这是"必做作业"。课前我还问过几个同学为什么没有提交问题，回答是遗忘、害羞或缺乏基础知识。课后我又问了一些同学，得到了更多回答，包括不习惯和"责任分散"效应等。

课前没有提交问题，应该是同学们发现这并非必做作业，不会纳入课程考核的范围，因此"遗忘"或者"懒得做"都是可能的——人同此理也。后来在班级群提醒和鼓励而应者寥寥，可能仍然因为并非"作业"，另外从众心理（法不责众）也起到了一定作用——大多数人都没交啊！但是在课堂上，仍然在多次追问下集体沉默，这就不好理解了。

随着讨论的展开，特别是课程后半段，已经是同学们讨论的局面，大家已经看到了课程的特点，并且涉及问题越来越清晰和简单（例如仅仅是关于某个段落的理解），已经有几位同学在班级群里互动，因此课程形式特殊（"不习惯"）和讨论内容专业（"缺乏基础知识"）应该都不是原因。此外，是否为"作业"应该不再重要，因为只是现场参与一下而已，同学们不会如此功利，并且从众心理也应该失效了，因为一直有人说话，自己说两句也可以。

排除了以上四个原因，那么可能还有三个原因。一是不想听。这是一门必修课，可能很多同学不得不来，课堂上一直在忙自己的事情。课程进行中，有几次出于无奈点名询问，有好几位同学张口结舌，一副不知所措的样子，显然他们根本没听大家在说什么。二是不敢说。不好意思当众发言，或者担心说错话。同学们的反馈印证了这一点（例如："缺乏一点勇气。""出于怕说错的害怕。"）三是不会想。不知从何说起，根本没有想法。同学们的反馈也印证了这一点（例如："我们往往习惯于一些确定的、能有所把握的知识和结果，而忽略了慢速思考的重要性。""填鸭式教育下对于安逸的课堂环境养成巨大依赖。""希望通过最简便的方式获得知识。")

"不想听"情有可原。在自己不喜欢的课堂上，当然可以做点别的事情，闭目养神也无可厚非。但是"不敢说"和"不会想"就耐人寻味了。表达和思考的能力非常重要，而讨论式课堂是不可多得的公开表达和积极思考的锻炼机会，这应该是同学们的共识。但是从小到大的课堂都是听讲和做笔记，不用思考，不用发言，已经让大多数人"不敢说"和"不会想"，其后果必然是"不敢想"和"不会说"，具体表现为这堂课的集体沉默。

讨论式课堂有赖于同学们的发言，而集体沉默令人感到窒息。如果是我自己的整学期必修课程，我一定能够营造出讨论式课堂。即使第一节课冷场，从第二节课开始也会出现课堂气氛活跃、同学争相发言的情景。然而，这堂课所揭示的问题却令人深思。对于传统讲授式课堂来说，如果口干舌燥、声嘶力竭的教师知道自己的课程不会让同学们提高表达和思考能力，那么是否属于失职？职业价值和人生意义又在何处？

任课老师邀请我客串的时候曾经说过自己的思考："现在的大学本科教学到底怎么教？能教什么？"这真是"灵魂之问"，而我的答案是：通过师生、生生研讨的方式培养思考和表达能力。在现代信息社会，灌输知识已经没有价值，喋喋不休地讲课已经没有效果，而寻找和分析知识以及形成看法并公开表达的能力培养，才是教学之目的，而这只有通过研讨的方式才能实现，因为在众人多样思维的碰撞中，知识体系能够得到构建，学习方法能够得到分享，最终提高每个同学自己的思维和表达能力。同时，每堂课看到同学们的进步，时常与年轻人进行思维交流，也会让教师生涯其乐无穷。（2021 年 4 月 8 日）

二十四、讨论点的识别与展开

讨论课的特点是"讨论",即师生围绕某个事项澄清疑问和交流看法。因此具体事项,即"讨论点"的选择,成为讨论课的关键步骤。

研究讨论点的选择,首先要明确讨论课的目标;讨论点应该服务于课程目标。讨论课的目标是学习知识和培养思维,即让学生了解某些专业领域(例如"WTO"和"中美关系")的知识,同时锻炼学生批判性思考的能力。因此,从课程目标看,凡是有利于专业知识学习和思考能力培养的具体事项,都可以成为讨论点。

如此看来,讨论点的范围比较宽泛,那么研究讨论点的选择,其次就应该明确讨论点的来源。从鼓励学生自主学习和独立思考的角度出发,讨论点应该尽量来源于学生,具体可以是课前预习和课堂进行过程中所产生的疑问和观点。在迫不得已的情况下,老师也可以提出讨论点,但是也应该是在同学们的讨论中"合理"产生,而不是完全由老师提出。不仅如此,讨论点不必是课程内容的重点。事实上,只要是来自学生,任何一个事项都可以成为讨论点,但是老师应该在讨论中引导学生不断回到课程资料,即"回归文本",借此增加学生对于课程知识的理解,具体方式可以是要求学生就自己的观点找出文本依据(例如课程资料中的具体段落)并进行澄清。同时,老师还应该引发质疑和辩论,拓宽学生的思维。

最后,也是最务实的,是讨论点的选择技巧。尽管任何事项都可以成为讨论点,但是讨论点的"含金量"会有所不同,有些讨论点能够更好实现课程目标。因此,对于讨论点的识别是老师的专业判断,而这种判断能力不仅来自老师的专业水平,而且来自老师自己的知识面,因为在放开让学生发言的课堂上，什么知识都可能出现，能否抓住亮点展开讨论，实在是考验老师自己的本领。从个人经验看，以下讨论点应该优先选择。一是矛盾点。某个学生观点中前后矛盾的地方，应该进行追问。二是冲突点。两个或几个学生观点不同的地方，应该形成辩论。三是模糊点。对于学生表达不清晰的地方，应该要求澄清。四是错误点。对于明显的知识或观点错误，应该拿出来让大家纠正。五是理论点。对于一些理论的概括或对比，应该仔细辨析。

鉴于课程内容的丰富性和课堂时间的有限性，讨论点的选择，不应以知识面覆盖为目标。简而言之，讨论课不是"授人以鱼"，而是"授人以渔"。也许课程内容涉及范围很广，但是通过几个甚至一个知识或观点，学生能够掌握学习的方法，自主学习其他知识，批判思考其他观点。

综上所述，讨论点的识别和展开，需要经验积累，但是围绕课程目标、扎根学生来源和采用适当技巧，应该是必要条件。（2021 年 7 月 5 日）

二十五、讨论课"三十六技"

——以 **WTO** 专题课为例

说明：这些都是我主持讨论课所用过的技巧。这些技巧的主要特点，是从心理学的角度出发，让学生最大限度地参与课堂讨论，并且由此带动课前阅读和课后研究。号称"三十六技"，其实只凑了 23 技，本来希望其他老师能够补充。此处也希望读者能够补充。（2013 年 1 月 1 日）

（一）课程设计技巧

1. 目标明确

课程的目标，是学习 WTO 知识，培养法律思维。因此，凡是有利于扩大 WTO 知识面的，凡是有利于法律思维培养的，都可以成为课堂讨论的内容。因此，课堂讨论的知识点，可以超出阅读资料和教师设计的范围；课堂讨论的焦点，可以超出教师设想的范围，因为这些知识点和焦点完全可以来自于同学所谈及或关心的主题。

2. 精选资料

阅读资料的选择，很大程度上决定了课程的效果。关于知识性的阅读资料，建议选择 WTO 的 4 份官方出版物，即 *Understanding the WTO*，*10 Benefits of the World Trading System*，*10 Common Misunderstandings about the WTO*，*10 Things the WTO Can Do*。这些资料图文并茂、通俗易懂，在理念、原则、知识等方面，都有比较全面、权威、准确的论述和介绍。关于 WTO

中国案例，我编写的《WTO 中国案例精选》（厦门大学出版社 2012 年版）和《法的盛宴》等文章，在中国案例中的精彩法律分析段落方面，提供了一些线索。在有条件的情况下，还可以考虑选用一两个完整案例。

需要说明的是，阅读资料是给学生提供的参考资料，学生通过自己阅读和讨论，可以了解这门专题课的系统内容，但是课堂讨论不必涉及所有内容，也不必限于这些资料的范围。

3. 循序渐进

课程的设计，应当先易后难，从知识到案例。可以考虑前两次课讨论 WTO 基础知识，即使用上述 WTO 的四份官方出版物。案例讨论，则从比较简单的法律问题的案例，走向比较复杂的法律问题的案例。

4. 圆桌而坐

在有条件的情况下，尽量安排学生围坐，以便学生面面相对。这样的课堂布置，有利于研讨的进行，因为学生可以相互问答，目光对视，注意力集中。同时，圆桌象征着平等，师生之间，同学之间，可以平等对话。

在学生多，或者无法安排围坐的情况下，全体学生面对教师，则教师也可以尽量接近学生，甚至走到学生中间。另外，还可以经常邀请学生走向讲台，通过板书等介绍自己的观点。总之，要想方设法消除师生之间的界限，尽量避免出现总是教师高高在上的局面。

（二）上课过程技巧

5. 套近乎

上课伊始，要尽量拉近学生与课程之间的距离。例如，在中青政的课上，我让学生们看了 WTO 官方出版物上中青政师兄的照片，以及中国代表签署加入 WTO 协议的照片，让学生感到 WTO 并非遥不可及，并非事不关己。这样能够让学生对课程产生一种亲切感。当然，讨论中国案例，本身就能让学生产生一种亲切感。

6. 表忠心

在课程的开始，并且贯穿课程始终，都要明确表示对这门课程的热爱。在中青政的第一次课上，我明确表示 WTO 是"一个想起来就让我感到温暖的主题"。在课程过程中，我也始终赞扬 WTO"法的魅力"。在其他的讲座中，我也旗帜鲜明地表示"WTO 是模范国际法"。我相信教师对课程热爱所产生的感染力，能够化成学生学习的动力。

7. 热身

第一节课的主要任务，是让学生熟悉讨论课的方式，让学生能够放心大胆地说话。通过第一节课，学生能够发现，他们是专题课的主体，一切阅读和思考都要靠他们自己去做，教师只是一个主持人，不会"教"给他们什么。他们能够发现，这种课堂上，师生是平等的，教师不会训斥学生。他们还会发现，这种课堂上，是多劳多得、少劳少得、不劳不得的。

8. 点名

由于阅读资料已经事先发给了学生，所以开始上课就可以让学生发言，谈谈感受或介绍内容都可。学生说什么都可以，甚至可以是与课程不太相关的问题，因为相比之下，学生主动开口讲话更为重要。而如果没有学生主动发言，可以点名发言。当然可以点名班长发言，但是也可以观察学生的表情，点那些眼睛已经表达了说话愿望的学生！

另外，第一个学生发言后，教师不要急于追问，以免抑制后来学生的发言。教师可以请其他同学继续发言，可以是对第一个学生发言的补充、更正，也可以是使用不同的表达方法。

9. 守株待兔

学生说多了，必定会出现教师所需要的话题。学生可能是不经意或者想当然地表达了一种观点，例如"WTO 是游戏规则"，"WTO 是发达国家制订的"，"虽然 WTO 有不足的地方"，等等，这些都可以成为教师借题发挥的内容，引起对 WTO 的基本认识等主题的讨论。在案例讨论中，教师更加容易从学生的案情介绍中，发现需要强调的法律点，从而形成讨论的主题。

10. 循循善诱

学生的发言也许不得要领，教师可以通过追问的方式，帮助学生澄清思路。例如，可以追问学生："专家组的结论是什么"，"上诉机构的思路与专家组有什么不同"，"你刚才说了×××，能够重复一下你的观点吗"，"你能三言两语用大白话介绍专家组的思路吗"。

11. 引起辩论

要在学生的发言中，找出矛盾的地方或者观点的差异，推动学生之间的辩论。例如，可以这样说："你刚才是这么说的，现在似乎有点矛盾"，"刚才那位同学的观点，似乎与你的不一样"。还可以在一个学生反复阐述之后，问其他学生"大家听明白了吗"。如果有人表示听明白了，可以请他复述一遍，进一步发现差异，开展辩论。

12. 纠缠不休

对于关键的知识点或者关键的案件思路，一旦在课堂上出现，教师就要抓住不放，刨根问底，并且引导学生反复讨论，直至"山穷水尽"。如果问题仍未解决，则可以要求学生下课进一步研究，以便下一节课向大家汇报，或者写成总结向教师汇报。

13. 借力发力

讨论式课堂，本来就是教师借力发力的课堂——教师是借助学生的发言，实现教学目标的。在有些讲座中，也会有"外力"出现，例如一位校友，另外一个老师。可以巧妙借助他们的力量，请他们发言，甚至故意与他们进行辩论，使课堂生动活泼起来。

14. 点面结合

课堂讨论的某个主题，可以形成几个同学辩论，其他同学旁观的局面。这样能够将这个主题的讨论深入下去。讨论结束后，可以问问旁观同学的态度，甚至可以"站队"——表明自己支持哪一方的观点。另外一个主题，就可以形成另外几个同学辩论的局面。这样也照顾了讨论的参与面。

15. 暗示

在讨论进行中，要适时强调这个主题的重要性，与本课程的相关性，以提升相关主题的价值，同时减少旁观同学的烦躁情绪，因为他们可能会觉得讨论没有意义、过于耗时。

16. 归纳

在一个主题讨论结束后，要归纳讨论的几个焦点，然后才能进入下一个主题。在课堂结束时，要归纳本节课讨论的几个主题，帮助学生理解"这节课究竟干了些什么"，以及尚未得出结论的问题。同时，可以抛出几个课堂讨论所没有涉及的问题，让学生进行拓展研究。

（三）一般技巧

17. 淡定

在课堂上，教师要保持淡定，大多数时间是听学生发言。要让学生有完整表达思想的机会，不要打断讲话，不要纠正错误。要通过引导讨论，让学生自己发现错误，提高认识。

要有"师生学习共同体"的认识，即师生围绕某个主题进行探讨，师生都有乐趣和收获。

18. 低调

要经常说"我不懂","我不知道",让学生感觉到教师不一定知道答案，甚至教师也不比自己高明多少。要通过自己的低调，让学生形成质疑权威、踊跃发言的习惯。

19. 鼓励

要不断鼓励学生。对于学生提出的观点，要予以表扬。对于学生提出的思路，要予以赞许。学生提出的问题可以成为课堂讨论的主题，可以成为课后研究的专题。

20. 休息

要巧妙安排课间休息的时间段。当一个主题的讨论时间较长，或者辩论难解难分的时候，短暂的休息，能够让学生缓解紧张情绪，整理思路，并且提供人人发言的机会——对于几个人激辩的主题，观众也是有话要说的！

21. 纪律

一些学生发言的时候，另外一些学生可能会有想法，或者不耐烦，与"左邻右舍"窃窃私语，干扰课堂讨论的气氛。上课伊始，就应要求学生不要交头接耳，有想法可以笔谈，并且在后来发现学生"开小会"的时候，再次申明这项纪律。

22. 联系实际

在一节课的讨论中，以及一学期的课程中，可以提供 WTO 最新进展的一些信息，让课程内容对学生而言有一种动态、新鲜、丰盛的感觉。

23. 不给答案

教师引导学生阅读、讨论、研究，让学生自己发现问题、解决问题。对于讨论的主题，通过问题的设计和提问，提醒学生思考的角度。教师不要轻易说出自己的观点，更不要提供答案，否则会让学生产生依赖性，不利于学习能力的提高。

二十六、微信在课堂中的使用

（一）"清华学"讲座

研究生新生入学培训，我讲"清华学"。① 这是一个 212 人参加的大课堂，我如何使用"讨论式教学法"？

我站在讲台上，看着黑压压的一片同学，慢条斯理地说了三点：大学课堂不应该以老师讲授为主，大学课堂应该用于师生讨论，我们要建立微信群。听着前两点，大家很安静，但是听到后一点，大家先是迟钝了一下，似乎怀疑听错了，随后兴奋起来，纷纷掏出手机，跟随我说的以下步骤进入微信群：点"微信"、点"+"、点"发起群聊"、点"面对面建群"、"输入同样的四个数字，加入同一个群聊"。大家议论纷纷，好不热闹。大家动作好熟练，以至于我后来发现，我竟然不是"群主"，显然已经有同学先我一"点"输入了数字！随后，我说将微信群命名为"清华学讲座"，而话音未落，手机屏幕上已经显示了这个群名！我又让同学们在本群使用真名，即点"我在本群的昵称"，将微信名改为自己的名字。

微信群建立了，我说试试效果，将我的《任课教师简历完整版》转发到群中，大家看了一片"哇"声。我说再测试一下，将 2013 级两位研究生写的《大礼堂之美》和《时光未央，岁月静好——给胜因院的一篇札记》两篇文章在校史馆网站上的链接复制粘贴到群中。大家都在看手机，教室里一片沉默。很快，群里出现了一条消息："看完文后的介绍我也不知道胜因院在哪儿"。这个同学有名有姓，我认识，是清华本科。我点名让她站起来

---

① 2016 年 8 月 29 日，清华大学法学院。

澄清一下：自己是清华本科但是没有去过胜因院！与此同时，群里出现了一些"高人"："在照澜院附近"，"超美的！强荐胜因院"，"照澜院"，"很美的。林徽因的住处"，"家属区那块吧"，"嗯靠近西南社区了"……有人发了两张地图截屏，显示了胜因院的位置。竟然还有人上传了照片，说"这好像就是胜因院"！过了一会儿，又有人发了那篇札记的截屏，说"这里有介绍"："胜因院，是坐落在清华园西南部，熙春路的南端，与新林院（胜因院东）、照澜院（胜因院东北）相连的一片区域"。我追问：照澜院，为什么叫照澜院？大家不觉得这个名字很文艺吗？群里连续出现了一串文字："旧南院"，"朱自清先生改的"，"1946 年抗战胜利清华园复校后，由朱自清提议将'旧南院'的称呼按谐音改称字面文雅的'照澜院'"。还有人发了百度百科"照澜院"的截屏。我又追问，"旧南院"怎么能够谐音成"照澜院"？群里的解释是："浙江方言"，"江苏方言"，"朱自清原籍浙江绍兴"，"原籍浙江绍兴，出生于江苏省东海县（今连云港市东海县平明镇）"，"吴侬软语啊"，"哈哈，朱自清是我高中的江苏扬州中学"，"我们扬州有朱自清故居"。有人发了搜狗百科中的"朱自清"。还有一个莫名其妙的帖子："这个脑洞好大"！不仅如此，有人把我的简历截屏，显示我"出生于江苏省东海县"！还说"老师的老家是这里吧"！我笑了，说再给大家发一篇微信公众号上的文章：《那晚，朱自清在哪儿溜达?》，是我对"荷塘月色"具体位置的考证。

没等大家发言，我就宣布：微信群测试完成，我们可以正式开始讨论了。我把长篇大论《论清华学》发到群中，请大家用 10 分钟时间阅读，并且可以在群里发表任何问题、感想和答案。在随后的 50 分钟时间里，群里七嘴八舌，屋内热闹非凡。"清华学是一个学科"，"清华学不是一个学科"，"关键是如何定义学科"，"只要喜欢就是学科"，"做长了就成学科了"，"清华学很有必要"，"清华学是个大杂烩"，"难道什么都能成为学科?""老师已经写清楚了，你们没有仔细看"……我一边看手机，一边点名让有些同学站起来澄清。先后有 10 位同学发言，有些还是反复发言，课堂上形成了辩论的气氛，你来我往，唇枪舌剑。看看差不多了，我让同学们总结一下刚才讨论的内容，每个人都可以写。群里的总结风起云涌，目不暇接。正当我要说两句，表达自己观点的时候，有同学截屏《论清华学》中的一段文字，大意是：不管别人怎么说，我都是要一直研究"清华学"的！我笑道：不管你们是否同意清华学是一个学科，我都要研究！大家也跟着笑。

我说：清华学是不是一个学科，这个问题就讨论到这里吧；我们还有时间，可以再讨论一个问题；刚才有同学在微信群中提到了食堂问题，特别是以下两句话："炒河粉抑或油泼面——从听涛园窗口食品种类分布看南北饮食文化在清华的融合"；《清芬食堂面点师傅流派的源流与嬗变——从肉夹馍谈起》；这是什么意思？我请这两位同学站起来澄清，并且追问他们是否认为清华学也要研究食堂！他们俩有些支支吾吾。我问《论清华学》中是否提到了食堂，很快又同学发了截屏，是在"清华作为一个大学校和小社会"的标题下出现的。我请大家仔细阅读这一部分，并且重申了我的观点：清华园这个浓缩的小社会，包括食堂的工作流程和从幼儿园、附小、附中到老年大学的人生链条，非常值得研究。最后几分钟，我慷慨陈词：清华之成为一门学问，是因为清华的丰富性，并不是所有学校都有这种丰富性而能够支撑起一门学科；对我本人而言，清华最为强烈的冲击来自梁启超，他不仅与清华有长期的渊源，而且最后四年也是在清华度过的！我会认真研究他，并且期待着与大家的交流。

我看看微信群，有一位同学发表了长篇总结和评论。后来有好几位同学在微信群中提出，想看看《清华学课程实录》，是我去年秋季学期的上课情况，我把打印稿封面发在群里了。我请同学们注册了一个公用的新浪邮箱，我把文件发到邮箱中分享。我还建议同学们继续在本群发表评论和感想。

我不知道有多少同学会去看胜因院那一栋栋小洋楼，缅怀一个个著名学者，甚至从此成为有心人，刻意关注清华的历史和风物，但是我觉得，作为一次讲座，"清华学"已经成功了。同学们可能头一次听说，清华之大足以成"学"，并且在思辨中开始全面审视清华园；同学们可能毋庸置疑地感到，清华园的确博大精深。更为重要的是，对于清华园，同学们可能产生了兴趣，充满了好奇心。如果是这样，那么清华学的目标，即"博学多识；

发现身边的美"以及"有益于同学们的校园生活、职业发展和人生幸福"，就能够实现了。

在几百人的大课堂使用"讨论式教学法"，过去的做法是先让大家广泛提问，然后"揪住"几个问题和几个同学展开辩论，仿佛一场大型表演，其他同学都是观众。有了微信群，形式上仍然是"讨论式教学法"课堂的"自由发言"和"集中讨论"两步走的模式，仍然是"广泛提问"与"揪住不放"的情景，但是"观众"在两个阶段的参与度都得到了实质性的提高。微信群克服了课堂的空间和时间限制，每个同学都可以自由发言，包括发表意见和分享资料，使得讨论的背景更加广阔，内容更加丰富。作为讨论的主持人，在第一个阶段能够发现更多的线索，以便更好地引入集中讨论，而在第二个阶段，能够发现更多的观点，拓展讨论的深度和广度。不仅如此，老师能够准确地叫出第一次见面的每个同学的名字，这是一种什么样的感觉?! 每个同学的反馈都即时呈现在手机屏幕上，这是一种什么样的效果?! 下课后每个同学的发言记录都在"掌握"之中，可以随时查阅，这是一种什么样的便利?! 有心的同学从此加了老师的微信，与老师保持了永久联系，这是一种什么样的"增值"?! 上课认真听讲，仔细阅读，积极发言，努力思考，课后继续研究，请教老师——天方夜谭般的课堂和学习，却在微信群的帮助下实现了!（2016 年 8 月 30 日）

（二）微信在课堂中的使用："WTO 的未来"讲座

这是一场讲座，主题为"WTO 的未来"。[①] 此前一周，我就请邀请方将我在公众号"WELLS"上推出的同名文章发给同学们阅读。因此，当主持人介绍完毕，我站到讲台上，笑眯眯地望着同学们，问道：那篇文章你们读了吗？见有人摸不着头脑的样子，我简单解释了一下，说是文章已经提前发到班级微信群中了。我接着说：哪位同学可以现场建一个群，重发一下这篇文章？于是，一位同学马上告诉大家"面对面建群"的数字，文章很快上

---

① 2016 年 5 月 9 日晚，国际关系学院。感谢法律系主任李汉军老师邀请并主持。

传，并且群里的人数瞬间达到 37 名。

我请大家用几分钟时间阅读一下这篇短文。几分钟后，我笑着说：今晚我要讲的就是这些，大家看了我的文章，有什么疑问或观点？

开始时，同学们不知所措，渐渐有一两个同学站起来发言，后来发展到激烈的观点交锋。见大家说得差不多了，我总结道：大家讨论的焦点似乎集中在 WTO 与 TPP 的关系问题上，而我有另外三篇短文，是论证这个问题的。随后，我将在公众号"国际法促进中心"上推出的"TPP 与 WTO：基于文本的五大比较"、"TPP 会替代 WTO 吗——WTO 秘书处 640 人在做什么？"和"TPP 如何回归 WTO——TPP 争端解决章节的启示"等三篇文章转发到微信群中，并且让大家用几分钟时间阅读。接下来，大家围绕这个问题广泛交换了意见。两个小时的讲座就这样热热闹闹地结束了。

当然，讲座开始时，我声明了自己的教学理念：在互联网和信息化时代，课堂不再应该是老师讲、学生听，而应该是师生共同讨论；互联网是重要的学习资源，微信是重要的交流途径，课堂上应该鼓励大家上网查找资料和用微信分享信息和观点。讲座进行中，我也不断提醒大家上网搜索相关文章和信息。我还认真地说：我要讲的内容就在这 4 篇文章中，大家几分钟时间就可以看完，所以效率很高；不仅如此，我的观点还"白纸黑字"，大家可以反复对照查阅，比口语表达更加准确。我告诉同学们：在我的课堂上，大家都是"堂而皇之"地上网、发微信！我笑着问大家：这是不是大家第一次上课这么爽地刷微信？！

我没有说假话。在我的课堂上，同学们随时随地搜索和分享资料：研究生课程《中美经贸关系中的法律问题》，同学们会分享 2009 年美国国会拨款法案中涉及中国的文字、"入世"以来涉及中国案件的分析和中国钢铁产业报告；留学生课程《中国经济与法律制度》，同学们会分享中国政府结构图、某位部长的简历和关于"十三五"的动画；本科生课程《世界贸易组织法中国案例研究》，同学们会分享某个案例段落、某位学者对"自然资源主权"与 WTO 规则关系的分析和《维也纳条约法公约》第 31 条和第 32 条的英文文本……每门课程当然都有课程大纲和参考资料，但是互联网却是一张巨大的网，"海纳百川"，资源无限，而微信则是神奇的工具，将这张网展示在大家面前，让大家有一个共同的对话平台。

然而，在讲座中"面对面建群"和依赖微信，这还是第一次。讲座结束后刷屏，发现这个群（已经被命名为"讲座"）中竟然有同学们现场交流的记录！也就是说，与"如火如荼"课堂评论并行的，是另外一场讨论！这场无声而热烈的讨论，很大程度上弥补了课堂时间有限的缺陷，并且让一些有想法却不愿站起来讲话的同学有了表达和分享的机会。还有，令人惊喜的是，主持人老师在群中也异常活跃——他不断公布发言同学的名字，甚至号召"拉不在现场的同学朋友入群参加讨论"（最后人数达 63 名）！看来，微信的作用超出了我的预期。（2016 年 5 月 10 日）

（三）微信在课堂中的使用："漫谈 WTO 上诉机构"讲座

这场讲座的题目是"漫谈 WTO 上诉机构"。[①] 主持人介绍完毕，我说今天的讲座形式要创新，就是"不讲"，而是使用微信！随后我请一位同学"面对面建群"，群友迅速飙升到 78 人。讲座进行中，我还提醒大家可以邀请场外同学进入群聊，最后群中人数达到 113 人。

我请全小莲老师在群里分享了一篇资料："清华教学的时尚：从雨课堂开始，我们一起翻转课堂"。这是我前两天刚看到的，是关于在课堂上使用微信教学的，与我的想法不谋而合，讲座前发给了全老师。见大家兴致勃勃地翻阅，我补充道："杨国华"是什么人，谁能找到资料分享一下？话音未落，就有三个"百度百科"的文件出现在群中！

我"言归正传"，给大家分享了一篇文章："WTO 成员关注的问题"，是我写的关于参加上诉机构成员竞选的总结之一，归纳了"候选人的资历和想法"、"对上诉机构工作的评价"、"条约法与国际法"、"WTO 协议内容和案例"、"发展中国家"和"其他问题"等六个方面的内容，以及附件

---

① 2016 年 5 月 24 日下午，西南政法大学国际法学院。感谢付子堂校长热情邀请，张晓君院长悉心安排并主持，全小莲、杨丽艳、潘国平、邓瑞平、徐泉等老师参与。

"WTO 上诉机构面临的基本问题",包括"如何整体评价 WTO 上诉机构"、"上诉机构工作量问题如何解决"、"上诉机构是否存在越权行为"、"上诉机构是否应该发展成为上诉法院"、"上诉机构裁决是否应该允许出现单独意见"、"上诉机构报告是否篇幅过长"、"上诉机构成员任职延期是否应该再次面试"和"上诉机构听证会是否应该公开"等八个方面。我请大家用几分钟时间阅读。

见大家神情专注地看着手机,我说:大家有什么问题,可以随时在群里提出来。一个问题,两个问题,三个问题,问题越来越多,"在一个案件的审理过程中,会产生上诉机构推翻自己之前逻辑的情况吗?""上诉机构会在不同案件中对同一条文做出不同解读吗?""上诉机构与其他国际制度解决机构相比的特点是什么?"……我一边看手机,一边点评:对于这些问题,有谁知道答案,也可以分享。当有答案提交,我又随时要求就答案进行澄清,于是有更多解释提出来。

见大家问得差不多了,我"激将"道:问题还不够多,难道大家不关心我的竞争对手是什么人吗?是谁让我去参加竞选的?谁出的费用?住哪儿?吃什么?……大家哄笑!但是手机屏幕上很快出现了"是国家派你去的吗?""与其他候选人相比你的优势是什么?""谁来决定最终胜出的人选?""在您之前上诉机构中有中国籍的法官吗?"等问题以及答案。期间,关于裁决执行问题,有人分享了书页的图片;关于竞选对手问题,有人分享了《新民晚报》的报道。此外,还有关于 TPP 与 WTO 的关系,发展中国家的权利,维护中国的利益等问题。其中,就"反向一致"的决策机制和现有中国籍法官的情况等问题,大家比较集中地表达了信息和理解。

此时,时间已经过去了一个半小时。我宣布道:结合大家的讨论,我讲两个问题,第一是对 WTO 上诉机构的认识,第二是 WTO 上诉机构面临的挑战。关于"认识",我表达了一贯的观点:上诉机构的建立和实践,标志着"国际法治的进步";我还请大家思考,如果国内司法制度中没有上诉机制会出现什么问题。群里出现了一些观点。关于"挑战",我则干脆请全小莲老师介绍当前最为热门的一个话题,即上诉机构成员连任的问题,因为全老师在群中提出的问题是："此次美国 block 韩国籍上诉机构成员张胜和的理由是在案件中做超越案件诉讼范围的解释，有学者讲这是普通法上的 dicta，您是否同意这一判断？美国此次行为是否是滥用成员方权利以达到控制上诉机构的目的？"全老师站起来，面对全体同学，讲解了这个问题的来龙去脉。我问大家是否听懂了，群里立即出现了一些问题和观点。我作出了几点解释，主要关于美国此举是否有法律依据，以及此举所带来的严重影响。我坦陈：上诉机构面临着前所未有的、涉及"法官独立性和公正性"的挑战。我还请同学们设想一下与国内的对比：如果法官的连任要由所有人，包括胜诉或败诉当事人的同意，会是什么样的局面？大家纷纷发表了看法。

就这样，"讲座"结束了！

回顾这次讲座，我头脑中的线索是三个阶段：阅读文章、在线讨论和重点讲解。大家读了我的文章，就等于听了我的讲话，但是更为高效和准确——大家几分钟就可以读完，并且大家可以随时可以回来翻阅"白纸黑字"。"七嘴八舌"的发言，拓宽了大家的思路，并且解决了大多数问题，因为课堂上有不太了解 WTO 的本科生和研究生，也有全小莲这样的 WTO 法律专业老师。最后我讲解两个问题，则是基于我对这个群体的现场判断，选择一个基本问题和一个前沿问题，表达我的观点和让同学们了解最新进展。于是，此时此刻，面对电脑屏幕敲击键盘，我头脑中的三个阶段是浑然一体的："阅读文章"是老师的单向灌输，"在线讨论"是师生交流以及"朋辈"学习，而"重点讲解"则是"点睛之笔"，提升本次讲座主题的认识高度。我觉得，我一贯的"学习共同体"教学理念，通过微信手段得到了更好的实施。

当然，我心中清楚，此时此刻，我只是"自我感觉良好"而已，而听众是否有所收获，例如增加了对 WTO 的了解，感觉到"近距离"接触了上诉机构，以至于开始对 WTO 感兴趣，甚至开始思考"国际法治"和国内司法制度中的上诉制度以及法官独立性等基本法律问题，才是这次讲座是否成功的真正检验标准。

这篇记录会在讲座群中发送，不仅仅是要向同学们"表白"，更重要的是希望能够抛砖引玉——同学们的感想，是名副其实、货真价实的美玉！（2016 年 5 月 25 日）

（四）微信在课堂中的使用："WTO 与国际法治"讲座

这是一次讲座，主题是"WTO 与国际法治"，听众是准备报考法学研究生的 14 名本科生。[①] 前一天晚上，班级微信群中就转发了我的微信推送文章和资料："从软法到硬法：WTO 是模范国际法"、"国际法的光荣与梦想：庆祝联合国 70 周年和 WTO 20 周年"和"模范国际法——祝贺 WTO 成立 20 周年"。我还在群里与大家打招呼，建议大家在"我在本群的昵称"用"实名+学校和年级"的形式，并且分享了我的完整版简历。好神奇啊！在走进课堂之前，我不仅初步了解这些同学，进行了自我介绍，而且让同学们知道了我要讲什么。

因此，走进课堂，我们好像已经很熟悉了。同学们笑眯眯地看着我，我笑眯眯地看着同学们，而等到他们自制了桌签，我就能够"对号入座"，知道谁是谁了。更为重要的是，我顺理成章地问他们看了三篇资料有什么问题和感想，并且"理直气壮"地宣布我的教学理念：老师讲课的内容可以提前发给同学们，课堂的宝贵时间应当用于师生和生生之间的交流。随后，大家自然而然地竖牌发言，驾轻就熟地在微信群中提出问题、提供答案和分享资料，并且水到渠成地将讨论集中在"WTO 是不是模范国际法"这个问题上。最后，我请一位同学总结了讨论的内容，而微信群中则留下了两个小时思想跋涉的足印。好神奇啊！借助微信和互联网，我们能够更加准确地传达信息，包括我的文章和同学们的观点；更加广泛地分享资料，特别是来自网络的资料；更加充分地利用课堂时间，也就是突破了某个特定时间段只能有一个人讲话的局限性；更加深入地探讨某个问题，因为大家会一起搜索和分享相关信息和文章。还有，微信群中的资料和记录为同学们的课后思考和学

---

① 国际关系学院国际法夏令营讲座，2016 年 7 月 26 日。感谢李汉军老师邀请。

习提供了线索。当然，课堂气氛也活跃多了。我开玩笑说：可以堂而皇之地玩手机、刷微信，是不是觉得很爽?! 大家笑。

经过同学们的质疑和辩论，我最后仍然坚持认为"WTO 是模范国际法"，并且在黑板上写了"WTO-海洋法"和"WTO-国内法"。我总结道：经过比较，我们已经得出结论，即 WTO 比海洋法"好"，因为 WTO 规则得到了更好的遵守，WTO 裁决得到了更好的执行，但是对于 WTO 或国际法是否应该具备国内法那样的强制执行力，例如民事案件中的查封、扣押财产的措施，大家似乎还没有一致的观点，希望大家能够进一步思考。

看似轻松的讨论，事实上一直是围绕着法律和国际法的一些基本理论问题进行的。例如，什么是法律？为什么遵守法律？国际法是不是法律？为什么遵守国际法？国际法的发展方向是什么？这些问题，恰恰是最近一段时间我广泛温习和阅读的内容，其中南海仲裁案则是一个重要的外部刺激。作为一个法律人，一个靠国际法吃饭的人，面对这个案件，根本不可能无动于衷，同时这个案件也给所有人思考国际法的基本问题提供了难得机会。

"国际法"当然是法律啊！国际法的主要形式是国际条约，即国家之间签订的协议，规定了大家的权利和义务。既然是大家同意的内容，大家当然会自觉遵守啊！其中有"规范"的动机，即国家之间的"条约必须遵守"就像个人之间"约定必须遵守"一样，是自然而然的，来自人的理性，包括生于文明社会所形成的"规则意识"。其中也有"工具"的动机，也就是不遵守条约会有不利后果，这同样来自人的理性，即人都是"功利"和"自私"的，会作出趋利避害的选择。如果不遵守条约，就会影响国家之间的关系，轻则影响人员贸易往来，重则导致生灵涂炭的战争。不仅如此，不遵守条约还会对国家形象形成负面影响，从而增加未来国际交往的信誉成本。

与国内法相比，国际法的规范动机并无不同，因为国家是人组成的，个人有守法的意识，则国家也就相应具有遵守条约的意识。事实上，工具动机也无不同，因为个人违反法律也有相应的后果，只是后果的种类更多更复杂，除了声誉的损失外，还有可能受到强制措施，包括人身被限制和财产被剥夺。

因此，如果法律可以做如下描述，则国际法应该是法律的一种：

> 法律是一些文件（形式），规定了权利和义务（内容），旨在维持正义（本质）的社会秩序（目标），而违反法律会产生一定的后果（后果）。

国内法与国际法有很多不同之处，但是这些不同并非实质性的。例如，国内法是立法机关制定的，而国际法是国家之间平等缔结的。这只是法律的来源不同，并且这种不同也仅仅是表面上的。国内立法机关是民选的，代表民意，因此立法代表的行为就被认同为每个公民的行为，这与每个公民参与立法并无本质差别。再如国内法中有强制执法机关，而国际法基本上是靠自觉遵守，但从上述规范动机和工具动机的分析看，二者亦无本质差别。事实上，相比于国内社会，国际社会成员较少，只有200多个国家，而在全球化资讯和国际组织林立的情况下，每个国家的一言一行都是众所周知的，形成了更好的遵守条约的环境。换句话说，在这种"透明"的环境中，每个国家都希望自己是美好的形象，而"遵纪守法"是最为重要的标准，以至于一些明目张胆的违法行为，都会用"遵纪守法"做幌子！

以上理论分析，并非对国际法现实视而不见的结果。面对一些明目张胆的违法行为，国际社会束手无策，这是事实。相比之下，国内法治状况更为良好，即具备"良法善治"，法律体系更加完善，法律得到更好遵守。然而，应该看到的是，通过林林总总的国际条约，国际社会已经建立了很多规则，并且大多数规则都得到了遵守。也正是有了这些规则，大家才能判断国际"违法"行为，并且由此使得违法者承担着严重的后果。因此，准确地说，"国际法治"是存在的，只是不如"国内法治"完善，而建立完善的"国际法治"，正是国际社会应该努力的方向。在这方面，WTO 的确作出了示范：规则完善，执行有效。首先是比较完整的规则体系，覆盖了国际贸易的方方面面。其次是有效的争端解决机制，能够对是非做出公正判断。此处需要指出的是，鉴于国际社会的特点，特别是"成员少数"的特点，"国际法治"不一定需要照搬照抄"国内法治"的模式，特别是国内法中强制执行法院判决的机制。规则比较完整，同时有一套争端解决机制明辨是非，就像 WTO 这样，基本上就可以了。自己制定的规则，并且公正的机构做出了裁决，仍然不遵守规则，不执行裁决，任何国家都不能承担由此带来的后果，包括对国际秩序的破坏和国际交往成本的增加，因为"国际法治"符合每个国家利益的，正如"国内法治"是符合每个公民利益一样，这不仅来自人类的理性，而且来自人类的经验——国内和国际的经验。

课堂上，我们讨论得很热闹，但是我明显看到法律和国际法基本理论问题的暗潮涌动。我没有向同学们挑明以上想法，而是通过讨论一些具体问题，包括 WTO，海洋法，国内强制执行裁决措施，等等，想必同学们能够感受到理论的强大引力。事实上，也正是由于理论力量的存在，才使得我们的讨论如此广泛而深入，并且万变不离其宗。（2016 年 7 月 28 日）

二十七、讨论课六大问题①

  相较于一般部门法，WTO 法是非常特殊的法律；相较于传统教学方式，杨氏讨论教学法独树一帜。特殊的知识素材加之非凡的教学方法，注定了同学们在杨氏 WTO 课中往往会遇到过往若干年学习生涯不曾经历的新挑战。结合两个学期（2017 北京大学法学院和 2018 清华大学法学院）听课的感受、观察及与同学的交流，我将这些挑战归纳为六大问题，对这些问题给予回应正是撰写本课程攻略的意义所在。

（一）背景知识匮乏，底子薄

  对北大选课同学而言，知识基础大不相同：有的本科系统学习过 WTO 法、有的在国际经济法课程中接触过 WTO 法、有的是法律本科但没学过 WTO、还有的本科专业非法学。底子较薄的同学可能在第一节课后如是想："课堂'话语权'完全被学霸垄断，在缺乏基础知识的情况下既无法与其平等对话也跟不上课堂节奏，讨论完全是老师和他们的事，自己听懂都难，更别说发言，看来这门课是要凉凉。"

  放心，凉不了。方法很简单：去看下节课的阅读材料。一学期课程只有第一节没有阅读材料，换言之，之后每节课的讨论素材都是材料，基础知识也是材料。第二节课开始，不再有底子薄厚，得材料者得课堂。精研材料，谁都可以大放异彩；材料没读，那才是真的凉了。

---

  ① 本部分内容作者为北京大学法学院 2017 级研究生王宥人。

（二）材料太多太难，读不完

如果你英语水平较高，面临的主要问题可能是案例论述逻辑的难以理解和个别法律术语的不熟悉。我的建议是：着重把握整体分析架构，亦即每个标题在讲什么、每段在讲什么、它们为什么这样排列、彼此的关系是什么。至于个别几句、几个词意思不清、逻辑难解则不必过于纠结，完全可以带着这些问题步入课堂，向老师和同学们请教。材料在讲什么、某句是什么意思是每节课都会涉及的讨论主题，个别没读懂一点也不 low。最大的禁忌在于：千万不要因小失大，由于几句难懂而丧失信心，认为"我真的搞不懂"，进而放弃阅读。

如果你英语水平一般，读材料感到语言吃力，除适用上文建议，我还有三点想谈：第一，WTO 案例正是提升法律英语阅读能力的绝佳素材，为什么不硬啃材料，好好利用呢？第二，从"1"到"2"远比"0"到"1"简单得多。各个案例中其实有许多相同的高频词汇和表述方法，行文逻辑多少也有类似之处。这意味着，读第一份材料并掌握这些生词和话语体系是最难的，越是读到后面的案例，你会发现生词越来越少、表述越来越熟悉，读起来也就越来越得心应手。因此，千万不要被语言吓倒，先把第一份材料啃下来，后面会一份比一份容易。第三，也是最重要的，哪怕每句话都要用词典，也要相信过程就是奖励，坚持、坚持，再坚持。

（三）讨论高度发散，听不懂

正像前面提到，课堂讨论的主题经常是"材料在讲什么"，但也有时，大家会非常发散——聊到法律的解释、逻辑的判别乃至什么是公正。有些同学感到，每当主题不再具体，往往跟不上讨论思路，不知发言人所云。

信心比黄金更珍贵。只要你读过材料，每当听不懂，首先要做的不是怀疑自己，而是反问：发言人有没有讲清楚？在感到困惑时，你应立即举牌，请发言人就刚才所讲做进一步澄清；在产生疑问时，你应第一时间将问题提出，对发言人进行质疑。如是过后，你往往发现：刚刚的一时困惑其实源于思考角度的不同，你的质疑正是从另一个角度对发言的补充。当发言人对质疑进行回应，你终于明白了他在说什么，在你的帮助下，他也终于得以更全面地把问题讲清楚，而这，正是讨论的价值所在。

（四）全是真知灼见，就不说

不少同学阅读仔细、听课认真，但囿于不敢或不想，没能在课上发言。这至少造成了三方面的遗憾：第一，当众发表可能被质疑的学术观点和朋友聊天、演讲辩论对语言表达的要求均不尽相同，这种语境并不多得、这种能力十分重要，不发言就失去了难得的锻炼机会。第二，三个臭皮匠顶个诸葛亮，自己想得再有道理也不能万全。不发言就无法被质疑，不被质疑就不能再对想法进行完善，宝贵的想法不能通过讨论充实提升，岂不可惜。第三，对自己而言，不发言让好想法不能变成更好的想法；对大家而言，则无从了解你的真知灼见并向你学习，如此看来，有话不说不光自己遗憾，也让所有同学吃亏。综上，强烈建议：有观点，一定说。当然，如果就是没说，也有退而求其次的弥补方式：把这些宝贵想法认真写入课堂综述，这至少可以弥补前述后两方面的遗憾。

（五）问题提了一堆，没答案

几次课过后，有同学会产生这样的困惑："课堂上老师和同学们提了不少问题，但很少有问题最终给出答案，笔记上记了不少大家的观点，但却搞不清楚哪些是对、哪些是错。所以，我究竟该掌握哪些知识、又究竟学到了什么呢？"

如杨氏WTO课，也如这个世界，绝大多数重要问题就是没有答案的。有些问题有答案，它们躺在文本中、躺在条约里，随时可以查询，必要时加以记忆，也正因如此，它们是我们进行讨论、学习的基础，却不是对象。最重要的学习能力不是找到答案，而是发现问题。真正的问题没有答案，但不会永远没有——通过研究和深挖，总有些人会在某些时段给出一些答案；也不会永远有——这些答案会再次被挑战、质疑从而产生新答案；这个过程周而复始，绵延无期。我们在课堂中学到了一些答案，但更重要的，是这些答案指引我们发现了哪些问题——真实世界中本就没有人指定问题，这才是与之适应的思维方式。

（六）知识框架零散，没体系

杨氏 WTO 课不似传统课堂纲举目张，而在总论后以案例贯穿，有同学感到对知识缺乏体系掌握。从具体学习角度讲，建议关注总论部分阅读材料和全课程参考资料，相比于各具体案例，这些资料能帮助我们从整体上了解 WTO 和 WTO 法，从而与案例的微观视角相得益彰。从相对宏观视角看，学科划分本就是人为，"体系"更是为理解便利的建构，真正的体系其实在于自身掌握了什么、个人如何理解所掌握内容的关联，自己对所学作总结、为自己建体系可能是比掌握所谓"WTO 法体系"更重要的问题。

最后，我想向大家汇报我为自己 WTO 课所学而建的体系，作为本文的结尾。这是个金字塔状结构：塔基是 WTO 概况、部分主要协定内容、争端解决机制基本运作以及各个案例涉及的要点，这些具体知识构成了我对 WTO 法的基本认识，让我了解了这一"模范国际法"的概要。塔基向上一层是我在课堂讨论中的心得体会：怎样组织语言、把自己的观点说清楚，如何把握重点、理解别人在讲什么……这些表达与倾听的技巧可以被应用于课堂以外更广阔的场景，终于明白倾听之于表达更让我受益无穷。再向上，我认识到同一个事物往往被从不同角度看待，多角度同步思考和追问才能更接近真相；我感受到人的认知往往存在偏差，对"自明"保持警惕至关重要；我明白了世上的问题大多没有答案，找到问题比找到答案更难……这些思维和学习的方法能在任何事件中对我加以指引。在金字塔的顶端，我从"课堂正义"中丰富对正义内涵的理解，从老师的一言一行中体会君子的为人，从不同以往的学习中感受到了学习的乐趣，这些让我每一天的生活都与从前有所不同，更加幸福。

我们中大多数人与 WTO 法的缘分限于一个学期，课堂知识是我们当前最想掌握的，也会是过后最先遗忘的。我特别推荐、特别钟情杨氏 WTO 课，因为在这个课堂、从老师身上，我除了学到会被淡忘的法律知识，还学到了太多忘不掉的东西——这些忘不掉的，才是最宝贵的。感谢杨老师，感谢杨氏 WTO 课，祝福每位同学一学期结束后，都有忘不掉的收获。

二十八、只有讨论[①]

这是真正属于你们的课堂！

讨论，真的只有讨论。

WTO 是最年轻的大型国际组织之一，也是人类有史以来最大胆的法律创新之一。在 WTO 的裁决文本当中，既有大陆法的精神，也有普通法的精神；既有私法影响，也有公法影响；既有法律考量，也有政治、经济考量；既有短期争端解决的需要，也有长期制度建设的需要；既有技术性细节，也有基于 WTO 整体精神的讨论……

WTO 是人类建设理想国际法的试验场；这门直面 WTO 案例的课程，也将成为同学们掌握法律前沿理论实践的试验场。在这门课上，一切理论都强而有力，一切理论也都无比苍白。这门课不会提供任何完备的答案；这门课也不期待完备的答案。除了资料由老师提供，其他一切都要同学们自己创造。这是难得的体验，也是重大的责任。

创造的方式就是讨论。同学们在上课前会阅读指定的案例，并检索当中提到的法条与其他案例。这一过程将会充满挑战和乐趣。阅读过后，脑中会产生各种问题或结论。上课前，这些问题或结论或许得到了解决，或许仍然困扰着你。课上要做的，就是把这些问题和结论抛出来。你会发现，有些问题是大家共同的问题、有些问题源于自己独特的角度、有些问题被另一个同学想明白了、有些问题则出于自己忽略了某些案例或法条当中的细节……甚至，有些问题，任何人的参考资料都无法解答——那么恭喜，你们或许已经

---

① 本部分内容作者为北京师范大学法学院 2010 级本科生柳驰。

触碰到了法律理论的最前沿！

这种共同探索、共同切磋，将带给同学们超越以往的学习速度。知识不再被一块一块堆砌起来，而像生物那样整体地成长、指数性地增殖。这里也没有条条框框；同学们大可质疑目之所及的任何条条框框是否真的有效。

当然，前提在于，同学们能在自由的探索和讨论中，担起自由赋予的责任。以往上课还能划划水，有些课程或许一学期打酱油靠期末突击也能拿个不错的分数。但在这门课上，我保证，一节课下来，同学们就会发现，事前准备了多少，会直接反映到自己在课上讨论的表现，会直接影响整堂课的学习效果。在WTO讨论课上，最令人畏惧的，不是老师的点名和临时小测，而是当其他同学高谈阔论的时候，自己连案例讲了什么都不清楚。那种每分每秒都在被同班同学拉开差距的焦虑，真的不推荐尝试。

同时，期盼同学们能够在这门课上享受到多维度的成长。

在这门课上，每个人都通过讨论与其他人联系；大家通过讨论与WTO裁决相联系；WTO的裁决与WTO法律系统相联系；WTO法律系统与WTO整体相联系、与最先进的法学理论相联系，进而又与全球经济、政治、法治建构相联系。这种联系的广度和深度，非讲述任何一国部门法之课堂能企及。

在这里，同学们会面临几组问题。这些问题也将伴随同学们走向社会，甚至走完一生。

第一，如何面对他人并合作？

讨论课能让同学们彻底展现个人特质；三堂课下来，每个人的思维习惯、学习习惯甚至价值判断，就会充分地暴露在大家面前。在这自由的环境当中，你会发现人和人真的不一样。单就讨论本身而言，有人准备好了，有人没准备好（或许就是自己）；有人想得多，有人想得少；有人说得抽象、有人说得具体。就态度而言，有人渴望表现，有人倾向保留；有人喜欢激进的改革，有人喜欢加固现有的制度；有人信奉法条就是一切，有人则善于作价值探析……

在讨论课上，这些特质、个性、差异，每分每秒都在闪耀。但在乱花渐欲迷人眼的时候，我们不禁要问，这些不同来源于何处？是资料不全还是观点相异？是表达不当还是理解有误？是思维所致还是性格使然？又或者，偶尔，双方只是在享受攻守交锋的过程？

进而，同学们要在讨论中作出选择并行动起来，这又会带来更多的问题——如何对待这些差异和分歧？是加入辩论还是抽身观察？是推动讨论更热烈还是让过热的讨论平息下来？是让自己的特质展现出来还是隐藏起来？是从方案中选择还是另辟蹊径又或是取乎折中？

这些问题不仅存在于讨论课上，更存在于同学们毕业后生活的每一个选择中。这种与人合作的艺术，若在社会上掌握，代价往往高昂。请同学们抓紧机会，在课堂上大胆交流学习。

第二，如何面对不确定性并得出结论？

以往课堂上，同学们总有可信赖的知识来源。或为教材，或为老师，或为老师推荐之读物。此时遇到的疑惑，其实都是确定的、可控的、在老师预料之中的。

讨论课则不然。穷众人之力，未必得到一个答案，或许反而会看到问题在讨论中变得越来越复杂、越来越不可控。现实是，WTO 的每个裁决，背后都凝结着各国顶尖法律人的心血。但即便如此，每一个裁决都会受到学界的质疑和讨论，又在其后的案件当中进化。这些被反复咀嚼的案例，又会在课堂上被一届又一届的同学们再次挑战，为我们呈现更多价值不菲的问题。

这就是真实的世界——一切问题似乎都被人研究透彻，但一切问题又都似乎仍在襁褓之中。如何处理这些问题？如何确定未知和已知的边界？如何做到既尊重先前的研究，又能够有所创新？如何做到既不畏权威，又不至于迷失自己？如何既承认自己知识有限，又敢于用它推动知识的边界至于无限？

这些都是莫大的问题。解决它们，需要同学们齐心协力。为此，让讨论高效必不可少。但这又会牵扯出其他的问题：资料是否全面？理解透彻？质疑是否有出处有根据？某个论题的讨论是应该立即提出，还是留待思考？某一论点是如何形成的？

无论问题有多少，相信对同学们来说都不是问题。胡适先生说得好："怕什么真理无穷？进一寸有进一寸的欢喜！"——不论面对何种思维挑战，相信同学们总能迎难而上，有一说一，在讨论中碰撞出绚烂的火花！讨论课的作用之一就是为同学们提供无限的勇气。做足功课的前提下，任何思考和疑虑，请不要迟疑说出来，或许别人能为你解决，或许你的疑虑反而是他人的答案；又或许一个小小的灵感，就能为他人的思路打开另一片天空。

最后的问题是，在这一过程当中，自己能做到什么？又该抱着何种心态？

解决问题需要群策群力，但同学们很快也会发现，群策群力不是万能的。个人有个人的局限，群体有群体的局限。总有问题解释不清、总有事实牵扯不明、总有人无法被说服、总有那么一些论题难以推进。这不仅是讨论中会遇到的情况，也是真实的诉讼场景，更是 WTO 本身，乃至全球治理现在正在经历的难题。

在这里面，如何能够提供支持，同时又能给出有个人特色的贡献？如何看待自己的局限，又如何看待同学的局限？如何看待判决当中的坚持和严谨，又如何看待和稀泥的智慧？如何看待 WTO 贡献，又如何看待 WTO 的困境？如何看待法律理论的局限、法律的局限？如何看待在这些局限当中的自己？如何了解自己能做什么、该做什么、想做什么？

就讨论课而言，同学们大概会遇到这些问题：当看到面前无数前人无法跨越的理论实践的高墙，是明知不可为而为之，还是曲线救国绕开行走？当讨论陷入困境，是注重效率用一个现成理论砸过去，还是冒着浪费时间机会的风险等待新的灵感？当身边的人没能掌握基本概念，是继续推进甩站通过，还是停下帮忙？如何看待作出贡献的自己，又如何看待没能作出贡献的自己？

当然，课上同学们不必想得太多，相信讨论课的氛围也能够让同学们心无旁骛地投身于问题当中。但大学之课堂，绝非解惑而止，更有传道授业之功。以上这些问题，不过是沧海一粟。它们不仅关乎讨论课，也关乎同学们如何看待自己的法律教育背景，和公民责任。希望同学们能在课后勤加思考，得出自己的结论。

从我第一次上课，到现在已有五年。在讨论课上之所学、所见、所感，对我过去五年的工作学习，实在有莫大的助益。这五年里我本科毕业、找了工作、换了工作，从看着下一级的同学毕业，到看到与我完全没有共享过校园的同学毕业。人生有几个五年？新中国到现在也不过13个五年规划而已。但因讨论课，我有了一个值得研究一生的问题，又在这五年里，在一轮又一轮的课上与老师同学们结缘结友，这不可谓不幸运。

最后再次盼望同学们能够尽情享受这份不同寻常的经历！（2018年9月17日）

第二编　课程实录

一、奇　迹

（一）

这是一堂关于"中国外贸法"的课，大约 20 名外国学生和 30 名中国学生，时间为三个小时，6：30—9：30，晚上。请想象一下以下两种课堂气氛：

第一种。上课了，老师坐在讲台上，滔滔不绝讲解中国外贸法及其相关法规的内容，从宗旨目的，到实际运作，到主管部门。同学们在台下默默坐着，有人听讲，有人上网，有人打盹。间或有人举手提问，老师回答问题。老师讲完了，大家下课了。这是一次假想的课堂，可能也是一种常见的"讲授式"课堂。

第二种。上课了，老师问：你们准备得怎么样了？谁先讲？话音未落，一位澳大利亚女生举手，大大方方走上讲台，播放 PPT，就澳大利亚的投资和贸易环境滔滔不绝讲起来。讲完了，大家鼓掌。老师说：大家听了介绍，了解了很多信息，但是可能也有很多问题，例如这个内容与我们学习的中国外贸法的内容有何相关？但是大家先把问题记下来，不要提问，而是先请准备了 PPT 的同学介绍课前准备的内容，然后大家集体讨论。

168

一位中国内地女生走上讲台，就中国外贸法的基本条款、立法机关以及主管部门等内容，特别是出口许可证相关的程序，播放了PPT，图文并茂，简明扼要。大家鼓掌。老师说：关于中国外贸法，可能没有人能够讲得这么清楚了！她就是中国外贸法专家，等一会儿大家有问题就问她。当然，我们可能也有很多问题，例如那个金字塔图案列出了中国政府机构的层级是不是准确？但是大家等等，随后集中讨论。

来自中国香港的三位女生和一位男生走上讲台，先是问大家为什么喜欢去中国香港买东西，然后解释说价廉物美是因为中国香港实行自由贸易政策，不收关税。然后，几位同学分工负责，介绍了中国香港的贸易法律和主管部门、行业协会等，并且表示，这些内容与内地是不同的。大家鼓掌。老师说：内容非常丰富，并且仿佛是在对照中国的外贸法而制作的PPT，我们的问题可能也会是：不同之处究竟是什么？为什么会不同？

一位以色列女生走上讲台，播放PPT，慢条斯理、有条不紊地介绍了以色列的基本情况，与中国的贸易关系，以及相关法律和主管部门，并且谈到了一个案例，是关于限制向中国出口高科技产品而违约的情况。大家鼓掌。老师说：原来以色列很遥远，但是现在很亲近了；我们可能会有一些问题，例如在那个案例中，以色列的出口许可限制为什么没有被告到WTO，而在我们的课堂资料中，即"中国原材料案"中，中国实施出口许可措施却被告到WTO？

至此，PPT演示已经进行了一个半小时。老师说：先休息10分钟，回来后，先演示另外四个PPT，然后请刚才讲中国外贸法的同学组织一个小组到台上来，集体回答大家关于中国外贸法的问题，因为我们这节课的内容是学习中国外贸法，而了解外国贸易法只是提供一种参照，是一种"对比学习"的方法；当然，中国小组的同学也可以向刚才演示PPT的外国同学提问，以澄清与中国外贸法相关的问题。

休息回来后，两位美国男生走上讲台。老师笑着说：时间所限，以下的PPT只能讲解5分钟。一位学生夸张地惊呼：只有5分钟啊！我们可是准备了很长的PPT啊！老师继续笑着说：把准备的大量内容压缩在很短的时间内讲出来，是一种本领；我们法律人要具备这种本领；5 分钟！随后，两位同学匆匆忙忙介绍了美国贸易法的内容，特别是与本节课的主题，即中国外贸法相异同的部分，但是可以看出他们的准备非常充分。大家鼓掌。老师说：他们提到了美国贸易法对出口许可证的要求较松，我们可能需要他们详细讲讲。

一位英国女生走上讲台，介绍了英国法律和机构的情况。她在讲解中，还不时对照中国外贸法律和机构。她自己用手机设定了 5 分钟的闹铃，基本上按时结束了讲解，不像前面几位同学拖延不少。大家鼓掌。老师说：信息量很大，但是关于英国法与中国法的异同，估计大家还有进一步问题。

另一位澳大利亚女生说，由于时间所限，且已经有人讲过澳大利亚的情况，所以自愿放弃讲解，而是留到讨论时发言。最后，四位俄罗斯女生走上讲台。她们首先抱歉说，事先准备的 PPT 出了点故障，所以只能口头陈述了。随后，她们分别介绍了俄罗斯联邦的贸易法律和制度，其中第四位同学着重介绍了出口许可证的情况。大家鼓掌。老师说：她们提到了很多问题，例如俄罗斯加入 WTO，"俄（俄罗斯）白（白俄罗斯）哈（哈萨克斯坦）联盟"，自动和非自动出口许可制度，大家可能还有具体问题。

这时，老师宣布，介绍阶段结束，讨论阶段开始。"中国小组"成员，三位女生和一位男生走上讲台。刚才介绍中国外贸法的那位女生简单重复播放了一遍 PPT，那位男生则声明，自己对上次课老师反复提问的外贸法律法规之间以及各个部门之间的关系问题，有深入的研究，可以回答这方面的问题。老师说：大家的提问，既可以是针对中国外贸法 PPT 的内容，也可以是针对课堂资料中的内容，因为这些资料中既有 WTO 专家组报告中的对中国外贸法的介绍，也有所涉及的法律法规条款。老师还强调：台上的同学也可以向大家提问。

老师话音未落，课堂就陷入了一场混战。有台下的美国学生和伊朗学生的提问，也有台上学生对中国香港学生的提问，期间有中国内地学生、澳大利亚学生、英国学生加入对话，台上台下，你来我往，纠缠不休，已经无法理出一个清晰的头绪。但是大家的讨论，仍然是围绕中国外贸法进行的，并且经过反复的对比和澄清，这个主题已经"洗尽铅华"，"素面朝天"，以真实的面目展现在大家的眼前。

此外，在大家的"激战"中，还有一段小插曲。美国学生和以色列学生提了两个问题，指定要老师回答！不仅如此，中国香港学生还起哄，在课程快结束而老师还没有回答问题的情况下，提醒老师：时间不多了，您什么时候回答问题?!老师狡黠地笑着说：Smart teachers never answer questions；smart teachers only pose questions。随后，老师就这些问题提供了几点思路。老师最后说：建议大家的课程作业，可以选择对照中国外贸法与外国外贸法的异同问题。一位同学插话：从大家介绍的情况看，各国的文化和法律差异太大了，情况太繁杂了，如何去对照研究？老师坚定地说：这恰恰是对照研究之价值所在。下课！

（二）

这是一种另类的课堂，真实发生在我的课堂。同学们的表现太精彩了，课堂内容太丰富了。大家的发言和讨论，不仅将中国外贸法的内容搞得一清二楚，而且对境外的情况有了广泛的了解。不仅如此，课堂气氛十分活跃，讲的人手舞足蹈，听的人津津有味，不知不觉参与其中。上网？打盹?NO WAY!

作为老师，在整个课堂讨论过程中，我一直处于兴奋之中。我专心致志地听着各国的"风土人情"，神采飞扬地点评着他们的发言，"老谋深算"地维持着讨论的秩序，情不自禁地发表着自己的看法。这样当老师真的幸福啊！我只是设计了课程方案，也就是从WTO案例"中国原材料案"中选取了20页关于中国外贸法的内容，特别是出口许可程序，配之以相关法律法规，提前一周发给学生阅读。在上周的第一次课上，我只是让大家敞开发言，并且引导大家提问题，读文本。快下课了，在问题满地，连外贸法与货物进出口条例之间的关系，以及国务院的立法权及其与商务部之间的关系等问题都糊里糊涂的情况下，在美国学生坦言读不懂中国外贸法的情况下，布置了两个简单的作业：大家认真阅读课堂资料中的中国外贸法和主管部门的内容，外国学生研究一下自己国家的相应法律和主管部门。我开诚布公地声明了布置这两项作业的意图：课堂资料已经提供了基本信息，包括大家讨论中所涉及的信息，即很多答案就在课堂资料中；"对比学习"，是一种很好的学习方法。我就这样离开了第一次课的课堂，而在以上描述的第二次课上，我就如此"坐享其成"，"坐山观虎斗"，看着同学们集体努力，描绘出了中国外贸法的油画。这幅"油画"的中心，是一棵大树，远是青山相映，近有绿水环绕，还有农夫童子嬉戏、牛羊鸡犬相随。

作为老师，其实我没做什么。我只不过是提供了课堂资料，引导了讨论方向，然后就把课堂主动权交给了学生。我的形象，一副十足的道家"无为"做派。然而，奇迹就这样发生了。对于我来说，这一切本不该让我感到如此兴奋，因为我的课堂，不论是一学期的课，还是一次、几次课，都是很热闹的。我觉得，上课之于我，只是将"潘多拉匣子"（褒义）轻轻打开，让年轻人的能量释放出来。然而，这次中外学生的混合课堂，同学们准备之充分，表现之活跃，课堂内容之丰富，气氛之热烈，却是超出预料的。坦白讲，在第二次上课之前，我心中还有点打鼓：同学们会认真准备吗？会认真发言吗？因为第一次课的时候，大家的讨论非常浅，发言也不太踊跃。也许作为老师，一直会低估学生，就像父母一直会低估自己的孩子。结果是，父母经常会为孩子的进步而感到惊喜，而老师一旦放手，调动学生的学习积极性，则可能会出现令人瞠目结舌的效果。这节课就是一个例证，只是可能由于学生组成的特点以及外国学生的活跃，特征更加明显一些而已。

（三）

以上为清华大学法学院外国学生 LLM 项目 "Chinese Commercial Law in Practice" 课程中的 "China Trade Law and the WTO" 专题课①的课堂实况和我作为老师的心路历程。我觉得这两次课比较典型地反映了"讨论式教学法"的效果。

———————

① 2014 年 10 月 21 日和 28 日，共 6 小时，全英文。

过去五年，我有机会参加了数百小时的讲课和讲座，主要对象是各大法学院的学生，内容主要是 WTO 中国案例。在此过程中，我开发了一种"讨论式教学法"。这是一种"旧瓶装新酒"的教学方法，即一套全新的内容，沿用了一个古老的名称。所谓"古老的名称"，当然是指"讨论式教学法"。这个名称由来已久，非我首创。但是其内容，却是前所未有的。有教育学家朋友甚至将这种教学法戏称为"杨氏讨论法"，以示区别。

我的"讨论式教学法"，具体而言，是将以人为本作为指导思想，师生作为学习共同体，围绕特定主题进行研讨，从而增加学生的知识和培养学生的思维的教学方法。"讨论式教学法"由学生课前阅读、课堂讨论、课后研究三个环节组成，其中课堂讨论环节，以学生发言和辩论为主，教师只是讨论的主持人和促进者。这种方法的使用，得到了学生的广泛好评。让我们结合上述课堂情景，来看看"理论"运用于"实践"的情况。

将以人为本作为指导思想。这种教育学的主要特点，是以人为本，即从人的需求出发，尊重人，启发人，与人进行平等对话。这种教育学相信，每个人都是有潜力的，老师的作用，不过是将这种潜力释放出来而已。这种理念的正确性，在上述课堂得到了淋漓尽致的展现。老师相信学生能够自主学习，让他们自己讨论，自己研究，相互辩论。事实上，在这次课堂上，学生的表现甚至超出了我的预期——他们能够如此活跃，提供如此丰富的信息，进行如此前沿而深刻的思考。这种教育学的理念，与"讲授式"截然相反，因为代代相传的"老师讲、学生听"的理念是，老师高，学生低；老师的任务是将知识和思想从高到低"灌输"给学生。说白了，这种理念的核心，就是不信任学生。在当今信息化时代，"讲授式"的弊端日益显现，此处不予赘述。本文开头假想的第一种课堂气氛，就是对老师的极大挑战，因为学生不认真听讲，甚至根本不来上课，老师怎么办？

过去一段时间，我曾经与几十位老师，其中主要是法学院老师就我的教学法进行过广泛而深入的讨论。我发现，是否信任学生，或者说是否坚信以人为本，是这种教学法能否顺利实施的核心要素。一些老师尝试了、放弃了，是因为不信任学生。少数老师尝试了、坚持了，是因为信任学生。信任学生的具体表现是老师放下架子，把课堂交给学生。遗憾的是，很多老师都做不到这一点。

主持这样的讨论课，当然需要一定的技巧，例如"开放式提问"、"先放后收"、"纠缠不休"、"生成问题"、"总结提炼"等。从上述课堂中可以看出，学生能够充分地"课前阅读、课堂讨论、课后研究"，是因为我使用一些技巧，在第一节课上创造了"真问题"的情景，即大家在"混战"中，产生了"认真阅读课堂资料中的中国外贸法和主管部门的内容"和"研究一下自己国家的相应法律和主管部门"的强烈欲望，才出现了第二节课的"奇迹"。然而，相比于理念，技巧是次要的。换句话说，技巧是围绕着理念而产生的，二者乃"本末"之关系。课堂千差万别，技巧千变万化，但是万变不离其宗。

从我自己的心态看，每一次走进课堂，我都有走进"学习共同体"的感觉，是又一次激动人心的"同学"（study together）之旅。上课之前，我不知道讨论会从哪个切入点开始，会向哪个方向行进，会达到哪个边界，会进入哪个深度。但是我知道，我们师生会围绕课程设定的主题，进行热烈的讨论，相互启发，满载而归。对于同学们为什么会这么理解，为什么会那么表达，我常常都充满了好奇。同学们提供的信息，提出的问题，常常给我启发，甚至纠正我的错误。我觉得，我不仅是信任学生的，甚至是敬佩学生的，因为他们那么聪明，那么认真，思维那么活跃，思路那么开阔。在上述课堂，学生们竟然敢"挤兑"我，"逼着我"回答问题！在课堂上，我不过是一个主持人，促进讨论的拓展和深化而已。

关于"讨论式教学法"，我有专著《讨论式教学法的理论与实践》（厦门大学出版社 2014 年版，共 392 页），从"课程理论"、"课程技巧"、"课程实录"和"课程评价"等四个方面进行了比较全面的阐述，但是我清楚地知道，"信任学生"乃这种教学法之本。（2014 年 10 月 29 日初稿，2015年 1 月 31 日修改稿）

二、讨论的力量

　　这是一次"东盟班"课程，学员是来自八个国家的 18 位律师、法官、教师和公务员等，主题是"WTO 与国际法治"。① 课前一天，我将已经发表的三篇英文文章《为什么 WTO 是模范国际法》、《WTO 对中国法治建设的影响》和《中国参与 WTO 争端解决机制的历程》发送给学员们，并且在微信群中提醒他们提前阅读以便参与课堂讨论。

　　走进教室，看着一张张陌生而期待的面孔，我先是简单陈述了自己的上课理念，即讨论而不是讲授，随即开始"收集问题"，先后有六位学员提出了八个问题：你的文章提到了 WTO 的好处，那么对 WTO 有什么批评吗？反倾销调查中的出口商能够得到什么法律救济？中国的农产品政策对印尼有什么影响？你能详细讲讲文章中提到的案例吗？你说 WTO 对中国法治建设发生了积极影响，那么其他国家如何评价中国的法治状况？你提到自己信仰 WTO，那么中国现在搞"一带一路"是否在背离 WTO？能否介绍一下 WTO 的基本内容？对中国执行 WTO 裁决的情况是否存在一些批评意见？

　　他们每提出一个问题，我都表扬一下，课堂气氛渐渐活跃起来。等到问题差不多了，我说会回答这些问题，但是此前还想听听大家对三篇文章的意见，并且问谁愿意向大家介绍每篇文章的内容。我说这是讨论课的第二个阶段，即"介绍文章"。先后有三位学员向大家介绍了这些文章以及自己的看

---

① 2016 年 12 月 22 日，西南政法大学国际法学院。感谢张晓君院长邀请和全小莲老师听课。

法，而我不时插话，就其中的一些信息和观点进行了澄清。例如，泰国公众对 WTO 的知晓程度很低；WTO 是发达国家欺侮发展中国家工具的理由是什么，等等。一个小时过去了，课间休息之前，我请大家思考一下应该讨论什么问题。

回到课堂，有学员提出讨论反倾销调查中出口商的法律救济问题，有学员建议讨论某个具体案例，有学员则认为应该先介绍一下 WTO 内容。我说，大家提出的每个问题都值得讨论，但是我觉得可以从 WTO 内容开始，因为这是我们讨论其他问题的基础。我问道：谁能介绍一下 WTO 的内容？看到大家沉默，我笑着问了一系列问题：WTO 在什么地方？WTO 有多少个成员？WTO 是干什么的？WTO 有哪些协议？有的学员电脑和手机可以上网，从 WTO 官方网站上找到了一个个答案。简单了解 WTO 内容之后，我追问提出"欺侮"论的学员：能否举例说明呢？他边上的一位学员提到了发达国家的药品制造商垄断专利，使得发展中国家的穷人付不起药费。我澄清道：WTO 也管专利等知识产权问题吗？有学员说是的，因为我的一篇文章中提到了"中国知识产权案"。随后，我请提出药品问题的学员上台，与我一起扮演原告和被告双方，当着现场法官的面辩论一下。我是原告药厂，指控被告药厂生产仿制药，但是被告的理由是为了公共健康才生产价格较为低廉的仿制药。我反问定价多少才是合适的，有学员插话说药品问题应该考虑发明创造和公共健康之间的平衡。我们的辩论很有趣，但是无果而终。上午的课程时间结束了，我布置了三个作业：查找一下 WTO 是否关注公共健康问题，WTO 是否有反倾销协议，学员各自国家在 WTO 的争端解决案件情况。

下午回到课堂，我们没有继续公共健康问题的讨论，因为午休时我已经将 2001 年 WTO 知识产权与公共健康宣言分享到微信群，这个问题已经不争自明。但是那位提出药品问题的学员不甘心，又提出了国内产业保护问题，并且以本国马来西亚的一个汽车品牌 PROTON 消失为例，说明 WTO 要求降低关税的害处。然而，他边上的同胞提出，关税降低后，消费者受益了。我故作困惑道：你们自己国家的人都有争论，怎么能怪罪 WTO 呢？大家笑。随后我举了中国相同的例子，即汽车品牌主要是外国的，但是我认为，这些汽车品牌在中国设厂，中国人获得了就业和学会了技术，还享受了高质量的产品，这样有什么不好呢？为什么非要有自己的品牌呢？我还总结道：竞争是好的，保护是无效的。我还顺便介绍了亚当·斯密的比较优势理论。关于这个问题，我们没有讨论很长时间。

下午课程的后半段比较简单。我们分享了每个学员所在国家的 WTO 案件情况：老挝、柬埔寨和缅甸没有案件，其他国家原告和被告案件比例为：菲律宾 5∶6，泰国 13∶4，新加坡 1∶0，马来西亚 1∶1，印度尼西亚 10∶14。我也告诉大家，中国案件情况是 15∶37。除了这些数字，我们还简单查找了原告和被告的国别情况。我借题发挥总结道：从这些案件可以看出，WTO 不仅有一套规则，而且这些规则得到了很好的遵守，特别是争端解决机制提供了弱国和强国之间法律解决争议的途径，恰恰体现了本次课程的主题"WTO 与国际法治"，而当今世界还没有另外一个领域像贸易领域一样井然有序。讲完之后，我问大家有什么意见，随后对"法治"的定义进行了简单的澄清：有学员提出马来西亚和印度尼西亚等普通法国家对法治的定义基本上是戴西所提出的分权制衡和司法独立，而不是我所引用的亚里士多德的"良法善治"。最后，我对大家课程开始时提出的八个问题逐一谈了看法，其中有些问题显然已经在讨论中得到了回答。说到别的国家对中国法治状况的看法，我笑着说这个问题应该是问大家，因为各位学员就是来自"别的国家"。在两个学员发表意见后，我再次强调了文章中的观点，即WTO 对中国法治建设产生了积极影响。

课程结束前，我简单回顾了这次课程的几个步骤，心想：对于这些WTO 知识零起点，并且只有四个人英语较好的学员，能够在短短几个小时内，讲清楚国际法治理念，增加 WTO 知识，已经殊为不易了。课堂上，基本上是我与这四位学员的讨论，大多数人是观众。对于这四位学员，自然收获最大，甚至提出"欺侮"论的同学公开承认改变了对 WTO 的态度。其他人听了讨论和看了文章，应该也是有所收获的。不仅如此，课堂气氛始终轻松活泼，师生关系融洽，让我与这些陌生的外国人度过了美好的一天。

（2016 年 12 月 23 日）

三、演示与分析

这次讲座的题目是"讨论式教学法",是"研究生助教培训"项目中的一个内容,参加者是来自全校院系的 25 名研究生,时间为三小时。①

我开门见山提出:讲授式是低效的教学方法,而讨论式是高效的教学方法。我举例说:例如教学目标是介绍"清华学",讲授式就是老师讲解清华学的内容和方法等,也就是老师讲学生听,是从老师向学生的单项灌输,而讨论式则是采取师生和生生互动的方法,师生形成一个学习共同体,一起研讨清华学。至于什么是我所说的讨论式,我们可以体验一下。

于是,我在班级微信群中发送了《论清华学》,是我对清华学的长篇论证,让大家阅读 10 分钟并且提出问题。问题、答案和评论很快在手机屏幕上出现了,期间我还请一些同学口头澄清。后来,屏幕上的问题集中在"清华学究竟是否能够成为一个学科"这个问题上,我请这些同学站起来发言,陈述自己的观点,期间我不断追问。当讨论(辩论)呈胶着状态的时候,我宣布课间休息。我说:我们这节课的课程目标并非介绍清华学,而是介绍讨论式教学法,而刚才大家所体验的就是这种教学法,请大家反思一下讨论的过程和效果。此时,课程时间正好过半。

回到课堂,有同学总结了讨论推进的过程。关于效果,我已经假设教学目标是介绍清华学,这个目标是否实现?有同学质疑何为"介绍清华学",是仅仅指老师讲一遍,还是指被同学们接受?也就是说,是指"教"还是指"学"?我受到启发,澄清道:应该是指同学们知道了清华学的内容。同

---

① 2016 年 9 月 23 日,清华学堂 117 教室。感谢清华大学教育研究院钟周老师邀请。

学们点头，认为这个目标实现了。但是，同学们还提出了课程的一些"附加值"，例如分享了很多关于清华的信息，有些是《论清华学》中没有提到的。我也提醒同学们：讨论清华学是否能够成为一个学科，其实也加深了对"清华学"的理性思考。我对比道：如果采用讲授式，教学目标未必能够实现，因为看似完整的老师讲述，未必能够完整地抵达同学们；由于老师表达不可能完全清晰准确和同学们注意力不可能一直集中等原因，在老师向同学们单向传输的过程中，必定存在着信息大量损耗的情况，更不用说抵达同学们的信息哪些是有效的，即能够在同学们的大脑中存留一段时间甚至能够转化为思考能力。可以肯定地说：老师讲学生听的讲授式，学生听懂了多少，听懂的知识能够保持多久，这些知识有什么用处，都是处于未知状态，因此讲授式的教学效果不容乐观。相比之下，讨论式教学法不仅能够有效实现教学目标，而且能够在宽度和深度两个方面"超额"实现教学目标。经过讨论的知识，在理解、记忆和运用等方面，相比于只是听了一耳朵的知识，具有显而易见的优势。

同学们似乎同意我的这个总结，即讨论式教学法的教学效果良好。最后，我们又回顾课堂过程，讨论了"这一切是如何实现的"。我问大家：我并没有讲"论清华学"，那么大家是如何知道并理解"清华学"内容的？我还问大家：如果你是老师，使用这种讨论式教学法有何困难？在大家议论纷纷之后，我坦陈：关于这种教学法，我总结过"讨论式教学法百问"，回应各种各样的问题；我还总结过"讨论式教学法36技"，介绍主持讨论的技巧；但是讨论式教学法的理念，却是"相信学生"，即相信同学们有知识、有能力和有思想，并且在此理念基础上为同学们创造一个宽松、自由的学习环境，让每位同学都最大限度发挥自己的潜能，使得这些潜能汇聚起来，仿佛涓涓细流融汇成滔滔江河。我说：过去七年，我与很多老师有过交流，他们都承认讨论式教学法的好处，但是自己却无法使用，而我认为，最主要的原因，是他们没有具备"相信学生"的理念。

同学们听着，一副将信将疑的样子！然而我相信，这次讲座的真正目标，即介绍讨论式教学法，已经通过直观的形式"超额"实现了。也就是说，这些未来的助教们不仅体验了课堂情景，知道了课程步骤，而且看到了教学效果，分析了实现过程，甚至课后还有可能思考如何使用这种教学法，而这一切，都是在"讨论"中实现的。对于我来说，用讨论式教学法来介绍"讨论式教学法"，是一种必然选择，因为使用讲授式教学法来介绍"讨论式教学法"，不仅无法实现教学目标，而且本身就是一个悖论。（2016 年9 月 24 日）

四、愉快的夜晚

"名师面对面：国际法学人的法律人生。"这是一次大型讲座，台上5位老师，台下近200位学生，我是主持人。①

我说：我们要实现一次名副其实的对话，而不仅仅是老师们的单向传授。于是，我们拿出手机，现场"面对面建群"。大家欢声笑语，群里人数迅速飙升到183位。随后两个半小时，大致分为三个阶段：收集问题、回答问题和讨论问题。

收集问题，就是大家在网上搜索分享了几位嘉宾的简历后（我也发送了简版的汇总简历），开始提问。可以想象，本科生、硕士研究生、博士研究生，这么多人，针对台上这么一群"名师"，问题会是多么丰富多彩，学习和就业、外语和法律、保研和出国、国际法和国内法等，五花八门、应有尽有。台上嘉宾忙着记录问题，台下观众忙着发送问题，而我则悠闲自在，插科打诨，选择性地朗读几个"莫名其妙"的问题，大家欢声笑语，气氛热烈。

回答问题，就是大约20分钟后，看大家的提问开始缓慢且重复起来，我请嘉宾回答问题。嘉宾们就自己认为重要的一两个问题畅谈自己的看法。可以想象，这群阅历丰富的成功人士，面对台下的孩子们，会是怎样的谆谆教导、情真意切，从自己的成长到对社会的看法，从法律学习到未来就业，

① 2016年11月9日，武汉大学法学院国际法研究所。台上嘉宾是最高人民法院法官高晓力、外交部参赞孙劲、北京大学法学院教授傅郁林、上海邦信阳中建中汇律师事务所管理合伙人徐国建和欧文斯科宁公司亚太区法务和政府事务总监邬琳玲。感谢武汉大学法学院国际法研究所副所长邓朝晖老师邀请并组织，感谢法学院院长冯果老师出席并点评。

181

从对待工作到人生态度，从抽象的理论到形象的故事，喋喋不休、没完没了。嘉宾们的轻松和风趣，不断引来热烈的掌声和开心的笑声。我也沉浸其中，享受着他们的人生盛宴。当然，我的大脑也在飞快运转，寻找着下一个阶段的切入点。

嘉宾回答问题完毕，我宣布进入讨论问题阶段。我说：作为主持人，我觉得有两个问题值得大家讨论一下：第一个问题是"文史哲对工作有没有用？"第二个问题是"不想工作怎么办？"台上台下哄笑。随后，我请提出第一个问题的同学站起来，澄清自己的问题，并且运用"凡提问者皆有答案"的逻辑请他自己说说自己的看法。大家哄笑。他说了自己的看法后，我又请"回答问题"阶段回应这个问题的嘉宾澄清自己的答案。这位嘉宾澄清后，我故意道：我好像并不同意这位老师的观点，不知道其他老师的观点是什么！大家哄笑。其他嘉宾逐一谈了自己的看法，果然理解和角度各有不同。我也说了自己的看法，认为要想回答这个问题，先要看看是什么"工作"。我还请观众们在微信中发表自己的看法，手机屏幕上风起云涌。最后，我又请这位嘉宾再次澄清自己的观点。可以想象，这次澄清的表达更加完整清晰！嘉宾被挤兑得很不自在，抗议道：我们换一个话题吧！大家哄笑。我也觉得搞笑得差不多了，于是转向第二个问题，也是先请提问同学站起来澄清，然后台上嘉宾逐一发表看法，而我的看法仍然是"先要理解何为工作"，最后请提问同学再次发表自己的看法，也请其他同学在微信中分享观点。

三个阶段结束了，我总结道：收集问题阶段，不仅让老师们了解了同学们所关心的问题，使得整晚对话都能够有的放矢，而且提问本身也在同学们之间产生了相互启发的作用。回答问题阶段，将漫无边际的问题，收缩到老师们选择性回应的若干主题，而讨论问题阶段，则集中考察了老师和同学们对两个具体问题的看法，希望大家都有所收获。随后，我请出席讲座的两位老师发表了点评，同时将台上嘉宾完整的单独简历分享到微信群。最后我说：希望能够看到每位同学的感想，也欢迎同学们与各位老师互加微信。大家哄笑。

　　大家很开心，我更开心。很多同学发表了感想，而我最感兴趣的两个感想是："很感谢这样的形式，上大学之后，第一次真正做到了交流，而不是被动地听着。""太棒的讲座啦—第一次知道大佬们这么亲切这么可爱——这是我听过最与众不同的一次讲座啦。"（2016 年 11 月 10 日）

五、中学生讲座

（一）学会思考

这是一次 90 分钟的讲座，听众是 75 名高中一年级新生。[1] 讲座的题目是"学会思考"。

讲座开始，我三言两语介绍了自己的想法：学会思考，最起码包括两个方面，一个是学习提出问题，另一个是学习寻找答案；我有一种教学观点，即同学之间和师生之间相互交流，是最为有效的学习方法。随后，我们建立了讲座微信群，我把自己的简历分享到群中，请大家提出任何问题、任何想法、任何答案。大家很兴奋，教室里欢声笑语，手机屏幕上的文字风起云涌！我一边看手机，一边要求大家继续提出问题和提供答案，并且选读一些问题和观点。群里的文字渐渐慢了下来，我激将道：问题不够深入，能够发现简历中需要澄清甚至互相矛盾之类的问题还不够多，而思考就是首先要发现问题！于是群里又掀起了新一轮的提问浪潮。当文字再次放慢速度，我请大家停下来，做一件事情：20 分钟的自由发言主要涉及了哪些方面的问题，请大家总结归纳一下。教室里非常安静，屏幕上非常繁忙。过了一会儿，我请大家再做一件事情：刚才的发言和总结，大家受到了什么启发？屏幕上再次繁忙起来。

我宣布，天马行空的自由发言阶段到此结束，我想看看大家集中讨论一个问题会有什么表现。我把一位同学的发言复制粘贴到群里："有这么多成

---

① 北京市 101 中学"人文实验班"，2016 年 9 月 20 日。感谢清华大学教育研究院钟周老师推荐，感谢 101 中学高建民老师邀请并主持讲座。感谢柳驰和蔡晶磊同学旁听并提出建议。

就有什么用？毕竟一切都终将消失，包括成就对人类的影响。"我先请这位同学站起来，向大家解释这个观点（"正方"），并且追问这位同学是不是认为我作出这么多成就也没有什么意义，随后请大家就这个观点发表看法。很快，群里出现了各种各样的观点。我先是点名请不同意这种观点的同学（"反方"）站起来发表看法，后来又请貌似赞成"正方"观点的同学发表看法。我一直追问还有什么不同观点，在此过程中当众数出了第三种、第四种直至第九种观点，最后甚至还有很多同学举手而没有机会发言，因为讲座结束时间已到。我再次请同学们在群里分享一下受到的启发，群里也再次忙碌起来。下课了，我总结道：这次讲座的主题是"学会思考"，希望同学们从大家的讨论中，开始思考如何提出问题和如何寻找答案！

这是一次典型的"生成与建构"的学习过程，清晰地反映了同学们的思维脉络。在课堂这个特殊的学习情境下，围绕着一份资料（我的简历），几十位同学开动脑筋，提出问题和观点，相互启发，又在此基础上不断生成新的问题和观点，形成了"学习共同体"，共同建构了一座知识和思想的宝塔。退而观之，这座宝塔熠熠生辉，每个"建设者"都有强烈的成就感。作为老师，我最多是一位监工，在现场指指点点。我甚至不是一位设计师，因为我并没有设计图纸，不知道这座宝塔应该建成什么样，是建设者们的群策群力，决定了宝塔的形状。当然，我始终有一个信念：只要为大家营造一个宽松自由的环境，让每个人都发挥自己的才智，这座宝塔一定会有惊人的效果，焕发出奇异的光芒！

本着这种信念，我的"讨论式教学法"屡试不爽，建造了一座座风格各异的宝塔。信任同学们，相信他们都是有能力、爱学习、有思想的人；为他们创造一个自由交流的平台，让他们看到共同建设的成果。在这样的相互学习环境下，学习效果必定是良好的。在此过程中，老师一定要有发自内心的平等意识，让同学们充分表达自己的观点。同时，老师还应该知道一点思维的规律，例如把握讨论的节奏，适时提醒同学们总结和反思。事实证明，在老师的"无形"帮助之下，同学们完全可以自己完成学习任务，并且在集体学习的情况下，往往会出现超常的效果。这次讲座最后，我请同学们撰写总结和感想，当天夜里就有同学在微信群里分享了"对首次书院课程情况的总结与感悟"（见附件）。我想，这便是最好的证据。

最后需要说明的是，同学们的年龄是 15 岁，但是在主持讨论的过程中，我丝毫没有感到他们的"无知"和"幼稚"，而是觉得他们像大学课堂的同学们一样博学和成熟（附件内容可以证明），甚至更加热情踊跃。从"讨论式教学法"效果的角度，这次讲座让我更加相信同学们，相信他们的能力和思想，以至于让我异想天开：也许初中，甚至小学，都可以使用这种方法的！大家一起学，大家一起"生成与建构"，那会是怎样的课堂？（2016 年9 月 21 日）

附：

对首次书院课程情况的总结与感悟

高一（10）班　王正言

今天是人文书院第一次正式的课程，我们在西阶梯教室上了一节大课。授课教师是来自清华大学法学院的教授杨国华老师，他开门见山地向同学们提出了这节课的学习目的：让我们"学会思考"，能够"提出问题"并"寻找答案"。

这次授课的方式是别开生面的——每个人都要拿上自己的手机。首先建立了一个班级群，之后老师就在群里发了一份详尽的个人简历，让同学们在群里对这份简历的内容产生联想并在群里大胆地提出问题之后交流。在我眼中，同学们都非常积极地在群中发问、互相交流、解答，可教授总是在筛选了一个个问题之后表明这些问题"太浅"、"没有意义"——他又引导我们在他的简历里寻找一些矛盾之处，同学们貌似受到了些许启发，一些问题已经让教授有几分满意了。在这种氛围中，教授挑选了一个这样的问题："有这么多成就有什么用？毕竟一切都终将消失，包括成就对人类的影响。"随即争论一举而出，正方反方的观点已经不足以满足同学们发散的思维，在第三种观点出现后，教授便一直耐心地听完了每一个想发言的同学阐述自己的想法，许多同学都滔滔不绝，旁征博引，真实地展现了自己的思考方式。到课快结束时，已经出现了至少九种的答案与思想——教授并没有正面地将这些整合，而是让我们总结这节课的体会与感悟，同样是在微信群里，可是很明显，同学们的发言质量在经历了关于各种问题的思考与消化整理以后，得到了一定程度上的提升——仿佛每个人心中都有一份答案——所有的答案都拥有自己心里的一种正确打开方式……

尽管课上讨论的过程中失了些许章法，可我所想的，是在这样的思考的过程中，我们可以"无所顾忌"提出自己的问题，然后从自己的思想与他人的思维碰撞中寻求一个相对完美的答案——我们这次根本不需要任何理论，完全是在教授的引导与串联和自己的质疑、思考与交流中自我探索。通过这些，亲身了解了理性思考的方式，在学成"思考"的道路上踏下了坚实的一步！

（二）清华学①

我是清华大学老师，对清华园有一些研究，甚至连续两年给本科新生开设通识课"清华学"以及给研究生新生举办讲座。于是，我接到一个邀请：给一群学生介绍清华。然而，这是一群特殊的学生：初二学生（13岁），200名，来自京外某省！那么，如何使用我多年以来开发使用的"讨论式教学法"，即摒弃老师讲授，而以同学们讨论为主的授课方法，给这样一群孩子介绍清华呢？

作为职业教师，需要考虑的无外乎两个问题：课程目标和课程方法。课程目标是介绍清华，不仅让同学们更多了解清华，而且开始喜欢清华，而课程方法则是实现课程目标之手段。其中，课程方法尤为重要，因为这最需要"因材施教"，需要为同学们量身定做。

我将"讨论式教学法"以学生为中心的理念和近来上课中频繁使用的

---

① 讲座举办日期为2016年10月28日。

手机微信群现代工具进行适当配合，用于这个特殊群体，取得了良好的效果。具体介绍如下。

首先是"面对面建群"，即全体同学建立一个微信群，并且将"我在本群的昵称"改为实名。有些同学没有手机和有些手机没有流量的问题，通过三三两两组合、几个同学共用手机得到解决。随后，课程进展大致分为三个步骤。

第一步：分享清华的照片和资料。我说：我要讲清华，但是需要首先了解大家对清华已经知道多少，这样才能有的放矢，所以请大家上网搜索清华的照片和资料，分享到微信群。很快，二校门、大礼堂和清华学堂等美丽的照片，甚至一些清华园婚纱照，还有清华大学的官方介绍，以及我的简历，纷纷出现在群里。我一边看微信，一边指名道姓调侃几句，课堂气氛十分活跃。我当时觉得：通过这样的集体检索和分享，短短十几分钟，大家对清华就有大致了解了。

第二步：对清华进行深入研读。看看微信群中的信息渐渐慢了下来，我说：我对清华有研究，还专门写了一篇文章《论清华学》，现在发给大家阅读；文章很长（1.5万字），但是只给大家五分钟时间快速阅读，请大家将提问和感想发到群里。课堂一下子安静下来，同学们开始紧张阅读。过了一会儿，各种各样言论开始出现，我选读了一些问题，并且不断鼓励大家提出更多问题和感想。我很开心：大家读我的文字，并且思考和交流，那么我眼中的清华形象就实现了有效传递。不仅如此，从第一步查找资料时的天马行空，到第二步阅读文章时的专心致志，同学们对清华的了解，实现了从泛泛而谈到集中思考的进步。

第三步：重点讨论几个问题。我说：同学们的提问和观点都很好，其中几个问题值得大家一起思考一下。随后，我将来自第二步的几个截屏，一个个发到群里，涉及的问题是："为什么清华大学要以清华作为学校名？""为什么大学要修得那么好看？""清华与北大相爱相杀，为什么？""感觉清华就像把偌大的世界浓缩成了一个城！"我请这些同学站起来，澄清自己的问题和观点，而与此同时，微信群中的答案和看法却风起云涌，包括清华大学的校名得自清华园，大学好看有利于写作文，清华北大相互竞争是好事，清华的内涵非常丰富，等等。我很开心，表扬了他们。我说：这些问题都很好，但是课堂时间有限，我只就其中一个问题谈谈看法，即"为什么清华理科好却文人更多？"（这个问题显然来自我文章中关于清华文化名人的介绍），因为老清华是综合性大学，大师辈出。我告诉大家，朱自清笔下的《荷塘月色》就在清华。我还顺势提到了清华国学院"四大导师"：梁启超、王国维、陈寅恪和赵元任。每报一个名字，我都挑战他们说："这个人你们不知道"，但是总是有人大喊：我知道，他是领导戊戌变法的，……他是《人间词话》作者，……他是语言学家，……他是历史学家……我很得意：大家对清华的认识，显然得到了提升。

最后，我请带班老师进行点评。在课程进行到第二步时，我看到了大家争论清华与北大哪个更好，而一个发言直接针对我的文章（"好与不好，需要对比。您的文章好像少了对比"）。我笑着大喝一声："×××，你站起来，你是在挑战我的观点吗？！"同学们哄笑，因为×××是老师！我赶紧赔礼道歉！所以，最后这位老师先是澄清了自己的观点，随后对大家的积极参与给予了肯定。一个半小时的讲座就这样结束了。

我觉得，这样的课程方法，突破了时（课堂时间）空（人数众多）限制，充分调动了同学们的学习积极性，非常适合中学生的学习特点（好动好奇）。课程提供了海量的信息以及获取信息的方法，并且交流了丰富多彩的观点和感想，因而最大限度实现了课程目标。相信同学们对清华的了解和感情，是单向讲授灌输的方法所无法比拟，甚至无法实现、无法想象的。于我而言，这也是"讨论式教学法"的一次极限挑战，即如何将这种以学生为中心的方法运用于大班、低年级和一个遥远而陌生的主题。（2016 年 10 月 30 日）

（三）学术与人生

1. 如何解决迷茫

这是一个大型讲座，400 名高中生。[①] 我步履从容地走上讲坛，胸有成

[①] 2016 年 11 月 22 日，江苏省东海县高级中学。这是我的高中母校，感谢赵鑫军校长邀请并主持讲座。

竹地掏出手机说：让我们面对面建群交流吧。同学们齐声道：我们没带手机！

我骇然道：那怎么办？我还是想先听听大家的想法，然后再讲我的想法。随后，我请同学们提问，前后左右 10 位同学发言，引得两位传递话筒的同学满场跑（自由发言阶段，每人发言后都有掌声）。有一位同学问：如何解决高三迷茫？我将问题抛回同学们，先后 16 位同学发言（每人发言后都有掌声）。有一位同学说：你们不知道提问同学为什么迷茫，就胡乱开药方（掌声雷动）。于是，我请那位同学解释为什么迷茫，并且总结大家刚才发言的内容（集中讨论阶段）。

（参与讨论阶段）我说：我也说说自己经历的高三迷茫：成绩不好，大学无名。但是我的理念是：不断努力，"谁笑到最后谁笑得最好"（此处有掌声）。

随后，我又简单讲述了后来的经历：乡村教师，武大硕士，北大博士，外经贸部官员，驻美大使馆外交官，商务部司局级领导，清华大学教授（此处有多次掌声）。

我接着说：最近，WTO 大法官落选，我再次陷入迷茫，大家怎么鼓励我？有 4 位同学发言，告诉我应该如何看待这次挫折。

我说：我的理念仍然是"不断努力"。我还总结：成功的两个必要条件分别是勤奋和运气，而运气（例如智商和机遇）不可预计，只有勤奋可以把握。

讲座结束，我简单回应了讲座开始时 10 位同学提出的没有在讨论中得到回应的问题，例如我在高中最大的收获是什么？为何弃官从教？最大的付出和收获是什么？大学学习的特点是什么？清华大学学生的特点是什么？最大的人生坎坷是什么？这个中学校址已经不是以前的母校，有何感想？等等。此外，我还强调了"勤能补拙"等人生道理，以及这些道理的两个来源，即同学们的书本、老师或家长等间接来源和我的人生经历直接来源（即同学们可能会觉得是"鸡汤"，但是我的人生经历却告诉我这些道理是正确的）。

这次讲座，没有了我驾轻就熟的微信群，而是恢复了以前的现场互动模式，讨论式教学法三阶段（自由发言，集中讨论，参与讨论）明显，现场气氛热烈，但是信息量和互动量不如微信群：在有微信群的情况下，可能会有数百人次发言，而关于我自己的情况，也会有更多的互联网信息和我分享的完整简历。还有，并非不重要的是，我没有办法准确叫出同学们的名字，也没有办法知道同学们的课后反馈和分享，这也是讲座的最后重要环节。

还有一个感想：上周有一次同名讲座，内容基本相同，但是展开方式却迥然不同。由此可以看出，讨论式教学法将课堂交给学生，增加生生与师生互动，课堂就会生动活泼，变幻无穷，呈现出强大的动力，使得教学目标得到更好地实现。（2016 年 11 月 23 日）

2. 学术与人生①

这些学生是初一、初二和高一、高二年级的，而我的讲座学术与人生题目是"学术与人生"。我的想法，是通过人生十个阶段的小故事，分享我对学习和生活的一些感悟。于是，在讲座中，我讲了一些陈年旧事，包括儿时的清贫艰苦和小学的成绩优秀，初中成绩的"蹦极"（从高峰跌入谷底以及毕业考试的反弹），高中的再次"蹦极"，名不见经传的师范专科学校，勤奋的五年乡村教师，武汉大学硕士研究生，北京大学博士研究生，中华人民共和国对外贸易经济合作部（商务部），中国驻美大使馆，以及现在的清华大学。每当讲到我的"成就"，大礼堂掌声雷动。

讲到小学、初中和高中阶段的时候，我会不时查看微信，宣读一下同学们的发言和问题，让有些同学站起来让大家认识一下。大礼堂气氛活跃。当我看到一个问题，即提问我的讲座主题"学术与人生"之间关系的时候，我指名道姓让几位同学站起来澄清自己的观点，包括学术与人生是"并列关系"、"因果关系"和"都有都有"。大家先是认真倾听，随之热烈鼓掌。这时，我发现了一个更加有趣的问题："教授一直在谈人生经历，然而我认

---

① 讲座时间为 2016 年 11 月 15 日。

为一直没有将其联系。如果要联系，可能好久好久都讲不完。教授，现在您已经没有多少时间了，那么，您要怎么结束这个演讲呢?"我请这位高一同学站起来说明自己的观点，并且追问了几句，大礼堂人声鼎沸!

励志讲座无非是现身说法，以亲身经历阐释人生道理。同样的内容，如果我采取传统的方式，长篇大论，自说自话，即使把自己感动得泪流满面，甚至赢得了几次鼓掌，同学们可能也收获甚微，并且难免瞌睡走神。但是采取微信交流和重点发言的形式，则实现了同学们之间以及师生之间的互动，不仅让同学们看到或听到了其他人的观点，从而受到启发，而且让老师知道了同学们的想法，以便有的放矢。这样的效果，显然是更好的。更为重要的是，讲座气氛十分活跃，让同学们得到了精神享受。事实上，"寓教于乐"是每一位老师所追求的目标，因此每一位老师都应该不断探索新的教学方法，让同学们在快乐中学习。

讲座开始，我就建立了微信群，共有86人。很多同学，特别是初中同学没有带手机。因此，微信群中的评论和问题，只是部分观点。但是客观地想想，一个小时，800人，能有十分之一向老师提问，并且因而带动了全场互动，已经非常不容易了。尽管人数众多，交流有限，但是我觉得"讨论式教学法"的特征仍然有所体现，即"生生互动"和"师生互动"，而对比传统的"讲授式教学法"的"一言堂"和"满堂灌"，这一特征非常明显。

（2016年11月16日）

六、我们一起研究吧

——2017 年清华大学法学院《中美经贸
关系中的法律问题》课程感想

中美关系，呵呵！重要啊！复杂啊！一个老师，六个本科生，七个研究生，怎么研究？

在一个普通教室里，拿着一些特殊资料，我们就这样开始研究了！我们一起研读课程基本资料，特别是 *USTR 2016 Report to Congress On China's WTO Compliance*（英文，193 页）、第二十七届中美商贸联委会资料（中英文，37 页）和第八轮中美战略与经济对话资料（中英文，77 页），以及课程期间陆续发布的 *USTR Special 301 Report*、*US-China Economic and security review commission 2016 Annual Report to Congress* 和《关于中美经贸关系的研究报告》（中国商务部）。我们一起跟踪最新进展，包括两国元首会晤、美国退出《巴黎协定》、WTO 裁决案件和中国商务部的官方发言。我们在课堂里发言直抒己见，我们在微信群分享及时快捷。短短四个月时间，我们研读第一手资料，感觉站在中美关系最前沿。

我们基本沿着课程大纲的顺序，对一个个问题进行深入剖析。我们发现，从微观角度，对待某个具体问题，中美之间看似矛盾重重，实则殊途同归；看似争论不休，实则是非分明；看似相持不下，实则干戈玉帛。于是，我们开始知道用事实说话，撩开中美关系的神秘面纱，看到中美关系的真实面目。

我们发现，从宏观角度，从历史到现实，中美关系表面上波云诡谲，风云突变，实际上有规律可循，有路径可走。美国政治受其法律制度的约束，中美关系受条约公约的限制。于是，我们开始相信法律的力量，认为国内和国际法律才是中美关系的稳定因素。

一个学期下来，我们感到，对于中美关系中的某个事件，没有研读中美双方的官方观点和文件，就无法弄清事实，形成看法。我们还感到，对于中美关系的整体状况，没有法律条文的支撑，就无法预测未来，看到方向。

一个学期下来，我们开始对耸人听闻的"阴谋论"付之一笑，开始对口若悬河的"专家"将信将疑。一个学期下来，我们开始用自己的眼光，从事实出发，用法律信念，理性分析中美关系的方方面面。

一个学期的研究，我们不敢妄称自己成为专家，能够更加高明地看待中美关系。但是我们敢说：一个学期的研究，我们开始用自己的头脑思考，形成自己的独立判断。我们敢说：只要掌握了事实和法律的方法，我们就能够把握中美关系的核心，经受各种现象的考验。我们相信，再过一段时间，随着事件和经验的增加，随着我们对中美关系的持续关注和研究，我们就能够做出更加准确的判断。我们相信，如果我们有机会参与中美关系工作，我们会提出与众不同的方案，营造更加良好的中美关系；如果没有机会参与中美关系工作，我们会以自己独到的见解，影响亲朋好友、同事同学。退一步讲，即使我们不能影响任何人，至少我们自己不再盲信盲从、人云亦云，至少我们是清醒的人！（2017 年 7 月 19 日）

七、讨论式教学法的动力学

——2018年清华大学法学院"世界贸易组织法中国案例研究"课程感想

阅读同学们的双周课程综述是一件幸福的事情。看着他们对课堂讨论内容的全面总结，对相关内容深入研究，对通过讨论进行学习的新颖思考，我常常感动、微笑和感慨。每个人做事情，都希望得到正向反馈，而老师讲课，最希望看到同学们的进步。课程综述是同学们进步的明确证据，因而成为幸福的源泉。

上课两周，第三周提交课程综述。综述是在班级微信群中陆陆续续提交的，因此我的幸福感也前前后后持续一周。对于每篇综述，我会摘取一两句话，配上赞扬或开心的表情发到群里。这是真实感想的表达，也是与同学们互动。看完34篇综述，我总是感到意犹未尽。与此同时，我也开始思考一个问题：为什么课程综述写得这么好？

同学们聪明勤奋当然是必要条件，但是课堂讨论引发了同学们的学习兴趣，一定也是必要条件。课堂上"自由发言"阶段的你一言我一语，从一个主题转到另一个主题，令人目不暇接，而"集中讨论"阶段对一两个问题的深挖和拓展，则让人眼界大开。海量的信息和多样的想法，引起了同学们的强烈兴趣，转化为课后的反思和研究——讨论究竟涉及了哪些内容？哪些内容还需要进一步澄清？为什么别人知道而我不知道？丰富多彩而快速推进的课堂讨论，给同学们的课后学习提供了强大的学习动力，并且学习成果就体现在课程综述中。因此，课后研究，是将集体讨论所形成的强大能量转化到个人学习中。

不仅如此，这种能量转换，还弥补了课堂讨论的两大弱点：知识的系统性和讨论的参与度。读了综述，没有人再会质疑这两个问题，因为同学们在课后自觉弥补了课堂没有重点讨论的内容（多哈回合的情况就是一个典型例证），并且没有发言的同学也在认真听和认真记。综述是几十位同学对于相关知识的检索，信息量已经大大超过了"系统性"的范围，而通过课堂倾听和课后反思，每位同学都在参与——在微信群中分享综述也是参与。读了综述，人们一定会感慨：短短两节课，你们学了这么多知识，想了这么多问题啊！拿着厚厚的综述汇编，老师的成就感一定是满满的。（2018 年 3 月 16 日）

八、特殊时期的 WTO

——2018 年清华大学法学院"世界贸易组织法
中国案例研究"课程感想

2018 年春天，当我走进教室，面对同学们，已经准备好回答一个问题：WTO 面临危机，我们为什么还要学习 WTO？

是的，2018 年春天，中美贸易战正式爆发——美国对中国产品加征关税，悍然违反 WTO 规则，而中国不得不奋起应战，对等额美国产品加征关税，引发是否符合 WTO 规则的讨论。世界上两个贸易量最大成员之间的冲突，事关重大。不仅如此，作为 WTO"皇冠明珠"的争端解决机制危机日益加重，上诉机构七名成员由于美国阻挠而不能及时补足。这两个事件，加上久拖不决几乎宣告失败的 WTO 新回合谈判，使得 WTO 出现了前所未有的危机。多边贸易体制何去何从，人们议论纷纷，忧心忡忡。

同学们并没有直截了当提出这个问题，但是的确有同学关注到了全球化逆潮以及对 WTO 的质疑，甚至"WTO 已死"这样吸引眼球的标题。因此，在第一节课上，我们就讨论了全球化与 WTO 等宏观问题。我所准备好的答案是：WTO 规则是全球治理的重要成就，是国际法治的重要发展，代表了国际经济关系的趋势，即使 WTO 不在了，类似的国际组织也会出现；WTO 案例是法律学习的极好资料，其法律推理部分极其精彩，具有超越 WTO 领域的独立价值。在随后课程中，我没有回避贸易战逐步升级给 WTO 带来挑战的问题。相反，我将贸易战所引起的国际法问题，包括中美在 WTO 互诉和贸易反制国际法依据等，作为专题内容，拿到课堂讨论。事实上，贸易战对 WTO 规则的冲击，恰恰是学习 WTO 的一个契机，让同学们有亲历历史的时代感。从课程综述可以看出，同学们并没有对 WTO 丧失信心。

当然，课程重点是研究 WTO 中国案例。知识产权协定中的"商业规模"一词应该如何理解？议定书与关贸总协定之间的关系是什么？征收反补贴税是否要考虑反倾销税？电子支付服务是否属于中国承诺范围？从标题就可以看出，要解决这些问题，需要进行仔细的法律分析，特别是使用《维也纳条约法公约》第 31 条和第 32 条所提到方法进行解释。从课程论文可以发现，同学们所关注的就是这些问题。法律解释方法和技巧，当然具有普遍价值而独立于 WTO 领域。不仅如此，法律解释能力是法律人的看家本领，当然能够引起同学们的极大兴趣。

课程结束，已是盛夏。看着同学们的论文和感想，回顾一学期的课堂讨论，我早已忘却了当初走进课堂时所准备的那个问题和答案，倒是正在热映的电影《无问西东》中一个场景时常出现在眼前——西南联大时期，战火纷飞，人心动荡，但是在漏雨的教室里，在防空的壕沟中，师生们专心致志，刻苦学习。他们知道这是坚守，这是未来。我们也是。（2019 年 1 月 17 日）

九、尾随的学生

　　周四的《中美经贸关系中的法律问题》（"中美关系"）课堂上，出现了四位北大法学院研究生（马铭骏、严曦冉、谢一格和纪晓彤），他们是上学期我在北大开设的《世界贸易组织法中国案例研究》（"WTO"）课程的学生。我很开心，中午下课后请他们去教师食堂吃，饭然后去看"女生节"横幅。2015、2017 和 2018 年秋季学期，我都在北大讲这个课，随后的春季学期总有同学跟到"隔壁"清华来"蹭课"：2016 年两个，一个（孙嘉珣）听了大半学期的"中美关系"，另一个（范晓羽）听了整个学期的"WTO"；2018 年一个（王宥人）也是这样，听了整学期课。也就是说，有两个同学是在北大的"WTO"课程结束后，接着又来清华上了相同的课程！

　　我开设了"中美关系"（研究生）和"WTO"（本科生）两门专业课，都在春季学期，都是选修课，也就是同学们可以选，也可以不选。几年下来，"中美关系"一般有 20 人，而"WTO"一般有 30 人。同学们选课基本上是"口耳相传"，这两门课已经建立了一定的"名声"，选课人数也基本稳定。有趣的是，两个课堂上经常出现"熟面孔"。例如，这学期的"中美关系"，就有三个本科同学，是去年春季学期"WTO"的同学。也就是说，这些同学是从"WTO""尾随"到"中美关系"的。事实上，每个学期的"中美关系"都会出现这样的情况，总会有几个同学跟过来。不仅如此，这学期更有一位本科生同学，干脆同时选了这两门课！由于两门课安排在周四和周五上午的同一个教室，而这位同学总是坐在第一排的同一个位置，以至于有时候走进教室，我都要提醒自己不要混淆了课堂！

　　过去几年中，跟着听课的同学时常出现。极端的例子，甚至有位同学

（王语嫣）从大三听到研二，每门课都听了两三次！更有甚者，有位北师大法学院2010级的同学（柳驰）选修了2013年我在该校开设的"WTO"，从此一发不可收拾，从清华听到北大，从北大听到清华，几乎每个学期都在！

对于这种反复选修甚至"走到哪儿跟到哪儿"的现象，我并不感到奇怪。"中美关系"已经开设四个学期，"WTO"已经开设九个学期，作为老师，我仍然兴致勃勃、乐此不疲。究其原因，大致有两个：一个是课程内容的发展，另一个是教学方法的创新。在"中美关系"上，我们需要不断跟进中美关系，而这方面的内容，特别是近几年的情况，令人目不暇接，不知所措。尽管课程大纲中的大致专题板块相同，但是不可能有两个学期的具体内容是相同。也就是说，每学期都是"新课"。"WTO"课程内容虽然相对固定，主要是中国作为原告或被告的经典案例，但是WTO不断有新情况出现，包括新案件发布和上诉机构危机，每学期都有新内容。"新课"和"新内容"，让课堂充满了吸引力，这一点对于老师和学生是一样的。不仅如此，这两门课都是讨论课，采用了我发明的"讨论式教学法"，课堂以同学们发言为主，我只是主持人和参与者。可以想象，这样的课程，同学们都很"疯"，课堂积极发言，课前认真预习，课后主动研究，一个学期下来，厚达百万字的专题和课程综述，表明了大家"收获满满"。对于我而言，看到同学们的进步，总是有很大的成就感。还有，即使完全相同的课程内容，例如相同的案例，不同的同学仍然会以不同的视角切入讨论，讨论进程总是处于不可知之中，每节课都让我充满了好奇和期待。一个学期下来，我又会结识一批优秀的同学。上述那个"极端的例子"，这位同学不仅成为课程助教，帮助其他同学学习，而且成为我承担的一些研究工作的得力助手，而那位"更有甚者"，不仅在课堂上为新同学贡献自己的经验，而且他的本科学位论文已经发展成为25万字的书稿提交出版社！

"尾随的学生"，跟着我的课走，并不是因为我讲得好——我上课说话不多，更不是因为我长得帅——从来没听说因为我帅而选课，而是因为他们觉得能学到东西，不管是增加专业知识还是提高思维能力。他们觉得一学期课不过瘾，还想再听一学期，而我也常上常新，每节课都是享受。同学们也许是为了求知，殊不知对于老师而言，却是莫大的鼓励。在这个人心浮躁的时代，竟然有一些年轻人如此认真地求知，从一个课堂到另一个课堂，从一个校园到另一个校园，作为成年人，我们看到的是希望。吾生而有幸，能够常常看到这种希望。（2019 年 3 月 9 日）

附：

我把以上内容发给提到名字的同学，问他们"尾随"的原因分析准确吗？以下是答复：

柳驰："简直是心声啊！盼着能继续去蹭课学习，还想请问老师您这学期课程如何安排？"

王语嫣："准确。的确，每次上课都是一门全新的课，这周没来上课都觉得迅速跟不上发展。下周我一定想办法请假也要来。但我觉得杨老师有个地方说得不对，帅是很帅，而且很有人格魅力的帅！杨老师有什么信息都及时分享给同学们也是很重要的，杨老师附近形成一种像磁场的引力圈，随时都能将收到最新的讯息辐射给同学们，否则缺乏研究环境和研究兴趣，尾随也是很难形成的。"

范晓羽："'相同的案例，不同的同学会以不同的视角切换进来'常学常新，因为您的讨论式的这种教学方法，让我们对 WTO 中很多内容的探讨乐此不疲，的确是一学期不过瘾，相信我们这些尾随者会越来越多。"

王宥人："非常准确！其实听两学期课也不过瘾，仅在课堂这个场景下向您学习远远不够。两学期听课，在您身上学到用分析思考的眼光看待各种事物，从而体会了学习的乐趣，这种乐趣一旦建立，就会永远有瘾。"

马铭骏："太准确了！一开始不理解柳驰师兄为什么同样的 WTO 课要听那么遍，上完才知道虽然材料一样，讨论的内容和方向肯定完全不同。更不要说是这个中美经贸的课了，每天的材料都在更新，听多少遍都不会重样。"

十、第一课

　　新学期开始了，两门课即将迎来两批新同学："中美经贸关系中的法律问题"（研究生课程）47 名，"世界贸易组织法中国案例研究"（本科生课程）42 名。

　　前者主要是研究生，应该都见过我，因为他们入学前两周的集中授课第一讲"清华学"就是我讲的。他们选修这门课，不知道是由于对那次讲课有好感，对课名有兴趣，还是听说这门课有意思。这些因素都对同学们选课有影响。他们选课，应该不是因为这门课是"水课"，即不用花太多时间就能够拿到好成绩的课程，因为这门课学习压力不小；过去四个学期选修情况也表明，没有同学是"混"的。对于老师而言，当然是希望选修同学多的，因为这证明这门课有魅力。选修课不同于必修课，不好就不选。选课同学中，有几位是我指导的研究生，我建议他们选课，因为我觉得这门课内容很好，并且可以通过上课了解他们的学习情况。此外，选课同学中，还有几位本科生，其中三位来自 2018 年春季学期的"世界贸易组织法中国案例研究"。我很熟悉这三位同学，因为他们上课发言很积极。他们选课，当然是因为喜欢。我的上课方式和他们的学习投入，他们当然是清楚的，非为喜欢不会再选的！这三位同学选课，是基于经验、最为理性的。五年的专职教学经验告诉我，同学们选课是有"窍门"的，而要想更多同学选课，最主要的是建立一种名声，其核心为这是一门"好课"。建立"名声"需要时间，而我已经是第五个学期开设这门课了。清华的规定：选修课人数必须为五人以上。也就是说，只要有五个同学选课，选修课就可以开设了。相比之下，47 人选课已经很多了。尽管人数太多会影响课堂讨论的质量，并且会增加我阅读同学们作业的工作量，但是我总是希望有更多同学来上我的课，因为我觉得他们会非常有收获。我没有想过设定选课人数上限，例如典型的 12 人小班课。我想让更多同学了解当今最为重要的国际关系——中美关系。

后者主要是本科生，除了开学典礼上不会留下什么印象的见面之外，大多数都不会知道我是谁。他们选课，应该更多是"口耳相传"，听学长、学姐推荐的。然而，推荐词里一定有"虐"这个字，即这门课的投入太大了，上课发言的压力很大，课前阅读和课后研究的工作量太大。明知很"虐"而选，他们就是自愿的。根据我的经验，清华学生，并且是绝大多数学生，都是愿意下工夫学习的。因此，"能学到东西"是他们选课的主要标准。我会有明确的证据，例如热闹的课堂讨论、每人几万字的课程综述和高质量的课程论文，证明他们"能学到东西"。不仅如此，他们还会发出"这是大学生涯中最好的课！""多年以后我仍然会记得这门课！"之类的感叹。作为老师，我当然是十分欣慰的。这门课主要是给大二年级开设的，这学期有 22 人选课，另有大三 23 人选课。法学院两个年级总共 160 人，这个学期四分之一将出现在我的课堂上，我感到很骄傲。本科生是最聪明、最优秀的学生，与他们相处一个学期，是非常愉快的。

我喜欢上课。中美关系瞬息万变、波谲云诡，这学期我们会经历一些历史性事件，特别是中美贸易谈判，我期待着与同学们在"中美经贸关系中的法律问题"课程中一起探讨。WTO 虽然遭遇危机，但是其积累的争端解决案件却是法律学习的绝好材料，我期待着与同学们在"世界贸易组织法中国案例研究"中共同研究。或变幻的形势，或经典的案例，我将要和一群新面孔相遇，心中充满了期待。课前，我再次整理几周前已经发送到网络学堂的课程大纲和课程资料，想象着第一课的情景。同学们会提什么问题？课堂讨论如何推进？我的课堂是"即兴表演"，充满了意外和惊喜，也让我更加谨慎、认真对待自己的资料和研究。放开让同学们发言，对于同学们来说是打开思路和相互启发的学习过程，对于老师则是"教学相长"的收获，更是学识涵养的考验。老师水平怎么样，人品怎么样，都会在讲台上一览无余。我的课堂，不是老师按照备课讲解，内容和节奏完全由自己把握，而是让同学们说话，组织同学们讨论，一切都在未知之中。经验表明，虽然每年"研究生"和"本科生"、"大二"和"大三"以及课程名称等是相同的，但是从来没有两个完全相同的课堂，涉及范围和切入视角千差万别，而这恰恰是我喜欢上课的原因之一。一本讲义讲几年，那样的上课是枯燥乏味、无法忍受的。

课前，我再次整理课程资料，又发现了这样、那样的缺陷，有的地方不清楚，有的资料不便利。我换上西装，穿上刚刚上过鞋油的皮鞋——这是第一课，同学们对我的第一印象应该是正式一些的。

第一天，我抱着一堆资料走进教室，笑眯眯地扫视全班同学，说"欢迎大家选课"，就拿出手机"面对面建群"。这是"中美经贸关系中的法律问题"课堂。我说中美关系处于前所未有的动荡之中，没有人敢自称专家，没有人能预测未来，所以让我们一起研究吧！我简单介绍了课程内容，即课程的八大专题（中美经贸关系概论、知识产权、贸易救济、WTO 争端解决、WTO 承诺的履行、投资、出口管制与国家安全、市场经济地位）。我还介绍了上课方式，即课堂讨论与专题综述相结合。随后我在黑板上写了"中美关系"、"中美经贸关系"和"中美经贸关系中的法律问题"几行字，请同学们先谈谈自己的已有知识、想法和疑问，因为知道了同学们的已有认识，我才好"因材施教"。同学们的发言范围很广，政治、经济和法律都有涉及。这是一个信息化的社会，中美关系是热点问题，而他们都是 20 多岁的成年人，当然会对这些关键词有所关注和认识。同学们发言后，我并没有立即说出我的想法或者回答问题，而是请王语嫣同学介绍特朗普上台以来中美经贸关系的发展脉络。她是研究生二年级同学，大四和研一都上了这门课，而且过去一年协助我编写了 108 期"中美经贸透视"微信公众号推送文章，熟悉每个事件，掌握全部资料。上学期在加州大学洛杉矶分校交换学习的经历，也有利于她从美国视角看待问题。可想而知，她的梳理脉络清晰，重点突出，资料准确。介绍完毕，同学们开放提问，然后她作出回应。她说很多问题无法回答，只是挑一些"容易"问题回答。最后我也就一些问题发表了看法，但是我首先引用王语嫣同学的话："杨老师也回答不了所有问题！"

我确实回答不了所有问题（上课伊始我就声明：没有人敢自称专家）。例如中美谈判中，为什么一开始中国很强硬，现在态度不一样了？美国力量强大，只要施压就行了，为什么要与中国谈判？美方谈判的真正意图是什么？美国制裁中兴和华为的国内法律程序是什么？有些问题我干脆回答"不知道"，并且说这些问题恰恰是大家需要研究的内容。有些问题我希望同学们自己去寻找答案，例如美国国内程序问题。当然我也分享了自己的一些想法，特别是 *The Dangerous Case of Donald Trump* 和 *Fear：Trump in the White House* 这两本书的信息——在课堂传阅纸质版和在班级群分享亚马孙的链接，提醒特朗普的精神状态及其建国两百年不遇的总统所可能呈现的不一样的美国。我说这学期会有大量资料，课程内容可能与上学期差别很大。我还说美国公布的关于中国履行 WTO 承诺的年度报告（2018）是我们的课程核心资料（175 页），希望同学们能够仔细研读。根据同学们讨论情况，这节课的课后作业是阅读以下资料：中国履行 WTO 报告前 26 页关于中美经贸关系的概述部分，中国官方发布的《关于中美经贸关系的研究报告》和《关于中美经贸摩擦的事实与中方立场》。此外，浏览中国商务部、美国贸易代表办公室和白宫网站的官方消息，梳理中美双方态度变化的脉络，下节课前分享到班级群中。

第二天，我抱着另一堆资料走进同一间教室，笑眯眯地扫视不同的同学，说"欢迎大家选课"，就拿出手机"面对面建群"。"世界贸易组织法中国案例研究"，我说这门课上课方式很特殊，大家可能已有耳闻，微信使用"合法化"，自制发言桌签，课程大纲提供了 16 条"课程小贴士"，还有以前同学们撰写的 8 万字"课程攻略"。我给大家仔细梳理了课程资料情况，特别是 WTO 网站的法律文本和案例索引信息。随后我问大家是否或多或少读了课程资料以及有什么感想或问题，好几个同学发言，我们围绕"比较优势"和"绝对优势"的区别以及争端解决程序等进行了澄清。结合同学们的发言，我问了一系列问题，同学们大多不知道答案，但是边查资料边讨论，渐渐增加了一些知识。例如，什么是上诉机构危机？上诉机构有几个人？对于上诉机构的规定在什么地方？一个案件的解决过程是什么？在此过程中，我反复强调法律文本和 WTO 官方资料的重要性，不能轻信学者介绍和媒体信息。同学们提出的问题，例如 WTO 谈判为什么叫"回合"（round）？"customs duty"和"tariff"的区别是什么，我坦承不知道，但是提醒大家参考课程资料的相应部分甚至查找英文字典。根据同学们讨论情况，这节课的课后作业是：研究关于发展中国家标准的最新争论，即美国和中国向 WTO 提交的资料；阅读争端解决谅解的文本以及相应介绍，了解 WTO 争端解决程序；研究中国诉美国关税案（DS 543）磋商请求。我强调：下节课就讨论这些问题。第一个专题是 WTO 概论，目的是了解 WTO 整体情况，特别是争端解决程序，为随后的案例研讨热身。

两门课，80 多名同学，在第一课上见面了。这学期 16 次课，48 学时，同学们将要学到什么，大概有数了。不仅如此，怎么上课，也有大致感觉了。估计两门课同学的共同感受是：内容很多，要下工夫！一定会有同学退课，不太喜欢、投入太多、不能胜任等都可能是退选的原因。留下来的同学中，表现也不尽相同。但是经验告诉我，总有一些同学会脱颖而出，很快就会成为课堂讨论的主力，甚至在后半学期成为课堂讨论的主持人！我会邀请这些优秀同学为新学期选课同学撰写"课程攻略"！从我的角度而言，同学们的提问和讨论总是令我欣喜，而我也坦然承认自己认识的局限性。我知道，我又迎来了两批优秀的年轻人，在接下来的几个月，我们会共同耕耘，共同进步，共同收获。

上课是体力活。我说话不多，但是主持需要全神贯注，不仅要记录每个同学的发言，而且要试图理解每个发言背后的思想，以便讨论既有发散也有交叉，既有主线也有重点，营造一个内容丰富、节奏鲜明的课堂气氛。我是在课堂里走来走去，不会坐下休息。课后的感觉，应该与长跑之后的感觉相似，兴奋和疲惫交织在一起。不仅如此，课堂讨论常常留下长久的回味，同学们发言的情景以意识流的方式蒙太奇呈现，专业、心理、缺陷、改进等问题，交叉出现在脑海中。下课去食堂吃午饭，慢慢走在校园里，心里轻飘飘的，看着行人、树木、建筑，一切都是美好的。

两个学生，大二和研一，同时选了两门课。我对大二同学说：两门课阅读量很大啊！他笑眯眯地回答：很有意思，尝试一下。研一同学给我微信："第一次接触这种课堂模式，同学们思维太活跃了，精力高度集中加上头脑风暴式发散讨论，一堂课两个多小时下来收获特别多。"从学习心理学角度看，积极反馈能够转化为学习动力。其实积极反馈同样能够转化为教学动力。同学们在课堂发言的积极、每两周专题综述的质量、主持人的优秀表现以及同学们知识增加和能力提高等方面的进步，都是我一节又一节课的动力。积极反馈是"自我实现"的证据，表明人的高层次需求得到满足，因此会有"心满意足"的感觉，就是那种"慢慢走在校园里，心里轻飘飘的"感觉。

课程资料包中包括两个特殊的文件："任课教师简介完整版2019"和"2018年度考核表"；前者4328字，后者6075字。第一课上，我说应该增加同学们对老师的了解，包括老师的经历以及过去一年的研究和工作情况。事实上，课堂是师生结缘的地方；通过课堂，学生对老师的专业和人品有所了解，老师对学生的能力和态度有所了解，从此可能会发展成终生的情谊。多年以后，学生回忆起老师，老师回忆起学生，心中都可能充满了温暖。讨论式课堂，师生结缘的可能性更大，因为彼此的表现都更为充分，了解也会有所增加。课后，我在两个班级群中随时分享最新内容，包括美国贸易代表在国会介绍中美谈判情况以及特朗普前律师在国会作证揭露特朗普坑蒙拐骗、违法乱纪的情况，中国驻WTO大使就发展中国家问题的发言，等等。微信群是课堂的延续。第一课结束了，却是师生缘的开始。（2019年3月2日）

十一、最后一节课的掌声

这学期最后一周课程，周五"世界贸易组织法中国案例研究"（本科生）结束时，我说感谢大家积极参与，迎来同学们的一阵掌声；前一天，周四"中美经贸关系中的法律问题"（研究生）结束时，我说希望大家有所收获，迎来同学们的一阵掌声。这些掌声，让我感慨良多。

一个学期，15周课程，每周我们会在这个教室见面，就WTO中国经典案例中的法律论证进行研读，或者就中美关系中的最新发展进行分析，从此结下了一生的缘分。不管多少年，只要我们相遇，他们都会想起曾经上过我的课，我都会想起他们在课堂上的音容笑貌。两门课都是讨论式的，以同学们发言为主，而我则是主持和参与讨论。WTO课，后半学期甚至是同学们在台上主持，而我坐在台下举牌等待发言的机会。因此，发言积极的同学，我应该不会忘记，因为15次的重复，有望成为永久记忆。曾经有人惊讶我能记住学生的名字，其实我的记忆力平平，只是不断重复能够巩固记忆而已。发言不太积极的同学，我也能够从双周课程综述中，了解他们的想法；一学期下来，也会有大致印象，至少名字熟悉。对于同学们而言，这学期课程，也许只是在漫长求学生涯中遇到了一个上课方式独特的老师，但是对于我而言，却庆幸能够再次与一群优秀的年轻人相识，度过了一个学期的快乐时光。

我的快乐，来自同学们在课堂上对每个案例或每个问题的深入思考和交流。WTO课，我们讨论了六个案例。课程进行过程中，我经常坦言这些案例是最好的法律学习教材，而专家组和上诉机构的裁决思路是最为纯粹的法律思维方式。这是有感而发的真心话。这些案例，大多是我亲自参与处理的，并且已经连续使用 10 个学期，但是我仍然有不断的确信和发现，因为案例内容太丰富了，法律分析太精彩了。当然，这也与上课方式密切相关，因为面对相同的案例，不同班级的同学总会带来不同的视角，变幻莫测，魅力无限。相比之下，如果上课方式是老师讲授，那么一定会千篇一律，索然无味了。

至于中美关系课，这学期更是重大事件层出不穷，以至于我多次感慨"特朗普老师"布置了太多作业！我有课程大纲，但是常常被新的事件打断，也不得不经常调整顺序。这门课的魅力，在于紧跟时势。每节课开始的时候，我们都要花相当时间回顾过去一周班级群中分享的大事件，然后围绕其中一个或几个问题进行深入研讨。我反复强调：作为专业研究者，我们一定要看原始资料和官方表态，至于一般新闻和专家分析，只不过是"仅供参考"而已。例如，关于"华为事件"，我们直接阅读美国司法部起诉华为和华为起诉美国的诉状，直接阅读美国的出口管制法律和"黑名单"做法；关于"232 调查"，我们直接参考美国商务部发布的关于钢铁和铝的调查报告；关于"非市场经济问题"，我们直接阅读美国和欧盟关于中国并非市场经济国家的官方研究报告。我的快乐，不仅来自同学们的不断发现和真知灼见，而且来自与年轻人的共同探讨。也许我比他们知道多一些，但是中美关系事态发展之快，相关文件数量之大，令人应接不暇，我也是借课程不断跟进和研究。因此，课程是研究的推动力，更是教学相长的场合。我多次坦言：面对当前的局势，没有人敢称自己是专家！如果上课只是一言堂，只是我喋喋不休地谈自己对这个事件、那个事件的看法，那么我就不会有课堂上"七嘴八舌"的乐趣，更不会有视角多样的收获。

在同学们的掌声中，我再次感受到了一学期的快乐与收获。不仅如此，就是这最后一节课，我也有非同寻常的体验。这节课是论文展示课，也就是每位同学介绍自己课程论文的选题和大纲，大家一起提问和建议。在 WTO 课上，第一个选题是三位同学介绍（我鼓励同学们合写课程作业）"WTO 与司法能动主义：从美国反倾销反补贴案谈起"。他们的思考非常周全，思路非常清晰，以至于我当场表示：如果他们能够在作业的基础上形成一篇论文，我愿意推荐发表！他们所研究的"司法能动主义"问题，不仅是司法实践中的经典问题，而且是当前 WTO 危机中的核心问题，确实有一定学术价值。我提出了一些建议，并且分享了关于国际法院正当性的文章。事实上，"正当性"也是我正在阅读和思考的问题。我再次感慨：如果我自己的研究跟不上，是无法指导这些优秀学生的。由于课堂时间有限，不可能深入讨论每位同学的选题；我知道，还有一些选题，特别是关于中国入世议定书第 15 条解释的选题，对我正在构思的一篇文章会有启发。我的想法是：最后一节课，与其蜻蜓点水，不如深入讨论。于是，最后一节课，仍然是就一些问题进行研讨，而不是走过场。我说：希望有助于每位同学的思考和写作，因为论文写作，包括资料和规范，有一些共性。关于深入研讨，中美关系课更为明显，因为有七位同学准备撰写国家安全方面的文章，从宏观到微观，从国内到国际，从法律到政策，从美国到中国，共同烹制了一道"国家安全"的大餐。我"吃"得津津有味，"大饱口福"。

最后一节课的掌声中，我感受到了收获的喜悦。从走进课堂前的想象，课堂讨论中的投入，到离开课堂后的回味，每周都是沉甸甸的收获和轻飘飘的满足。用最好的案例，最新的资料，培养年轻人的法律思维和国际视野，这是五年前我来清华时的愿景，而此刻已经变成现实。最后一节课的掌声中，我还感受到了未来的期待，期待下个学期的课程。我知道，下学期的课程，仍然会在确定与不确定中度过——我会很快乐，这是确定的；我会怎样快乐，具体有哪些惊喜与感慨，我不知道。生命是一种体验。如果生命是一种快乐的体验，那么生命就是充实的。（2019 年 6 月 15 日）

十二、这学期你不来听课了

——新书座谈会感想

说明：从 2013 年开始，柳驰同学连续 9 个学期旁听了我的课程"世界贸易组织法中国案例研究"。2019 年 8 月，他的著作《论法律解释方法的逻辑基础》出版，我邀请这些班上的 25 位同学和部分老师参加新书座谈会，后有 15 位同学以及郑葳、廖诗评和丁如等老师出席。以下为座谈会感想。

2019 年 8 月 27 日收到你的微信，知道新书出版了，非常开心。2018 年8 月书稿提交出版社后，中间经历了若干小小的曲折，包括经费和时间，让我一度担心不能在你出国读书之前看到样书，因为我们俩和廖老师早就商定，要请一些同学和老师举办一个座谈会。

新书出版，座谈会时间地点名单很快就确定了。于是，在这个天气热烈的秋日中午，我们 20 位师生相聚在清华法学院新楼，品味比萨，欣赏音乐，开始了一场别开生面的聚会。作为主持人，我首先介绍了四点背景。第一是祝贺。印刷精美，就是有点贵（89 元）。第二是学习。我举着维特根斯坦的《逻辑哲学论》说：看到你这本书，我想起了传说中维特根斯坦博士论文答辩场景。据说他在剑桥大学的答辩委员会由罗素、摩尔和魏斯曼等哲学教授组成。他陈述完毕，罗素左右看看，问道：我们三人通过了吗?! 意思是问老师们听懂了吗。坦率地说，你这本书，我也没有完全看懂。第三是相聚。2013 年春季学期，我第一次使用这套 WTO 中国案例，也是第一次见到你，是在北师大法学院廖老师的课堂。随后，我在清华本科五个学期和北大研究生三个学期，连续使用这套案例教学，而你竟然旁听了每个学期课程！也就是说，我这门课开了九个学期，你也听了九个学期！今天参加聚会的同学，都是来自这些课堂。横跨六年九个学期的同学，由你这条主线横穿而聚在一起，这实在是一件稀罕的事情！第四是欢送。欢送你去牛津大学商学院读研究生，开创更加美好的前程。

随后廖老师、丁老师和郑老师发言。廖老师是你的本科论文指导老师，"痛苦"地回忆了这本专著雏形的晦涩难懂。丁老师也曾在北大课堂见过你，当时就对你在黑板上画曲线来说明条约解释感到震惊。郑老师研究教育学，是我所采用的"讨论式教学法"的指导老师，一直在鼓励我和廖老师不断深化这种教学法。接下来是王语嫣同学发言。尽管每个学期，我都会把你的论文电子版作为课程阅读资料发给同学们，但是她可能是唯一读者！她的观点是这本书很有趣，大家不要有畏难情绪。我表示认同。我说：这么多年，你陆陆续续写，我陆陆续续看，至少看了14版，虽然不能全懂，特别是数学公式和函数部分，但是觉得很有道理。我同意王语嫣同学的感受：这本书与康德《纯粹理性批判》相似。事实上，五年前我开始读康德，很大程度上受到了你书稿的启示，即应该刨根问底地思考，条分缕析地表达。读康德也像读你书稿一样，内容不能全懂，过程非常享受。

座谈会的重头戏，当然是你介绍新书。以上发言，都是为了为你讲话做铺垫。你开门见山，承认是每个学期听课让你不断得到启发和不断坚定信心，最终写出了这28万字。然后你播放满屏公式和图表的PPT，介绍这本书的内容。像每次听你课堂发言一样，我都全神贯注，感到你思路清晰，但是我不能全懂！同时，也像每次你课堂发言一样，我给你限定了时间并且几次提醒。你匆匆忙忙讲完，意犹未尽。我开玩笑说：新书发布会是推销会，是为了引起读者兴趣，而不是让读者听完了不看书，因此大家听不懂正好可以去读书！

下面的议程是每个学期同学代表发言。他们在表示祝贺和钦佩的同时，也提出了一些疑问，例如对法律的基本判断，大陆法与普通法的区别。还有同学请教如何在繁忙浮躁的工作之余研究问题，如何坚持阅读大部头的哲学著作。你做了简单回应，印象比较深的是研究写作恰恰是对枯燥工作的一种平衡。我好开心，仿佛时空穿越，九个课堂的同学聚在一起，讨论热烈。最后大家来到楼上我的办公室，一边参观满墙图书，一边等待你签名赠言。电影明星见面会也不过如此吧！这是一种什么感觉呢？反正从来没有这么多人簇拥着我！

其实，曲终人散，当办公室里只剩下我一个人，我心里感到有点失落。这学期你不来听课了！你不会悄悄来到课堂后排，不断竖起桌签要求发言。你不会侃侃而谈，还经常走上讲台，在黑板上写写画画。你不会在课后与我一起去食堂或者地铁站，一边交流同学们的发言，分享新的角度和思路。你不会一遍遍把书稿发给我看，说是受到了某位同学发言的启发而又对某些段落进行了修改。事实上，在聚会的时候，看着满屋的同学，我心里就曾感慨：这学期的课堂，就不会有一位高高瘦瘦的陌生学长来到教室里，与大家一起讨论，还经常提出稀奇古怪的问题和写画莫名其妙的图表。因此，这学期的课堂，同学们就不会见识一位没完没了旁听一门课，直到出版一本专著还不肯善罢甘休的本科生了，尽管我会一如既往，将书稿电子版发给同学们作为参考资料，并且提及这位同学的传奇故事。

其实，同学们离开后，我们俩又聊了一会儿。我没有感到你有什么洋洋自得的成就感。相反，你说这本书很多地方还可以拓展。还有，你已经开始写一本更像《逻辑哲学论》那样的著作，甚至形式都有点像，是一段段命题、判断和结论，而不是长篇大论。我十分期待。我说：今后你不能来听课了。你说：只要有时间，还会来旁听这门课。对于以下这个笑话，你是不以为意的。上周我申请研究生精品课，骄傲地说有同学听了两三个学期。有位评委老师问：是你一遍没讲清楚，同学们才要来听两三遍吗？我想，如果评委老师知道一直听一门课能够听出一本专著，他可能会若有所思了。事实上，今天受邀的同学们，不仅在课堂上表现突出，而且课后也表现了对课程的认可。有的将课程作业拓展成学术论文，有的从一门课听到另外一门课，有的从北大听到清华，有的整理学期综述直至课程实录出版，有的请我看他们表演的话剧，有的毕业后一直与我保持联系。也就是说，这门课，即"世界贸易组织法：中国案例研究"，用我曾经办理过的 WTO 案件中的精彩法律分析段落训练法律思维，得到了很多同学的认可，以至于觉得一学期不过瘾，还要再听一学期。对于评委老师的问题，所有选课同学都会不以为意，因为课堂是同学们发言为主，案例也非常精彩，因此对于相同案例的讨论，切入点和重点都不一样，总是能够让人脑洞大开。对于我来说，每学期课程的案例一样，但是课堂情景完全不一样。内容的丰富性和思维的多样性，使得课堂精彩纷呈。我知道，你与我一样，正是这种讨论的魅力让人乐此不疲。这门课我会一直开下去。我也相信你说的话，你还会来旁听这门课。

　　当天下午，我在微信朋友圈晒了一张合影，留言是：一本书与一课三校九学期。（2019 年 9 月 9 日）

十三、怎么可能？

——2018 年北京大学法学院"WTO 法律制度研究"课程感想

同学们的课程论文和课程感想陆陆续续在班级微信群中提交了。我陆陆续续地看，发现有些论文选题具有理论或现实价值，资料收集完整，论证思路清晰，视角见解独特。于是我就给这些同学单独发送微信，建议修改完善后投稿。最后竟然给全班 22 位同学中的近一半发送了这样的微信。几乎每位同学都感到意外，感谢我的鼓励和肯定，还有同学直接说："通过课程的学习就能够投出论文已经出乎我的预期了。"这些论文已经达到发表水平，这一点毋庸置疑，因为作为教师，一项常规工作就是写论文、发论文、评论文，拿到一篇论文，几斤几两马上就有数了。因此，我建议投稿，并不仅仅是鼓励肯定，而是真实评价。当然，我也希望他们能够进一步学习和研究。

同学们的论文质量是超乎预期的。在课程最后一节课上，五位同学汇报论文大纲，我和其他同学则进行充分评论，范围涉及资料来源、体例逻辑和专业内容等方面。当时我已经发现不少同学有了比较深入的思考和广泛的阅读，我甚至建议有些同学把选题作为将来的硕士论文。但是大纲中的初步想法距离完整的论文，还有很长一段路程，他们能写成什么样，我心中没底。

其实，对此我应该早有预期的。在课程后半段的双周课程综述中，相当多同学都是围绕课堂讨论中引发思考的一些问题进行独立研究并且在微信群中分享。也就是说，同学们在课后查阅资料，深入研究，并且将成果呈现在课程综述中，已经成为一种学习习惯。现在想来，如果没有这些小专题的研究锻炼，写成几千字、一万字甚至两万字的课程论文，是不可想象的。

实事求是地说，一开始他们并不是这样的。回顾课程早期的双周综述，同学们基本上是将课堂讨论的内容总结一下而已。课堂讨论头绪很多，能够在课后理清思路并且彼此参照，已经是一种温故知新的学习过程了。不仅如此，在早期的综述中，有些同学对这种课堂随便发言的上课方式表示不习惯，建议老师加以引导和控制，不要将时间花费在"不重要"的问题上。当然，对于这种以学生为中心的"讨论式教学法"，我是心中有数的（详见拙著《讨论式教学法的理论与实践》），并且事实再次证明，一旦将课堂还给学生，奇迹就会出现，因为在这样的课堂，学习是自己的事情，学习动机和动力就解决了（正如一位同学所说："自由带来无限可能"）。上课伊始，我就开宗明义，阐述了自己的教学理念，即课堂讨论是最为有效的学习方式。这学期的课程典型地展现了这种学习方式的过程，即以课堂讨论为中心带动课前阅读思考和课后反思研究。课堂上的"七嘴八舌"，引发了太多疑问和角度，为每个同学的课前和课后学习提供了方向和思路，知道课前应该从质疑的角度阅读案例，讨论中会发现哪些问题值得课后深究。预习、讨论、反思、研究和分享，这样五个步骤贯穿了整个16周课程，在这样一个师生和生生所建构的学习共同体中，同学们的进步就不足为奇了。同学们自己显然已经感受到这种进步，课程感想中的众多感性文字就是明证。

就我自己而言，虽然这些案件都是我自己参与办理的，研讨段落都是我认为精彩而选定的，并且已经连续九个学期使用，但是这个学期课程，我仍然有很多新的感受。例如研究生与本科生的差别。过去的课程多数是给本科生开设的，主要是"二下"（本科二年级下学期）。这些课程能够引起同学们对法学的兴趣（参见拙著《法学的魅力：清华大学法学院本科生课程实录》）。但是这学期的研究生课程，却体现了法律思维的魅力，即同学们在学科知识架构的基础上，抽象思辨和独立研究，展现了法律思维所独有的澄清事实和法律的特征。简而言之，与本科生课程相比，研究生课程是"高阶"；本科生能够从中尝到甜头，研究生却能从中体验升华。再如我自己的学习。如上所述，我应该对这些案例非常熟悉了，但是在课堂讨论中，特别是后半学期同学主持讨论而我只是积极举牌等待发言的时候，我却发现了很多陌生内容，有时发言甚至被当场指出错误。主要原因当然是我阅读和思考不够仔细，没有顾及案例材料的所有方面。然而，实事求是地说，这也说明这些案例实在是内涵丰富，值得长期反复研读。事实上对于每个同学来说，都会出现别人提出的问题和思路没有想到，别人指出的字句甚至脚注没有发现，而这恰恰是讨论的价值所在啊！如此内涵丰富的案例，恰恰需要大家齐心协力，相互启发，才能实现学习效果的最大化。

陆陆续续阅读同学们在班级微信群中提交的课程论文和课程感想，这是幸福的时刻。这是回顾一学期与同学们愉快相处的时刻，每位同学的一颦一笑就是每篇文字的底纹。这是回顾一学期包括自己在内学习过程的时刻，看到了包括自己在内的进步。这是再次品味法律思维魅力的时刻，这是专业的乐趣，也是法治的理想。（2019 年 1 月 15 日）

十四、初进清华园

——2020年清华大学本科生"清华学"课程感想

阅读同学们的课程综述，感慨万千。新生"清华学"是一门什么样的课程？什么内容？什么收获？什么惊喜？课程综述提供了翔实的答案。

关于内容，有同学说："真没想到，新生导引课居然这么'硬'。""在这门课上，我们去了清华这个古老的园子的许许多多的具有厚重人文气息的地方。我们在胜因园里团团围坐，在纪念碑前缅怀先人，在奇石前慨叹造化神奇，在雕塑前领会视觉的冲击震撼……也在许多的景观前驻足欣赏，去深入地切身感受这个园子的美。我们沿着校河一路走走停停，尝尽了秋日安详的河床上伴着斜阳的美丽；我们在各个建筑前留下了最美的剪影，也了解到了建筑的一些艺术风格和技艺……"

关于收获，有同学说："在这里学到的是一种态度、是一种生活方式。""在清华学的实地课堂里，我走访了清华园里的景点，有了对清华园更深刻的认知，也感受到清华园的亲切。通过仔细观察，我感受到景观背后，设计者的用心良苦，体悟到了清华的人文底蕴。更重要的是，它教会我随时随地发现美，让自己保持对世界的热情。""我们知道校园的各个角落有着各种各样的雕塑和石头，每个雕塑和石头有着不同的意义；我们知道四教后面有地质之角，地质之角里的亭子叫作'一亭'。""我们知道校河从哪个门流进，又从哪个门流出，中间还有分流和地下河……我们可以自豪地说，我们比大多数人了解清华。""我妈曾说以后有机会让我带她逛逛清华，我想我总算可以自信地跟她说：'走吧，我了解清华。'"

除了内容和收获，还有很多惊喜。有同学说："我已经很久没有这种联想、这种沉思了。""用这案前涌起的、关于清华风景的回忆，我写出一篇篇文章，用这诗心，向文学，作最后的道别。""清华学确实不同于我以往所上过的任何一门课，很可能也将不同于我以后所可能上到的任何一门课。""感谢这门课的老师和同学们，陪我完成了一个成长的过程，希望这门课能够长久开下去，让更多的懵懂的新生能够在这门课上，拥抱一个崭新的自己，学会做一个自信而文艺的清华人。""课程结束了，却留给我许许多多珍贵的碎片，闻一多先生的沉思的雕像，后羿弯弓射日的背影，漫天飞舞的银杏叶，我们一行人在碑前沉思的身影；地质之角的潺潺的水；还有老师和蔼的笑容……""清华学独特的美。它就像一首悠扬婉转的诗，每一处平仄韵脚都让人如痴如醉。清华学是诗，是一首风光秀丽的美学之诗。清华学是诗，是一首拉近彼此的温情之诗。清华学是诗，是一首巧思明辨的理性之诗。"

什么样的课程，会让同学们如此高度评价？

我想，原因在于这是一门以清华园为课堂的课程。我们在校园里到处逛，探索这个自然景观与人文精神相结合，"东西文化荟萃一堂"的园子。清华园的内涵太丰富了，这门课开启了未来四年丰富多彩的生活。正如同学们所说："每一节课我们的'讲堂'都在不同的地方展开。""从石头、到纪念碑、到校河、到建筑，再到雕塑，我们几乎去到过清华的每个角落。"

我想，原因在于"清华学"独特的教学方式。课前阅读考察，课堂现场交流，课后总结遐想。这是完全以同学们为主的课堂，每节课围绕一个主题，每个人分享照片和感想，充分展现观点的多样性。这是真正的自由学习、快乐学习。正如同学们所说："我们所开展的是讨论，每一个人都应平等交流自己的想法，老师所担任的角色只是一个引导者。我想这也正是'清华学'的魅力所在，因为随性、因为畅快，所以每一节课都使人愉悦。""每个人选择的角度都不同，每个人发表的看法也不同，于是我们围成圈，分享自己的想法，也学习别人的。""我们看每个具体的清华的外在表现，我们都会去讨论它的深层内在。看石头，讨论它的历史；看纪念碑，讨论它背后的人们；看校河，讨论源头与支流；看建筑，讨论不同组合构成的复杂结构。在这个表达与接受的过程中，充满着思维的碰撞，我们时而深思，时而打闹。""自胜因院 22 号旅程开始的地方起，老师便教会我什么是有效沟通，是探讨而不是控制，是激发不是灌输；同学们也让我真正感受到多元的视角拥有的无限可能，愿意相信人与人之间感同身受体验的存在。"

我想，原因更在于这是一群优秀的年轻人。他们刚满 18 岁，真诚热情，才华出众。这门课是一个舞台，让他们尽情表演。作为老师，我不过是让他们放松身心，发现自己。正如同学们所说："每每看到'清华学'三个字，我的眼前就会浮现出蓝天白云，日光倾斜，老师微笑的面庞和同学开心的笑颜。原来，那个课堂曾是让我无比放松的地方。""当我们一片一片的回忆逐步与清华园的各个角落镶嵌起来的时候，我们就慢慢从仰慕清华的高中生真正转变为热爱清华的清华人。这是价值塑造的生动实践。"

初进清华园，遇到这门课。如果他们在园子里更开心，未来生活更美好，正如同学们所说："这是一段如诗一般美好的旅程。过去我曾行走在诗中，未来，我希望能踏着这首诗的韵脚，越走越远。""清华学在我们的心里永远不会结课，即使毕业，清华美依旧会影响着我们的人生轨迹。""作为来到清华的第一门课，它将伴随我走在旅途上的脚步。""我会带着这些领悟继续上路，不负接下来在园子里深入探索的四年。也愿大家都能奔赴心中热爱的山海，路过之前课上走过的每一站都会心一笑。课程在第八周结束，但故事却才刚刚开始。""希望这门课可以一直开下去，因为它延续的不仅是校园美景，更是大学思想。"如果真是这样，这门课就应该一直开下去！何况，开设这门课，遇到他们，我自己在园子里也更开心，生活更美好。(2020 年 11 月 18 日)

十五、自由学习的力量

——2019 年清华大学本科生"清华学"课程感想

这学期第一节课是在清华学堂。走进教室，见到同学们，我就感到有点不对劲。他们不像怯生生的高中生，而像"老卡卡"的大学生！不仅对我的目光不躲不闪，甚至常常还以挑剔打量的目光；对我的提问不仅不默不作声，甚至常常抢着说话。对于"清华学"是否存在，他们更是大为怀疑。一问之下，他们果然主要是七字班和八字班的，甚至有几个是六字班的。也就是说，他们是大二到大四年级的同学，而九字班，即大一年级的同学，一个都没有！我有点慌。"清华学"的初衷之一，是让新生熟悉校园，热爱清华，要带着他们在校园里到处逛，但是现在面对这些已经在校园里生活了好几年，甚至即将离开校园的同学，我该怎么办？

于是我使出"杀手锏"，问他们地质之角在哪里？西南联大纪念碑有几块？"母育子"是什么？美院魏小明老师的四件雕塑作品是什么？大礼堂门口的廊柱是什么风格？艺术博物馆是谁设计的？随着提问越来越多，他们的举手也越来越少，目光开始惶惑游离。我心里有数了，我能镇得住他们！现在想来，我的慌张源于意外，不知道他们都是"老生"。以五年逛校园和研究校园，开设四个学期"清华学"的经历，我是能够对付任何一个"老清华"的。事实上，在清华生活四年、七年甚至十年的同学，对清华园风物知之甚少者大有人在，而这也恰恰是我时常感到遗憾之处。随着课程的开展，我才了解到，这个班甚至有同学不知道王国维纪念碑在哪里！早知如此，我就根本不用慌张了。我设计过一套测试题，有些问题答不上来就是"假清华"，而"王国维纪念碑在哪里"就是其中一道题！

话虽这么说，但他们毕竟是老生，对校园比较熟悉，因此我决定将这学期课程定位在"清华学升级版"。于是，在保证景观石、雕塑、建筑、纪念碑、植物、园林和故居等基本教学内容的基础上，我总结了"十大景观石"和"十大雕塑"，穿插了"色彩欣赏"和"摄影艺术"，去胜因院22号讨论美学，布置写作散文"二校门"和"校河"。连这学期的微信群都名为"清华十二景"。事实证明，"升级版"课程起到了启发和总结的作用，让同学们发现了很多景观，思考了很多问题。

面对满篇欣喜和溢美之词，我在想一个问题：为什么同学们会感到收获这么大？清华园的丰富自然景观和深厚人文底蕴当然是主要原因。据我了解，在这两个方面，世界上没有一个校园能与清华园相比，而这恰恰是"清华学"从概念提出到课程开设的起因。不仅如此，十几个人，一个学期，在轻松的心情下，在自由的氛围中，认真研究，充分交流，更是让同学们感受到了学习的快乐。我们的课程是在周四中午比较宽松的时间，没有老师的板着面孔说教，没有考试的硬性打分压力，同学们"到处逛"和"随便说"，每个人的潜能得到了自由释放。如果清华园是一座宝藏，那么自由学习的方式就是强大的发掘机。是自由学习的力量让清华园大放异彩。这一点，对于老生和新生同样适用。（2020年2月1日）

十六、特殊时期的课堂

——2020 年清华大学法学院"世界贸易组织法中国案例研究"课程感想

同学们的课程论文和感想陆陆续续交上来了，我陆续续地看。论文质量普遍很好。本科生课程"世界贸易组织法中国案例研究"（"WTO 案例"），有三篇论文具有学术价值；研究生课程"中美经贸关系中的法律问题"（"中美关系"），有一篇论文具有学术价值。我会与这些同学商量，修改完善后投稿发表（其中一篇发表在《上海对外经贸大学学报》2021 年第 1 期，两篇发表分别在《国际法与比较法论丛》第 26、27 辑）。课程所涉及的问题，有的是深奥分析（例如议定书与 WTO 协定之间的法律关系，条约解释方法），有的是时事热点（例如疫情与检验检疫规则，中美第一阶段协议），引起了同学们的研究热情。课程论文动辄上万字，这是常见现象，但是优质论文数量这么多，却是前所未有的。

看同学们的课程感想，16 周课程也一幕幕展现在眼前。这学期太特殊了，课都上完了，师生还没见过面！这种情况，在课堂教学历史上，应该是第一次吧！若非亲身经历，恐怕难以想象。能这样上课吗？能保质保量吗？开学之初，老师和同学可能都有这样的疑问。然而，此时此刻，学期结束，取而代之的回忆，是散布在全国各地，身居家中的老师和同学，每周按时按点登录腾讯会议，进行热烈讨论，顺利完成课程大纲中的学习内容。不仅如此，这学期课程还呈现出一些特点，显得学习效果更好。

两门课都是讨论课，课程效果的评价标准（也是打分标准），主要有三个：课堂讨论参与程度，双周综述认真程度，课程论文学术程度。课程论文是结课作业，相当于期末考试，能够看出同学们一个学期的学习效果。这学期课程论文质量普遍很好，具备发表水平的论文更多，已如前述。双周综述是每两周，即每个专题结束后撰写的课堂讨论记录和课后研究成果。综述是反思整理，是"反刍"学习，有利于消化课堂上纷繁复杂的讨论内容。这学期的双周综述，记录部分照样全面，而研究部分更加深入，以至于课堂分享研究成果，往往占据很长时间。学期结束，看着五万到七万字的综述，同学们纷纷表达了满满的成就感。这是实实在在的"证据"，证明了同学们的收获。课堂讨论的参与度很高。"中美关系"课，10 位同学，每节课都有发言，因为课前他们已经将来自课程资料的评论和提问分享到班级微信群，课堂讨论就是围绕这些内容展开的。"WTO 案例课"，22 位同学，除了一些同学发言积极，甚至有同学在后七周担任主持人之外，大部分同学都有发言机会，因为来自案例的评论和提问，甚至初步讨论，已经在"石墨文档"中分门别类，课堂讨论有条不紊。课前在微信群中分享针对课程资料的评论和提问，是这学期的创新，并且成为我所使用的"讨论式教学法"中的关键步骤，有效解决了讨论主题"供给不足"的问题。以前上课，走进课堂，我都会问同一个问题："你们有任何疑问和评论吗？"尽管很少出现冷场的情形，总是有同学分享自己的想法，但是数量不多，质量不高，却是常见的情况。然而，这学期却是每节课都内容丰富，不得不精挑细选，忍痛割爱。

这个创新的起源是网课"形势所迫"。平时的课堂，当我笑眯眯地问完那个问题，鸦雀无声，我会扫视每位同学，让敢于跟我进行目光对峙的同学发言，因为我知道他们有想法，只是不愿在同学们面前显得太"嘚瑟"。但是网课面对的是电脑屏幕，无法进行目光对接。于是，课程前一天晚上十二点之前提交评论和提问，就成了硬性作业，收到了意想不到的效果。事实上，网课还带来了其他意想不到的效果和启示。有同学说，网课让他们更加大胆发言，因为没有在众人面前站起来讲话的胆怯和尴尬。原来如此，难怪他们发言那么踊跃，思路那么清晰，声音那么沉稳。我进一步想，这种师生不见面，不用眼睛，只用耳朵和嘴巴的上课方式，也许更加适合这种思想深度交流的课堂。两门课程，"中美关系"是研读交流知识产权、贸易救济、出口管制、市场经济、争端解决和承诺履行等方面文献，跟进讨论中美关系发展的事件；"WTO 案例"是分析评价专家组和上诉机构裁决中的法律分析思路，跟踪关注 WTO 最新发展。看不到人，也许说者能够更加集中精力表达，而听者能够更加集中精力理解。相比之下，平时面对面的课堂，一举一动，一颦一笑，也许干扰了思想的纯粹性，那种夜深人静，独自一人才会出现的深刻或自由的纯粹性。这学期的"WTO 案例"课堂，经常是对条约解释各种方法及其运用的抽象讨论，而不是对具体案例裁决的研究，因为对案例的理解，已经在课前解决，课堂只是偶尔涉及。仿佛一只水鸟，贴着水面快速飞翔，时而扎入水里，叼出一只鱼儿。"中美关系"课堂，也常常是单刀直入，直接交流感想，好像一群中美关系研究专家，侃侃而谈。两门课上，我都看到了这种纯粹性。"未见其人只闻其声"，让师生的思想交流更加纯粹。

这学期课程效果非同寻常，显示了网课的优势。当然，同学们时间相对充裕，应该也是一个原因。居家学习，社会活动大为减少，学习时间大量增加，可以更多地投入到自己喜欢的课程中。特殊时期的课堂，让我们更好地研究教学。特殊时期的课堂，更是一场难得的人生经历，让我们感受到师生不能见面却坚持高质量学习的可能性。（2020 年 6 月 23 日）

十七、泪奔的时刻

——2020 年北京大学法学院"WTO 法律制度研究"课程感想

在"课程综述与感想"中，同学们普遍认为学习了知识、培养了能力和开阔了视野，我感到深深的欣慰。一门课有这样的效果，已经合格了。

然而，阅读同学们率真的文字，特别是以下这些表述，泪水常常模糊了双眼：

"WTO 法律制度研究"课程是一门真正自由的课程；"大家可以自由地问，自由地想，自由地说，从而使得整个课堂都充满着平等且自由的氛围，让每一位同学都能自由收获和成长。"这门课能够让同学们感受到自由学习的快乐，这是多么开心啊！

"在课堂开始之初，我就深切地感受到了多元思想的交汇。"这门课能够让同学们体验到多元思想的交汇，这是多么重要啊！

"和他们在私下有了深厚的友谊。"这门课让同学们之间建立了友谊，这是怎样的意外之喜啊！

"每周在杨老师发表自己的观点后，都有同学主动站起来说'我不认同这种观点'。""后八周主持人时不时叫杨老师回答问题的情景……"他们真是胆大妄为啊，竟然敢于质疑我、提问我！

我在感慨万千和热泪盈眶中阅读同学们率真的文字，每周三下午讨论案例的情形也一幕幕展现在眼前：同学们从开始的默不作声，到后来的积极发言；从开始的不知所措，到后来的有条有理；从开始的参与思考，到后来的主持讨论；我自己从开始的"胸有成竹"，到后来的"答不上来"。有同学说我是"真正平等谦逊地"与大家交流。面对如此精彩复杂的案例，如此聪明勤奋的同学，"平等谦逊"还能作假吗？看到同学们"学之 好之 乐之"，与同学们一起"自由 交流 碰撞 收获"，其乐无穷也！（2021 年 1 月 27 日）

十八、相　遇

——2020 年西南政法大学国际法学院博士留学生课程感想

西南政法大学国际法学院博士留学生课程，有一门的名称是"全球治理与国际关系"，我是任课教师之一。结合课程目标和自己专长，我觉得以"WTO 与中国"为题比较合适，具体分为"WTO 概述"、"WTO 成就与挑战"、"WTO 与中国"和"WTO 改革"4 个专题，每周两次课，每次 3 学时，经过 4 周 24 学时，能够让学生对 WTO 有一个基本了解。

这一届学生共有 12 名，分别来自印尼（2）、缅甸（8）、老挝（1）和马达加斯加（1）。"钉钉会议"，云端相见，我才发现他们的网络不太稳定，经常出现突然掉线和声音断续的情况。他们的英语水平一般，听说读写速度很慢，错误很多。此外，他们主要任职于法院和检察院，国际法基础薄弱，缺乏基本知识。我意识到，这门课不太容易，需要耐心。

课程方式仍然是讨论式，同学们阅读课程资料，课前在班级微信群中分享问题和评论，上课围绕这些内容进行讨论。然而，总是有些同学不能按时分享，我问他们原因，有的说提不出问题，有的说工作太忙没有时间阅读资料。更有甚者，第二周第二次课的时候，他们竟然集体说没有收到本周的课程资料！可是课程大纲和阅读资料，我是提前一周就在微信群中一次发送了啊?! 原来他们只收到了资料 1、资料 3，但是没有收到资料 2、资料 4（事实证明，这两个资料在班级群中无法发送，最后只能邮件发送）。但是怎么不早点告诉我啊?!

就是在这种条件下，两周课程，我们竟然比较清楚地学习了 WTO 基本原则，即最惠国待遇和国民待遇以及例外条款，我们还学习了 WTO 争端解决程序。我们对新冠疫情与 WTO 规则关系问题进行了充分讨论。第一节课有同学提问：如果在疫情期间，缅甸采取限制进出口的措施，是否违反 WTO 规则？围绕这个假设案例，我们的讨论串起了以上所有内容。教学进展顺利，我稍感欣慰。

昨天课程中，有同学提问：最不发达国家（LDCs）有哪些？优惠政策是什么？对于 LDCs 特殊优惠安排，课程资料有所介绍，我们阅读和交流了相关段落。很快有同学分享了联合国网站上的 LDCs 47 国名单，缅甸、老挝和马达加斯加名列其中！瞬间我感到了一种震撼。我的学生竟然多数来自 LDCs！对于我而言，过去 LDCs 只是一个专业名词，其概念和内容，我可以如数家珍，侃侃而谈。但是这么多来自 LDCs 的学生，我却是第一次遇到。此时此刻，我才真正理解了 WTO 领域 LDCs 的内涵，也看到了这门课的特殊价值。作为多边贸易体制的坚信者，在帮助 LDCs 方面，我在尽自己的绵薄之力。还有两周课程，我会非常享受与同学们的交流，尽管他们的网络时断时续，他们的英语磕磕巴巴，他们的基础坑坑洼洼（但是他们的态度明显好转，课前分享增加，上课发言踊跃）。（2020 年 6 月 18 日）

十九、你和我

——2020 年西南政法大学国际法学院博士留学生课程感想

西南政法大国际法学院的博士留学生课程"全球治理与国际关系",学生共有 12 名,分别来自印尼(2)、缅甸(8)、老挝(1)和马达加斯加(1)。给他们上课不容易,因为"他们的网络时断时续,他们的英语磕磕巴巴,他们的基础坑坑洼洼。"但是课程仍然顺利进行,关于这方面的情况,我已经在《相遇》一文中介绍了(见推送"和留学生相遇在全球治理与关系")。

整个 6 月,每周两次课,每次三学时,总共四周 24 学时,"WTO 与中国"专题课现在结束了。在课程感想中,同学们总结了专业方面的收获,普遍认为在"WTO 概述"、"WTO 成就与挑战"、"WTO 与中国"和"WTO 改革"等方面,增长了很多知识。他们大多在法院和检察院工作,平时没有接触 WTO,而通过一个月课程,对"全球治理"的一个重要领域有所了解,显然是有益的。因此,从这一点看,我的教学目标实现了。

阅读和汇编他们的课程感想,我也借此回顾了这一个月每周两次与他们云端相见的过程,发现亮点不在于按部就班完成教学任务,而在于我们之间的交流和理解。除了讨论专业知识,我们还就以下问题交换了看法:WTO 对中国产生了很大影响,那么 WTO 对印尼(缅甸、老挝和马达加斯加)产生怎样的积极和消极影响?中国有很多 WTO 争端解决案件,但是一些 WTO 成员(例如缅甸、老挝和马达加斯加)为何没有案件?中国的 WTO 改革意见中提到了尊重"发展模式",特别是国有企业问题,那么各自国家的国有企业情况如何?我借此知道了他们国家的一些情况和想法,也坦率分享了自己对多边贸易体制的进一步认识，特别是 WTO 与最不发达国家之间的关系。此外，他们纷纷表示赞同讨论式的上课方式，即上课以同学们发言为主，老师只是主持引导，而不是单纯听老师讲课的方式，认为在资料阅读和观点交流方面很有收获。我恍然感到，我与这些同学从未谋面，对他们的国家也几乎一无所知，但是我们对学习的内容和方式，却有几乎完全相同的认识。我们认同 WTO 在全球治理方面的重要性，并且关注自己国家与 WTO 的关系。我们认同中国与这些国家有很大差别，并且试图分析原因。不仅如此，我们甚至认同自主学习和平等交流是一种有效的学习方式，并且乐趣多多。正是基于这些共识，我们一起度过了愉快的时光。

最后一节课结束时，我感谢他们的参与，希望他们有所收获，而我自己也收获很多。我说，由于疫情，我们不能见面，但是希望未来能够在重庆、北京甚至他们的国家相见。他们也表示感谢，更有同学希望继续跟我学习 WTO 知识，还欢迎我去缅甸玩儿。这些都是临别时的客套话。合上电脑，可能就此封存了我们之间的一段相遇，今生今世再也不会相见。但是我却有点当真，真的希望有一天能到印尼、缅甸、老挝和马达加斯加去看看，不是观光，而是看望一下自己的学生。那时我们一定会愉快地回忆起这段特殊的时光，特殊的课程。我会对他们讲起这两篇短文中所记录的一些趣事，包括他们的网络、英语和基础。我会告诉他们：难以想象，我们能够在那样的条件下，每周两次在云端相聚，讨论"全球治理与国际关系"的重要话题。

（2020 年 7 月 2 日）

二十、教学的乐趣

2021年3月13日上午，在清华大学"罗姆楼"（清华罗姆电子工程馆，因日本罗姆公司捐资建设而命名）可以容纳300人的报告厅，我向参加"电子工程系2021春季学期助教培训班"的130余名师生做了一个"小广告"：刚才听了白老师关于现代大学教育理念的开场介绍，感觉我的课程已经做到了，包括小班讨论、个性教学和朋辈学习；我在法学院开设的两门专业课"中美关系"和"WTO案例"，都是同学们讨论为主，我只是主持人；不仅如此，在"WTO案例"后八周，都是由同学们主持，而我只是参与讨论，经常被点名发言！看到大家笑，我接着说：耳听为虚眼见为实，接下来的助教培训课，我就会让同学们体验这种讨论式教学法，并且我可以预期：三个班讨论的切入点会截然不同。

"白老师"是数学系白峰杉老师，组织了四位老师给电子系助教培训。三个时间段，四位老师的四个班平行开设，同学们自由报名参加。因此，我需要在10：20—11：40、13：00—14：20和14：30—15：50连上三节课。主题相同，学生不同，连续上课，从未有过这样的经历，有点兴奋。

三个班分别是17、10和12人，都是电子系研究生。课堂流程相同：阅读、讨论和总结。在阅读阶段，同学们用五分钟时间阅读《论清华学》一文，随后在班级群中提出问题。在讨论阶段，同学们澄清问题，发表看法。在总结阶段，同学们结合《讨论式教学法的理论与实践》一文，回顾讨论的进程和特点，提出评价和建议。可以想象，流程相同，但是内容迥异。不同班级，同学们提出的问题不同，导致随后讨论的切入点和内容不同，以及最后总结的方式不同。第一个班提出的一个问题是：为什么要论证清华学？

同学们就这个问题反复澄清，随之引出了另外一个问题及其更加集中的讨论：论证是否成功？第二个班提出的一个问题是：对于每个同学家庭的介绍是否也可以称为"××学"？好几个同学表示不同意见，随之引出对"清华学"内涵的讨论。第三个班提出的一个问题是："清华学"六大板块的确定过程、内在联系和讲授方法，随之讨论围绕这三个方面进行。大概一小时后，讨论基本结束，我发表看法：本次培训课的教学目标是体验讨论式教学法，以讨论《论清华学》这篇文章作为示范；也就是说，我们假设了学习《论清华学》的教学场景，看看使用讨论的方法如何实现学习目的；显然，现在我们已经基本了解了这篇文章的内容；不仅如此，经过各抒己见的讨论，我们还相互启发，在广度和深度方面有所拓展。看到同学们点头，我接着说：那么，讨论式教学法的过程是什么？学习是如何发生的？我请每位同学发言，同学们非常清晰地描述了讨论的发展过程和阶段，随后对这种教学法提出了若干评价和建议，包括是否适用于理工科，是否适用于大班，是否存在体系性和参与度等方面的缺陷。对于这些疑问，我没有一一回应，而是将《讨论式教学法的理论与实践》（第二版）书稿分享到群里，笑称答案尽在其中。

最后全体师生回到报告厅进行交流。我说：上午的开幕式上，我自吹自擂说自己的课堂属于"理想课堂"，同学们讨论为主，老师只是主持人；我还说每个班情况会不一样；现在到了产品检验环节了，让我们看看"消费者"如何评价！随后我请三位同学介绍课堂情景和感想（已经在每节课后挑选一位同学做准备），其中两位同学从不同角度进行了介绍（一位同学缺席，三位同学有书面总结）。

如此密集的课程和研讨，真是奇妙的经历！自我感觉，讨论式教学法的展示是成功的，让同学们真实体验到了这种教学法的课堂情景。事实上，从知识学习的角度，同学们自己阅读，提出问题，集中讨论，不断回归《论清华学》文本，是典型的"问题导向型"学习，即带着问题阅读文本，相比于听老师讲授和一个人阅读，对文本的理解和问题的解决更加有效。从思维培养的角度，集体讨论，朋辈学习，更具有不可替代的作用，可以在短时间内体验到不同的视角，引发奇思妙想。当然，作为老师，感觉上课成功，同学们受益，会非常开心，而连续三个课堂所展现的多样性，则让我看到了讨论式教学法的魔力：我其实没做什么，不过是给他们一篇文章，让他们自己看、随便说，在讨论中略加引导，殊不知同学们的聪明才智就此被激发出来，共同营造出一个个新知不断、思维交锋的热闹课堂。与同学们一起探索和思考，其乐无穷。整整一天，从早上9点到下午5点，我一直处于亢奋之中，以至于下课后漫步在校园里，情不自禁在朋友圈晒了一段小视频：桃花盛开、鸟儿争鸣。（2021年3月14日）

二十一、讨论课的节奏

——2021年清华大学法学院"世界贸易组织法中国案例研究"课程感想

我的课程，都是采用一种自主开发的教学方式：讨论式教学法。这种教学法是将以人为本作为指导思想，师生作为学习共同体，围绕特定主题进行研讨，从而增加学生的知识和培养学生的思维的教学方法；由学生课前阅读、课堂讨论、课后研究三个环节组成，其中课堂讨论环节，以学生发言和辩论为主，教师只是讨论的主持人和促进者。十多年的课程实践证明，这种教学法效果良好。①

本学期课程《世界贸易组织法中国案例研究》，共有27名本科生同学选修。这是标准的16周课程，其中有一次放假停课（5月4日），实际上课为15周。按照课程大纲，前两周为"WTO概述"（概述），中间12周分别为"中国知识产权案（DS362）"（案例一）、"中国出版物和音像制品案（DS363）"（案例二）、"中国原材料案（DS394）和中国稀土案（DS431）"（案例三）、"美国反倾销和反补贴案（DS379）和美国反补贴和反倾销案（DS449）"（案例四）、"中国电子支付案（DS413）"（案例五）和"美国关税措施案"（DS543）（案例六）。最后一周为课程论文展示。课程采用讨论式，其中概述和案例一至三由我主持，而案例四至六由同学主持。这是一次整学期课程，比较典型地反映了讨论课的节奏，仿佛一首交响乐，从序曲、发展、高潮、变奏到尾声，结构严谨完整，旋律引人入胜。

---

① 参见杨国华：《讨论式教学法的理论与实践》，厦门大学出版社2014年版。

　　课程开始前 10 天（大年初一），我就在网络学堂发布课程公告，公布课程资料，建立班级微信群，宣称本课程将采用"讨论式教学法"，课堂以同学们讨论为主，并要求同学们浏览"WTO 概述"方面的资料，在课程前一天提交问题和感想。课程资料中有大纲案例和参考资料等常规内容，也有课程实录、课程攻略和教师介绍等独特内容——课程实录是上一届 21 位同学课程综述汇编，多达 18 万字；课程攻略是以往 10 个学期 87 位同学撰写的学习建议，多达 19 万字；教师介绍是自我介绍，也有 4000 多字。我的想法是：这门课的基本内容、上课方法和任课教师等情况，都应该向同学们明确交代，以便他们有总体了解及合理预期。

　　第一节课上，我先是简单介绍了课程内容、同学们讨论为主的特点以及课程大纲中 16 项"课程小贴士"中的几个方面，例如使用桌签和微信"合法化"，即每位同学都有桌签，申请发言就立起桌签；班级微信群是分享资料和发表意见的重要场所，可以在课堂上堂而皇之使用。桌签制度来自我参加国际会议的经验，感觉这样非常有秩序，并且能够让我很快认识同学们，而使用微信，既是必要，也是不得已——微信是很好的分享平台，应该成为有效的教学工具；与此同时，使用微信已经成为大家的习惯，与其禁止，不如"合法化"。

　　课程简介结束后，同学们开始介绍课前提交的"问题和感想"。每位同学起立发言，简明扼要地介绍自己的想法。课前分享已经是交流的开始，看到其他同学的观点，自己会受到启发，而课堂陈述，则能够突出重点，弥补书面阅读的不足。我向同学们声明：每节课都包括"自由发言"和"集中讨论"两个阶段。在"自由发言"阶段，每位同学简要陈述，提供思维的广度，而在"集中讨论"阶段，则是全体同学围绕某些问题进行思考，提供思维的深度。具体而言，第一阶段主要是每位同学陈述，除了必要的澄清，一般不进行讨论，而在第二阶段，针对同学们在微信群提出的疑问，进行深入讨论。

　　第一节课进展顺利，让同学们亲身体验了讨论式教学法的课堂情景，因为在第一阶段，我只是让同学们按顺序（班级微信群中作业提交的倒序）

发言，偶尔要求清晰表述，而在第二阶段也只是就资料来源和逻辑理念等不断追问和引起辩论。在此过程中，主要是同学们发言，而我不发表自己的看法。第一节课的作业，是研究讨论中所出现的几个未决问题，于下节课前一天提交。来自讨论中的问题具有"真实性"，同学们非常有兴趣。因此，第二节课所讨论的问题，已经相对集中，并且其深度明显超过第一节课。当然，这节课的讨论仍然是两个阶段，在"自由发言"阶段是陈述各自研究成果，而在"集中讨论"阶段则是更加深入地思考。两节课结束，同学们撰写"专题综述"，即"双周综述"，回顾总结课堂讨论的过程和内容以及感想。总结反思是重要的学习方式，而在讨论式课堂，总结反思尤为重要，因为课堂上大家七嘴八舌，需要课后整理思路，而整理思路就是"反刍"，是再思考的过程，大有温故知新之功效。

前两周课程是"热身"，同学们对 WTO 及其争端解决机制有了大致了解，为案例研究提供了基础知识。这些案例都是涉及中国的案件，我都参与办理过；选读段落为精彩的法律分析，并且考虑了深浅度（由浅入深）、覆盖面（货物贸易、服务贸易和知识产权）和时代感〔中美贸易战背景下的"美国关税措施案"（DS543）（案例六）〕。我坚信法律分析（法律推理），即解释法律并将其适用于案件事实，是法律人的基本功，应该成为法学院学生的主要训练，而这些案例就是不可多得的教材。因此，这门课的主要内容就是案例研讨，而所选案例与中国的相关性，能够引起同学们的兴趣。当然，从课堂情景看，案例研讨与前两周的知识讨论大同小异。"大同"是课前提交作业、课堂两个阶段、课后深入研究和双周专题综述等步骤基本相同；"小异"则体现在"自由发言"阶段可能会有更多讨论，常常由于案例中某个段落或个别文字的澄清而引起，而在"集中讨论"阶段，经常出现无果而终，即发现问题而没有结论的现象。"小异"展现了课堂讨论的灵活性，而不是一成不变的死板，以及同学们对于法律问题的认知，即法律或者社会现象常常没有标准答案，只有更加合理的看法。此外，需要特别说明的是，从第二节课开始，每节课都要先行交流过去一周 WTO 的最新发展，我和同学们一起谈论陆续分享在微信群中的信息。这学期课程期间，WTO 总干事确定，美国对 WTO 态度缓和，渔业补贴谈判有所进展，这些都成为我们交流的内容。不仅如此，李成钢就任中国常驻 WTO 大使，张向晨担任 WTO 副总干事，也是我们在课堂上津津乐道的话题。关注 WTO 新闻，能够增加同学们对于 WTO 的亲切感，而我与这些著名人物的个人交往，也能够增加同学们对于 WTO 的亲切感。我懂得这些，于是经常"情不自禁"地透露一两件逸事！

当同学们对于讨论式课堂渐渐熟悉，习惯于课前、课堂和课后的自主学习和讨论模式，课程却进入了同学主持阶段，自愿报名，一个同学主持一节课，而我则变成普通学生，参与课堂讨论。如果说我所主持的课堂已经是"学生主体"，由老师主讲变成同学讨论，那么同学主持、老师参与的课堂，则是彻底的"翻转课堂"，课堂情景大为不同，增加了新鲜感，也能引发更多思考。

同学主持，是自我挑战，也是感觉好玩。我把自己总结的《讨论式教学法的理论与实践》一文发给他们看，但是声明不必与我的主持方式相同。事实上，在"双周综述"的课程感想中，早就有同学对我提出了"改进建议"！经历了 8 周课程，他们一般都是"照葫芦画瓢"，大致模仿我的主持方式，同时也有自己的风格。同班同学担任主持人，同学们一定更加放松，畅所欲言，而坐在台下参与讨论，我则有了全新的角色。看着同学们的主持方式，我也开始反思自己的主持风格。我可以畅所欲言，发表观点，提供资料，而不必担心抑制同学们的发言积极性。我渐渐发现，有人专门"找茬"、"寻不是"，挑战我的观点，并以此为荣！我不以为意，明白虽然这些案件是我办理的，是我选择的，并且已经在课程中反复使用，但是这些案件的法律分析复杂而精彩，至今还有很多没有照顾到的地方，难免会说错。我享受着与这些最聪明的年轻人思维交锋的快乐，感觉当年不可能考上清华，现在是补上一课！

最后一节课是论文大纲展示，相当于研究生论文开题。我鼓励同学们三三两两合作写论文，因为未来的法律工作大多是团队合作。不仅如此，从以往经验看，合作的论文质量更高，以至于时而出现论文发表的情况。他们不用担心不好打分，因为课程大纲已经明确表示，课程考核由三个部分组成，即课堂发言、专题综述和课程论文。也就是说，合写论文者，课程成绩仍然有可能不同。每个展示结束，我和其他同学就会提出一些问题和意见，以便论文完善。同学们的选题各有千秋，有理论层面的，也有制度层面的，显示了一学期的学习成果。同时，这也是最后一次课堂讨论学习的机会，相信会有很多启发。

回顾一学期课程，仿佛听一首完整的交响曲，师生合奏，精彩纷呈，令人回味长久。结课三周后，随着课程论文，同学们还会提交一篇课程综述和感想，总结整个学期的课程内容和收获。我相信，他们也会像我一样，仿佛听一首交响曲，一首自己参与演奏的交响曲，感慨颇多，包括见识了同学的优秀和看到了自己的进步。（2021 年 6 月 9 日）

二十二、讲课笔记

（一）讲课笔记之一："世界贸易组织法"（2014 年秋季学期，清华大学法学院本科四年级课程）

1. WTO 概述（一）

时间：2014 年 10 月 7 日

（1）关于第一次课

第一次课的目标有三个：一是让同学们开口讲话；二是了解同学们的状况；三是就课程相关的主题进行初步讨论。尽管我给大家提供了全套课程资料，尽管我在资料的开头就有"温馨提示"：（……本课程采用讨论式，同学们需要课前阅读课程资料，以便参与课堂讨论。第一次课为"专题一WTO 概述"，请同学们提前阅读相关资料。）尽管我通过课程公告和电子邮件的方式反复提醒（……请大家阅读第一次课"WTO 概述"的资料，因为上课主要采用讨论的方式。……），告诉大家这是讨论课，大家要提前阅读资料，但是我的心理预期并不高。同学们没有上过这样的课，不知道课堂究竟是什么样的，不管老师怎么说，大家都不会认真阅读资料。大家习惯了上课听老师讲，课前阅读、不阅读，关系不大。何况刚刚过去的是一个长假，谁会花工夫去看这么多资料?! 因此，第一次课的重点，并不是就课程主题进行深入研讨。从课程内容上看，大家就相关问题，大致谈谈看法，交流一下信息，就可以了。

但是第一次课却是至关重要的课程开端。经过第一次课，同学们对所谓的"讨论课"有了一个具体形象的认识，知道这门课是大家讲，而不是老师讲，只有课前认真阅读资料，并在课前课后进行独立研究和合作学习，才能在课堂有杰出的表现。第一次课，同学们会发现，在这门课的课堂上，可以自由自在地发言，老师鼓励和提问，同学倾听和辩论。在这门课的课堂上，发言是"安全"的，老师不会批评，同学不会讥笑。这样一种"安全感"，能够极大地激发每个人的学习积极性。课堂是能够最大限度发挥自己聪明才智的地方，那么自己一定会竭尽所能！在这样一种学习状态下，学习必定是高效的。这样一个学期的高效学习，认真钻研精选的课程资料，积极参与热烈的课堂讨论，课前、课堂、课后的学习连为一体，同学们必定会有明显的提高和进步。

因此，第一次课的重点，是让同学们放心大胆地开口讲话。如果同学们能够畅所欲言，课堂气氛能够活跃起来，那么第一次课的主要目标就实现了。当然，大家开口说话，我也就开始了解大家的状况了。在大家发言和辩论的过程中，我会了解到，大家的相关知识有多少，有什么样的观点。更为重要的是，我会了解到同学们之间的差异性：谁爱说话，谁有逻辑，谁有什么样的学习经历，谁有什么样的阅读爱好，等等。经过第一次课，在我的心目中，同学们已经不是一份冷冰冰的名单，而是一张张热情洋溢的笑脸；不是一张平面的 A4 纸，而是千姿百态的年轻人。我认为，了解学生，是课程成败的关键。学生不是录音机，老师讲出来，他们记下来，就万事大吉。学生是有血有肉、千差万别的学习者，老师只有了解他们，"因材施教"，才能取得良好的教学效果。讨论课是能够最快、最全面了解学生的一种上课方式，因此也是最为能够让每一个学生都有所进步的上课方式。讨论课好比一个花园，大大小小、高高低低的植物，在阳光雨露下自由自在地成长。

我的教学实践表明，第一次课后，我再也不用担心同学们课前不阅读资料，课堂不积极发言，课后不认真钻研。我更不用担心，在这种课前、课堂和课后的努力中，同学们会没有收获和提高。因为我相信，"潘多拉的匣子"（褒义）一旦打开，同学们的能量一旦释放，就会有令人难以置信的学习效果。不信，我们走着瞧！

（2）关于本次课

本次课基本上实现了第一次课的三个目标。同学们积极发言，热烈讨论，而我对同学们的情况也有了大致了解。除此之外，本次课还有一些特殊之处可圈可点。

①这个班上的同学发言踊跃。我的开场白话音未落，就有同学举牌发言，并且在随后的课程进行中，举牌"此起彼伏"，"络绎不绝"。因此，课程很快就从自由发言阶段进入了集中讨论阶段。看来，在这个班上，我不用担心同学们不说话。

②讨论有一定质量。本次课讨论的重点，是区域贸易协定与WTO的关系，并带出了WTO的起源、协定、案例、发展中国家、美国等内容。这些内容，不仅属于"WTO概述"的重要内容，而且是国际经济法学界所热议的问题。例如，即将召开的（2014年10月17日）中国法学会WTO法研究会年会的主题，就是"区域贸易协定与WTO多边规则：挑战与共存"。

③我自己的收获。

作为老师，我给大家提供了课程资料，为大家的学习提供了基础和出发点；我决定采取这种讨论的方法；我控制着讨论的节奏和进程；我选择了有价值的讨论点；我不断总结和提升大家所讨论问题的价值。大家讨论的内容，有些来自我的课程资料，有些来自同学们自己的学习积累。看似这些问题都是同学们自己提出来的，并且随着讨论的进行而越来越深入，也就是说，这些问题是课堂"生成"的，而不是老师指定的，但是老师作为学科方面的专家和课堂主持人，却起到了"船长"的作用，在引导着讨论的方向。这一点毋庸置疑。很难想象，没有主持的讨论会是怎样混乱不堪，就如很难想象没有船长的大船会驶向何方。

但是，作为一个"学习共同体"，我从同学们的课堂讨论中，却学习到了很多。同学们的发言，有很多是超出我的知识范围的。同学们的观点，有很多是给我以启发的。其中，最为典型的是一位同学介绍的国际政治理论，给我分析和归纳大家的争论提供了理论支持。

2. WTO 概述（二）

时间：2014 年 10 月 12 日

这节课，原计划是采取常用的"先放后收"两步骤法，先让大家自由发言，然后"伺机"抓住一个或几个问题集中讨论。从上节课讨论的范围，以及下课前点名布置的课后研究问题看，这节课的自由发言内容会非常丰富，并且肯定会有一些值得深挖的问题。于是，上课伊始，我就宣布了这个计划：大家先介绍上节课遗留的问题，然后提问和讨论。

然而，第一位同学发言后，我就改变了想法。很显然，他对案例进行了精心准备，与上节课的一带而过相比，不可同日而语。但是他的叙述方式，特别是他提到的 WTO 裁决与 GATT 裁决相冲突，却让我觉得需要对这几个案例进行澄清。也就是说，这是一个极好的讨论主题。于是，课堂的发展与计划相比，就发生了完全的逆转：大家用了三分之二时间讨论这几个案例，而只用三分之一时间介绍其他问题。也就是说，这节课是先集中讨论后自由发言，是"先收后放"。课后我觉得，这节课是在听到了第一位同学发言，发现了极好的讨论点之后的，我情不自禁，"单刀直入"。

我希望同学们对这次课的评价与我的以下感受大致相同：以三个同学为核心，围绕两个案件三份裁决的反复、深入讨论，让全体同学都开始具体地感受到 WTO 的奥妙：它管理的是这样一些领域，它的规则如此众多，它的裁决如此复杂。我希望大多数同学听了讨论，都会有所收获。我当然相信，这三位同学的收获更大，不论是在表达能力方面还是在法律思维方面。

但是，我留下一些时间给其他同学介绍自己准备的主题，不仅仅是要给大家提供更多信息以拓宽视野，使得这节课的内容更加饱满，而且是"言而有信"，是对这些同学劳动的尊重。如果这节课只讨论某个同学准备的主题，那么对其他同学的学习积极性会是一种挫伤。我相信这些同学的介绍，丰富了大家对 WTO 的理解。

不仅如此，听了这些同学的讨论和介绍，我还身不由己，当即决定改变下节课的讨论案例，即直接进入第四个专题"原材料案"和"稀土案"的讨论，因为在这次课堂讨论中，"GATT 第 20 条"、"环境保护"、"可用竭自然资源"、"公共健康"等概念满天飞，而这恰恰是在为这两个案件的讨论做准备啊！我们当然应该一鼓作气，将"GATT 第 20 条"进行到底！

其实，我"头脑发热"，当场决定改变课程方案中"先易后难"的顺序，还有一个原因。我发现，这个班上的同学，研究能力很强，上节课布置的任务，都讲得头头是道。那么，他们到底有多强？我想用"跳级"的方法，来测试一下他们的极限。第四个专题的两个案例，在国内 WTO 学术界引起了广泛争论，是很有挑战性的问题。如果他们能够通过这两个案例的测试，我可能会完全改变课程计划，选择更为适合他们的案例和主题。让我们拭目以待。（2014 年 10 月 13 日）

3. 案例专题一　中国原材料案和中国稀土案（一）：随机应变与不离其宗

时间：2014 年 10 月 12 日

上次课的案例讨论很热烈，"GATT 第 20 条"、"环境保护"、"可用竭自然资源"、"公共健康"等概念满天飞，于是我当场决定跳过课程方案中"循序渐进"的第二、三个专题，直接进入第四个专题"原材料案"和"稀土案"的讨论。这不仅是因为二者的相关性，而且还因为我想挑战一下这个班上的学生，看他们的能力究竟有多强。

但是当我按照惯常的课堂程序，让同学们"随便谈谈"感想的时候，我却发现，他们的阅读不够充分，难以对这两个案件的主题，即"GATT 第 20 条"和"中国加入 WTO 议定书"的复杂关系问题进行深入的讨论。于是我决定后退一步，请大家先澄清一下基本案情，并且从这些基本信息的讨论中，进入了关于"案件编号"、"原告和被告"和"第三方"这些更为"初级问题"的讨论。讨论的效果是，大家围绕"第三方"的问题，查看文本，查找资料，俨然一个律师团队，在围绕一个重要的法律和事实问题进行辩论。我坚信，这样是训练，是真正的法律训练，能够培养同学们法律理解能力。

那么，本次课程的"目标"，是哪两个案子呢？这次课所讨论的内容，不是与课程目标"离题万里"吗？

这也是课后萦绕在我脑海中的一个问题。那么，应该如何评价这次课？

课程计划中的那两个案例涉及很多重要内容，但是并不包括"第三方"等基础性知识。从知识点的角度看，的确差别很大。但是，案例讨论的目的，除了学习一些 WTO 的知识，更重要的是要训练法律思维。从这个角度看，这次课堂讨论与案例讨论的目标是一致的。这些案例不过是法律思维训练的"引子"，用一些真实的案例，引发大家的讨论。因此，看似"随机应变"，其实是"不离其宗"。

此外，我的课程计划是讨论两个案例，但是不管是由于我课程设计存在的问题还是同学们准备不够充分的问题，课堂现场上，同学们是这样的，是没有达到我"预期"的，那么我应该如何调整，迅速"削履适足"呢？此时，讨论课的优势再次得到显现：同学们的发言，使我在最短时间内了解了他们的状况，因势利导，找到最适合他们的讨论点，使得课堂从开始的略显冷清，同学们不敢举牌发言，到后来的热热闹闹，争先恐后。

当然，上次课决定"跳级"，本来是想测试一下他们是否需要再次"跳级"，甚至跳出我的课程计划之外。也许我当时没有想到，测试的结果，还有另外一些可能，是"留级"，甚至是"复读"。然而，无论是"跳级"、"留级"还是"复读"，都是针对同学们的具体情况进行的教学计划调整，目的都是因材施教，让同学们有最大的进步。我想，真正的好课堂，并非死板地执行课程计划，不管三七二十一，将所有内容一股脑灌给学生了事。这样的课堂，看似完成了课程计划，事实上是不负责任的，因为它罔顾班级之间的差异性，不顾课程计划与实际情况之间的差异性，也不知真正的教学效果如何。真正的好课堂，应该是在课程计划的基础上，根据同学们的学习状况，不断调整，向着课程计划的教学目标前进。也就是说，真正的好课堂，并非一成不变、按部就班，而是随机应变、不离其宗。就像这次课，战略性地"休整"，为下次课的"进攻"秣马厉兵。（2014 年 10 月 20 日）

4. 案例专题一 中国原材料案和中国稀土案（二）：真正的法律课

时间：2014 年 10 月 26 日

希望同学们课后的感觉与我是一样的：法律课就是应该这样上的！关于上节课延续而来的"第三方"问题，大家根据自己在课下的研究，分享了自己的观点，并且在"substantial interest"、"substantial trade interest"、"trade interest"、"economic interest"、"legal rights" 等概念"满天飞"的情况下，体会了法律社会的复杂性，看到了法律解释的必要性。带着这样的心情，带着对知识的迫切需求，大家集体研读法律解释的方法。在现实产生需求的情景下，任何人都会产生强烈的求知欲。这样的学习效果，是海绵吸水般的效果！在课堂上，大家发现了问题，并且为了解决这个问题而认真思考，积极发言，从而澄清事实，分享观点，这样的过程，是真正的思维训练，是法律课所应该去做的，而这恰恰是讨论课的优势。

当然，如此有价值的讨论，来自优质的案例资料。虽然本次课的目标，是对"这个案例说了什么"进行简单的介绍，还没有进入对案例的评论阶段，但是讨论中的问题，都是来自案例，或者是在案例的语境下进行的，并且大家不时地回到案例中的段落和语句。好的案例材料如同一片湖水，能够让游人自由地泛舟。

回到课程计划。关于这个专题，上次课解决了一些外围的知识，包括争端解决的基本程序和本案的背景。这次课讨论了主题问题，即议定书与GATT 之关系问题，介绍了专家组和上诉机构的法律推理思路，增进了同学们对案情的了解。不仅如此，这次课还"磨刀霍霍"，对条约解释问题进行了比较广泛而深入的探讨。预计经过同学们的课后研究——因为问题来自课堂，并且课堂作业明确，同学们肯定会研究法律解释理论，并且用以剖析本案专家组和上诉机构的思路——下次课对法律解释的方法会更加明确，并且在"刀光闪闪"的情况下，同学们的分析会更加有板有眼，精彩纷呈。因此，这个专题学习的脉络就逐渐清晰起来：从外围向核心挺进。仿佛吃一块精美的大蛋糕，先从边缘切起，一点点接近中间的水果、巧克力。

希望同学们课后的感觉与我是一样的：正如我在课堂上所坦言，大家将来所从事的法律实务工作，甚至并非纯粹法律的实务工作，就是像这次的课堂一样的，几个人或者一群人围绕一个真实的、复杂的法律问题，广搜资料，深入讨论。希望同学们能够同意，正如我在课堂上所坦言，经过一学期对若干复杂案件的研习，同学们的法律思维能力会得到提高。希望同学们能够发现，这才是真正的法律课。（2014 年 10 月 27 日）

5. 案例专题一　中国原材料案和中国稀土案（三）：磨刀霍霍与牛刀小试

时间：2014 年 11 月 9 日

课后，第一次来听课的一位外校博士生说：如果不知道，很难想象这是一堂本科生的课，很可能以为这是一堂硕士生，甚至博士生的课。我想，他所指的，是同学们对法律解释讨论的深度和广度。的确，同学们经过课前的准备和本次课的讨论，对法律解释的理论大致了解了。大家先是比较完整地描述了 WTO 专家组和上诉机构对"holistic"一词的理解，但是在大家似乎"达成共识"，"万事大吉"的情况下，又有同学指出，法律解释存在不同理论，从而将问题再次"复杂化"。找到或总结出一个清晰明确的解释方法，或者说，"究竟怎么解释法律"，应该是每个涉及法律解释这一法律基本技巧和方法的人，都会孜孜以求的。然而，经过查阅大量的法理学著作并且查找 WTO 案例中的总结，大家却不得其解，一句话两句话根本说不清楚。甚至还有同学发现，WTO 专家组和上诉机构还存在着"言行不一"的情况——口口声声说是"holistic"，实际上是非常倚重文本的！大家一定处于怅然若失的"恐慌"之中。也许这就是求知的最佳状态！因为大家有一种"不安全感"，也就是不知所措，不知道在将来的法律实务中，遇到当事双方对某个法律文字或合同条款（例如上节课提到的"组件"）的解释存在分歧时，应该怎么办。在这种状态下，大家自然愿意接受我提出的观点：法律解释的理论说起来简单，其实可能很复杂，特别在运用时可能会千差万别，因此我们有必要进行这方面的训练，特别是研究 WTO 案例中所出现的复杂情况下，专家组和上诉机构是如何处理的。如此全面、务实对法律解释进行研究，一定使得那位外校博士生大为惊叹吧。

我在课上公开说过，我们即将"砍的柴"、"切的果"，非同寻常，是国内学者魂牵梦萦、夜不能寐的一个问题，即中国议定书中的某个条款能否援引 GATT 第 20 条例外的问题，因此我们要想理解这个问题，甚至提出自己的批评意见，就需要把"刀"磨光，也就是要很好地理解法律解释的方法，以便用这种方法来分析专家组和上诉机构的裁决。这是多么大的挑战啊！同学们已经知道，并不存在一种简便易行的法律解释方法，现在只有《维也纳条约法公约》第 31 条的规则和 WTO 所提出的"holistic approach"，那么怎样才能"剖析"，即用批判的眼光，去看待这两个案件的裁决呢？

在第二节课的讨论中，同学们很快就隐隐约约出现了两派观点：WTO 裁决有道理，WTO 裁决很荒谬，并且都是试图用"法律解释方法"来进行论证的。当然，时间所限，理解所限，他们的讨论还是初步的。相信他们在课后会更加认真地阅读我所提供的案例材料，并且查找相关的学术文章，因此下一节课的讨论会更加"有形"。本次课有三项作业，其中一项就是让大家认真阅读裁决，提出分析意见。上次课最后，我也说了同样的话，似乎布置了同样的作业，但是我相信，在大家上次课对法律解释了解不多的情况下"认真阅读裁决，提出分析意见"，与大家在本次课认真、全面地研究了法律解释的理论与方法，并且对裁决已经初步形成两派观点的情况下"认真阅读裁决，提出分析意见"，其效果是迥然不同的，因为后者有理论支撑，并且针对性更强。

除了"磨刀霍霍"和"牛刀小试"这两个主题之外，本次课还有两个地方值得一提。第一是关于另外两项作业。作业一是请大家了解中国议定书及其附件的形成过程。研究议定书与 GATT 之间的关系，当然需要知道议定书是怎么来的。正如一位同学课上所说，议定书谈判时，第 11 条第 3 款写成这样，"中国是怎么想的"？其实，我给大家布置这个作业，还是"以案例讨论带动知识学习"的一个例子。相信在这种情况下，同学们对议定书的来历和性质的学习，是十分有效的，因为这是来自课堂讨论的实际需求。

作业二是请大家对照另外一个案例。这样布置作业，不仅如我课上所说，是案例研究所必需（因为本次课的两个案例中已经提到，那个案例中说中国有权援引；一个说有权，一个说无权，我们需要搞清楚是怎么回事），而且是给大家的学习和讨论"开一扇窗"，进一点"新鲜空气"，因为这个专题已经进行了三次课，尽管大家的讨论还比较初步，并且以案例为背景讨论出了大量的知识和思路，但是这时候可能需要引入新的案例，以免大家觉得疲劳和枯燥。当然，由于距下次课只有一天半时间，我对这个新案例的期待并不高，只要能够提供一种基本的参照就够了。对这个案例的深入研究，是下次课的课后作业。

另外值得一提的地方是课堂讨论的"纠错"功能。在同学们的发言中，"起草者的理解应该优先考虑"、"第20条主要是对第3条的例外"、"WTO因为共识少才需要查字典"、"法官先入为主"等似是而非，甚至"错误"的观点都暴露出来，及时地澄清和纠正是十分必要的。

其实，讨论课千变万化，精彩纷呈，以上的总结只是记录了一些主要的内容，还有很多可圈可点之处，也许需要身临其境才能有所感受。例如，当有同学说"关于法理学中关于法律解释的理论，我本来以为是共识，但是课后我查了很多书看了很多文章，越看越糊涂了"；当有同学说"如果没有上这门课，我是不会想到查字典的"，我都心中一喜：这恰恰是我希望看到的课堂效果啊！（2014年11月10日）

6. 案例专题一　中国原材料案和中国稀土案（四）：条分缕析

时间：2014年11月12日

从专业和课程目标的角度看，经过本次课的讨论，这个专题的两个案例可以告一段落了。虽然大家对专家组和上诉机构裁决的"对错"并没有达成共识——达成共识并非我的课程目标，何况对于本专题中这个复杂的法律问题，学界也有广泛争议，但是大家使用条约解释方法，对裁决进行了深入的剖析。他们紧握《维也纳条约法公约》这把"刀"，分析裁决的思路和论证，甚至揪住不放裁决中的一字一词。不仅如此，他们有时候发现，"刀把子"有点滑，他们需要停下来，擦擦"刀把子"上的水，擦擦手上的汗，然后继续实施"手术"——争着争着，大家对公约第31条第1款的理解也发生了分歧和怀疑，需要再次回到该款的英语语法，以便理解该款的准确含义。为此，有同学还专门查找了该公约的权威评述以印证自己的理解！下课了，一位同学痛苦地说：对于最后一个问题，那两个同学的发言并没有交锋。我微笑着鼓励他：那你们三个人共进午餐，继续交锋啊！他们三人果真兴冲冲地一起去食堂吃饭了。看着他们的背影，我心中那个高兴啊：课堂讨论已经如此深入了，但是仍然有同学意犹未尽，课后还要继续讨论，并且我相信，本次课纷繁复杂的信息和思考，例如"如果违反 GATT 第1条，那么能否援引第20条例外"这么尖锐的问题，一定会激发更多同学"不服输"的学习热情，在课后进行更多的阅读、思考和辩论，甚至写出有分量的课程作业（这在我以前的教学中屡见不鲜）。我的课程目标，即通过案例研讨训练法律思维和激发学习兴趣，已经充分实现了。

课程目标的另外一个方面，即通过案例研讨带动知识学习，也得到了充分体现。例如，对《维也纳条约法公约》的学习，恐怕没有任何一种方式会有这门课的效果好，因为大家是在"用中学"，（learning by doing），用这种方法分析复杂的法律问题。这仿佛是反反复复地磨刀，刀越磨越光。我坚信，经过这样的训练，关于这个知识点，他们不仅永远不会忘记，而且能够随时随地熟练地运用。再如关于议定书和报告书这个知识点。作为上次课的作业，两位同学不仅澄清了其性质，即所谓的"单边"还是"多边"，而且查清了一个国家加入 WTO 的程序。随后，他们还能够依据自己的理解，随时纠正其他同学对议定书和报告书二者关系的错误看法，仿佛关于这个知识点，已经成为他们俩的"一亩三分地"！然而，来自另外两个同学的挑战，即报告书属于《维也纳条约法公约》第31条所指的"上下文"还是第32条所指的"准备性资料"，却让他们俩乱了阵脚！我也相信，他们俩一定会在课后再次研究报告书，并且对照公约那两个条款的措辞冥思苦想的。

是的，这个专题两个案例的讨论，经过"以退为进"的争端程序和案件背景学习，"磨刀霍霍"的条约解释方法学习，以及本次课的深入剖析，就可以告一段落了，虽然这两个案例中还有很多值得讨论的内容，例如"稀土案"关于议定书和WTO协定之间关系的理论分歧，以及"遵循先例"原则在WTO中的运用，等等。（想起一位老师旁听了"知识产权案"一次课堂讨论之后，认为那个案件所牵扯出的法律推理问题，值得用一个学期进行讨论。）在上次课的总评中，我提到了"开一扇窗"，进一点"新鲜空气"，以免大家觉得疲劳和枯燥。其实，一门课的容量是有限的，能够覆盖一些重要的知识点，并且训练法律思维和激发学习兴趣，让他们学会分析的学习和分析的方法，即"游泳术"、"捕鱼术"和"点金术"，他们自然会在知识的海洋里"畅然遨游"、"自食其力"、"点石成金"。本次课的最后，同学们对新案例的简单介绍，已经让我产生了信心，因为他们似乎以十分轻松的口气在描述新案例的上诉机构裁决思路，尽管经过讨论，他们会发现，事情并非如此简单。现在想来，第二次课决定"跳级"，其实是有点冒险的，因为这不符合"循序渐进"的规律。如果按照课程计划，先讨论相对简单的"知识产权案"，可能就不会让极端复杂的"原材料案"和"稀土案"的讨论承担过多的基础工作，例如争端程序是什么和如何介绍一个案例等。当然，经过这番磨炼，特别是对条约解释方法的把握——简单的案件恐怕不能将"刀"磨得这么亮，同学们对随后案例的学习和讨论，可能就会轻松许多，他们介绍新案例的轻松口气就说明了这一点。（2014年11月12日）

7. 案例专题二　中国出版物和音像制品案（一）：精彩的案例及其他

时间：2014年11月16日

当同学们的讨论进入到"用中国出版物和音像制品案"中上诉机构的思路分析"中国原材料案和中国稀土案"中的问题，看能否将GATT第20条和议定书第11条第3款之间的"桥"搭建，以及相反，即用后两个案例中上诉机构的思路分析前一个案例中的问题，看能否将GATT第20条和议定书第5条第1款之间的"桥"拆除，我禁不住当堂表达了我的心声：古今中外都找不到这样精彩的案例，法律解释那么细致，法律推理那么充分，为我们学习法律提供了绝好的教材！其实，我还有一点心声没有当堂表达：这些案例都是与中国有关的，这就更加珍贵了。毋庸置疑，同学们如此"纠结"，在课堂上激烈辩论，在课堂外辛苦阅读，主要原因是这些案例很精彩，又是中国案例。当然，以上三个案例还有一个特殊性：相同的上诉机构成员，对于几乎相同的问题，即 GATT 第 20 条与议定书之间的关系问题，却得出了截然相反的答案。这更加激发了同学们的学习热情。事实上，谁遇到了这样的问题，不会好奇心大增呢？而好奇心恰恰是学习的无穷动力啊！

此外，回想起来，这几次课，颇有点"小说情节"呢！大家苦苦学习条约解释方法，在自我感觉"柳暗花明"，基本上已经清楚了这种方法之际，却发现在第一组案例的运用中，情况比想象要复杂许多，大家对专家组和上诉机构的分析思路存在分歧。经过纠缠不休的讨论，当大家觉得可以暂时搁置一边，稍微喘口气的时候，却发现第二个案例已经横亘在面前，无法回避，"无处可逃"。于是，大家只有"从头做起"，再次研读《维也纳条约法公约》的条文，寻找"建桥"和"拆桥"的思路。一波三折，跌宕起伏，引人入胜，欲罢不能。

然而，我发现热烈讨论主要是在几位同学之间进行的，还有一半以上同学默不作声，并且经过提问，我发现这些沉默的同学多半没有认真阅读案例资料。那么，应该如何看待这个问题？

首先，我觉得这是一个生动的课堂。在我主持之下几位同学轮番发言，其思路之开阔，信息之广泛，气氛之活跃，是我一个人讲授所不可同日而语的。从我一个人讲，到好几个人一起讲，这是多么大的进步啊。

其次，课前准备充分和课堂发言积极的同学当然收获很大。在轻松愉快的气氛中，观点的碰撞，信息的交流，能够迅速提高思维水平，并且营造学习动力。另外一些同学，他们由于种种原因，例如能力不足或努力不够，准备不充分，课堂不发言，但是听听自己同学的发言，应该也会有收获。例如，在本次课上，有人介绍了上诉机构的分析思路，有人介绍了"有效解释"的法律解释方法，大家就《维也纳条约法公约》第 31 条第 1 款的含义进行了讨论，并且这些介绍和讨论都是基于理解案例的实际需要而产生的，他们听了，也能学到不少知识。有一位同学就曾对我说：听大家说也挺好的。

再次，我希望同学们之间的讨论，以及问题的一步步明晰化，能够激发不发言同学的学习积极性。例如，经过本次课的讨论和提问，这些同学能够意识到，应该认真阅读案例才能有更大收获。不仅如此，同学们的讨论，应该有助于他们理解本专题案例的要点。也就是说，课堂讨论，给他们提供了良好的学习条件。当然，学习进步，最终要通过个人努力才能实现。（2014年11月17日）

8. 案例专题二　中国出版物和音像制品案（二）：学习与进步

时间：2014 年 11 月 23 日

本次课上，有三位同学走上讲台，在黑板上写写画画，给大家讲解上诉机构裁决的思路以及自己的评论，手中拿着的案例材料上用荧光笔画得密密麻麻、花花绿绿。第一位同学在详细解释后，结论是上诉机构没有说清楚，但他在上次课上却是逐字逐句给大家讲解上诉机构裁决段落的，并且认为上诉机构的思路说得很清楚，还为此与其他同学展开了辩论。不仅如此，在上次课的前一次课上，当我问大家，上诉机构的裁决有没有问题的时候，他非常肯定地回答：没问题。他显然意识到了自己的"反复无常"，因此本次课上略带歉意地说：对不起，我总是变来变去。他还说，自己的立场变化，是因为课后仔细读了裁决，并且试图将这个裁决的思路用于解决"原材料案"和"稀土案"问题的时候，发现上诉机构的裁决并不清楚。

第二位同学在课程后半段，听了大家的发言和讨论后，表示同意第一位同学的理解。也就是说，她发现自己板书讲解的思路有误，并且原先的困惑也迎刃而解。第三位同学在参与了一系列的讨论后总结说：不管上诉机构是怎么说的，他们想说明的问题就是……

在此过程中，我看到了同学们学习和进步的证据。他们课前认真阅读，课堂积极讨论，从自以为清楚到开始怀疑，从一种观点到另一种观点，从表达模糊到表达清晰。这不就是学习和进步的过程吗？我分明听到了竹节生长那吱吱呀呀的声响！

我情不自禁融入其中，也上台板书，画了一座技巧令我汗颜的桥，用以总结大家发言的要点。不仅如此，我还即兴提问：为什么这个案例让我们争论不休？随后，我自问自答地总结了四点：一是我们的英语水平和理解能力不够？二是上诉机构没有说清楚？三是这个问题很难说清楚？四是我希望这样的现场发言，能够进一步拓展大家的思路。我还再一次声明：这三个案例，给我们提供了难得的学习资料。精彩的案例，仿佛发动机，是学习的动力。

还有，我感到高兴的是，上次课没有发言，并且承认没有认真阅读材料的两位同学，本次课已经能够清楚地解释上诉机构的思路，并且参与大家的讨论。我发现，她们桌上的案例材料，用荧光笔画得密密麻麻、花花绿绿。（2014 年 11 月 24 日）

9. 案例专题三　中国知识产权案（一）

时间：2014 年 11 月 30 日

主持人：叶简剑

在大家的笑声中，一位同学站起来主持讨论。我坐下来，那一刻，我内心十分满足。

第一，那么多的桌牌竖在桌上，包括几位平常不太发言的同学。有两位同学从来没有发言过，而我上次课后专门给她们写了邮件查问原因。她们没有答复我，却用实际行动表达了自己的态度：愿意努力。另外两位同学，课程开始的时候很积极，但是后来比较沉默。我给她们写过邮件，一位同学承认努力不够。但是最近几次课上，她们经常发言了。

这些平常不太发言的同学开口讲话了，这说明她们开始更多地参与了课堂学习，原因有我的督促，有她们的决心，可能也有案例的调整——这个案例相对简单一些。另外，她们的发言，也让我看到了她们的状况，即她们对案情的了解，她们的思路，以及她们的表达能力。客观地说，听她们讲话，我是需要格外集中注意力的，因为我对她们不太熟悉。与此同时，我也感到鼓励她们更多参与课堂讨论的必要性，因为只有经常进行观点碰撞，才能锻炼学习和表达能力。也就是说，一个人的能力是锻炼出来的，而我们的课堂就是一个绝好的锻炼机会。

当然，我也感受到了小班教学的重要性。如果是大班，由于时间所限，我不可能顾及每一位同学的情况，并且给每一位同学提供机会。

第二，主持人不慌不忙，有条有理。他当然是前几次课上表现最为突出的同学之一。他已经成为课堂发言的几个主要人物之一。他的基本素质水平和课前努力程度，使得他在课堂讨论中脱颖而出。相信他也是这门课的最大受益者之一。

我并没有事先与他商量主持的事情，而是在前半节课结束时，看到那么多同学举牌发言，我突发奇想，心血来潮的决定而已。他落落大方，有板有眼地主持起来。他似乎很老练，能够很好把握讨论课上关键的"放"与"收"的关系。他既能平等、谦和地对待大家，给每一位同学发言的机会，又能抓住几个关键问题，穷追不舍，使得讨论不至于过散。我还欣喜地发现，连让同学们举手表达立场和让发言者停下来指明段落这样的小技巧，他都能够灵活运用。如果说他主持的讨论与我有什么区别，那就是同学们的参与热情更高，课堂气氛更好。这是可以理解的：他主持讨论，大家更放松，甚至可以对他发起挑战！

于是，自然而然地，我在课程最后发出邀请：如果谁愿意主持下一次讨论，可以向我报名！事实上，在写这篇总评的时候，我想：不仅是下一次；如果他们表现好，随后的讨论就可以由他们轮流主持的。这是多么好的学习和锻炼啊！再进一步，如果他们能够自己组织讨论，连老师都可以不在场碍事绊脚的！这样的一学期课程，就变成了这样的程序：第一阶段：老师主持前几次课的讨论，给同学们示范讨论课的情形；第二阶段：同学们轮流主持讨论，老师在场，必要时提供帮助；第三阶段：最后几次课，同学们自己组织讨论，老师不在场。不知道这样的一学期课程，会有怎样的效果?！

我坐在课堂上，听着同学们讨论，心中有一种温暖的感觉。我觉得，我们是一个大家庭，每周聚会一次，讨论一些"高大上"的问题。这个"大家庭"的成员，"高低胖瘦"、"活泼沉默"，各不相同，但是我了解他们，在看着他们成长、进步。

10. 案例专题三　中国知识产权案（二）

时间：2014 年 12 月 7 日

主持人：叶简剑

上次课主持讨论的那位同学，课后给我来邮件："非常感谢您今天上课给我机会让我主持课堂讨论。非常意外，但也收获很多。现在回想起来，觉得自己倾听他人观点并进行归纳的能力还是非常欠缺，对讨论主线的把握也不一定准确，没有很好地完成组织讨论的任务，还请您见谅。如果有机会，下周还是希望可以帮您组织课堂讨论。"

于是，本次课就由他主持了。

与上次课相比，他更加熟练地主持着。下课时，我总结了 13 个方面，对本次讨论的信息量给予了充分的肯定。正如我在课堂上所说：这样的多种视角，这样的深度和广度，是任何一个人自学或者老师一个人讲解都不可能实现的，而这恰恰是讨论课的核心价值所在。从这个角度看，他的主持获得了极大的成功。

不知道同学们有什么特殊收获。此处想谈谈我自己的特殊收获。

对于我来说，这是一次奇妙的体验。

别人主持讨论，我听，使得我能够更加冷静、全面地总结课堂讨论的成果——过去我主持讨论，是没有时间全面思考，总结出 13 个方面的。

学生用我的方法主持讨论，使我能够从旁观者的角度审视这种方法的特点——什么地方用得好，什么地方用得不好，这种方法的问题是什么，等等。

坐在课堂上，渐渐地，随着讨论的扩展和深入，我忘记了我作为"监工"的角色，而是情不自禁参与其中，甚至竖起了发言的牌子！我的发言，只是发表我自己的观点，而不是以教师的身份"启发"学生。

真的很奇妙啊！如果都是这样，我就能更好地总结课堂讨论成果，更好地审视这种方法，更好地体验讨论课的魅力——从心理学的角度好好分析一下，我是如何"情不自禁"有话要说的！

从同学们的角度看，也会有更多机会锻炼自己，就如这次课的主持人所说，锻炼"倾听"、"归纳"和"组织"的能力。还有，同学们也有更多机会听到我的观点——这一点已经被一位同学发现了：我作为参与者，会发表自己的观点，而作为主持人，总是不说自己的观点。当然，我要有自知之明，表达尽量清晰严谨，不要像这次课那样，需要两次"加塞"才能将自己的观点表达完整，并且尽管如此，却受到了同学们的"群起而攻之"！

从站着俯视学生的老师变成坐着仰视主持人的学生，并且积极思考、踊跃发言，这会是怎样一种感觉？一个学生是主持人，而老师只是一个普通参与者，这会是怎样一种课堂？也许只有专业的教育学家，例如这次莅临课堂的北京师范大学教育学部张莉莉教授才能进行准确而理论的总结和提炼。（2014 年 12 月 8 日）

11. 案例专题四　中国电子支付服务案（一）

时间：2014 年 12 月 14 日

主持人：李若愚

（1）"学霸"的心声

这次课上，我是一个"学霸"：我频繁地举牌发言，频繁地上台板书。我陈述自己对专家组裁决的看法，我也对其他同学的陈述发表自己的意见。

作为一个"学生"，我觉得这节课我有很多收获。

首先，是加深了对本案例的理解。由于有同学提出对专家组"ordinary meaning"部分解释的质疑，我发现了专家组此处所使用的"dictionary-specialized glossaries-industry sources"三步骤法。这种方法是本学期案例中第一次使用，并且与以前一次课中提到的仲裁案件中的"组件"一词的纠纷相呼应——大家在讨论那个仲裁案件时，也提出了用普通词典还是用专业词典的问题。从这个三步骤法出发，我穷追不舍，就三步骤的顺序和如果冲突怎么办等问题发表了自己的意见，在此过程中，自己对这个问题的复杂性的理解也更加完善。对这个问题的思考和讨论，丰富了我对"ordinary meaning"解释方法的认识。

其次是学会耐心倾听。在本次课上，虽然我主要是沿着以上主线思考"这个问题"，但是课堂是大家的，主持人也不可能只让我一个人说话。因此，当我对"这个问题"有了新的想法，我竖起牌子，但是我经常需要等待主持人给我发言机会。此刻的心理过程比较复杂。一方面是急于发表自己对"这个问题"的进一步观点，另一方面不得不听其他同学说其他问题。开始的时候比较着急，但是渐渐地心态平和下来，能够安静地听别人发言。奇妙的是，随着时间的推移和别人发言的进展，自己对"这个问题"的思考也更加冷静和成熟，等到自己站起来发言的时候，不仅能够就其他问题谈谈看法，而且能够对"这个问题"的表达更为清晰简洁。

再次是还有更多的收获。例如，我第一次发言就出错了，感谢主持人指出我的错误理解——我发言说"preceding section"是指遥远的"C"，但是正确的理解显然是紧邻的"Dictionaries and glossaries"部分。再如，在课间讨论时，两位同学谈了他们的看法，使得我对"这个问题"的思考进了一步。

（2）"老师"的心声

我将"老师"打了引号。在这次课上，我还是老师吗？我觉得我是一个名副其实的学生。自2009年开始鼓吹"讨论式教学法"以来，我自己从来没有作为学生参加过讨论式课堂。现在，从学生角度看，讨论课感觉真的很好啊！我的思维能够得到锻炼，就我关心的某个问题的理解能够得到深入和完善。我还能从其他同学的发言中得到更多的知识和思路。此外，我发表自己的看法，评论别人的看法，成为一个"学霸"，很有成就感！因此，这次课是给我补了一次学生时代的欠缺——我是从来没有上过这样的课，让我有这种成就感的。

关于课堂效果，以下摘录阶段我与主持人（李若愚）的来往邮件说明之。

第一天

主持人：明天WTO法课程我们讨论电子支付案，我读了panel

258

report 中您要求我们读的那部分、您的文章《详解——中国电子支付服务案专家组裁决的思路》以及 WTO 官方网站上的 one page case summary。我打算今天有空再查一些资料（什么是电子支付、什么是银联、GATS 的内容、中国 GATS Schedule 的大体内容和结构）、进一步阅读一些材料（本案报告的其他部分）。

我的感觉是：这个案子本身专业性特别强，金融服务领域的词很多，您写的文章虽然是中文的，但我读下来，相当一部分内容还是无法理解。然而您节选的这一段（有关中国承诺是否包括电子支付服务），读起来相对容易，因为它思路非常清晰、逻辑性强，而且 panel 会时不时地总结一下已经得出的结论，一步一步地论证非常"规整"，按照 ordinary meaning—context—object and purpose 的顺序，其中 context 是重点，且 context 中对于每个 context 也是从 ordinary meaning 出发，规规矩矩地论证。

然而我比较担心课堂上没有什么可讨论的——因为感觉这个部分专家组说理非常清楚，除了请同学们梳理专家组的思路，我们还能讨论什么吗？我个人没有看出这部分有像我们之前讨论的案子中存在的明显的争议点。或者说，也许争议点是有的，可是以我们目前的专业知识水平，看不出专家组的疏漏/缺陷——因为涉及电子支付、金融这个专业性很强的领域。

这是我最大的担心。希望今天可以跟您交流。

我：你就大胆主持，需要时我会介入。

第二天

主持人：谢谢杨老师给学生机会做课堂讨论的主持。回顾这节课的讨论，我感觉之前自己的担心其实是没有必要的。虽然一开始确实有比较长时间的冷场，有发言意愿的同学不多。不过之后大家逐渐找到了一个焦点（如何解释文本的 ordinary meaning），进行越来越深入的讨论。

我比较满意的地方是，整节课的思路比较清晰，我在课堂中和结尾尝试作了总结。大家在说的时候我也是尽量地仔细听，尝试把握每个人的观点、他/她与其他人观点的相同不同之处，以及前后发言之间的逻辑关系，总结可讨论的问题，我觉得这个过程非常受益。另外，我其实也参与了讨论。之前老师与简剑的邮件中说主持人应该尽量引导大家畅所欲言，不把个人的观点强加给讨论参与者，不过我觉得主持人也不妨参与讨论，推动讨论的进程、clarify讨论的问题，做一些回应。

我不满意的地方是，这节课讨论的面比较窄，一开始提出的问题不够多，大家似乎对于案件还不够熟悉。其实涉案措施、美国的主要主张、panel判决的结论这些最基本的东西是很简单的，很遗憾这节课没有人梳理这些问题。

希望下节课我们的讨论可以更深入、更充分。

我：今天主持很成功，有清晰的主线，有丰富的信息。美中不足的是，没有人介绍案件的整体情况，而这些内容似乎是必须有所涉及的。在这种情况下，可以考虑请一位你熟悉的同学站起来介绍，然后问大家是否有补充或更正。时间不一定花费很多。

当然，讨论课的特点是并非面面俱到，在有限的时间里，是不太可能就所有的"重要问题"进行讨论的。我的理解是，只要能就一些问题进行深入的讨论，使得大家有所收获，这就是好的讨论课。讨论课主要是训练大家的法律思维，相比之下知识点是次要的，何况知识是无穷无尽的。

期待着你下次课的精彩表现。但是主持人参与讨论一定要慎重，不能起到抑制大家发言的效果，也不能变成主持人一个人与几个人的辩论。主持人的主要工作，是引导大家的讨论和参与，自己的观点都悄无声息地隐藏在引导之中。最后要注意的是，下节课开始，仍然要用开放式的提问开始，就是"上次课留下了几个作业，谁愿意说说？""作业之外的内容，有什么心得也可以说说"等。在大家的发言中，寻找讨论的主题。这个主题可以是那四个作业，也可以是你现场发现的，你认为有价值的内容。后者就是"生成"理论，即讨论的主题是大家讨论中所出现的，而不是主持人预设的。

另外，我也想听听你的感想：我作为"学霸"，不断举牌发言，你有何感想。

附件是一部书稿，请用邮件群发给大家，提醒大家阅读其中关于本案的七篇文章。

此外，前一位主持人（叶简剑）也在邮件中发表了评论：

优点：①课前准备很充分，也提前给大家发了阅读材料，我读了一些，感觉对于理解本案的背景还是很有帮助的。②主持很有风度，低调沉稳，节奏把握得很好，给了同学们充分的发言机会。③总结得很好，为下节课的讨论做好了铺垫，这点是我需要好好学习的，上回自己主持课堂就感觉对整体内容的记录和把握略缺条理。

可以改进的：①开场有些冷场。我觉得这是因为 WTO 的案子内容比较庞杂，若非课前早有深思熟虑，恐怕同学们都不会主动起来发言。所以建议采取直接依次点名发言的方式，第一轮发言也不用限定大家的范围，循序渐进，让大家慢慢热身起来以后再抓一些问题进行分析。②开场时候建议找一个或几个同学把案情介绍一下（系争措施、双方观点和专家组观点），可以起到暖场的作用。

作为"老师"，我是欣喜的。主持人自然会有特别的收获——他或她作为"学霸"，这是一种更高的挑战和提升吧。同学们应该也会有别样的感受。例如，大家发言时会更加放松；可能会想自己能否主持一次讨论这样的问题；"老师"作为学生是这样的课堂表现，可能对大家也有所启发，等等。我尤为欣喜的是，同学们能够像模像样地主持讨论了。这次课的主持人比我还做了更加主动的工作——课前，她给全部同学群发了邮件："我是杨老师 WTO 法课程的学生李若愚，明天我们讨论 China-Electronic Payment Service，上周课后我报名这次讨论课的主持，所以明天将主要由我主持讨论。欢迎各位明天来参加讨论、提出疑问、交流感想！我找到一些补充资料，发给各位，建议大家下载，明天课上可能会用到 GATS 条文与中国的承诺表。分别是：GATS 文本、一份有关 GATS 的介绍、关于'how to read GATS schedule'的 guide（WTO 网站上找到的）、中国承诺表、与本案相关的文章。"当然,前后两位同学就主持讨论的方法进行的交流,也对我有所启发。

既然有这么多好处,那么"老师"干吗不让同学主持,自己乐于当一个"学霸"呢?对了,与当主持人相比,当"学霸"还有一个好处:不用操心讨论的主线和信息量等"顾全大局"的问题,而是可以一门心思只考虑自己所关心的某个问题,"一根筋"地与人辩论!当"学生"的心态其实比当"老师"要轻松很多。(2014 年 12 月 15 日)

12. 案例专题四　中国电子支付服务案(二):学习的过程

时间:2014 年 12 月 21 日

主持人:李若愚

这次课仍然由一位同学主持。除了偶尔会考虑一下她的主持技巧外,我已经全身心地投入到了"学习"之中。

在倾听别人的发言时,我努力理解他们的思路,我发现了阅读材料中"新"的信息,因此我对案件的理解开始加深和多样化。在我与别人就某个问题争论不休时,一位"旁观者"及时点拨,我有恍然大悟、豁然开朗的感觉。

与此同时,在总结上次课的一个讨论要点时,我陈述了自己的理解和所受到的启发,我相信这对其他同学是有帮助的。在别的同学发言后,我及时发表我的看法,我相信这起到了及时纠正和澄清的作用。

我觉得这就是典型的"同伴学习",也就是同学与同学之间的相互学习。面对同一份案例,大家的理解四面八方、高低错落。参与这样的讨论,我感到了明显的进步,我相信其他同学的感觉也一样。我还深刻地感受到了课堂上所引用的哈佛大学物理学教授的话:没有经过辩论的知识并非真知识——那么多的自以为是,那么多的想当然尔,都在讨论中"原形毕露"。

不仅如此,我还发现了课堂学习的一个特点。当我问一位同学为什么他总是从"financial service"的角度理解本案中"all payment and money transmission services"问题的时候,主持人替他回答了问题,指出这是来自 GATS

金融服务协议。我查看这个协议，果然如此，而且裁决报告第 7. 106 段已经明确说明了这一点。如果说阅读中我忽视了这个段落情有可原，可是那位同学在课堂上已经多次援引过那个协议，我为什么充耳不闻，反而会问这种初级问题呢？现在想来，可能是我一味关注我自己感兴趣的问题，例如"ordinary meaning"，别的同学说的很多话，我都没有听进去。以此观之，我岂不是错过了很多有价值的内容？也许这就是学习的一个特点吧：在一个时间段，人的注意力只能集中于一个或几个方面，而不可能同时兼顾所有方面。也就是说，在讨论式课堂上，看似繁花似锦，但是一个人只能摘取一两朵而已。当然，百花齐放毕竟是好事，有所收获就行。

事实上，在课堂总结发言时，说到案例的特点，我也表达了类似的想法：如果说这个案例是一棵大榕树，那么我们的课堂讨论只触及了其一枝一条；案例的内容是极其丰富的，但是课堂时间是有限的，因此希望讨论能够深入剖析几个问题，训练某种思维方式，并且实现在有限的时间内引发无限思考和兴趣之效果。（2014 年 12 月 22 日）

13. 案例专题五　美国反倾销和反补贴案（DS 379）和"美国反补贴和反倾销案"（DS 449）（一）

时间：2014 年 12 月 28 日
主持人：周一帆

这次课是第三位同学主持。上课伊始，她让大家"随便说说"、"看多少就说多少"，话音未落，已经有三个同学的牌子竖了起来。随后，他们就案件的一些关键问题发表了看法，并且进行了初步讨论。此时此刻，我还在东翻翻西看看，没有进入状态呢！

他们真的很了不起，对这么复杂、专业的问题，能够很快抓住关键点，并且对专家组和上诉机构的分析提出质疑。一时，我都觉得有点跟不上了！

他们"当仁不让"，慷慨陈词，根本不把我这个老师放在眼里！也许，他们觉得，这是他们自己的课堂，这个老师不过是其中一个普通的"学生"

而已，并且虽然这个学生也爱发言，但"他"最多是个"二流学霸"而已！

他们没有看低我，因为当我终于等到了发言的机会，"有根有据"地发表自己对他们正在争论的一个问题的看法时，其中一个同学指出：我们讨论的是 Article 15 of the Tokyo Round Subsidies Code，而不是 VI. 5 of the GATT 1994！我一看，果然如此，是我看错了段落！"驴唇不对马嘴"的发言。

当然，他们发言多了，也被我看出了很多"破绽"，我及时指出来，及时支持某人、反对某人，大家共同搭建知识和思维的框架。经过两个多小时的激烈讨论，这个案件的脉络基本成型了，就像近春园正在修建的亭子，柱子、坡顶、椽子、斗拱等都有了。相信经过下次课的讨论，这个"亭子"的刷漆、彩画和石桌石凳也会齐全了。

我注意到，这次课上，除了主持人和我，有六位同学轮番发言，还有不少同学没有发言。一些人在倾听，面前的案例材料上用荧光笔涂得花花绿绿。另外一些人，有时候在倾听，有时候在看手机，有时候在忙于笔记本电脑上的事情。到了讨论的后期，有更多人举手要求发言而没有得到机会。我再一次相信，由于种种原因，他们的课前阅读不如这六名发言积极的同学，但是他们多多少少都在听，多多少少都在了解这个案件。换句话说，如果他们没有来上课，是不可能在这么短时间内了解这个案件的大体情况的，更不可能知道很多人对这个案件有质疑和争论。我想，每个周日的上午，他们大清早起来，自觉自愿地来到这个不点名、不考勤的课堂，一定"有利可图"。俗话说得好："无利不起早！"

主持人把握得很好，能够鼓励大家发言，使得课堂气氛活跃，以至于有两三个同学打起了"群架"——他们轮番在黑板上写写画画，并且无视主持人的存在，自行起立发言，吵作一团！主持人还能够抓住主线，及时总结，使得讨论虚实兼顾、内容丰富。事实上，我还发现，这样的课堂效果，还有一个特别的原因，就是"哥们义气"——主持人话音未落就竖牌的那三个同学，都是前几天在食堂与我共进午餐的同学。我是想让他们交流一下主持经验，但是他们当场就拍胸脯对这次课的主持人表示，不用担心没人发言！这三个同学中，有两个就是前几次课的主持人。担任过主持人的都知道，最怕的就是大家都不说话——第二位主持人曾经在大家都默不作声的时候笑着说：不要这么不给面子嘛！因此，作为小伙伴和"过来人"，当然要挺身而出。而另外一个同学，本来就是"学霸"，在午餐聚会的气氛下，当然要表示，会在课堂上有更好的表现了。

想通了这一点，我对自己沦为"二流学霸"，以及在我主持的课堂上他们都没有这么活跃，也就释然了！只要大家能够把学习搞好，我又何乐而不为呢？何况，我自己还有这么多收获呢？我通过换位思考，了解了作为课堂讨论参与者的心理，看到了主持方法可以改进之处。不仅如此，在这次课上，我还发现了"非线性回归"这一学习规律，即由于讨论的存在，某一关键的知识点会被多次、不同角度地提及，使得学习者对这个知识点的理解更加完整和准确。例如，在这次课上，对于"反倾销"这个核心概念，就有同学从什么是反倾销、与反补贴相比的反倾销、WTO 协议中的反倾销、美国的反倾销、导致"双重救济"的反倾销、针对"非市场经济"的反倾销等方面发表自己的看法，使得"反倾销"的概念在大家的心目中渐渐立体起来。这样的学习，与自己从头至尾看一遍教科书，或者听老师按部就班讲一遍"反倾销"的概念、特征、运用等内容，效果大为不同。最为有效的学习，是带着问题的学习，并且在形式上是"不规律"的学习，而讨论课就以其"众说纷纭"、"形散神聚"等优势，生成了问题，营造了有效、真实的学习场景。（2014 年 12 月 29 日）

14. 案例专题五　美国反倾销和反补贴案（DS 379）和"美国反补贴和反倾销案"（DS 449）（二）

时间：2015 年 1 月 4 日

主持人：陈佩珊

当主持人同学以开放性的问题开始，问大家"有什么感想"、"有什么心得"的时候，一位同学站起来总结上次课最后讨论的那个逻辑问题，而上次课与他上台辩论的同学再次上台发表自己的观点。这是两次课之间的"无缝对接"，仿佛上次课并没有结束一样，自然延伸到了这次课。当然，时过境迁，这两位同学的表达更为清晰了。这时，一位本科学逻辑学、上次课数次举手都没有机会发言的同学走上讲台，给大家介绍了简单的逻辑学知识，使得大家豁然开朗。随后，大家又自然进入了本案几个"主要问题"的讨论。

然而，当主持人引导大家进入其中一个"主要问题"的讨论时，我却提出了一个"次要问题"，一个大家的讨论所没有涉及的新问题。我说，我注意到被诉方美国提出了自己的反倾销特殊征税制度作为抗辩，认为WTO相关条款是对"levy"规定了义务，而美国宣布征税时，并没有真正地"levy"，因此该条款不应该适用，但是我没有看到专家组和上诉机构是如何处理这一抗辩的。我还强调说，我这在寻找专家组和上诉机构报告中是否有相应处理的段落。

我提出这个问题，是因为大家当时的讨论情景使我突然想起了这个"次要问题"，但是我确实是一时找不到相应的处理段落了。这些案例材料是我精选给大家的，这些案件是我曾经参与办理的，并且经过了上次课的讨论，怎么会出现连"老师"自己都不清楚的情况呢？然而，这一切却真实地发生了。也许在多达八十页的英文材料中，我太关注"主要问题"，而忽视了"次要问题"，但是讨论的情景却让我觉得这个问题对于大家完整理解这个案件非常重要，我不得不提出来，尽管我只有迷迷糊糊的印象。主持人同学一定对这些材料下过工夫，因为大家都知道，作为主持人，对案件的熟悉程度要超过一般同学。但是主持人显然感到意外，不知所措，因为她让我重复一遍自己的问题。其他同学显然也感到突然，因为大家都在忙着翻阅资料。

但是很快，一位同学就站起来发表意见，指出了本案专家组中的相关段落，以及下一个案例中的专家组更为详细的处理意见。随后，大家就这个问题进行了比较广泛的讨论，不仅得出了一些初步的结论，而且产生了一些新的疑问。围绕这个"次要问题"的讨论，甚至影响了一个"主要问题"的讨论，但是这个"次要问题"，却是典型的"生成问题"啊！我提出来，是突发奇想，而大家讨论，也是现场发挥。这个生成的问题对每一个都是新鲜的，以至于那位最先找到段落的同学决定就这个问题写一篇学期作业！这个问题，也许正因为其生成性，出乎意料，才引起大家广泛的兴趣吧，而其价值也就不言而喻了。

我觉得，我已经完全沉浸在讨论的乐趣中了，不仅一直在认真思考和积极发言，而且在课间休息的时候都在查看资料。我提出那个"半拉子""次要问题"的时候，并没有想到要提出一套完整的观点以"教育"大家，以显示我作为老师的权威和高度，而仅仅是在当时的情景下觉得需要提出这个问题，并且希望大家能够进行一些讨论。我觉得，我们师生之间，是一个名副其实的"学习共同体"啊！大家共同学习，共同进步。连一位听课的国际法教授都被拉入其中：当她就大家的讨论也举牌发言后，我当即发表了不同看法，随后一位同学则从四个方面更加全面地发表了不同看法，而这位老师竟然没有生气，只是安安静静地听着，课后还对我说老师不一定会对所有问题清楚，并且老师的任务就是引发同学们的思考！（2015 年 1 月 5 日）

15. 课程总结（最后一次课）

时间：2015 年 1 月 11 日

人一旦获得了自由，能够发挥出多大的潜力？同学们作业选题的情况，就能说明一定的问题。

这门课的作业，是在本学期课程相关的案例或知识中任选一题。出乎意料的是，好几位同学都选择了课堂集中讨论问题之外的主题。这些主题不仅重要，而且对课堂讨论起到了弥补作用，因为课堂时间有限，只能集中于几个问题，而课程案例所涉有意义的问题很多。这些同学都表示，他们对这些主题有兴趣，希望能够进一步探究。

有一些同学，选择就课堂讨论所涉及的问题进一步研究。显然，他们意犹未尽，希望更进一步。还有一些同学，希望就自己长期关注的问题进一步研究，而从他们的表述中可以看出，他们的思路也受到了本学期学习的启发。此外，大家选题的多样性，重新建构了本课程的框架，从宏观到微观，从理论到方法，更加全面地描绘了 WTO 的面貌。

从他们对 WTO 的兴趣和研究案例的思路等情况看，同学们的进步是显而易见的。不仅如此，由于这次课是大家交流作业构想，每个同学介绍之后，其他同学都可以提出问题或评论，因此大家再一次有机会集体交流，相互启发。事实证明，后面发言的同学坦陈受到了前面发言的启发，并且准备修改自己的作业思路。我当然支持同学们的每一个选题。他们自由选择感兴趣的题目，一定能够写出水平。不仅如此，我还借机提出了"合作学习"的理论，鼓励他们合作完成作业。

在自由选题、自由交流的氛围下，我也情不自禁，向大家介绍了我准备写的"作业"！"WTO 专家组和上诉机构裁决的理念和技巧"，的确是经过一学期的课堂讨论，引起我兴趣的主题，也许我真的会写成一篇文章。

遗憾的是，由于时间限制，我们没有交流上课感想。课前，已经有很多同学把感想发给我了。这种交流也是很有意义的，是大家共同学习的一个过程。我会通过书面形式，完成这个交流。（2015 年 1 月 12 日）

16. 这是怎样的课堂？① ——课程感想

柳驰同学②在看了部分同学的课程评价后，有以下一段评论：

看了同学们的感想，有一个明显的感觉：现在清华同学们的想法，与一年前北师大同学们的想法非常相似，连建议批评的内容都基本一样。这至少证实了两个猜想：第一，对于群体学生而言，讨论教学法所形成的影响具有稳定性；第二，学生群体本身也具有相似性。

---

① 此文为本次课程实录汇编《探索 WTO》（三）（厦门大学出版社 2016 年版）之前言。

·② 2013 年春季学期，我在北京师范大学法学院为三年级本科生开设"WTO 法专题"课程，使用的就是"讨论式教学法"。在整整一学期的课程中，柳驰同学自始至终都是"超级学霸"，积极发言，认真板书。后来他的学位论文研究了 WTO 法中的一个问题，长达十一万字，其结构之庞大，推理之细致，逻辑之严谨，堪称"康德导读"！2013 年秋季学期，他又参加了为我部分同学组织的兴趣小组"古希腊文学研讨班"，并且在连续八周的聚会中，他一直兴致勃勃地阅读，有板有眼地发言，并且还主持了其中一次讨论。2014 年，他又旁听了北师大法学院廖诗评老师采用"讨论式教学法"的两门课程，并且也是课堂上的踊跃发言者之一。2014 年秋季学期，他已经工作了，但是每个周末坚持来到我的课堂，再次成为"超级学霸"。

综上，柳驰同学可能是对这种教学法最为了解的学生了。用他自己的话说，他是"参与讨论课堂时间最长的受益人"。这也是我邀请他为本书作序的主要原因之一。

对照北师大课程实录《探索 WTO》（二），我完全同意柳驰同学的观察和"猜想"。我觉得，我的教学法已基本成型。

2009 年以来，我有机会参加了数百小时的讲课和讲座，主要对象是各大法学院的学生，内容主要是 WTO 中国案例。在此过程中，我开发了一种"讨论式教学法"。这是一种"旧瓶装新酒"的教学方法，即一套全新的内容，沿用了一个古老的名称。所谓"古老的名称"，当然是指"讨论式教学法"。这个名称由来已久，非我首创。但是其内容，却是前所未有的。有教育学家朋友甚至将这种教学法戏称为"杨氏讨论法"，以示区别。我的"讨论式教学法"，概而言之，是将以人为本作为指导思想，师生作为学习共同体，围绕特定主题进行研讨，从而增加学生的知识和培养学生的思维的教学方法。"讨论式教学法"由学生课前阅读、课堂讨论、课后研究三个环节组成，其中课堂讨论环节，以学生发言和辩论为主，教师只是讨论的主持人和促进者。这种方法的使用，得到了同学们的广泛好评。例如，本书所收录的课程评价中，就不乏这样的字句：

"最近我在申请一个律所赞助出国读书的 scholarship program，记得报名表上有一个问题是'描述你大学期间最难或者最有趣的专业课程并说明原因'，我填的是这学期的 WTO 法。"

"我想世界贸易组织法这门课带给我的印象最深刻。不仅仅是基础的知识方面，更在于法律人的思辨能力和治学态度。"

"在这样一个没有压力的课堂中，大家的大脑都很兴奋，很容易碰撞出思想的火花。这样一种课堂模式跟我之前上过的课程的课堂模式是有很大的区别的。""同学们在课堂上的激烈讨论和交锋才是学习的重要部分，正是在辩论、讨论、聆听的过程中我们才能受到启发。所有的问题并不是老师提出来的，而是同学们在思辨的过程中自己发现的。而且讨论式教学法还有一个优点，就是能促进同学们反思自己的观点，通过讨论不断完善。""大家都是拿出了看家本事来投入这个问题的讨论，其讨论也最是激烈精彩。"

"我觉得您的方法，让学生在更温和的状态下，最大化地发挥学生的主观能动性，顺着好奇心，结合更多人的智慧能让讨论更加深入。"

"作为一门讨论课，在这门课上我从同班同学那里学习到的内容可能并不逊于直接从杨老师那里学到的，其中几名同学质量双高的发言尤其让我受益匪浅。""这门课让我看到自身的局限。'三人行必有我师'，通过参与课堂讨论，我看到其他同学的优点。""这种课堂讨论可以使我的精力一直集中去听其他同学的发言说了什么，也会自发地思考自己和别人的观点有什么不同，别人的观点之间又有什么不同，不知不觉也就加深了对于各种知识、案例的理解。我觉得这是一种很好的同伴资源，我也能从其他同学身上学到很多。"

"锻炼：上完这门课程，对多方面的个人能力都有很大的提升。课前大量的英文阅读材料提高了我们的英文阅读水平，课上的积极讨论锻炼了我们的语言组织能力和口头表达能力，对裁决的研读锻炼了我们法律思维能力和批判性思维能力，老师给机会让同学们主持课堂讨论锻炼了同学们的组织协调能力……因此，这门课程给我们带来的全方位的能力训练是其他课程所无法做到的。"

"所以在这门课快要结束的时候，我更加深刻地体会到了讨论式教学的好处，我不但从同班同学身上学到了很多东西，也体会到了老师传达的发散性思维的法律论证。自己在今后的学习中也会将在这门课上学到的东西延续下去。""这堂课是我本科四年在法学院选修的课程中为数不多的讨论式课堂，我个人非常喜欢这样的课堂。课程临近尾声，我觉得这一学期下来获益匪浅，非常舍不得。我也觉得非常荣幸，能够在本科阶段的最后一年选修这门课，希望研究生阶段还能继续参与杨老师的讨论式课堂。""'如何解释一段文字'这个问题，会一直伴随着你我，伴随着每一个学习法律的人，伴随着人类，直到历史终结。这，也许是这门课留给你我的最大财富。"

但是于我而言，本学期的课程，并非北师大课程的简单翻版。首先，看到又一批优秀的年轻人从这种教学法中受益，对 WTO 这个国际组织增加了认知，开阔了国际视野，并且在案例研讨中锻炼了法律思维，提高了表达能力，体验了共同学习，我有强烈的成就感。其次，我的教学法也有了新发展，即从高高在上的主持人，变成了普普通通的学生——在六次课上，主持讨论的是同学，而我只是一个普通参与者。这是一个实质性的身份转变，每次课程实录最后的"总评"中，也记录了我一次又一次的心路历程。

我越来越坚定地认为，这种教学法是最为适合当代信息化社会的一种教学方法，因为只有它才能够实现在短短几小时的课堂上，大家汇聚一起，组成一个学习共同体，研究和分析问题，扩大知识面和提高思维能力。这种面对面的交流碰撞所产生的效果以及课后研究所形成的学习动力，甚至对学习习惯的养成和学习能力的培养，都具有不可替代性。

不仅如此，本学期的课程还给我以下启示和设想：这种教学法的核心理念是信任学生，我坚信学生是有智慧和能力的，老师的任务不过是创造条件，让年轻人的智慧和能力释放出来而已。在这种理念之下，我在课堂上的形象，越来越淡化，从强势的、操控讨论的老师，到"听任"大家发言的主持人，到参与讨论的"普通学生"。我觉得，如果一门课，老师的形象"淡化"至无形，同学们自己商量课程内容，自己组织课程学习，自己进行课程评估，那么这种教学法也就大功告成了。年轻人相聚大学校园，"荟中西之鸿儒，集四方之俊秀，为师为友，相磋相磨"（1914 年梁启超清华学校演讲《君子》）；一切由学生做主，老师只是学习的促进者（facilitator），提供必要的帮助（例如资料、建议、经验、思想、智慧）。这难道不是每个人心中的理想大学吗？

"老师的形象淡化至无形"，那将会是怎样的课堂？（2015 年 2 月 4 日）

（二）讲课笔记之二："中国经济与法律制度"（清华大学法学院留学生课程）；"中美经贸关系中的法律问题"（清华大学法学院研究生课程）；2015 年春季学期

1. 我在做什么？（一）——记两节首次课

上午，我走进办公室隔壁的 531 教室，看到的是一张张五颜六色的笑脸。他们分别来自美国、印度、意大利、法国、加拿大、荷兰、澳大利亚、新西兰、以色列、伊朗和中国香港，是清华法学院留学生法律硕士项目（LLM）的学生和外国法学院交换学生。14 名学生中，有 6 名参加过我上学期给这个班开设的两次"中国贸易法"专题讲座。这学期，我要给他们开一门课："中国经济与法律制度：WTO 中国案例的视角"（"China Economic and Legal System: from the Perspective of China WTO Cases"）。在课程大纲中，我介绍道：2001 年，中国加入 WTO。14 年来，中国广泛参与了 WTO 争端解决工作，已经有涉及中国的 33 个案件。其中，"中国知识产权案"、"中国出版物和音像制品案"、"中国汽车零部件案"、"中国电子支付服务案"、"中国原材料案"和"美国反倾销和反补贴案（DS 379)"等案件的专家组和上诉机构裁决中，涉及了大量的中国经济和法律制度的详尽介绍，特别是中国特有的法律和制度，及其与 WTO 规则的对照分析，是学习中国经济和法律制度的不可多得的教材。本课程即从这些案例中选取适当部分，配以相关中国法律法规，作为课堂讨论的材料，使得外国学生对相关制度有比较清晰和深入的了解。

我开门见山：这将是一门特殊的课程！接着我请上学期参加过我专题讲座的同学回忆一下，我的课是多么特殊。他们提到了频繁的师生和生生互动，以及他们用各自国家的法律来对比中国贸易法。随后我问新同学有什么问题，就此开始了我的首次课。在长达三个小时的时间里，我与同学们以及同学们之间的互动很多，我因势利导，借题发挥，阐发了我的教学理念：（1）"学习共同体"。我认为当代信息化社会，老师讲学生听的传统模式必须改变，而大家上课交流信息和观点，形成一个学习共同体，是对课堂时间最为有效的利用，也是最有价值的智力活动。因此，在这门课上，同学们不要指望我讲多少。我会给大家提供基本资料，但是那是远远不够的，更多资料还要大家自己查找和阅读。我会发表自己的观点，但是不要认为我的观点是唯一正确、权威的，因为我经常在其他课堂上受到同学们的挑战。（2）WTO案例。我认为，学习"中国法"，是应该学习中国法律制度中那些特有的部分，而不是那些与其他法律制度所共有的部分。从这个标准出发，那么 WTO 中国案例就是绝无仅有的教材，因为这些案例中的中国法律规定和实施机制，大多是中国特有的，也正因为此，才在具体案例中被涉及；这些案例对相关内容解释的详尽程度，是任何教科书和论文都不能比拟的，因为唯有如此，案件才能得到解决。不仅如此，这些案例还将有关法律制度与 WTO 规则进行对照，作出了是非对错的判断，这就更是给学习者提供了特殊的视角，使得大家对相关内容的理解更加完整准确。当然，这个国际班的优势也应该得到发挥，即常规性地使用比较的方法，与同学们各自国家的相关制度进行对照。中国法的某个内容，例如中国贸易法的某个制度，经过这样全方位、立体式的研究，一定会变得清晰而实用。

我边讲，边提问，边讨论。从同学们闪闪的目光和欣喜的表情中，我已经看到了他们对这门课从教学方法到教学内容的认同。他们对这门课充满了期待，我也对这门课充满了期待。

晚上，我骑车来到三教，走进 1101 教室，迎接我的是 20 名研究生齐刷刷的、期待的目光。这门课是"中美经贸关系中的法律问题"。在课程大纲中，我介绍道：中美关系是当今世界最为主要的国际关系之一，其中中美经贸关系对中美关系的影响举足轻重；本课程选取当前中美经贸关系中的若干重点问题，特别是其中的法律问题进行研讨，以便同学们用法律的视角，对中美关系有比较客观、深入的理解。在网络学堂的公告中，我欢迎大家选修本课程，还提到了"希望通过一学期的学习，大家能够对中美经贸关系有比较清晰的认识"。我一上来就对他们开玩笑说：我在被称为"经济外交部"的商务部工作多年，还在华盛顿中国驻美大使馆工作过三年，但是据我观察，很多人，包括我以前的一些同事和外交官，都对中美经贸关系存在着模糊的认识，因此大家上了这门课后就会比他们都强！

有一半同学来过上学期的"世界贸易组织法"课程和"中国贸易法"专题讲座，对我的教学法耳熟能详。我请他们介绍一下讨论式课堂是怎样的情景，以及课前不阅读资料会是怎样的心理状态。有同学问讨论是怎样开始的。大家就讨论式课堂简单交流了看法，我重申了大家不要对我讲多少有过高期待后，我问大家：为什么要选修这门课？大家七嘴八舌，随后讨论很快集中到了中美之间是否有差异，甚至是否有优劣或先进落后，中美差异的原因是什么，大家作出判断的知识来源是什么等问题上。大家陈述、辩论、澄清，你来我往，观点渐渐出现了明显的分歧。最后，我开玩笑地问：经过讨论，大家对中美经贸关系的认识是不是更加清晰了？他们笑着回答：更加模糊了！我总结道：认识到模糊，应该是走向清晰的必经阶段；这是第一次课，大家"头脑风暴"，"张口就来"，清理一下基本认识，看看自己的出发点在哪里，随后的课程，大家恐怕要用资料来论证自己的观点了，并且这次课给我们的教训是：论证要有标准，否则只能是"公说公有理婆说婆有理"的低效讨论。随后，我明确了他们课后阅读的资料以及下次课讨论的问题。

下课了，同学们欢声笑语离开了教室，我骑车返回办公室。轻柔的春风吹拂着夜色中的校园，我幸福地回忆着今天的两节首次课。

我是何其幸运啊！把 50 年的人生阅历，尤其是商务部 18 年从事 WTO 法律和中美经贸关系工作的经验，按照自己设计的课程，按照自己创造的方法，传递给这些中国和外国的年轻人。我坚信，我交给他们的是火把，他们会举着这些火把照亮他人，并且传递给他们的下一代。我这个火把的光亮虽然是微弱的，但正是许许多多人举着火把，这个世界才充满光明。也正是这么多火把代代相传，人类社会才会走向更加光明的明天。（2015 年 3 月 3 日）

2. 我在做什么？（二）

第二周，同一时间地点，我走进"中国经济与法律制度"课堂。令我惊讶的是，13 名学生中，只有 4 名是上次课的熟面孔！原来，刚开学两周是"选课周"，上周来上课的同学只是试听，也许此时此刻又到另外一个课堂试听去了。他们是"理性人"，最终会选择"性价比"最高的课！

那么，我的课难道"性价比"不高吗？上节课，我的自我感觉不是非常好吗？不明白。只有第三次课才能知道究竟谁选课了。

但是，四个人听了一次课，七个人没有听课，不仅不知道我上次课从内容到形式慷慨陈词的独特之处，更不知道提前阅读案例。那么，这三个小时的课怎么上呢？按照我原来的、对"选课周"缺乏了解的课程方案，我是上来就要让他们谈那20页英文案例的读后感，并且借此展开讨论的。

我对同学们说：新旧混合的课堂，我不得不采取一种妥协的办法，就是简单回顾一下上节课内容；我希望这有助于新同学"补课"，也有助于老同学"温习"。随后，我请四位老同学回忆一下。于是，学习共同体，讨论式教学法，WTO案例的特色等等概念很快就回来了。我也借机做了一些补充，还针对课堂上出现的中国学生特别声明：这些案例对于中国学生学习中国法律和制度，也是不可多得的材料。接着，我又问新同学有什么问题，大家进行了一些交流。

见"补课"差不多了，我又问同学们：这节课的计划，是研究"中国贸易法"，但是有同学看了材料，有同学甚至不知道有材料，那么，课怎么上呢？

同学们几乎一致提出：老同学向大家介绍案情，并且在他们之间展开讨论；新同学先听，然后相机参与讨论。对于这个建议，我欣然同意。但是老同学中，又由谁先介绍呢？

大家议论纷纷。有人说按照姓名的字母顺序，这样最公平。有人说由英语最好的人先发言。有人说由老师点名。对于什么是英语最好，大家意见分歧，因此很快就被放弃了。对于老师点名，有人觉得这样不公平，也被放弃了。对于字母顺序，有人觉得并不科学。看到大家争得面红耳赤，我开玩笑说：在中国，朋友们聚餐的时候，经常打两次架，一次是饭前关于座位次序，另一次是饭后关于买单付款，而这都是因为规则的标准不一。随后我严肃地说：大家不要觉得谁先发言是小事，且与我们"中国贸易法"无关；对于我们学法律的人来说，规则是至关重要的；事实上，我们学习法律，就是要学习如何制定和运用规则。此时，大家自然而然地谈到了中西文化差异。在座的法国、荷兰、美国和中国同学都发表了自己的看法。

就在大家争论不休的时候，一位荷兰同学，也就是提议"英语最好"者先发言的同学站起来说：大家不要吵了，我抛砖引玉吧！大家如释重负，报以热烈的掌声。

对于"中国贸易法"的案例内容，老同学从不同角度进行了介绍，还提出了若干问题。我不断追问他们"案例的依据"，使得他们不得不一次次引证案例材料的页码和段落。新同学听着听着，很快就参与进来，提出了一个个问题，而老同学则自然形成一个组，集体回答这些问题。随着讨论的深入，问题越来越集中到中国的被诉措施是什么、WTO 规则是什么、专家组如何分析等三个核心事项。老同学发现，案例材料阅读不够详细。新同学发言时则反复声明，自己还没有看资料。课程最后，我请他们对照课程大纲中的七个问题，特别是中国相关法律及其制度的内容，仔细阅读案例材料，以便下次课深入讨论。

下课了，我心中是一种充实的感觉。这节课的内容很丰富啊。这节课很有挑战性啊。我觉得，大多数同学会觉得有收获，会喜欢这种课堂气氛，尽管这不一定是他们"性价比"最高的课。①

---

① 关于为什么有些学生没有选修我的课：

课后，一位大三中国学生的邮件说："这学期需要准备出国、保研等事宜，事情繁多，难以很好地完成这门课程的学习。真的很遗憾，因为今天一上午的课程很精彩，英文讨论给了我全新的体验。多谢杨老师和师兄的帮助！如果今后有机会，我还会继续选修这门课。"

部分同学给学生助教的答复是："I am very sorry to say that I can not attend Prof. Yang classes cause my law firm wants me to be at their disposal on Monday morning…I am very sorry for that cause I was really appreciating Prof. Yang lectures…""want to listen to Prof. tell sth other than think by themselves." "couple of students want to take the inter（n）ship." "socratic method doesn't really promote independent thinking or higher gaining of knowledge…" "People don't seem to like his teaching method, I think many of them are used to Socratic method of teaching." "I took another course instead, in int law by HKU professor educated at Cambridge. Very interesting." "but people really really don't like that course…"

学生助教给我的综合答复是："L. L. M 学生一共需要修满 24 个学分，上学期好多学生已经修够 18 个学分，这学期只需要 6 个学分就可以毕业了，所以大部分人选择在校外实习。同时，实习单位大多周一早上有例会，如果周一早上不去的话，影响不是很好。所以大家都没有选星期一的课。此外，L. L. M 上学期的课程是不对外开放选的，之所以下学期的选课开放，是因为历年的情况都是如此，下学期选课情况不太好。上面这两点是客观情况，我们的课要是排在晚上，选课的情况肯定会不一样。也请您考虑这些因素。"

我问主管老师，得到的答复如下："由于 LL. M. 的留学生在这学期都在外面实习，这学期的**必修课**在周二和周三，所以大部分留学生都选了周二和周三的课程。""您的课程讲得很好，留学生反馈良好，在春季学期，留学生不多的情况下，有 11 人选择您的课程，这说明您的课程很受欢迎度。"

晚上，我走进"中美经贸关系中的法律问题"课堂。一张张熟悉的面孔，一双双期待的眼睛。大家交流阅读和思考心得，大家就一些问题展开辩论，大家还围绕一位同学介绍的论文"中美政府预算的比较研究"，进行了集中的讨论。

讨论中，上节课所争论的中美之间是否存在差异，似乎早已不是问题。大家讨论的，是差异具体在什么地方，以及具体制度，例如政府预算的编制和实施过程中，美国给中国提供了什么启示，如何看待美国对中国的批评和指责等问题。由于大家都多多少少读了资料，所以这节课的讨论都是有根有据、引经据典的，与上节课的"张口就来"大异其趣。所以我对这两节概论课的总结是：拓宽了视野，信息量很大，为随后的专题讨论提供了知识和思维的铺垫。

不仅如此，我还特别强调了以下几点：大家阅读和判断，要注意"意识形态"问题（这是上节课一位同学提出的术语），即注意知识来源，不能只看一方面的观点，这对我们学法律的同学来说尤为重要；这个课堂有很好的讨论优势，因为同学们的本科专业具有多样性。例如这次课中，正是因为有同学具备财政学和税务学专业背景，我们才能抓住"政府预算"这个实例，对中美差异进行比较深入的讨论。此外，我还见缝插针、借题发挥地表达了以下观点：这是一个民主讨论的课堂，大家能够提高清晰表达和缜密思维的能力，并且培养耐心倾听和尊重他人的心态。我还骄傲地说：在适当时候，我可以邀请以前的同事，那些战斗在中美经贸关系第一线的商务部官员来与大家交流；我甚至还可以另外邀请一些从事中欧、中日、中俄等经贸关系的官员来与大家交流，给大家思考中美经贸关系提供比较的视角。

最后，我说：下节课，我们开始讨论专题，即中美知识产权问题；你们知道我的背景，从事这项工作十几年，并且担任过中国驻美大使馆首任知识产权专员；这也是我选择知识产权作为第一个专题的原因！同学们笑。

跟这些年轻人打交道，真的很有意思。见到这些如饥似渴的年轻人立竿见影地进步，真的很有成就感。（2015 年 3 月 10 日）

3. 我在做什么？（三）

第三周，同一时间地点，我走进"中国经济与法律制度"课堂。通过网络学堂的选课信息，我已经知道共有 11 位同学。我再次简单介绍了本课程的大致内容，拿着长达 21 页的课程大纲开玩笑说：希望没有选课的同学知道我们学这么多内容，不会感到后悔；当然，也希望你们知道要看这么多案例，不会感到后悔！大家笑。

我们单刀直入，开始交流"中国贸易法"的案例材料，并且很快就集中到以下三个问题的讨论上：其一，在本案中，欧盟指责中国法律所赋予的主管部门审批许可证的随意性太大，那么中国是否有司法审查（judicial review）制度，可以避免这个法律被诉诸 WTO？其二，外贸法第 16 条规定了可以限制进出口的国家安全和公共道德等例外情况，其他国家的法律是否有类似规定？其三，案例中提到了三种许可证，即"一证一关"制、"一批一证"制和"非一批一证"制；后两种很好理解，但是为什么要有第一种？

关于第一个问题，大家的讨论超乎想象地丰富：中国的行政诉讼制度，抽象行政行为，具体行政行为，行政诉讼法的修改趋势；欧盟与成员国的不同制度，法国的行政法院制度；美国的司法审查制度。大家议论纷纷，课间时还在争论。最后大家同意，课后各自查证自己国家的制度发送给提出这个问题的同学汇总。

关于第二个问题，很快有同学查到了关贸总协定第 20 条和第 21 条的类似规定，并且大家承诺课后查找各自国家的规定进行分享，但是欧盟的制度可能比较特殊，涉及它与成员国在贸易管理方面的权限划分问题。

关于第三个问题，大家纷纷发表意见，后来发现许可证分类指向脚注 1273 所提及的商务部颁布的《货物出口许可证管理办法》第 22 条。提问同学同意，通读一下这个办法也许能够找到其背后的依据。

就这样，大家高高兴兴带着"作业"下课了。在讨论总结时，我再次声明了我的教学理念：大家不要觉得中国贸易法的内容很多，我们的课堂仅仅涉及了极少数几个问题，但是大家在课前课后全面阅读的情况下，对这几个问题挖得很深，有利于我们理解中国贸易法律制度，相比于面面俱到、蜻蜓点水，我宁愿选择现在这种方法；同时，这样的讨论，能够使得我们印象深刻，并且学习思考问题的方法，这与课后几天就把所有东西还给老师的讲授方式有天壤之别。他们似乎已经认可这种教学方法，有人总结说这是让他们相互学习。

这些外国学生不了解中国法律和制度，他们来学习。于是，他们在老师的帮助下，在轻松的课堂上，在自主学习和相互交流中，开始一点点了解中国法律和制度。看着他们的进步，我真的很开心。最后我又与他们开玩笑：希望选课和没选课的同学都不要后悔。

晚上，我走进"中美经贸关系中的法律问题"课堂。这次课的主题是"中美知识产权问题"。大家交流阅读资料的感想和问题。上半节课讨论了"中美知识产权案"。这个案件是一个同学发言时笼统提出的，显然其他同学一无所知。然而，大家运用手中的互联网检索工具，很快就从案件的来龙去脉和大致争议等方面，描绘出了一个大致轮廓。我评论说：讨论中美知识产权问题，应该知道这个案件；不仅如此，这个案件还为我们了解中美之间关于知识产权的分歧提供了一个难得的案例。大家同意课后自己查找资料，以便下节课深入讨论。

下半节课，有同学介绍了美国贸易代表办公室发布的关于中国履行WTO承诺年度报告中对中国知识产权保护状况的评价部分，并且谈了自己的看法。很快，大家纷纷发言，有人认为美国太苛刻，指手画脚，有人认为美国有些地方说得是有道理的；有人认为中国应该加强知识产权保护，有人认为中国现阶段还不能像美国那样保护知识产权。进一步，大家又谈到了为什么要保护知识产权，同学们是不是应该复印教科书、购买盗版书、安装盗版软件。大家众说纷纭、莫衷一是。最后大家同意，课后仔细阅读美国报告，看看哪些有道理、哪些没道理，以便下节课有针对性地交流。

是不是应该保护知识产权，美国的"指责"是不是有道理，就这些问题进行辩论是多么重要啊！当这些同学走向社会，成为决策者，他们的一举一动；或者作为普通人，他们的一言一行，都事关这个国家的创新和发展。

今天晚上的辩论，相信能够让他们对保护知识产权的问题多一份理性的思考。

在两个课堂上，我都鼓励同学们课前阅读资料，并且要看出问题，与大家分享。我对两个课堂的同学们说：发现问题，解决问题，这是一项基本的法律训练，而我们的课程就提供了这样的机会。（2015 年 3 月 17 日）

4. 我在做什么？（四）

第四周，我提前 20 分钟走进"中国经济与法律制度"课堂。提前 20 分钟，是因为上课时间提前了。原来是 9：50—12：40，会影响午餐。上次课的最后，当我提议修改上课时间的时候，两位荷兰同学当场反对，说他们起不了那么早！但是大多数同学觉得没有问题。最后他们决定课后投票决定。提前 20 分钟，就是他们投票的结果。虽然只是调整上课时间这样的"小问题"，但是涉及每个同学的权利，事关民主决策和相互妥协这样的大事情。他们能达成一致，我很开心。

对于上节课所讨论的那三个问题，课后一位中国台湾同学在邮件中与大家分享了中国台湾的相关情况，所以我请他先简单介绍一下，随后同学们又简单汇总了一下课后研究的情况。我借题发挥总结道：大家可以清晰地看到我们学习和进步的过程：课前、课上和课后；上节课之前，大家读了资料，谈了看法，但是理解比较散、比较浅；经过上节课的讨论，有三个问题比较集中、深入了；而再经过大家课后的研究，相关问题就更加清晰、准确了；我的讨论式教学法就是由课前、课上和课后三个部分组成的，相信大家已经发现了这种教学法的优势。大家点头。

这节课的主题是"中国著作权法"，大家课前已经收到了 WTO"中国知识产权案"中的相关段落和著作权法中英文本。我仍然以一个绝对开放的方式提问：大家读了这 30 页裁决，有什么感想、问题、评论？任何感想、问题或评论都行，而不一定是回答这篇资料后面所附的思考题。

在几位同学发言后，讨论很快集中到一个顿号的理解问题上。本案所争议的事项，是著作权法第 4 条第 1 款，即"依法禁止出版、传播的作品不受本法保护"这句话，是否不符合 WTO 规则。"出版"和"传播"之间的那个顿号，中方所提供的英文翻译是"and"，但是在案件审理中，原被告中美双方同意这个顿号翻译成"and/or"。美国同学指出，英语不使用顿号，那么，中文中的顿号究竟是什么含义？为什么翻译上会出现差异？同学们现场查找百度字典，并且查阅本案的上下文，仍然不得其解。

我评论说：各位学习中国法，必定会遇到顿号，因为这是一个常用的标点符号，因此我们的研究是非常有必要的。课间休息后，我进一步发挥道：大家可能会抱怨这个标点符号的模糊性，但是模糊性也许是法律语言所不可避免的呢，并且也许是律师的饭碗呢！大家笑。我请一位同学宣读了我打印的资料，是一本书的简介，《法律的模糊性》①；作者认为模糊性不仅是法律语言的一个特征，它同时也是法律的一个特征：法律的语言资源及非语言资源常常模糊不清。大家频频点头，并且同意课后就顿号的问题进行研究，以便下节课分享。

随后，讨论又集中到在法律不清的情况下，谁有权解释法律以及解释规则的问题。中国香港同学说法官有权解释法律，并且解释规则分为几种：plain meaning, golden rule, mischief rule, purposive rule。中国同学介绍了立法解释、司法解释和行政机关的解释，但是认为法官无权解释法律。我又追问了法国、荷兰和澳大利亚的做法，并且请中国香港同学和中国内地同学课后研究一下，以便下节课全面、准确地向大家介绍。

从著作权法的这个条款，同学们产生了疑问，进而产生了求知的欲望。我觉得，讨论式课堂，就是创造学习需求的课堂。大家在交流和讨论中，发现了问题，产生了学习的欲望。这样的学习，是主动的，以解决问题为中心的，因此学习动力也是无穷的，同学们花费多少时间和精力，都会有乐在其中的成就感——发现问题，解决问题，是多么快乐的学习过程啊。

这次课的讨论，虽然集中在以上两个问题，但是讨论中，已经开始涉及更多的内容：著作权法为什么要这么规定？在审理某个案件的过程中，最高

---

① ［英］恩迪科特：《法律的模糊性》，北京大学出版社 2010 年版。

法院征求国家版权局的意见，国家版权局有义务答复吗？"两高"（最高法院和最高检察院）司法解释是怎么回事？我提醒大家认真阅读案例资料，并且提示了重点段落。我知道，下节课的讨论会更精彩。

晚上，我走进"中美经贸关系中的法律问题"课堂。巧合的是，这次课也是讨论"中国知识产权案"。同学们介绍了课后学习的情况。从上节课对本案的一无所知到这节课的侃侃而谈，他们的进步是显而易见的。有同学将著作权法第4条修订前后的条款写在黑板上，大家围绕着其差异展开了激烈的争论。我总结道：其一，这两个条款所涉及的权利、保护、行使等内容，其意义已经超出了案件本身，甚至超出了这门课本身，因为这些都是法律基本概念和理念，作为法律学生，是必须清楚的；这个条款给我们提供了绝好的案例，建议大家课后一定要研究清楚。其二，研究前后条款的差异，要注意一个角度：新条款不一定写得很好，大家争论不休也许就有条款不清的原因。换句话说，大家可以尝试一下，如果自己写，怎么样能写得更清楚。其三，与这门课主题"中美经贸关系中的法律问题"相关，这个案件是美国告中国的，大家有何评论？大家觉得美国有没有道理？这也引出了我们的下一个话题：美国年度报告中对中国的指责，哪些是有道理的？哪些是没道理的？

随后，大家纷纷发表意见。关于这个案件，有人认为，既然中国的法律不符合WTO规则，那么美国起诉是无可厚非的，但是也有人认为，应该用协商的方式解决本案。有人认为，美国要求中国政府和国企使用正版软件，这是有道理的，但是也有人提出，偏远地区的政府部门不可能做到使用正版软件。有人认为，美国指责中国政府创新政策，这是没有道理的；美国要求保护药品专利，这要具体情况具体分析。讨论中，有同学提出了标准的问题，即应该按照什么标准评价美国的指责是否有道理；如果中国的做法不符合国际条约，甚至不符合自己的国内法律，例如政府使用盗版软件，那么美国的指责就是有道理的。我也分享了当年参与著作权法修改的经历，回忆起一位老教授的说法：当时他们就反对那个条款，因为著作权是与生俱来的，不应该依赖于能否出版或发行。我还介绍了我过去几年参加全国软件正版化检查的情况，特别是到内蒙古和甘肃的市县级政府办公室抽查计算机以及与他们座谈的情况。

我隐隐觉得，通过知识产权问题的讨论，同学们对中美经贸关系的看法越来越趋向理性。尽管大家意见并不一致——我的课程目标也并非要大家达成一致意见——但是大家能够摆事实、讲道理，就事论事，而不是泛泛而谈。如果说"中美经贸关系"是海平面，那么我们的讨论研究让我们潜入水下，开始探个究竟。从盲目到理性，这是多么重要的进步啊！

两个班级，中外学生；一个案例，顿号、理性。学习中国法律，还有比这更好的案例吗？研究中美关系，还有比这更好的素材吗？更为重要的是，学习法律，研究问题，还有比这更好的方式吗？作为老师，还有比看到学生进步、自己有所收获和每次都带着未知的期待走向课堂——不知讨论会流向何方，不知学生会说出什么，更为愉快的事情吗？（2015 年 3 月 24 日）

5. 我在做什么？（五）

第五周，我走进"中国经济与法律制度"课堂。课前一位中国香港同学在邮件中分享了上节课所提到的英国法律解释规则，表述更加完整，来源更加可靠，还有例示和评论意见，显然做了比较充分的研究。我先请这位同学介绍一下这份材料的内容，随后问其他同学其他国家或地区的做法，大家围绕法律解释的问题，包括英国法律中的"golden rule"、"literal rule/plain meaning rule"、"mischief rule"和"purposive rule"是否有先后顺序的问题，进一步展开了讨论。也许多数同学从未想过，当两个当事人争论法律或合同中某个词汇的含义，法官应该从何处下手，以及依据是什么。因此，面对我写在黑板上的假想案例，即针对"bank"一词是与"水"有关还是与"钱"有关，大家纷纷发表看法，显示了极大的兴趣。

后半节课，大家的讨论，从阅读资料中提及的最高法院征求国家版权局的意见，引出了中国的立法体制问题。说着说着，一位中国同学开始在黑板上画图表介绍中国的全国人大、地方人大、国务院、部委等立法制度和名称，另外一位中国同学协助英文翻译，一位法国同学则在边上画了一个小图表以表达自己的理解，其他同学则饶有兴趣地"东张西望"。在大家的追问下，中国同学无法解释清楚，答应课后继续研究以便下节课分享。

由于时间原因，大家没有交流顿号的理解问题，没有交流"两高"的司法解释问题，也没有将英国的法律解释规则与WTO争端解决机制中的条约解释方法进行对比。每次都是这样，大家都有意犹未尽的感觉。我遗憾地表示：这些问题很重要，我们甚至可以一直讨论下去，但是我们有学习计划，下节课就要讨论另外一个专题；好在这些专题都是围绕中国经济和法律制度展开的，也许这些问题会在以后的专题中再次出现。课后收到邮件，是一位生病没有上课的美国同学分享的美国贸易法中关于"例外条款"的内容，因为上节课这位同学说美国实行自由贸易制度，贸易法中没有"安全例外"、"公共道德例外"等条款，我表示了怀疑。

晚上，我走进"中美经贸关系中的法律问题"课堂。上课铃响了。我刚要讲话，看到一位同学的桌签已经立了起来。他们已经习惯了我的上课方法，知道我肯定是问他们上节课后有什么阅读和思考的收获，所以他们干脆主动举牌了。我收回刚要出口的话，就直接让这位同学发言。果然，他是有备而来，不仅介绍了阅读资料的感受和问题，即对于本次课主题"贸易救济问题"的看法，而且分享了他查找到的美国在WTO起诉中国反倾销和反补贴措施的一个案例。他讲得滔滔不绝，大家听得津津有味，要不是我提醒他时间过长，可以留一部分等待大家提问，他可能就会一直讲下去！是啊，他准备得太充分了。

按照常规程序，第一轮发言，我请大家先分享自己的收获和想法，而不要急于进入讨论，以免问题只集中在少数同学身上，影响了大多数同学的分享。大家纷纷发言，内容涉及非市场经济方法、反补贴调查中的"购买美国货法案"、"expiry review"一词的含义、中国反倾销条例、美国所指责的贸易救济作为报复工具、贸易救济的商战背景、透明度、中国的贸易壁垒报告、宝钢和武钢在某个案件中提起反倾销和反补贴的原因、贸易救济措施对上下游产业的不同影响等等。在第二轮发言中，大家的讨论集中到透明度问题上，即美国所指责的中国贸易救济调查缺乏透明度是否有道理。讨论涉及了透明度的标准与中国的具体做法，进而查看了 WTO 反倾销协定的具体条款以及中国某个案件反倾销公告中的描述。最开始举牌的同学介绍了某个案件中 WTO 专家组对"非保密摘要"要求的理解以及中国为什么在那个案件的调查中没有满足这个要求。课间休息后，大家又讨论了"报复工具"问题。有人认为反倾销就是用于报复的，因为只有这样才能遏制其他国家使用反倾销。有人认为保护自己的产业，就应该使用反倾销手段，但有人则提出了保护上游产业却损害下游产业的问题。讨论越来越热烈，很多同学的桌签竖起来，但是下课的时间却到了。我不得不遗憾地表示：只有下次课请大家发言了。我还结合大家的发言，请大家课后查找有关资料：什么是贸易救济？中国对美国产品采取了哪些贸易救济措施？美国对中国采取了哪些贸易救济措施？是否有不符合 WTO 规则之处？美国年度报告中对中国的指责，哪些是有道理的？哪些是没道理的？

讨论是专业的。从同学们的神态中，我发现，大家不再轻易对中美交往中的事件轻易作出是非判断，而是摆事实、讲道理，有根有据，以理服人。这是我最为乐于见到的。

两次课的内容都很丰富，相信同学们都有收获。我也学到了很多知识，例如英国法律解释规则；受到了很多启发，例如贸易救济作为报复工具问题的讨论。不仅如此，课堂气氛活跃，大家都在积极思考、踊跃表达。相信同学们喜欢这样的思维活动，因为我就很喜欢这样的思维活动。听着同学们的发言，我的思维在跟着流动。试图听懂一个同学的发言，然后听听其他同学的反馈，或者我提出进一步的问题，甚至有时候小试身手，用一下"苏格拉底式"的追问，看着同学们立竿见影地进步，这三个小时真像精神洗浴一般，神清气爽。每次上课后，我写下的这些记录，都是在记录我的喜悦心情。

另外，在课堂上，我还发现了很多有趣的现象。例如，人的差异性。在这个宽松自由的学习环境中，有的同学面前的阅读资料被画得面目全非，而有的同学则两手空空的感觉；有的同学爱讲话，而有的同学则比较沉默；有的同学表达清晰，而有的同学则东弯西绕；有的同学理解深刻，而有的同学则理解肤浅。没有两个完全相同的同学，也没有一个同学在两节课上有完全相同的表现。作为老师，我希望创造自主学习和相互学习的"学习共同体"，但是我却让无法每个同学有相同的收获，因为这与他们各自的禀赋和努力密切相关。他们都是站在各自的起跑线上，按照自己的速度向前迈进，而我则是一视同仁地提供条件，并且毫无保留地鼓励他们，微笑着。（2015年4月1日）

6. 我在做什么？（六）

第六周，我走进"中国经济与法律制度"课堂。望着窗外明媚的春光，想着满园盛开的鲜花，我对同学们说：很抱歉，如此大好时光，我却把大家圈在屋里上课。由于清明节放假，课程从周一调到周二了，并且换了一个教室。于是，我们从清明节为什么放假，谈到了中国的传统风俗，以及那首两千年前的唐诗"清明时节雨纷纷"；从墙上的书法"行胜于言"，谈到了中国的文字和清华的历史。中国台湾同学在黑板上写繁体字，还登上椅子仔细查看书法的印章，荷兰、法国和美国同学则兴致勃勃地问这问那，教室里洋溢着春的气息。我笑着问大家：我们今天是按课程计划研究"中国海关法"，还是研究中国文化？他们齐声回答：都研究！看来，他们对这种应季应景的讨论，是真心喜欢。

言归正传，我认真地说：在其他课堂上，当课程进行到一定阶段，我会请同学主持讨论，有没有自告奋勇者？我环顾四周，有一位同学自信地点头：没问题（sure）！我笑眯眯地说：好吧，你开始主持吧。她惊慌地说：现在？两个多小时，就由我主持？我说：当然（sure）。她犹豫了一下：我还以为是下节课呢！好吧，我没有任何准备，就让我试试吧！她撸起袖子，站到教室中间，开始主持起来。我则坐下，成为一个学生，面前放着桌签。

让同学主持，我这是"故伎重演"。然而，上课之前，我也没有想到今天就让同学主持，是今天气氛特别好，我现场感觉，应该让他们成为主人了。事实证明，我的判断没有错，果然有人敢于接招。经过五次课，他们已经熟悉了这种上课方法，他们自己主持，又有何难?!

这位同学单刀直入，先是问了大家一个问题。大家围绕这个问题纷纷发言，她则不断追问，这个问题的线索则不断延伸和扩展。我也两次发言，就某些问题谈了自己的看法。后来，我又提出了两个问题，于是大家的讨论开辟了一个新天地。我提问的时候，坦言我自己并不知道答案，只是现场听了大家的发言之后产生的问题。主持人显然不相信，在大家讨论了一阵子不知所措后，转向我寻求答案。我再次澄清：我不知道，但是我愿意课后研究，下节课与大家分享。当时，我心里有一个坚定的声音在告诉我：即使我知道答案，也不能告诉他们，而是要让他们自己寻找答案，在此过程中培养思维的方式。事实上，我还自己承认：我只是一名普通的学生，我发现了问题，但是我的确不知道答案；我并不羞于向同学们承认这一点。

我是一名普通学生，看来同学们和主持人很快就认同了。同学们讨论非常热烈，比我主持的课堂热闹多了，连平时不爱发言的两位荷兰同学也争先恐后说个不停。他们根本无视我的存在！不仅如此，主持人也过于投入，看不到我的桌签，常常让我等待很长时间才有发言机会，并且在三位同学要求发言的情况下，我按顺序被排在第三位！

我被"一视同仁"，"平等对待"，但是我心里却在"偷着乐"。同学主持，效果很好啊！他们才是学习的主人啊！我不过是在旁边贡献一点自己的力量：提供了案例资料，示范了上课方法，参与了课堂讨论，如此而已！

当天晚上，主持人同学给大家发了邮件（附后），表达了自己的喜悦心情，建议大家都尝试当一把主持人。她还根据大家课堂讨论的情况，分派了作业，包括给我的作业。这些作业的内容有：中国海关处理假冒商标货物的方法是什么；WTO专家组为什么说中国海关仅仅除去商标就放回商业领域；海关知识产权保护条例第27条所规定的海关处理侵权货物的四种方式是什么；你如何看待将侵权货物卖给权利人的做法；你自己国家有类似做法吗；中央政府如何使用拍卖所得收入，是用于社会福利还是政府官员年终奖金；资料第74页中间部分的表格是海关2005—2007年处理侵权货物的数据，你如何理解百分之百都销毁了；海关最近处理侵权货物的数据是什么；TRIPS

第46条所说的"例外情况",中国是如何理解的;你自己国家的海关是如何处理侵权货物的……

我不知道其他同学的心情怎样,但是我的心情是喜悦的,因为他们主动追问,主动学习,并且很多内容都是我所想不到的。我把作业清单打印下来,会好好准备:不仅准备分配给我的部分,而且会研究分配给其他同学的部分,以便充分参与下节课的讨论。在回复邮件中,我给他们发送了我的书稿《讨论式教学法的理论与实践》供他们参考。

晚上,我走进"中美经贸关系中的法律问题"课堂。针对上节课布置的题目,大家发表了自己的看法,但是讨论很快集中到反倾销问题上。我将大家的讨论写在黑板上,分为四个方面:什么是反倾销,如何反倾销,反倾销的目的是什么,反倾销的效果怎样。意料之外的是,上节课我作为调节气氛所提及的英国哲学家休谟的怀疑论,包括对因果关系是否存在的怀疑,竟然成为反倾销讨论的一个主要背景:一位同学课后复习了休谟的理论,另一位本科学哲学的同学纠正了他的看法,两人展开了简短的争论,其他同学部分参与了讨论;这个看似不相关的主题,却被用于讨论反倾销的一个要件,即倾销与损害的因果关系如何证明。也就是说,如果世界上根本就没有因果关系(部分同学对休谟的理解),那么倾销与损害的因果关系何从谈起?听到我的这一点总结,大家笑。我接着说:大家说了反倾销的一些理论不一定成立,反倾销不一定有用;如果是这样,美国在年度报告中对中国的指责,哪些是有道理的,哪些是没道理的,是不是同样无从谈起?大家愣了一下,尴尬地笑。

反倾销实在是一个专业的领域,同学们在此前几乎一无所知的情况下,通过两节课的讨论,你一砖我一瓦,渐渐搭起了一个反倾销的知识框架。不仅如此,他们还对因果关系如何确立等问题表示了极大的兴趣。我真的感到很欣慰。我在想,如果我上来就给他们讲一通反倾销的定义和要件,理论和实践,等等,这样的学习效果是不可同日而语的——住旅馆和住自己家怎么能一样呢?何况家是自己装修,甚至自己修建的,期间的理念、甘苦和成长,会凝结成一段感情,深深地埋在心里。

此外，我作为老师，看似随意的一句话，都仿佛在钢琴上按下了一个键，会发出悠扬的乐音——关于休谟，我只是最近读罗素的《西方哲学史》（英文版），上课随意提及，没想到就有同学较真，表示了极大的兴趣，不仅课后阅读，而且上课试图复述和运用，进而成为反倾销专业讨论的基调。对此，我也想了很多。

这是令人兴奋的两次课。同学主持很成功，同学讨论很有效。我忽然明白：每次课后，我都有很多感想要记下来，是因为我将学习主动权交给了学生。给他们自由，这样一群聪明的年轻人，在当今信息化的环境中，能够创造出什么样的学习氛围，我的两个课堂就是证明，我作为老师的喜悦心情就是证明。想起了一位教育学家的名言：你给他阳光，他就灿烂。我想接着说：你作为老师，也就沐浴在这灿烂的春光中。

7. 我在做什么？（七）

第七周，我走进"中国经济与法律制度"课堂。我老老实实坐下，抓紧课前几分钟看自己的作业题。上课了，先是两位中国同学介绍中国立法程序。这是他们与主持人商定，补前一次课的内容，因为其中一位同学因事缺课。两位同学演示PPT，包括中国的立法程序和法律法规等级图表。期间，主持人问了几个问题。我也举牌，经主持人同意，问了一个问题：假设我向一位同学索要节前借出的1000元钱，而那位同学不还钱，那么法官应该适用图表中的哪个法律？那位同学假装与我展开法庭辩论，中国同学和主持人不断发言，其他同学也饶有兴趣地看着。我觉得，我提出假想案例，就是要帮助大家理清中国法律体系的线索。效果的确达到了，因为同学们不断对照黑板上的图表，不断提问中国学生，最后大家还对立法透明度等问题，提出了一些建议，认为立法过程应该公开透明，包括不同立法建议的处理结果以及法案通过时的表决情况，并且应该有完整记录。

然而，我假想的案例，也出现了问题：主持人，即一位美国同学听了我对案例的介绍后，大惑不解地问：老师借钱给学生，这不是合同，因为没有"对价"（consideration）；另外，老师怎么可以借钱给学生呢？围绕这两个问题，大家进行了简短的讨论，却留给我很多思考，其中包括：为什么我认为毋庸置疑的假想案例，会出现这样两个问题呢？

言归正传，在大家"补课"之后，主持人宣布进行本次课主题"中国海关法"的讨论。我先举牌，介绍了我对那两个作业的理解，以及我对专家组法律推理的称赞。主持人没有轻易放过我，接着我的话题，将讨论中心集中在以下两个方面：为什么WTO的TRIPS协定第46条最后一句话只提及了商标，而没有提及专利和版权？相比之下，中国海关总署公告2007年第16号文件提到了商标、著作权、专利权以及其他知识产权，看上去比较完整，但是实践中如何落实？例如，如何清除专利权产品的侵权特征？随后，在其他同学回答问题之后，讨论又集中到另外一个问题，即中国海关知识产权保护条例第27条提到将侵权货物转交给公益机构用于社会公益事业，但是为什么不要求清除侵权特征？这样对权利人不是不公平吗？例如，一群穷人穿着BURBERRY衣服，拎着LV皮包，难道不是对这些奢侈品牌的损害吗？主持人进而追问，为什么立法的时候，没有想到这一点呢？

我觉得我已经完全忘记了老师的身份，而是完全投入到讨论中去了，不断举牌发言，提供自己的理解。这些问题是多么重要啊。以前读这些案例以及选这些案例给同学们的时候，我是没有想到这些问题的。下课时，我感谢主持人的精彩表现，并且明确表示：大家学习中国法律与经济制度，如果能够提出问题，包括立法上的缺陷，这是我最为愿意看到的，因为这才是真正的学习。

中午，我与中国同学和美国主持人共进午餐。中国学生认为，准备PPT和参与课堂讨论，增进了他们对中国《立法法》的理解。美国主持人则分享了自己的主持心得，并就以下问题谈了看法：讨论式与讲授式的区别，讨论式与美国法学院所普遍采用的"苏格拉底"追问式的区别，这个课堂与美国的seminar的区别，以及我们俩主持风格的区别。我忽然觉得，当一个普通的学生，其实挺好的。我可以尽情发言，我可以不断进步。我仿佛回到了大学年代，那个勤奋求知，朝气蓬勃的年轻时代。

晚上，我走进"中美经贸关系中的法律问题"课堂。这次，我不是一个人走进课堂，而是带了一位专家。他长期在外经贸部/商务部工作，曾经在日本工作18年，最近刚从中国驻日本大使馆公使（经济商务）的高位上荣退。我发出邀请的时候说：我的课程是"中美经贸关系中的法律问题"，希望他就"中日经贸关系"介绍一些情况，给同学们提供一个比较的视角；我的课堂是讨论式的，课堂以交流为主，希望他开始的介绍时间不要超过一个小时，其余的一个半小时主要回答同学们的问题。他很高兴地接受了邀请。

课前几天，我给同学们发送了一个邮件："我们很荣幸地邀请到前中国驻日本大使馆公使吕克俭先生与我们座谈。座谈采用讨论的方式，他介绍一个小时左右时间，其他时间主要与同学们交流。请同学们提前查阅以下资料，并在网络学堂'课程讨论'分享，课堂上积极思考和提问：一是查阅吕克俭先生简历和言论。二是中日经贸关系的历史与现状。三是中日经贸关系与中美经贸关系之比较。希望大家大有收获。"

上课铃响了，我笑着问大家：哪位同学能介绍一下吕老师的情况？同学们开始手忙脚乱地搜手机、打电脑。很快，一个同学说了点情况，又一个同学说了点情况。大家七拼八凑，很快将吕老师的情况，从哪里人到哪个学校毕业、哪年哪月任什么职务、何时何地讲过什么话，一股脑说了出来。吕老师笑着说：你们的介绍，帮助我回忆了，很多事情我都忘记了。

随后，吕老师开始介绍中日经贸关系，从贸易、投资、劳务、人员交流到发展前景，娓娓道来，如数家珍。同学们鼓掌。我请同学们提问。一个桌签，两个桌签，三个桌签，先后有11个桌签竖了起来。在吕老师回答了前两个同学的问题后，我建议：由于课堂时间有限，是不是可以请大家把问题都提出来，然后请吕老师统一作答，因为也许有些问题是可以合并的。这样，在大家提问完毕后，吕老师集中回答了半个小时。在热烈的掌声中，下课铃响了。

我觉得这次讲座是非常成功的。首先，我请了一位非常好的专家。课后一位同学评价说："我为他的渊博知识、人格魅力和儒雅风度所折服。"其次，我比较恰当地安排了讲座程序，即一小时介绍，一小时提问，半小时答问，节奏紧凑，气氛活跃。

最后，也是更重要的，是同学们的精彩表现。同学们提问时，秩序井然，落落大方，彬彬有礼。同学们所提的问题，有的是自己的感受，有的是针对吕老师的介绍，政治、经济、历史、文化、教育、社会、国民性、菊与刀、美日关系、中日关系，等等，林林总总，蔚为大观。吕老师坦承：同学们的提问，引发他思考了很多问题。作为任课老师，我真的感到很有面子！

是的，以前参加过一些讲座，也作为嘉宾做过讲座，但是经常遇到的情况是，课堂上死气沉沉，没有一个同学提问。到了最后几分钟的答问阶段，有时候老师不得不点名提问，或者事先安排几个"托儿"准备问题。实在不行了，老师只有自己提问，然后与讲座嘉宾简单交流后草草收场。这样的冷场，老师很没面子。相比之下，我的课堂是"热场"，大家热热闹闹，显示了对嘉宾的尊重，给嘉宾以很大的成就感。嘉宾一句话"你的学生真不错"，老师当然有面子了！

同学们表现精彩，我很开心，但是我并不意外。在过去的六次课堂上，一直都是同学们在发言的呀！不仅如此，同学们之间还辩论呢！这堂课上，已经有同学提出针对性问题，追问甚至质疑老师的观点了。试想一下，如果时间足够，有同学不断追问，形成充分讨论，（下一次讲座，我准备尝试一下），那么课堂气氛会是怎样？对于澄清问题和增进学习，效果会是怎样？也就是说，同学们的风采还没有充分展示出来呢！

这次讲座的成功，一定程度上反映了讨论式教学法的成效，即同学们学会了思考，学会了表达。作为老师，还有什么比这个更为开心的吗？

这两节课的课堂情景，一定是很"另类"的，而作为老师、学生、主人、主持人，这种身份的混同，可能是更加"另类"的，但是课堂效果应该是显而易见的：老师、学生、嘉宾，大家忙忙乎乎，组成了一个学习共同体，每个人都有收获。其中，我作为这一切的总策划，心中有更为强烈的成就感。两个班级，那么多陌生的同学，经过一段时间的相处，一个班级就出现了学生主持人，另一个班级就出现了热闹的讲座场面。学习，上课，竟然可以如此精彩！（2015年4月14日）

8. 我在做什么？（八）

第八周，我走进"中国经济与法律制度"课堂。我笑着问大家：上节课结束时，我让大家报名担任主持人，还说"先来先得"，结果没有一个人报名，为什么？大家笑。有同学说：上周太忙，没有时间充分阅读资料。有同学说：主持人挑战性太大，自己胜任不了。有同学说：对"中国刑法"这个主题兴趣不大，可以考虑主持下一个主题。接着，上节课的主持人同学介绍了主持经验，承认担任主持人要花更多时间阅读资料，但是"物有所值"；担任主持人有一些技巧，但是并非不能胜任。她鼓励同学们试一下。她还顺便请大家谈谈对她主持的两节课的评价，大家欢声笑语，其乐融融。

我在一旁听得津津有味，还不时插几句笑话，调节一下气氛。随后我严肃地说：大家看到，这位同学的主持很好，先是自己提出问题，然后沿着大家的回答一直追问下去，这就是美国法学院常用的"苏格拉底式"教学法；但是我的主持不同，是以一个开放性问题，即"大家看了资料有什么感想"开始，第一轮大家先敞开谈感想，第二轮围绕几个问题集中讨论；今天既然没有人表明愿意主持，那么还是我担任主持人吧；我想尝试一下"苏格拉底式"方法：请大家翻到阅读资料第一页，这里提到了一个词：中国的检察院叫"procuratorate"，请问这个字怎么读？这个机构的功能是什么？你们自己国家是否有类似机构？

可想而知，大家就这个字的发音议论纷纷，连美国、中国香港和澳大利亚这些以英语为母语的同学的舌头都绕不过来。中国香港同学在网络搜索后指出：英语中本来没有这个字，可能是来自于苏联的词汇。随后，大家围绕后两个问题发表意见：美国的 District Attorney Office 和 Attorney General Office，中国香港的 Tariffs 制度，中国内地检察院的职责；检察官与警察之间的关系；刑事诉讼程序；中国的司法部，美国的"大陪审团"制度……大家纷纷举牌发言，先后在黑板上画图，课间三三两两热议。在讨论和比较中，中国检察院的轮廓渐渐清晰起来，但是同学们也提出更多细节问题。

意料之外的是，以上讨论，仍然是上节课那位同学主持的！看到大家的发言热情起来了，我就主动让贤，让那位同学主持。我举牌等待发言，我课间在黑板上板书，完全是一个参与者的身份。有趣的是，主持人当仁不让，同学们也习以为常，完全把我当成了一个普通的中国同学。不仅如此，当我板书介绍检察院时，另一位中国同学还提出了不同意见，我们俩当着外国同学的面辩论了几个来回！

最后我总结说：今天大家讨论很好，内容很丰富、很深入；我可以向大家解释一下我为什么会提出"检察院"的发音和功能的问题，请大家回到阅读资料……我在阅读过程中，发现了一些问题，例如最高检察院有司法解释权，那么其他国家的检察官是否有这个权利呢？经过刚才的讨论，我们发现答案是否定的；但是我们发现还有更多问题需要讨论，例如检察官和警察都有调查的权利，那么各自的权限是什么呢？所以，大家的讨论很有启发性。但是我也觉得对大家不够公平，因为大家只是围绕着我所提出的问题展开的；大家课前阅读的时候，有什么感想，则没有机会表达了，因此我觉得有些愧疚。因此，"苏格拉底式"追问虽然很好，但是也有缺陷；我觉得还是我那种"讨论式教学法"比较好。大家听了点头。

快要下课了，主持人同学突然说：为了避免下节课仍然是我主持，我们现在抽签决定一下下节课由谁来主持。当她拿出现场制作的纸签，同学们议论纷纷，有的同意，有的不同意，有的提出另外的建议，没有人征求我的意见。还有一位同学拎起书包离开了，我笑着问他：你为什么早走了？他答道：已经超时五分钟了！唉，民主的课堂啊，老师的权威何在？他们以为自己是这个教室的主人，根本不用看我的眼色吗?! 最后他们为下节课推举了一位主持人，并没有问问我是不是同意。唉，他们都定了，我还能说什么呢？除了在课后与这位新主持人交流一下主持方法和教学理念，我还能做什么呢？我突然想：如果我下节课出现在课堂，他们是不是也照样，甚至更好地上课呢？好恐怖！

晚上，我走进"中美经贸关系中的法律问题"课堂。课前我已经给同学们发送了邮件和微信："20 日晚上的课程，我们荣幸地邀请到商务部欧洲司欧盟处处长余元堂先生，就'中欧经贸关系'与我们座谈。余老师是我所认识的最为博学的人之一。因此，座谈以交流为主，我建议余老师省略开始介绍的部分，而是把更多时间用于回答同学们的问题以及与同学们交流。所以，请同学们提前查阅中欧经贸关系方面的资料，准备尽可能多的问题和看法，上课后直接提问。此外，也可以在交流过程中，彬彬有礼地和余老师'商榷'！期待着大家的精彩表现。"这个内容也抄送了余老师。

因此，进了教室，大家鼓掌欢迎后，我没有介绍余老师，也没有请他先讲，而是直截了当地说：大家提问吧！随后的两个半小时的课堂时间就是这样分配的：12 位同学提了 18 个问题，半个小时；余老师旁征博引回答问题，一个半小时；又有八位同学提出了九个问题，半个小时；余老师深入浅出回答问题，半个小时。下课铃响了，我简单总结说：围绕"中欧经贸关系"，余老师给我们提供了海量的知识，足见"最博学的人"名不虚传；不仅如此，余老师还给我们提供了看问题的视角，开阔了我们的眼界；我本来想请余老师介绍一下成为"最博学的人"的经验，但是时间有限，我就简单说一下对这位相识近 20 年朋友的理解：passion（激情），是他经常挂在嘴边的一个英文单词，他对生活充满了热情，对世界充满了好奇；读书，是他的生活内容和习惯。最后我说：我希望余老师的讲座，除了在知识和思维方面给我们启发之外，在激情和读书的生活态度上给我们更多的启发。

以下是同学们提出的两轮问题。从这两个问题单，可以看出同学们学习和思考的能力：第一轮问题单，反映了同学们在自学情况下认识的广度和深度；第二轮问题单，能够看出同学们听讲过程中的思考和质疑。我发现，在同学们提问时，余老师边记边点头，有时还禁不住赞叹出声。因此我相信，这样的讲座方式，即"生—师—生—师"的两轮问答，有利于同学们的学习，也有利于老师的讲解，因为同学们自己的问题得到了老师的反馈，并且同学们在其他同学提问和老师回答大家问题的情况下有了进一步的思考，而老师的讲解则更有针对性。不仅如此，老师还会从同学们大量的初步问题和跟进问题中受到启发。短短的一次讲座，是一个典型的学习共同体，"生生"、"师生"围绕一个主题，共同构建了一个知识和思维的实体："中欧经贸关系"这样一个高大上的主题，不再是一堆贸易统计数据，不再是一套经济外交套话，而是具体形象、生动活泼；不再是虚无缥缈的海市蜃楼，而是五颜六色的亭台楼阁。难怪下课时，余老师和同学们都欢欣鼓舞、喜气洋洋。

第二天，我在班级微信群中发了一个消息："昨晚讲座，大家有何评价?"同学们当然好评如潮："内容很广泛"、"给了我们很多不同的视角"、"提供了很有启发性的观点"、"下去还要多读书啊"、"强烈期望余老师推荐各方面质量高的书，超级佩服他啊"、"被余老师的博学所震撼"、"叹为观止"。当然，也有同学提出意见和建议："余老师涉及很多金融方面的知识，自己这方面储备不够，有点跟不上老师的节奏"、"涉及面太广、跳跃性太大而导致每个问题的解答都比较概括，自己的思考也无法深入，更喜欢有主题的讨论"、"时间有限，一些问题不得不蜻蜓点水，我们可能来不及在课堂上搞清楚。"……

附:

第一轮问题："亚投行"对中欧经贸关系的影响，中欧双边投资协定谈判的进展，中德高铁技术合作的情况，明年反倾销中的市场经济地位为什么要获得欧洲议会的批准，中国国企是否能够满足欧盟市场经济的标准，欧盟为什么要对中国军售和高科技出口有限制，中欧地理标志协定谈判进展如何，欧盟内部决策谁说了算，如果有争议怎么解决，中欧光伏贸易摩擦的解决方式对中国有什么启示，欧盟普惠制为什么要与劳工、人权、环境、竞争政策等问题挂钩，WTO"中国稀土案"结束后老师家乡作为重稀土产地的情况怎样，老师作为客家人怎么评价客家人在国际贸易中的作用，欧洲的购物退税制度与中国税制有什么区别，"一带一路"对中欧关系有什么影响，欧元 QE、"降准"对中国经济有什么影响，中欧之间经贸关系是不是有点紧张，欧盟对俄罗斯终裁制裁的前景是什么?

第二轮问题：老师说中欧经贸关系中有一个"说服力"的概念，可否进一步谈谈；老师说南欧经济状况不好为什么；欧洲为什么也关注中国对土耳其的军售；瑞士法郎汇率的变化对人民币有什么影响；老师说中欧贸易摩擦所占贸易量小，但是也有人歧视性是性质问题，不容忽视，老师怎么看；

有人认为自由贸易协定谈判影响了 WTO 的谈判，老师怎么看；欧盟在"北约"的地位如何；德意志银行最近因为中国没有废除死刑就中断了与中国的反伪钞合作，欧洲的国家和企业在外交中是什么关系。

上午的课堂，我都"沦落"到那种地步了，作为老师，好像有点"尴尬"啊！晚上的讲座，我也就是客串一下，好像也是无足轻重啊！但是同学们却好像越来越"来劲"了，以后的课还不知会变成什么样呢！我，作为老师，何去何从？（2015 年 4 月 21 日）

9. 我在做什么？（九）

第九周，我走进《中国经济与法律制度》课堂，像一个普通学生一样乖乖地坐着，抓紧课堂开始前的几分钟看资料。这节课由大家推举的一位中国同学主持。他课前给同学们发了邮件，提出了三个思考题：其一，大家回顾一下上节课讨论的内容，看看还有什么值得深挖的，可以在上课时提出来；其二，请研究"司法解释"问题，思考一下为什么中国法官需要最高法院的司法解释，并且对比一下各自国家的情况，看看在没有司法解释的情况下法官是如何判案的；其三，仔细阅读案例资料，分享问题或评论，此后可能会有跟进讨论。开放性、针对性、生成性和对照法，看来这位同学深得"讨论式教学法"之真谛！事实上，他上学期也选了我的课，一直在读我写的《讨论式教学法的理论与实践》一书，并且在上次课当选为主持人后与我进行了简短的交流。

上课了，当他提及第一个问题，马上有位同学提出：上节课讨论了中国的司法制度和行政制度，但是有同学提到了中国共产党在其中的作用，希望大家能讨论一下这个问题。

于是，主持人开始讲解党的制度及其与行政体系的关系。他一会儿板书，一会儿踱步，一会儿坐到桌上，回答大家问题，主持讨论。外国同学当然有无穷无尽的问题，而我和另外两位中国同学则帮助主持人解释中国的情况。在发言的时候，我反复强调：中国共产党执政地位与立法、司法和行政的关系问题，在宪法和党章里都有规定，但是在实际运作中，却是非常复杂的；如果不研究这个问题，就可能不会理解中国法律；课堂时间有限，只能比较概括地涉及，但是希望大家课后能够继续研究。讨论中，同学们还对比了美国、英国、中国香港、澳大利亚、法国、荷兰等政党制度。

我频繁发言，但是更多时候是听大家讨论。后来有一次，主持人看到我举牌，就让我发言。于是，我提出了"司法解释"的问题，结合案例材料中的相关内容，就司法解释的宪法依据等发表了看法。主持人同学结合自己学习法律和参加全国司法考试的经验，介绍了司法解释的作用。外国同学仍然不是非常理解这种制度，但是分享了各国"在没有司法解释的情况下法官是如何判案的"。在讨论越来越深入、越来越具体的时候，三个半小时的课堂时间结束了。

最后，我又露出了老师的真面目，对主持人同学表示感谢，并且再次强调了我的教学理念：大家结合阅读资料讨论出的问题是真问题，并且是重要的问题；大家不要因为资料中还有很多问题没有涉及感到可惜，甚至不要因为集中讨论的这两个问题也没有透彻和清晰的答案而感到可惜；课堂时间有限，如果我们能够如此深入讨论问题，澄清一些问题，开拓大家思路，并且引起学习和研究的兴趣，就是对课堂时间最为有效的利用。大家点头。

晚上，我走进《中美经贸关系中的法律问题》课堂。我请大家先谈谈听了"中日经贸关系"和"中欧经贸关系"两个讲座之后的感想，随后大家比较集中讨论了以下两个问题：一是讲座的方式；二是中美、中欧和中日经贸关系之比较。

关于讲座方式，对于"介绍—提问—回答"的方式，和"提问—回答—再提问—再回答"这两种方式，同学们表达了自己的评论，并且与常见的老师单纯讲的方式进行了对照。我说：见识了不同的讲座方式并且交流了看法，希望大家受到了启发；不仅如此，将来大家可能都会遇到做讲座或主持讲座的情况，希望大家也能考虑不同的讲座形式，使得讲座人和听众都有最大收获。大家点头。

关于三个方面经贸关系之比较，大家发表了更多观点。例如，中国与这些国家之间的"仰视"、"平视"和"俯视"的不同心态及其历史和现实的原因，中美关系应该如何处理，等等。我说：请另外两个方面的专家来交流，就是给大家提供比较的视角，因为比较的方法，是非常有效的学习方法；希望这两次讲座，能够给大家学习和看待中美关系，提供更为丰富的角度。大家点头。

随后，讨论自然而然进入这节课的主题，即"WTO 争端解决问题"，特别是如何看待使用法律手段解决经贸争端问题。大家似乎比较一致认为，WTO 争端解决机制是比较有效的，因此应该更多使用这个机制解决经贸争端。但是，当讨论到何为 WTO"诉讼"，我就此发表看法时，却引起了好几位同学的质疑。我进行了几次辩解，但是似乎引起了他们更多的质疑。我心里想：看来采用"讨论式教学法"是明智的啊！如果我作为高高在上的老师，哪怕是我最为熟悉的领域，例如我做了十几年实务和研究、"著作等身"的 WTO 争端解决机制，一开口就引起同学们的质疑，那多么没面子啊！何况那些我并不熟悉、似是而非的领域？事实上，上午的课程中，当我解释中国的制度时，外国同学也常常一脸困惑，甚至连连摇头的！当然，如果我不在乎老师的"尊严"，而是放下身段，以一个学生的身份参与讨论，发表自己的观点，那就可以不揣浅陋随心所欲了。

随着讨论的进行，同学们意识到，需要对 WTO 争端解决机制的内容以及中美使用这个机制解决彼此争端的实际情况增加一些理解才能将讨论深入下去，因此这也就成为课后的作业。需求是学习的最大动力。我们的讨论，就是发现了问题，感到了需求。我相信，下节课的讨论，会更加深入，更加"言之有物"。

总结一下这两节课的情况：

其一，同学们似乎仍然把我当做老师看待的。课堂虽然被同学"把持"，我发言也要排队，或者我说话也受到质疑，但是他们好像还是对我"另眼相看"的，不像对其他同学那样，有时候针锋相对、"咄咄逼人"，而我有时候好像也摆出一点老师的架子，"总结"或"启发"一下。换句话说，不论是同学们还是我自己，都认为我在课堂上是一个特殊的人。那么，我的目标，或者同学们的期待，难道是我变成一个"普通人"吗？

其二，在给定学习资料的基础上，通过讨论生成问题，哪怕是离开课程主题稍微远一点的问题，都是有价值的。课堂上，学生看似在学习一门具体课程，事实上是在学习思维的方法。换句话说，一门课的知识不过是思维的载体而已，知识与思维之间的关系，是"末"与"本"的关系。在讨论中，学习和开拓了思维的方法，一门课知识的学习则不在话下了。不仅如此，学会了思维方法，对于其他知识的学习，以至于将来解决实际问题，都是大有裨益的。（2015 年 4 月 28 日）

10. 我在做什么？（十）

第十周，我走进"中国经济与法律制度"课堂。这节课的主题是"中国金融法"，内容是"中国电子支付案"（DS 413）中关于中国银联业务的内容，主持人是一位美国同学和一位香港同学。

两位主持人显然有备而来，但是开篇仍然问大家：读了 60 页案例资料，有什么想法？有什么问题？有人提到"bank card"和"payment card"的区别，"国有银行"和"商业银行"的区别，"银联"、"VISA"和"MAS-TERCARD"的区别，银联垄断的问题，欧元区存在的问题，欧洲"救市"（bail out）的问题，银行破产的问题。大家你一言我一语，讨论很热烈。

但是课堂上最忙的，好像是我。我一会儿板书，一会儿用手机百度，甚至几次跑回隔壁的办公室查找资料。我这么忙乎，是针对大家的讨论提供了如下信息：payment card includes the following：a bank card, credit card, charge card, debit card, check card, automated teller machine（ATM）card, prepaid card……；中国主要银行是"state-owned commercial banks"；我的信用卡上同时有"银联"和"MASTERCARD"标志；中国的"农信银资金清算中心"也在从事类似于银联的业务；有人研究中国加入欧元区的利弊问题；中国《商业银行法》第 71 条规定了银行破产的问题。此外，我还提出了一些问题，例如，美国政府破产是怎么回事，美国的政府机构进出口银行（EXIM）如何运作，等等。我还说，4 月 9 日颁布的《国务院关于实施银行卡清算机构准入管理的决定》与本案有关，但是并非执行裁决之措施，并就此回答了同学们的提问。

两个主持人不温不火地参与和引导着讨论，而我觉得自己学到和澄清了很多知识。

晚上，我走进"中美经贸关系中的法律问题"课堂。我拿出手机，给班级微信群里转发了一则消息："美就履行中美反补贴措施案（DS 437）裁决启动 129 节执行程序。"我请大家阅读这则消息，以及前几天转发的另外两则消息："中国正式取消稀土出口关税"和"国务院关于实施银行卡清算机构准入管理的决定"。同学们纷纷拿出手机，专心致志地阅读起来。

几分钟后，我问大家有什么感想。一位同学说：看来中国和美国都很认真执行 WTO 裁决的。另一位同学说："DS437 案"的消息只是说美国重新开始反补贴调查，但是根据过去的经验，美国是有可能做出相同裁决的。随后，另外一些同学加入了评论：有的案件是美国宣布胜利，而有的案件是中国宣布胜利，似乎中美各有胜负；国务院的那个决定似乎涉及支付宝、腾讯支付等业务的开放；银联是个垄断组织，而垄断不利于银联走向国际竞争；银联并不发行信用卡，而只是交易信息转接和资金清算，并不是垄断；中国取消稀土出口关税，不仅仅是因为败诉；"DS437 案"历时一年多，说明 WTO 争端解决机制也有缺点……还有同学学过"电子银行业务"课程，给大家讲解了银联和银行之间的关系，以及 WTO"中国电子支付案"（DS 413）背后的 VISA，MASTERCARD 和银联之间的商业之争。在此过程中，有同学补充了另外一则消息：美国认为中国的银行业网络安全建设措施违反 WTO 规则。

我让大家放开说，并且在课间休息之前总结道：我们这节课的主题仍然是"WTO 争端解决问题"；我们可以看到，中美之间的 WTO 争端，涉及面非常广，有些问题，例如稀土、反补贴和银行卡清算机构，平时可能根本不可能接触到，希望能够引起大家的关注。

我接着说：关于三则新闻，只有"DS437"是直接提到执行 WTO 裁决的，而另外两则没有提及，但是大家为什么说是中国执行裁决而采取的措施呢？

课间休息后，有同学回答：中国执行 WTO 裁决，从来没有明说，但是只有一个例外，就是 2013 年 7 月 29 日商务部发布的《执行世界贸易组织贸易救济争端裁决暂行规则》。随后，大家的讨论集中在以下几个问题上：为什么只在"贸易救济"领域有专门规定；其他执行裁决的措施，特别是 2010 年 2 月 26 日全国人大常务委员会对著作权法的修改，其法律依据是什么；国际条约与国内法之间的关系是怎样的；WTO 裁决是否属于"国际条约"。讨论中，很多似是而非以及相互冲突的观点浮现出来。最后我总结道：这些问题，都是当年我参与执行案件中所讨论过的，但是并没有明确结论的问题；也就是说，这些都是实践中的真问题，希望大家能够有兴趣去研究。

是的，当年我在商务部的工作，就是负责处理涉及中国的 WTO 案件，包括起诉和应诉以及案件裁决后的执行，而微信中转发的三个案件，也是我曾经负责的案件。我很骄傲，能够把最新、最真实的"WTO 争端解决问题"以及相关的中美经贸关系问题带到课堂，开阔同学们的视野，增加同学们的兴趣，而其中有一些是非常理论的法律问题，需要他们去研究。另外，我也感到，在讨论过程中，如何看待 WTO，如何处理中美关系，以及如何树立法治观念等重大问题，都有所涉及。通过一个个鲜活的案例，一场场热烈的讨论，同学们会思考，会求知，这是多么重要啊。

下课前，我向大家道歉：这节课一反常态，没有以一个开放性问题开始，即没有问大家课前阅读资料的感想，而是先入为主，将大家的注意力引向三个案件最新进展。下节课按计划讨论"WTO 承诺履行问题"，希望大家认真阅读相关资料。

是的，这节课违反"讨论式教学法"的常规，基本上是我在主导课堂，原因不仅是正好有新案例出现，而且因为上节课被放假冲掉了，我担心同学们课前准备不够充分，就通过微信群现场"注入"了一些资料。但是效果还是不错的，大家发言很积极，思路很开阔。也许这个班早已进入了讨论的安全期；也就是说，我可以敞开发表自己的观点而不用担心抑制同学们的学习主动性了。事实上，当我发表看法时，有好几位同学表达了不同意见！

两个完全不同的课堂，却不约而同地涉及了"中国电子支付案"，多么巧合啊！这两节课，非常明确地回答了我经常自问的问题："我在做什么?"我在把近二十年的政府、外交和法律经验，用一种平等对话的方式，传递给年轻人，并且在此过程中自己也总结、提炼、学习了很多知识和思想。（2015 年 5 月 12 日）

11. 我在做什么?（十一）

第十一周，我走进"中国经济与法律制度"课堂。这节课是"中国金融法"的第二次课。两位主持同学已经提前给大家发了讨论问题单，所以直截了当地问大家的观点。讨论就这样"顺理成章"地进行了。

我也当仁不让地参加了讨论。继续上节课达到主题，我们讨论了银联与 VISA 和 MASTERCARD 的竞争与合作关系；VISA、MASTERCARD 与 AMERICAN EXPRESS 和 DISCOVER 的区别；欧洲为什么没有类似的银行卡组织，而中国却有银联、日本却有 JCB；银联"垄断"作为国内法规制的内容和 WTO 协议的关系问题；市场开放对银联和消费者的好处；十年前的"银商"之争，即银联和商家就手续费发生的争议；对"幼稚产业"（infant industry）的保护问题；欧洲的农业补贴；中国的改革开放政策。我明确表达了自己的观点：支持改革开放，相信市场经济。

最后我总结道：通过两节课的讨论，我们对中国金融体系中的一个重要组织"银联"有了比较全面的认识；我们讨论了市场开放的问题；我们还关注《国务院关于实施银行卡清算机构准入管理的决定》6 月 1 日实施后国内外银行卡组织在市场上的变化；希望大家通过对这个特殊组织的研究，对"中国金融法"有比较形象的认识。

晚上，我走进"中美经贸关系中的法律问题"课堂。这节课的主题是"WTO 承诺的履行问题"。大家简单交流了阅读和思考心得之后，讨论很快就集中到了法律服务业开放的问题上，因为有同学提及了中国加入 WTO 时的承诺，包括外国律师事务所在中国执业的范围和限制。大家讨论的问题包括：根据中国加入 WTO 承诺以及相应的《外国律师事务所驻华代表机构管理条例》（2001 年）和《司法部关于执行〈外国律师事务所驻华代表机构管理条例〉的规定》（2002 年），中国所和外国所的业务范围有什么区别？如果班上两位同学毕业后分别进入中国所和外国所，那么将来从事的业务范围会有什么不同？实践中的情况是怎样的？为什么要有这些区别？例如，为什么要规定外国所"不得雇佣中国国家注册律师"？外国是如何规定的？

我在黑板上写下了"实然"和"应然"两个词。我说：中国所和外国所的区别，规定是什么，实际情况怎样，这属于"实然"层面，希望大家能够搞清楚；而中国所和外国所的区别，应该怎样，这属于"应然"层面，希望大家能够认真研究；我们在学校里，在了解"实然"的基础上，应该讨论"实然"的问题，因为只有这样，当大家走向社会，才能带着是非对错的理念去推动社会进步。

后来，大家又讨论了"中国为什么要加入 WTO"的问题。我说：这是一个经典问题，当年入世谈判时有人讨论，现在仍然有人讨论；我是支持加入 WTO 的，但是大家不一定要同意我的观点，可以在课后查找相反观点。

最后，根据大家讨论的情况，我布置了课后作业：深入研究律师业开放的若干问题；研究反对中国加入 WTO 的观点；研究"贸易政策统一实施"和"透明度"两项承诺能否有效实施的问题。我还笑着建议大家：一定要认真阅读我提供的书稿资料《世界贸易组织与中国》，看看有什么不同观点，下节课提出来；我是入世谈判和随后工作的见证者，大家一定要抓住这个机会啊！

学习是一种能力。如何在有限时间内，查找不同资料，将某一个问题搞清楚，讨论式课堂提供了很好的环境，即这么多同学从不同角度搜集和汇总资料，问题就渐渐"成形"了。但是更为重要的是，讨论式课堂提供了学习思考的环境，即大家，包括老师在内，谈对一个问题的看法。从这节课的情况看，比较而言，构建知识的框架是容易的，而形成理性的看法是不容易的。那么多问题，特别是"应然"的问题，大家有那么多模糊甚至糊涂的认识。而澄清这些认识，哪怕只是一点点，也许就是讨论课的价值所在吧。

这两个班上的同学，将来走向社会，不知道会不会遇到这样的情景，让他们想起这两节课上我们讨论的事情：银联是怎么回事？中国的相关政策是怎样的？中国和外国律师事务所的区别是什么？为什么要有这种区别？应该怎样？我相信，经过这样的集体讨论，他们对于这些问题的记忆是深刻的，看法是独特的。就这几个问题，翻来覆去、里里外外讨论了那么长时间，难道还不能达到这样的效果吗？（2015 年 5 月 19 日）

12. 我在做什么？（十二）

第十二周，我走进"中国经济与法律制度"课堂。这节课是"中国文化法"的第一次课，由一位中国台湾同学主持。这位同学课前给大家发了问题单，并且引导了整场讨论，显示了对案例资料的熟知和思考。我积极参与了讨论，针对这些问题以及同学们的发言，发表自己的看法和提供相关资料。

有同学提问：文化部等五部门联合发布的《关于文化领域引进外资的若干意见》（2005 年 7 月 6 日），是否有法律效力？当我试图板书说明我的理解，却发现问题越来越多：国务院、各部委和最高法院，甚至清华大学，都在发布"若干意见"，它们的法律效力是什么？如果是法律文件，是否要履行正常的立法程序，例如公开征求意见？"若干意见"这个表述，外国学生没有见过、不知所措，中国人则习以为常却没有深究。这是我的收获之一。

我的收获之二，是与同学们一起研究了《出版物管理条例》（2002 年）第 26 条（"任何出版物不得含有以下内容"）中的十项规定。① 美国、法国、澳大利亚和中国同学一起，分享了各自国家的做法，在比较中加深了对中国规定的理解。

---

① （一）反对宪法确定的基本原则的； （二）危害国家统一、主权和领土完整的； （三）泄露国家秘密、危害国家安全或者损害国家荣誉和利益的；（四）煽动民族仇恨、民族歧视，破坏民族团结，或者侵害民族风俗、习惯的；（五）宣扬邪教、迷信的；（六）扰乱社会秩序，破坏社会稳定的；（七）宣扬淫秽、赌博、暴力或者教唆犯罪的；（八）侮辱或者诽谤他人，侵害他人合法权益的；（九）危害社会公德或者民族优秀文化传统的；（十）有法律、行政法规和国家规定禁止的其他内容的。

　　讨论中，我还介绍了我对本案的一些理解，例如为什么专家组会裁定，各成员有权对进口报纸杂志进行内容审查，但是只允许部分国营公司进口报纸杂志却不符合《关贸总协定》第20条例外条款中的"公共道德之必需"。

　　晚上，我走进"中美经贸关系中的法律问题"课堂。我首先向大家确认微信群中分享的一些资料，有的是我发的，有的是同学发的："中国在加入WTO 10周年之际应考虑退出WTO"、"中国加入世贸组织的利弊"、"有些人对WTO规则理解水平之低下让人震惊"、"如何看待中国'入世'15年的变化"。随后我直接问大家对这些文章的看法以及上节课遗留问题的研究情况。

　　关于中外律师的区别问题，有同学研究了有关法规和文件，了解了有关情况，从"实然"和"应然"层面进行了讲解。他的观点与上节课有所不同，认为应该减少中外律师的区别。其间我插问：为什么要规定外国律师或者外所的中国律师不得代理刑事诉讼？

　　关于"贸易政策统一实施"和"透明度"两项承诺能否有效实施的问题，有几位同学介绍了研究的情况，发现现实中存在问题，并且有同学仍然认为这两项制度很难实施，因为制度和文化等原因。

　　对于以上两个问题，同学们进行了简单的交流，但是讨论很快就集中到对中国入世的看法上。很多同学批驳了"弊大于利"和"退出WTO"等观点，但是也有同学觉得这些观点中的有些说法是有道理的，只是不能同意论证和结论而已。还有同学认为当年"入世"时的一些悲观预测没有出现，并不一定意味着这些预测是错误的，而是有可能这些预测被政府借鉴并采取了防护措施。大多数同学都认为入世给中国带来了好处，但是我也适时提及了相反的观点：有人认为经济发展和法治建设并不是入世带来的，而是改革开放的成果。在此基础上，大家又围绕如何论证利弊和如何确定因果关系等问题进行了讨论。我欣喜地看着同学们就"入世"对中国的影响问题往深处挖、往广度扩。我还直截了当地说：苏格拉底说过：an unexamined life is not worth living；我想套用一下这句话：an unexamined knowledge is not true. 也就是说，只有经过辩论的知识才是真知识。我知道：经过这节课的讨论，同学们对这个问题的看法，比很多人都要全面和理性了。

上午我参与讨论的课堂，涉及中国一个特殊的法律领域，即文化方面的法律制度，与众不同，非常复杂。通过讨论，大家开始一点点了解这个制度，而我自己也借此机会澄清了一些现象。而晚上我主持讨论的课堂，则是涉及"入世"对中国的影响这样重大的认识问题，讨论有益于他们的理解。我在想：除了这样的讨论式课堂，同学们不太可能有机会如此认真地集体思考一些复杂、重要的问题吧？（2015 年 5 月 26 日）

13. 我在做什么？（十三）

第十三周，我走进"中国经济与法律制度"课堂。这节课是"中国文化法"的第二次课，仍然由一位中国台湾同学主持。我们坐着轻松地聊着，从中国大陆与港澳台之间的关系，到从清华大学看中国近代史，最后回到国际比较视野下的中国文化产品相关管理制度。我从自己工作经验的角度，介绍了国家新闻出版总署和国家广电总局的职责，以及 2013 年两个单位的合并。我还从版权保护的角度与大家交流了复印书籍以及下载音乐和软件的看法。讲到清华，我更是如数家珍，以老校门为例，讲解了时代变迁。

我们随心所欲地聊着。我发现，我说的一切内容，同学们都是感兴趣的。同时我还发现，他们也渐渐敞开心扉，畅所欲言，谈了他们对"文革"和毛泽东的理解。我告诉他们，关于"文革"，中共中央已经有决议（《关于建国以来党的若干历史问题的决议》，1981 年），将其定性为"是毛泽东同志发动和领导的"，"造成严重的混乱、破坏和倒退……带来严重灾难的内乱"。但是现在有些人，包括曾经经历过"文革"的人，竟然开始怀念"文革"，这说明历史是容易被忘却的。我在想：这些来中国学习中国法的学生，如果不知道中国历史，特别是中国近代史，怎么能理解中国的法律以及中国目前的法治状况呢？因此，我觉得以"中国文化法"为中心，扩展一些历史知识是有必要的。

我们就这样聊着，不知不觉三个小时过去了。我觉得我们已经变成了朋友关系，而不再是严格的师生关系。我把我知道的情况和我的观点告诉他们，一定会引起他们的思考，而他们也提出问题以及自己的看法，也启发我从旁观者的角度看到那些我所熟悉的事情。这是多么愉快的课堂啊！

晚上，我走进"中美经贸关系中的法律问题"课堂。我笑着说：这次"市场经济地位问题"专题，我们要研究一个非常微观的问题，我也想借此测试一下大家的能力！由于我事先给大家发了几份材料，所以直截了当地请大家谈感想。

在两个半小时的时间里，同学们有的发言，有的辩论，有的板书，有的查阅，忙得不亦乐乎。我则在其中穿针引线，提问澄清和两面说话，并且用"这个问题搞不清楚就不是合格的法律毕业生"等笑谈来刺激大家，用"这是涉及中国企业利益的重要问题"等判断来鼓励大家。明年年底，根据中国加入WTO议定书第15条的内容，中国企业出口产品是不是还会受到"非市场经济问题"的歧视和困扰，很大程度上取决于我们能否提供充分有力的法律解释。法律条款的复杂性和模糊性，加上同学们的责无旁贷、义不容辞的责任感，使得这次课堂热闹非凡。最后，我分享了当年参加这个问题谈判的经验，并且借题发挥，谈了国际条约谈判过程的特点，以及法律人应该如何看待和处理法律的模糊性问题。不知不觉间，我拖堂了，而我一向是坚决反对拖堂的！

我觉得这样的课堂，这样的气氛，才是真正的学习。外国学生求知若渴，我告诉他们具体的情况和看法；中国学生跃跃欲试，我鼓励他们勇当大任并提出路径。与此同时，我也受到启发，我也在不断调整，想方设法把我的知识和思想用适当的方式传达给他们。正午和深夜，同学们都是心满意足地离开课堂的。我也是。（2015年6月2日）

14. 我在做什么？（十四）

第十四周，我走进"中国经济与法律制度"课堂。这是最后一节课，我们先是讨论"中国经济制度"，然后每个同学展示PPT介绍自己作业大纲。

主持人是两位荷兰同学和一位法国同学。对于我提供的案例资料，他们显然非常认真地阅读和讨论了，所以主持起来游刃有余，有问必答。我也轻松自如，积极参与。我不断发言，介绍了本案的案情，介绍了反倾销和反补贴的程序，并且介绍了"中国经济制度"，即我选取的资料所反映的"国有企业"、"国有商业银行"、"五年计划"和"土地使用权"等问题。我畅所欲言，认为中国经济制度既非传统的计划经济体制，也非西方的市场经济体制，而是处于从计划经济向市场经济转型过程中，并且转型过程中有曲折，"社会主义市场经济"的概念有模糊。我想，我应该告诉同学们中国经济制度的真实性和复杂性，这样有助于他们理解中国的很多政治、经济和社会问题。

我的侃侃而谈，并没有抑制同学们自己的讨论。事实上，我明显感觉到，他们只是把我当作一位"中国同学"而已，需要了解中国情况，看到我举牌就让我发言。课堂是他们的，而不是我的。他们似乎主人翁意识很强，连作业汇报部分，他们也自己安排，自己主持，并没有征求我的意见！我在一旁看着他们忙碌着，心中有点失落感，在每个同学介绍完成后，我都试图提一两点意见和问题，以引起他们对我的注意！

对了，最后一节课安排大家交流作业计划，是想给他们提供最后一次相互学习的机会。听其他同学介绍会有启发，而听其他同学评论更有助于作业的完善。他们大大方方地演示讲解，每位同学发言完毕，大家都鼓掌祝贺。他们的作业题目，有的直接来本学期的课堂讨论，有的则间接涉及本学期的课程主题。我早已声明过：他们可以自由选题，只要与本学期的学习相关就行。听着他们的汇报，我很开心。我还让旁听的同学拍了几张照片，是大家热烈讨论的场景。

这是最后一节课。这些来自世界各地的同学，随后将飞回世界各地。与他们相处一个学期，相识相知，共同学习，我是幸福的。

这也是我的第一个外国学生班。整整一个学期，我们借助 WTO 中国案例的丰富详细资料，在"中国经济与法律制度"的主题下，研究"中国贸易法"、"中国版权法"、"中国海关法"、"中国刑法"、"中国金融法"、"中国文化法"和"中国经济制度"。我们平等讨论，我们客观比较。我相信，经过这个学期的课程，他们对《中国经济与法律制度》一定有了比较感性、客观的认识。说不定将来他们从事与中国有关的工作时，会以"中国专家"自居呢！我也希望他们作为"中国专家"是名副其实的。

晚上，我走进"中美经贸关系中的法律问题"课堂。这节课讨论"投资问题"和"出口管制问题"。上节课结束时，我就告诉同学们：这两个问题，是比较重要的"中美经贸关系中的法律问题"，但是由于时间限制，我们只能用一节课讨论了。不仅如此，我还告诉同学们：关于这两个主题，我不给大家提供任何资料，而是请大家自己查找资料以便上课讨论。

我让大家分享课前阅读所得。于是，有的发言，有的提问，有的回答，大家驾轻就熟开始了讨论。我发现，不到一个小时时间，关于这两个主题的主要内容，例如美国的投资安全审查制度及对中国的影响、中美投资协定谈判、美国的出口管制制度及对中国的影响、中国的出口管制制度等内容，就大体上都覆盖了。他们提到了美国的安全审查标准，中国企业所遇到的案例，出口管制的原因，中国的相应制度。他们还提到：美国的有关制度，不仅仅是针对中国的。我再次强烈地感到：如果是我讲，也未必能够讲这么清楚细致吧！这个班上，同学们自己研究、讨论，已经习以为常了。我好开心。

我主持讨论，只是让大家说。见大家说得差不多了，我宣布课间休息，并且请大家进一步考虑刚才讨论所涉及的几个问题："三一重工案"的案情是什么；如何看待有同学提出的美国投资安全审查制度有任意性、不透明；中美第25届商贸联委会成果清单中一开始就提到了出口管制问题，大家能够读出些什么。

短暂休息后，有同学介绍了那个案件在美国法院中的程序，以及美国法院判决的内容，并且进而以此为例涉及了"任意性"和"不透明"的问题。还有同学认真解读成果清单的文字，发现了很多问题。我则刨根问底，引导他们步步深入。我欣喜地看到，他们对"安全审查"和"出口管制"这些敏感性的问题的看法，越来越全面和客观。我高兴地对他们说：经过这番讨论，大家对这些问题的看法就已经超过很多主管官员了！

对了，上课开始时，我还总结了这学期课程的主要内容："中美经贸关系概论"、"知识产权问题"、"贸易救济问题"、"WTO 争端解决问题"、"WTO 承诺的履行问题"、"投资问题"、"出口管制问题"、"市场经济地位问题"；我们还邀请了两位专家讲座："中日经贸关系问题"和"中欧经贸关系问题"。我提醒大家回顾一下：现在对中美经贸关系的看法，与开学之初的看法有什么不同。事实上，我坚信，经过这个学期的学习，他们不仅了解了中美经贸关系中的一些重点问题，而且他们的看法会更加理性和客观。能实现这样的目的，我感到十分欣慰。

这也是我第一次整学期开设这样的课程。从效果看，也许这个课程是有必要成为常设课程的。如何看待中美关系，这是多么重要啊！我能够结合我的经验，发挥我的优势，"传道授业解惑"，这是多么有意义的事情啊！

这学期的课程结束了。"我在做什么"？两个班，两套课程，我给同学们带来了什么？课程结束了，同学们各奔东西、天南海北，一切似乎消于无形。然而，这一切都曾存在过，而且我坚信，这一切会一直存在着。是的，只要我用心，只要我相信，这一切就会一直存在着。（2015 年 6 月 9 日）

（三）讲课笔记之三："清华学"（2015 年秋季学期，清华大学新生通识课程"大学精神之源流"小班课"清华学"）

1. 课程笔记

（1）是什么咋研究

上课时间：2015 年 10 月 15 日，19：20—20：55

上课地点：清华学堂 209 教室

我笑眯眯、慢腾腾地说：这门课的课程内容很特殊，因为这是研究清华的一门课，而"清华学"是我今年才提出来的一个概念，并且这是第一次正式开课，你们是第一批学生；上了这门课，你们不仅会成为更好的清华园导游，显得比别人更加专业，而且有益于你们的"校园生活、职业发展和人生幸福"（"清华学课程大纲"语）。这门课的上课方式也很特殊，我们会采用"讨论式",就是以你们发言为主,大家进行讨论的方式;我们还会结合"考察式",就是要去校园内实地考察,这是清华才有的、得天独厚的教学资源。

简短的开场白之后,我问道:阅读了我提供的"论清华学"及其附件"课程大纲",收到了 700 多页的"课程资料汇编",你们有什么问题或感想吗?

一个桌签竖起来,两个桌签竖起来,好几个桌签竖起来了。一个同学站起来,两个同学站起来,每个同学都站起来了。他们大大方方、坦坦白白地提出问题,表达看法:您是如何论证"清华学"的?作为一门学科,"清华学"是否太单薄?有"牛津学"、"剑桥学"吗?这个学科的目标是"大众化"还是"阳春白雪"?这门课与另一个小班课"清华史"有何区别?好像您只研究旧的东西,但是旧的东西是有限的,是否也应该研究现在的清华?是否还应该研究未来的清华?内容很多,但是它们之间的联系是否有点牵强?"清华作为一个大学校与小社会",这个内容与社会上的其他组织好像没有什么不同?范围很广,建筑、历史、文学、摄影,那么研究应该"全"一点还是"专"一点?研究《红楼梦》也有"红学",好像这个"学"不是"学科",而是"学问"?您写的"美的历程:清华园导游记"写到了中西合璧的建筑和新旧杂糅的清华,反映了历史的积淀,就像巴黎;"清华学"是目的还是过程?……

听着他们认真地发言,我心中窃喜:他们已经在给"清华学""开疆拓土"了!无论是具体举例,还是抽象界定,他们都是仿佛在拿着放大镜给"清华学"聚焦。这恰恰是研究"清华学"的第一步啊!

随后,大家的讨论逐渐集中到两个问题上:清华学的范围是什么,应该如何研究,特别是在清华学内容如此丰富而课堂时间如此有限(24 学时)的情况下,如何进行有效的学习。有的同学主张"全",有的同学主张"专",但是有的同学指出,这么少的时间,即使"专"也做不到。见大家说得差不多了,课堂时间也差不多了,我"故弄玄虚"地说:你们上了这么多年学,可能第一次见到老师跟你们商量"讲什么"和"怎么讲"吧?

他们点头。我又不慌不忙地"卖弄"道：其实大学里的所有课程都会遇到这个问题，即有限的课堂时间与丰富的课程内容之间的冲突；有的老师采取"满堂灌"的方式，上课从头讲到尾，但是老师讲完了，就意味着同学们学到了吗？我是不会采取这种方式的；我们教育学有一个"授人以鱼不如授人以渔"的理论，就是教人学会方法；那么，"清华学"的学习方法是什么呢？请大家记住这个问题，等到课程结束时总结一下。

望着同学们略显茫然的目光，我笑眯眯地说：我们到走廊里看看。大家鱼贯而出，聚集到走廊的墙壁上悬挂的一个相框前，阅读"清华学堂的建筑艺术"。我指着相框说：请你们课后研究以下问题，下节课交流（助教很快就在班级微信群中发送了）："①那桐是什么人？②什么叫清水砖？③泰兴窑是什么？④什么叫德国式风格？⑤什么叫孟萨式屋顶？⑥在哪里有'许多浮雕饰物和线脚勾勒'？哪里体现出较高的艺术价值？⑦看一下几个建筑：大礼堂，科学馆，工字厅，古月堂。下节课主题为建筑风格。"

说完这些，我就宣布下课了。我有点小小的得意：关于这个相框，并不是所有人都能提出这些问题的吧？此乃"渔"之道也！我更感到大大的幸运：我的课堂是在"清华学堂"这个百年西洋建筑之内，精美的设计，悠久的历史，丰富的内涵，其本身就是我的"清华学"第一课啊！关于"清华学堂"，"建筑艺术"仅仅是个开始啊！还有"清华国学院"呢！当年"四大导师"就是在117教室讲课的呢！想想梁启超、王国维、陈寅恪和赵元任等每天在此出入的情景吧！

进而言之，博大精深的清华，如果能够让这些年轻人培养思古之情、求知之欲和爱美之心，那么清华学之目标，即裨益同学们的"校园生活、职业发展和人生幸福"则绝非虚妄之言了！

何况，他们是智商最高的、将来要成为社会栋梁的年轻人啊！与他们一起探索，仿佛伴着淙淙流淌的小溪，乐何如哉！（2015年10月16日）

（2）清华学堂大礼堂工字厅古月堂

上课时间：2015年10月19日（星期一）、21日（星期三）12：30—13：15

上课地点：清华学堂大礼堂工字厅古月堂

这两次课，我称为"实地考察课"。"清华学"的重要特点之一，就是清华园有丰富的教学资源——我们的教室所在地"清华学堂"本身就是文物。因此，实地考察将是主要的教学方式。

星期一中午，我们先汇集在清华学堂东部角楼的大厅。我问大家，上节课留下的几个问题，大家有什么信息和想法要分享。大家七嘴八舌起来，显然多多少少都搜集和阅读了资料。很快，我们的讨论集中到"清华学堂的建筑艺术"相框中所提到的"线脚勾勒"。在这个宽敞的大厅、敦厚的石柱和盘旋的木梯之间，哪里是"线脚勾勒"？为什么说它"造型精致"？大家观察、上网、交流，竟然发现墙角和柱头上那些简单的线条也有讲究，兼具功能和审美的价值。由于在室内没有找到"浮雕饰物"，我们移步到室外，正面那些雕饰立即引起了大家的热议，你一言我一语，以至于完全没有了"课堂秩序"。我们还分享了对这个建筑"较高的艺术价值"的看法。正在这时，清华附小的几位志愿者站到清华学堂前面，开始给大家讲解清华学堂的历史。我的学生低声"不屑"道：你们讲讲什么是"德国式风格"和"孟萨式屋顶"吧！这些小童鞋讲完，还现场提问：清华国学院"四大导师"是指哪几个人？几个学生七拼八凑，竟然都说出来了，因而获得了小童鞋的一件奖品：一张清华风光明信片！大家在欢声笑语中，结束了这次课程。

然而，根据大家的讨论情况，这节课又留下了七道作业：①轻木结构是什么，学堂内哪里能看到？和木结构有什么区别？②线角是当年就有的还是现在才有的？③学堂的室内浮雕在哪儿？④学堂正门上方的浮雕是什么图案？⑤再查一查那桐其人。⑥为德国式风格写一段介绍语。⑦阅读课程资料中并且查阅关于"建筑及其艺术"的内容。

星期三中午，我们如约来到大礼堂前。大家首先过了一遍上次的作业。超强的检索能力和理解水平啊！关于"轻木结构"，大家提到了其命名、来源和特征，甚至与钢结构相比的耐火性（因为大家知道清华学堂曾经在2010年遭遇火灾）。关于"那桐"，大家甚至揭出了他爱写日记的习惯和谐媚腐化的老底！而关于"德国式风格"，大家不仅对比了"法国式风格"、"文艺复兴风格"、"巴洛克式"和"哥特式"，发现了相框中说法与后来的校园设计者墨菲（Henry Murphy）说法的不一致，而且还有同学宣读了以下一段文字。我觉得，这可能是对清华学堂建筑风格最为专业而标准的描述：德国建筑外部简洁明快，色彩庄重，表现出高度的精确性、规划性和特有的工业美感，以清晰的转角、简洁的造型、精确的比例、功能的强调、良好的施工品质给人严谨光洁的感觉，粗重的花岗岩、高坡度的楼顶、厚实的砖石墙、修长的花窗等细节设计占很大比例，同时综合运用各种曲线曲面，雕刻装饰，动态追求的手法；内部同样简洁大气，重视人的活动空间，通过有层次的空间营造满足人的需求，同时也强调精确的设计；整体来说注重与周围环境的统一和谐，品质精良，达到相当的艺术高度。

随后，我们转身观看大礼堂。我问大家有什么感想，特别是与清华学堂的对比。于是，神庙风格、希腊柱式、高大庄重等等词汇在低空中飘荡起来。我很开心，请他们走进大礼堂观看。他们抚摸细数了大理石柱子的凹槽，确认是 24 个。他们对门框上面的图案议论纷纷。我还带他们看了西侧墙角的斑驳的刻石"中华民国六年八月周诒春立"。

时间不多了，我们骑上自行车，来到工字厅前面。我问大家，与清华学堂和大礼堂有什么不同的感觉。大家说：这是中式建筑。我追问大家：中式建筑的特征是什么？我还笑着问大家：哪种建筑更为精美？你们喜欢哪种建筑？为什么？最后，我们又顺路来到古月堂前，将它与工字厅对比了一番。对于工字厅和古月堂，他们知道分别是 300 年和 200 年的建筑，也听说清华园曾经叫"小五爷园"，但是分别属于哪个清帝的年代，他们却语焉不详，更不知道是不是还有"老五爷园"或"五爷园"。最后，这节课的作业是：①三种希腊柱式，即多立克柱式、爱奥尼亚柱式和科林斯柱式的名称之含义。②大礼堂门上／墙上的"花纹"是什么花？③门正上方的铁的半圆形像太阳的物件是什么？④周诒春其人。我还建议大家了解一下中式建筑和西式建筑的区别。

我们仿佛是在集体绘画：你一笔我一画，兴致勃勃，相互启发，一幅浓墨重彩兼具写实和抽象风格的清华园油画逐渐展现在我们面前。在此过程中，我们的知识、思维和审美都得到了提高。"清华学"能够实现这样的效果，幸哉！（2015 年 10 月 23 日于上海、昆明）

（3）国学院

上课时间：2015 年 10 月 29 日，19：20—20：55

上课地点：清华学堂 209 教室

按照常规，我先问大家读了课程资料后有什么问题和感想（"提问阶段"）。"任何问题和感想"！我再次强调。大家纷纷举牌发言。清华国学院与北大国学门有什么区别？国学院学生读几年？国学院后来为什么没有延续下去？国学院学生与留美预科生是什么关系？吴宓提出国学院的两个目标是"第一，整理全部材料，探求各种制度之沿革，溯其渊源，明其因果，以成历史的综合。第二，探讨其中所含义理，讲明中国先民道德哲理之观念，其对于人生及社会之态度，更取西洋之道德哲理等，以为比较，而有所阐发，以为中国今日民生群治之标准，而造成一中心之学说，以定国是"。也就是整理国故和与西方文化进行比较，这些目标实现了吗？"四大导师"都有西学背景，他们是如何进行国学研究和教学的？国学院的成功是由于导师厉害还是由于学生优秀？如果"四大导师"现在教学，能够出这样的成绩吗？国学院好像不是中国传统的书院，而是牛津、剑桥的学院制。新国学院与"苏世民书院"是什么关系？国学院的目标还包括研究社会科学和自然科学，但是为什么只集中在国学？……

见大家说得差不多了，我提醒道：大家的思路，似乎只是探讨国学院的成功之道；大家有没有看到对国学院批评方面的文章？

同学们停顿了一会儿，随后汇聚了以下信息：有人说国学院选拔的学生很厉害，他们的成就与导师没有什么关系；有人不同意陈寅恪研究《西游记》的方法和王国维的"二重证据法"；有人批评导师将最前沿的学术问题教给学生，学生不能理解；有人指出学生们都成了学者，而不是思想家；有学生举报梁启超不认真上课，引起了"驱梁"和"挽梁"风波……

在"讨论阶段"，有同学就以上问题提供了一些答案和理解。不知不觉间，大家的讨论集中到探讨王国维的死因，"殉大清"、"殉文化"、与罗振玉交恶、受到叔本华影响等观点都提了出来，你一言我一语，非常热烈。这时有一个同学提出：我们这次课的主题是国学院，但是我们花这么多时间探讨王国维为什么自杀，有什么意义呢？有两个同学站起来反驳，认为研究王国维之死，是研究国学院的重要组成部分，也是研究当时的中国社会，甚至是历史研究的意义之所在。这时，校史馆金富军老师则从专业角度介绍了史料和看法。最后，我也发表了自己的观点：我对这个问题的兴趣，主要是出于好奇心，没有什么功利目的；如果是客观上有什么功利效果，那么就是知道了更多人物和事件，并且培养了我的思考力和历史观。

这时又有同学补充资料：国学院难以为继，只办了四年，除了由于王国维和梁启超的相继离世，还因为学校的权力斗争，校长曹云祥……我笑道：原来这么复杂；我们课堂时间有限，只能讨论到这里了，但是我希望大家能够自己钻研下去。这节课我留给大家两道思考题：如何看待王国维之死，如何评价国学院。对于后一个题目，我澄清道：我们已经知道了国学院和"四大导师"的很多"内幕"，那么我们如何评价国学院和这些人呢？是一味赞扬还是不以为是？

随后，我们到楼下走廊观看了国学院的有关资料相框，包括"四大导师"的照片，然后回到楼上看了新国学院书籍橱窗展示。参观期间，我提醒他们：当年的国学院上课地点，就是楼下 117 教室；大家想象一下"四大导师"每天出入此楼的情景吧！另外，请大家留意一下新国学院出版书籍的名称，看看陈来和刘东等老师在研究什么问题。幸运的是，我们参观的时候，竟然偶遇刘东老师！

下课了，我行走在校园夜色中，心中却仿佛有盏盏明灯，是国学院，是"四大导师"，是班上的同学们。

注：金富军老师带着他的小班同学加入了我们的课堂。

（4）王国维纪念碑

上课时间：2015 年 11 月 4 日（星期三）12：30—13：15

上课地点：王国维纪念碑

在王国维纪念碑背面，大家扇形站立，看着碑文。我请一位同学朗读全文。朗读过程中，大家纷纷就一些读音和断句发表意见，例如几个繁体字的读法，篆额中每一个字的确认。朗读完毕，大家鼓掌感谢。然后，我又请他解释碑文的含义，而大家也七嘴八舌地发表不同看法。我则不时打断他，追问某句某词的含义，例如"仝"是什么意思，"贞珉"是什么，什么是"无竟"，什么是"真宰"，"三光"是哪三光，"义宁"在何处，"陈寅恪"有什么成就，"书丹"是干什么，"篆额"什么意思，等等。同学们每人一部手机，紧张地搜索，不断汇聚着答案。解读完毕，大家再次鼓掌感谢。

我问大家对碑文还有什么不理解的，有同学指出了对于"来世不可知者也"这句话的归属问题：是属于前一段的总结还是后一段的开端？碑文没有标点符号，多数人认为属于前者，只有一位同学坚持属于后者并且从白话文译文中寻求支持。

我又问大家：大家看了这个纪念碑，有何感想？有同学说这个碑的设计很漂亮，有同学问为什么上方有一些破损，有同学说"文革"中遭到了破坏。我进一步追问：上节课我们讨论了国学院和王国维之死，现在大家有什么新的想法？有同学说仍然不喜欢王国维，有同学说这才说明王国维是一个真实的人；有同学联系到上节课对王国维死因的讨论，知道了陈寅恪的不同理解：不是因为与罗振玉的恩怨，也不是因为殉清朝，而是为了独立和自由。

最后我问：纪念碑上略显深色的两句话，即"独立之精神，自由之思想"，大家还在什么地方看到过？见大家猛搜网络而不得其果，我提醒大家查找《清华大学章程》，大家果然发现了"序言"的最后一句：学术上倡导"独立之精神，自由之思想"。我评论道：这句话并非一句古老的表达，而是去年刚刚颁布的"清华大学宪法"中的话！

快下课了，我们来到纪念碑正面，发现有人献了鲜花。我留下了这节课的作业，请大家研究这个纪念碑的特点，以便与下周的"西南联大纪念碑"做一比较，以及研究纪念碑底座上的花纹是什么。有同学惊呼：又是花纹！

我们上课过程中，有三三两两游客经过。中午的清华园，在第一教学楼后面的土坡前，绿荫下，一个老师，带着一群学生，仔细研究纪念碑及其上面的文字，对国学院和国学大师高谈阔论，此情此景，我不知道游客们有何感想。他们安安静静、煞有介事地看着碑文，听着老师的提问和同学们的讨论，而且从各个角度给这群人拍照。也许他们觉得这个场景很有趣吧！我希望这次短短的上课，同学们会有非同寻常的收获。课后，一位同学留下来单独对我说：第一次课的时候，他说研究这些没有什么用处，这种想法是不对的；了解越多，就越能发现意义。我听了很开心。第一次课上，我就夸下海口，说一个月后，同学们对校园的了解就会超过一般人，这个目标果然实现了：我们只上了四次课，研究了少数几个问题。

（5）西南联大

上课时间：2015 年 11 月 12 日（星期四）12：30—13：15；19：20—20：55

上课地点：西南联大纪念碑清华学堂 209 教室

中午，我们相聚在西南联大纪念碑前。先是一位同学朗读碑铭，后是另一位同学解释含义，期间其他同学就发音和含义等提出问题或意见。随后我问大家有什么感想。有同学问：这段碑铭想说明什么？立即有同学回应：记录联大的历史，弘扬联大的精神。有同学提到：其实碑铭就是碑文的韵体版，三个字一组，四个词一群，朗朗上口。我又问且追问：碑上刻有"文学院院长冯友兰撰文"，冯友兰是谁？哪个学校的？大家百度、百度、再百度，陆续汇集了以下信息：先清华，院系合并后北大，哲学家，《中国哲学简史》作者……有同学说中国哲学史很难读，半天才能读一点！有同学说纪念碑让人感到沉重，昨天晚上来寻找却没有敢走近！有同学还提到篆额作者闻一多是篆刻家，在西南联大期间刻字卖钱！

随后，我建议大家离纪念碑远一点，回应一下我给大家提供的文章《清华园中的国立西南联合大学纪念碑》中关于设计、选址和选材等方面的介绍。有同学提及"碑体以叠退的方式，通过光影增加造型的层次感，庄重中不乏细腻"。有同学提及"选址该地段南北狭长，东高西低，东侧紧贴南北干道，西侧临近校河，似呈依山傍水之势"。有同学提及"产自河北阜平的花岗岩'中国黑'具有密度坚韧、无杂色等优点"。后来，大家围绕这段描写进行了热烈讨论："下方的三块台地象征了当时联合起来的三所大学，以不同的铺地材料指涉了三所学校的性格。"这"三块台地"分别是红砖、青砖和石子，那么它们何以分别代表了清华、北大和南开的"性格"？最后，大家还四处百度照片，试图查明三校复制碑的差异，甚至昆明原址碑最初的样式是否有外框。因此，中午留给大家的作业是：1946年的原碑是否就是云南师大的那个样子？四块碑分别是什么样子？三块地面分别代表三所学校的性格，如何对应？从设计的角度，将清华和南开/云南师大的进行对比，有什么评论？

晚上走进教室，我先向大家解释道：我们这几节课，先从我们教室所在的国学院开始讨论王国维，参观了王国维纪念碑，又顺势参观了西南联大纪念碑，这一切都是顺其自然，并非预先设定的。随后我问大家上周参观王国维纪念碑留下的两个作业，即评价这个碑的设计以及底座的花纹是什么。没有人查到花纹是什么，但是对于碑式，有同学说比较简洁。我问：那么西南联大纪念碑不是简洁？将两个碑互换合适吗？大家热议，随即牵扯出校园内的"三一八断碑"和"清华英烈纪念碑"，甚至是王国维纪念碑同一设计者梁思成主持设计的人民英雄纪念碑。我笑着说：大家可能从来没有对比过纪念碑的设计！我借题发挥，在黑板上写了一些字：美感，艺术，听觉和视觉。我说：有一门学问叫美学。大家点头。我说：我认为美学主要研究美感产生的原因，因为研究这个能够让我们更多感受到社会中的美。大家茫然。

我知道扯远了，赶紧拉回来。大家简单交流了中午遗留的西南联大纪念碑的问题之后，进入对西南联大的讨论。按照惯例，我先请大家分享一下关于西南联大的信息，然后再对西南联大进行评论。两位同学介绍了情况，其他同学补充了信息，很快勾勒出了西南联大的"素描"：抗战，南迁，人才，北归……一位长沙籍同学介绍了长沙临时大学期间的校址，另一位同学提到了西南联大的内部斗争。后来大家集中讨论了西南联大纪念碑碑文与西南联大校歌的渊源，以及由此联想到的岳飞《满江红》。我还借题发挥，让大家查找《清华大学章程》中以下这段话的来源：本校秉持"自强不息、厚德载物"校训、"行胜于言"校风、"严谨、勤奋、求实、创新"学风，弘扬"爱国奉献、追求卓越"传统和"人文日新"精神，学术上倡导"独立之精神，自由之思想"。"独立之精神，自由之思想"刻在王国维纪念碑上，"自强不息、厚德载物"来自梁启超演讲和《易经》，大家轻松确认。有同学考证了"严谨、勤奋、求实、创新"这几个现代词汇与西南联大校风"民主自由、严谨求实、活泼创新、团结实干"的渊源。我明知故问"行胜于言"的出处，结果不仅明确了它就位于我们教室门外 50 米处的日晷正面，而且牵扯出其背面的拉丁文"FACTA NON VERBA"，以及有同学现场微信求教拉丁文同学所得到的答案：facta 是 factum 复数，achievements 主格；non 是 not；verba 是 words 复数主格；因此英文翻译就是 acts not words。对于"人文日新"，大家讨论了其含义，有同学提到了大礼堂内 1926 级校友所赠牌匾，但是对于刻石的位置，大家却莫衷一是。我总结说：这个校园内到处都是文化啊！

回到西南联大，我反复强调同学们应该提出问题和补充资料，并且举了几个例子，例如三校的老师是不是都去了联大？多少学生去了联大？交通工具是什么？我借此推荐了一本书《战争与革命中的西南联大》。最后，关于对西南联大的评论，有同学提到了如此艰难困苦条件下师生们坚持教学科研和人才辈出的情况；有同学提到了国民政府对西南联大的重视；有同学认为也许正是由于战争和困难才出了这么多人才，例如春秋战国的诸子百家，而如果三校长时间联合也许就矛盾重重了。我最后提醒大家：西南联大在我们眼中，也许并不那么神圣，因为经过我们的研究，我们知道了很多"内幕"，但是我们在知道了这么多事情的情况下如何评价西南联大？也许这样的评价才是真实、理性的，我们在研究国学院的时候也出现了同样的情况。大家点头。该下课了，我留下两道作业：西南联大的校址具体在什么地方，清华园内的"胜因院"和"普吉院"的位置及其与联大的渊源。最后，我顺便提到：我刚才在微信群分享了两张照片，是西南联大大门和纪念碑，是我两周前去昆明时拍摄的。大家惊讶。我还提到：我的导师芮沐就是西南联大教授。大家更惊讶，有人问：是从哪个学校去的？

下课了，行走在校园里。这是一个阴冷的雾霾天，四周黑魆魆的。但是我的心中却是温暖而明亮的。我仿佛看到这九个同学的审美观和历史观在一点点形成，能在平凡的生活中发现美，能用理性的眼光看历史。他们是我的阳光。

我告诉他们：顺着国学院，下节课我们再研究一位大师，梁启超。

（6）梁启超

上课时间：2015 年 11 月 19 日（星期四）

上课地点：清华学堂 209 教室

"大家看了课程资料，或者根据自己的了解，对于梁启超，有什么信息或看法要分享？信息可以是以前不知道的，也可以是以前知道而印象深刻的；看法可以是正面的，也可以是负面的；任何信息或看法！"

大家习以为常了，在我的开场白之后纷纷发表意见：他是传统中国式文人，有政治理想，"康梁变法"，"天下为公"，"天下兴亡匹夫有责"，但是有中国文人共性的缺点，逼急了会反抗，但是没有像谭嗣同那样慷慨就义的勇气；政治上是温和的改革派；家教很严，教子有方，但是子侄辈的政治思想就不同了；写过很多文章，政治性很强，面广而不精；对他印象原来不是很好，因为他每次都是"站错队"，但是现在很钦佩，因为他有一腔爱国热情，康有为骂他"禽兽"，但他仍然去吊丧，手术失败也没有责怪协和医院和西医；他是个学者式的人物，政治上没有建树，但是品格高尚，曾经拒绝一个女性的追求，他希望从中国文化中找到中国的出路并且成为世界的榜样；有人批评他"善变"，但是他是随着时代的变化而变化的；他是文人从政，中国古代就有"学而优则仕"的传统，孔子、董仲舒都是这样；他在政治上是个悲剧，从政 36 年一事无成，站过很多队伍，学问广而不精，但他是个思想家；他的学问与王国维等大师有距离，但是他有时代意义，是中国的"士"；他的学术水平很高，没有"文人相轻"的毛病；以前不了解他，只知道"戊戌变法"，形象很单薄，现在觉得有人说他"善变"，但是他自己的辩解是"爱国和救国"之心从来没有变过；他 11 岁中了秀才，16 岁中了举人，学习"八股文"；其实他不是"善变"，而是不知道怎么救中国，当时很多人都在探索；他在文学上很有成就，但是有一颗"入世"之心；了解梁启超是因为知道梁思成和"一门三院士"，他是家教第一人；他是主张渐进式改革、反对暴力革命的，他曾经与革命派论战……

随后，讨论的重点集中在一个问题上：梁启超的政治思想究竟是什么。大家对照了孙中山、康有为、袁世凯、李大钊（陈独秀）等人，提出了"立宪"、"共和"、"革命"、"保皇"、"共产"等概念。大家似乎渐渐达成了一种共识：在当时社会巨变的历史背景下，中国应该向何处去，有很多思想和探索，而梁启超随着时代变化是无可厚非的。我追问大家：革命的思想后来占了上风，获得了成功，那么是否也对社会造成了巨大的破坏？如果梁启超的改良思想成功了，那么今天会是怎样？我在黑板上写下了几个词：政治、学术、品格、思想，让大家从这几个方面综合评价梁启超。不仅如此，我还反复强调梁启超与清华的关系：曾经在清华演讲，留下了"自强不息 厚德载物"的校训；曾经在清华借住著述，称赞清华"郊园美风物"，"其校地在西山之麓，爽垲静穆，其校风严整活泼，为国中所希见，吾兹爱焉"；最后四年干脆在清华专职教书，每天就在我们这个"清华学堂"出入，每天上午在117教室讲课。我还坦白道：我对清华的兴趣，很大程度上来自梁启超，因为这么一位叱咤风云的人物，最后几年竟然就是生活在这个园子里的！我还笑着问大家：梁启超住在校园里什么地方？下课了，我请大家多留一会儿，听一位同学分享下午"李健见面会"的感想。她说当年报考清华，就是因为清华有李健！我请大家比较一下李健和梁启超，大家笑！我也笑着说：这位同学因为李健而报考清华，我因为梁启超而热爱清华，二者似乎真有相通之处呢！其实我心中是很认真的：也许我的"清华学"，应该包括"当代英雄"，因为他们之于莘莘学子与梁启超之与我，似乎异曲同工。

我不知道同学们是否会感到伟大的历史人物梁启超就在身边，是否会发现中国近代史就在眼前，但是下课后，行走在夜色冬雨中，"清华园中的梁启超"这句话却始终萦绕在我的心头，给我温暖和力量。

附：课后思考题

①梁启超的政治思想到底是什么？②今天你如何看待梁启超的"渐变、

改良、怕革命"的思想？如果梁启超在历史上获胜了，现在会是什么样？与之对比的：孙中山的"'暴力'革命"主张；康有为的"保皇"主张；李大钊的"共产主义革命"主张。③梳理梁启超的生平。④梁启超和清华的关系。⑤当你知道了这一切，你怎么看待梁启超其人？

（7）奇石

上课时间：2015 年 11 月 26 日（星期四）、27 日（星期五）12：30—13：15

上课地点："母育子"蛇纹石花玉，太湖石等

第一天中午，我来到"母育子"蛇纹石花玉的时候，已经有几位同学在那里叽叽喳喳、指手画脚了。这块花玉的说明中有"正面呈母教子图纹"的字样，同学们争论的焦点即"哪个是母亲"、"哪个是儿子"。我也加入了他们的辩论中。我们一会儿远看，一会儿近观，得出的答案有深色、浅色和深色加浅色等多种，各有道理，莫衷一是。我们最后也没有得出统一答案，但是我们的讨论却涉及了很多方面：对于为什么说明中提到了"母教子图纹"，有同学认为是赠石者的寓意，并不意味着真的像母亲和孩子；对于这块石头的产地岫岩，同学们现场搜索交流了一些信息，还提及了"中国四大名玉"；对于观赏石的分类，也有同学分享了课程资料中的一些信息。我则提到了纹理石"似是非是"、"似像非像"的特征。随后，我请大家转到石头背面，问他们看到了什么。大家先是全神贯注，然后议论纷纷，有人看到了鸟儿，有人看到了猴子，有人看到了峡谷，有人看到了瀑布。我问谁能背诵郦道元的《三峡》，竟然有同学背了差不多，后来在百度中得到了补充。最后我坦白道：我觉得任何山水画都没有这块玉的图案丰富，大自然的鬼斧神工是无可比拟的；我带大家来看这块玉，是因为我见过玉，但是从来没有见过这么大的玉，这是一块奇石！我留下了两道作业：为什么同一块石头我们却看到了不同的图案；为什么中国园林喜欢用石头以及西方园林是否用石头。快下课了，我们又骑车快速欣赏了西门内沉睡江底千万年的"三峡石"、清华路边上十一亿年前的海底火山岩"桂韵"和上万年的硅化木。同学们的感叹是：大自然太神奇了，人类太渺小了。

　　第二天中午，我来到太湖石的时候，又是几位同学早到了，在低头百度。我问同学们：看这块石头，与看昨天那块石头，有什么不同感想。同学们笑，随后你一言我一语，争先恐后地说起来，从太湖石"瘦漏皱透""奇、丑即美"的特征，到中国文人对山水的喜好，再到观赏石的分类即太湖石属于"造型石"。对于上节课的两道作业，同学们也提出了自己的理解。随后我们又穿越校园，欣赏了综合体育馆前的灵璧石"擎天一柱"，就"双龙擎天"中的"双龙"发生了严重分歧。最后我们路过六教后面的另外一块海底火山岩，将两块石头进行了比较，但是对正面的四个篆体字中的最后一个字百思不得其解，甚至有同学抱怨"为什么要用篆体"。下课了，我让大家抽空去查找课程大纲中所提到的每一块石头，甚至是没有提到的石头，并且在微信群中分享图片。我说：校园内有这么多奇石，这是很少见的，希望大家能够发现和欣赏。

　　我不知道他们看了这些石头之后，有什么总体感想。但是他们普遍承认，过去没有关注到这些观赏石的存在，甚至天天路过却视而不见。另外，在他们的讨论中，他们开始习惯性地使用"审美"、"美学"等概念。仅此两点，就足以让我"偷着乐"了，因为我的课程目标，即让同学们发现身边的美，已经千真万确地实现了！

　　（8）水木清华 近春园

　　上课时间：2015 年 12 月 2 日（星期三）、3 日（星期四）12：30—13：15

　　上课地点：水木清华 近春园

　　这是我在微信群中发给同学们的课程计划：12 月 2 日（星期三）和3 日（星期四）中午 12：30—13：15。主题：园林。地点：（2 日）水木清华，自清亭。（3 日）近春园，玉带桥。阅读资料：课程资料中的"园林"，特别是"施工心得"和"美学特征"。

　　周三，我们见面后，先是站在"自清亭"北面湖边，回望"工字厅"和"水木清华"全景。这里是每一个清华人都非常熟知的地方了，因此我直截了当说：这是中国园林，那么中国园林的要素是什么？大家你一言我一语起来：水、石、树、荷花、房子、亭子……我又问大家：这里与苏州园林相比有什么特点？一位来自无锡的同学竟然如数家珍地讲起来，后来又在微信群中分享了整理的文字和对照的图片！另一位同学特别提到了驳岸的山石"房山山皮石"，以前以为是天然的；课程资料中"水木清华山石驳岸设计、施工心得"有如下介绍："既有曲线的一面又有直线的一面，属于刚柔结合型的叠山材料。山皮石长期暴露在山体表面，风化层有自然花纹，侧面又有自然的水纹，叠出的山石驳岸用'折带皴'手法来做，会显得很自然，因石料的水纹线和水平线成一平行线，故让人感觉这石头就仿佛自然长在河边的，有一种被水侵蚀的痕迹。"我们所站的位置，山坡遮挡了呼啸的北风，阳光灿烂，暖洋洋的。

随后，我们穿过山坡，跨越"跌水"，用途指指点点，来到"水木清华"牌匾前。我问大家："水木清华"是什么含义？对联的作者是谁？书法作者殷兆镛是谁？对联"槛外山光历春夏秋冬万千变幻都非凡境，窗中云影任东西南北去澹荡徊是仙居"出自何处？大家七嘴八舌地回答。最后，我指着湖边一块石头的刻字"景昃鸣禽集，水木湛清华"问道：这是什么出处和含义？有同学想起课程资料中有介绍。这节课的作业是：①苏州园林代表拙政园与水木清华的异同；②（关于对联）对联的文字是谁写的？③对联为什么白底黑字；④还有哪里有水木清华的横联？5."景昃……清华"的出处及含义？

我们讨论的时候，一个中年人一直饶有兴趣地跟着听。他好像经常在校园各处转悠，看到游客就主动上去介绍。他感慨道：你们讨论的问题太高深了，老师问的问题真好，但是老师不给答案，总是让同学们自己去查、查、查！

周四晴空万里，北风呼啸，我们先围着湖步行，沿途我问岛上的画廊叫什么名字，从观景台阶看去有什么感想，有没有注意到过石桥后一块石头上刻着篆体字"望桥"……我们还兴致勃勃地登上"零零阁"，遥望大礼堂穹顶和"西山晴雪"，情不自禁唱起了校歌"西山苍苍，东海茫茫，吾校庄严，巍然中央"。我当然会问为什么叫"零零阁"！大家围着基座观看，从大理石护栏上镌刻的"工00"、"水00"、"机00"……萌生了多种猜测。

我们继续前行，"偶遇"第五次课上提到的"人文日新"刻石，走过"莲桥"，有同学提到清华园有很多校友捐赠。我开玩笑道："你们毕业发财了，也要捐赠啊!"大家笑。

我们来到湖边背风之处，1937级校友捐赠的"观荷台"上，在大理石的石桌石凳之间，享受着温暖的阳光，先是交流了上次课留下的几个问题，有的有的答案，有的没有答案。有同学整理了发言，随后发在微信群中。我们还对比了"近春园"和"水木清华"，讨论了两处景观的差异。最后我们路过画廊"临漪榭"，发现了"晗亭"，在吴晗石像前查阅他与清华的渊源。我坦白道：第一次来近春园时，十几株参天白杨很震撼。随后我指着远处问：那是什么亭子？当同学们迫不及待地走进那个亭子，发现竟然悬挂着朱自清手书横匾的"荷塘月色"时，大家惊呼起来。我也跟着揶揄道：作为清华人，可不能连"荷塘月色"亭都不知道啊！离开近春园之前，我请大家将"近春园遗址"碑背面的文字"近春园沿革"拍摄下来回去详细阅读。这次课的思考题是：①零零阁为什么叫零零阁？②对比近春园和水木清华。③近春园的历史？④荷塘月色亭的来历。

水木清华和近春园之旅，蓝天白云、阳光灿烂，在京城经历了整整十天的严重雾霾之后，大家心情格外好。大家发现，即使在冬季，我们的园子也是这么美。旅行中，我提醒大家夏天到"水木清华"观荷，秋天到"荷塘月色"赏月，春天到"牡丹园"品花。我没有提及开春后率先开放的艳丽碧桃，以及春夏秋冬四季不断的迎春、连翘、紫荆、丁香、海棠、樱花、玉兰、紫藤、玫瑰、银杏、蜡梅……这些不用我说，他们会看见的。当然，我会向推荐《水木湛清华：清华大学校园植物》一书，精装本，彩色图片，并且提醒他们："植物"也是我们"清华学"的一个内容，因为据说清华园的植物品种仅次于香山植物园，是我们认知和欣赏的好机会！

（9）校园设计

上课时间：2015年12月8日（星期二）、9日（星期三）12：30—13：15

上课地点：理学院大礼堂广场主楼广场

承接上个主题"园林"，我们自然而然转到了校园设计。我们在"理学院下沉广场舞台"见面的时候，多数人都说从来没有注意到这里还有一个"舞台"！我们简单讨论了这个下沉广场的功能和美感，显然大家已经阅读了设计者、建筑学院管肇邺先生的文章《大学校园中的围合空间——兼记清华大学理学院设计》。随后我们来到拱形门通道，俯瞰广场，远望"化学馆"，回望"生物学馆"，仰望"天文台"，感慨于这些30年代老建筑与90年代新建筑的完美融合。由于雾霾严重，我们很快进入数学学院的报告厅，一个玻璃屋顶的宽大场所，交流自己的观感。我问数学系的两位同学，经常在这一带活动，有什么感受。一位同学笑谈：这里的人都戏称下沉广场是个大坑，进了数学系和物理系就是跳进了大坑！大家笑。另一位同学半躺在沙发上沉思道：这里有安静的感觉。在你一言我一语之中，我也分享了自己的想法：我第一次来这里，就惊叹这是一个美式校园，红色墙砖，绿色草坪，走廊，爬藤；那个广场，我想到的是我曾经去过的古希腊剧场，依山而建，有很好的声学效果。我还笑称：这个广场是典型的西方风格，因为中国人从来不会想到挖一个"大坑"进去看戏！此外，我们还一起想象这个广场不是下沉的情形，以及与大礼堂区和主楼区的对比。课程资料中有一份调查报告《清华大学理学院北院院落环境行为调查》，是理学院师生对这个区域的评价，我请数学系的同学认真阅读。最后，我们简单谈了大课展示的方案，也就是按照课程安排，在15分钟时间内向二百多同学展示课程情况。课后，大家在微信群中提出了几种方案。

第二天在大礼堂区见面。这是大家最为熟悉的地方，所以我上来就问：与理学院相比，有什么感想？开阔，主建筑大礼堂加大草坪，清华学堂不协调，……我问：老校门与大礼堂不在一个直线上，建筑学院刘亦师老师是怎么解释的？为什么不会有不对称的感觉？大家纷纷提供答案，显然是阅读了刘老师的文章《清华大学校园的早期规划思想来源研究》。我们感到，此刻站在日晷前面，面对宽阔的大大草坪和庄严的大礼堂，与昨天在数学学院报告厅想象，还是有不同的感觉，而且一群人在一起研究，与独自路过抬头看一眼，也有天壤之别。我还笑问：如果这个广场中间挖一个"大坑"，会是什么感觉？大家哄笑。

随后，我们骑车直奔主楼广场，大家站在更加宽阔的大草坪前评头论足。后来我问道：理学院、大礼堂广场和主楼广场，大家最喜欢哪个？为什么？我还请大家关注校园其他区域的设计特点并且分享评价。最后，我请大家到我办公室，吃家乡的炒花生，讨论展示方案。大家认为，我们的上课方式很独特，包括实地考察和课堂讨论，大家有很多意想不到的收获，应该在展示中体现出来。大家很快商定了方案。我笑着提醒：我们的展示不会让别人觉得我们是一个旅游团吧？大家摇头。

值得提及的是，从大礼堂去主楼广场，我们"路过"胜因院，简单停留了一下，看到了十几栋小洋楼和简介。后来在我办公室讨论展示方案的时候，竟然有好几位同学建议介绍胜因院，因为这里"太漂亮了"！我相信他们会去阅读课程资料中的相关文章，包括我一位研究生写的《时光静好岁月未央——记胜因院》，并且还会自己或带同学去胜因院参观，因为一位同学说过：课后会抽时间去我们走过的地方拍照，留下影像资料。

（10）清华概况

上课时间：2015 年 12 月 17 日（星期四）

上课地点：清华学堂 209 教室

在《清华学课程资料汇编》中，"清华概况"部分的阅读资料是：《校长校庆致辞 2015》、《清华大学章程》、《章程诞生记》、《清华大学关于全面深化教育教学改革的若干意见》、《清华大学正式为 10 条校园道路命名》、《大学管理思想现代化研究》、《现代大学管理制度取向研究》、《大学教师的学问人生》，而相应的《论清华学》和"课程大纲"则有更为详细的描述。我问大家的读后感，以下是大家的发言。

政治方向、管理层面、小社会、组织形式；我们无忧无虑地生活在这里，没想过有这么多人为我们服务；清华是否已经实现了"世界一流大学"，《章程》是什么性质的法律文件；学校政治、经济、学术的复杂关系，改革悄然影响着我们的学习和生活，学校的经济来源是什么；"又红又专"，改革意见大而空；食堂的叔叔阿姨没有社会保障，与清华培养高层次人才之目标的矛盾；校园道路命名不好记；学校管理有问题，借教室很麻烦……我也提出了一个问题：清华作为一个大学校和小社会是如何运转的。

随后，大家简单交流了改革意见是否"大而空"及其与《章程》之间的关系，将讨论焦点集中在清华运转上。一位同学描述了自己生活和学习中所感受到学校组织架构，其他同学则以本科生培养方案为例，对照《章程》，思考方案从制定到实施过程中学校教学委员会、院系老师和同学们的作用，其中作为方案的承担者，同学们的意见应该如何处理，引起了大家热议。最后，我在黑板上画了一个圆圈，中间是一个"我"字，从圆圈放射出若干直线。我请同学们思考：以"我"为中心，思考一下这个大学是如何运转的。例如培养方案的制定和实施过程中参与及决策，再如食堂的运作，包括员工及其分工，食品来源及其质量控制，等等。

如果没有这次讨论课，同学们也许永远不会想"大学是如何运转"这类问题。然而，五万人生活在四平方公里的校园里，秩序井然，有条不紊，实现着教学和科研两项中心任务。这一切是如何实现的？还有哪些需要改进之处？这是多么大的学问啊！我希望他们能够关注校园里发生的一切事情，因为这对他们的心智成长和未来生活，都是大有裨益的。

（11）清华校史

上课时间：2015 年 12 月 24 日（星期四）

上课地点：清华学堂 209 教室

上课伊始，我问大家读了参考资料和网络资料后，在"清华校史"方面有什么感想。有同学说印象深刻的那些为普罗大众奉献的清华人，"文革"时期的清华形成了文化断层，"文革"中教小学毕业的学生化学很不容易。有同学说 1952 年"院系调整"后，清华恢复文科需要很长时间。有同学提到台湾的"清华大学"，说清华与国家命运息息相关……

我问哪位同学能够描述一下清华的历史，于是有同学叙述了 1911 年、1928 年、1937—1946 年、1946—1952 年和 1977 年的人物和事件。随后又有几位同学增加了内容。很快，我在黑板上留下了一连串的年代、人物和事件：庚子赔款梁诚 1909 留美学务处梅贻琦 1910 美国影响力 1911 帝国清华学堂周自齐辛亥革命 1912 清华学校"清华学堂"建筑 1914 梁启超"君子"演讲 1916 周诒春"四大建筑"1923 曹云祥 1925 大学部国学院 1928 国立清华大学罗家伦……此外，我们还重点谈了 1952 年的"院系调整"，"改革开放"后的理科和文科恢复，叶企孙，校歌、校色和校旗的来历。

见校史的脉络差不多了，我说：大家可以发现，清华校史就是一部中国近代史；这些历史，也许在任何地方都可以学习，因为有书籍和网络，但是我们在清华学习，却有一部"看得见的历史"，也就是校园内有历史的标记。随后，我请大家设想一下带着朋友逛校园了解中国近代史，应该选择哪些景点。有两位同学设计了路线，我也补充了资料，于是我们的头脑中展现了一幅历史的地图："二校门"上的"宣统辛亥"和"那桐"，"同方部"，"清华学堂"，大礼堂、科学馆、体育馆和图书馆等"四大建筑"，大礼堂左下方的"中华民国六年八月周诒春立"，王国维纪念碑，机械工程馆左下方的"中华民国二十三年四月五日国立清华大学校长梅贻琦立"西南联大纪念碑，"胜因院"……当然还有近春园的"荷塘月色"亭，水木清华的闻一多像，往前追溯的工字厅、古月堂，往后延伸的行政主楼，等等。不仅如此，我还建议大家追根溯源，研究这一系列事件和人物的故事，例如"庚子赔款"的来龙去脉，梁诚是个什么人物，清华学校的教师和学生情况等，争取做一个"问不倒"的人！

最后我说：清华校园一直在这里，历经 104 年，发生了很多事情，历史非常丰富，这是国内其他学校所不可比拟的；在一个地方生活和学习，熟知这里的历史，是最为基本的要求，希望大家能够研究这些历史。事实上，我想让这些同学思考的是：进入这个校园，就是融入了这个学校的历史，那么我们应该如何看待校史，应该如何创造校史？

注：

这次课恰逢平安夜，我们分享了"好时"（HERSHEY）巧克力，在网上参观了这个自称为 The Sweetest Place on Earth 的地方，一个美国小镇，我常驻美国时曾经参观过这家巧克力厂。

此外，周二下午，同学们用 15 分钟时间向 200 多名选修"大学精神之源流"通识课的新生介绍"清华学"课程的收获，在时间把控、着装选择、相互配合、内容安排等方面，都做了一次完美的展示。坐在台下，看着他们的情景对话和文字图片，心中是满满的骄傲与幸福，眼中是满满的欢笑与泪水。

让我感动的展示语言：

"清华学"……共涉及历史学、政治学、统筹学、管理学、考证学……其实在室外讨论课还涉及美学，建筑学，园林学……博大精深吧。

让我真正感受到它作为一门学科的乐趣的，还是那种我能感受到的清华学精神。

为什么你总是漠不关心？你每天路过它，看到它，你呼吸着它，感觉着它，你与它同呼吸，共命运，它的一切现在都与你息息相关。

清华学精神，请关注身边的一草一木，感知你所在的这个世界里最真切的美丽，在清华，每一处都是这辈子唯一不二的记忆，更是一生的财富。寻根溯源，寻找生活中的美好，感受生活的情趣。

留心身边的美，不要被匆忙遮蔽了视线。小地方也有小学问，一块块石头背后有这么多丰富的知识，给人以无限的遐想。清华这么大，有着太多吸引人的地方，留心身边的美，让每一天的生活更精彩。

这，就是我们的清华学之石头。上课前阅读各类有关观赏石和清华石头的资料，书面上增加了解。上课时骑着自行车在校园里飞奔，去寻找那些美丽，并和大家一起探讨它们的来历、特点、典故……课后，并没有什么作业，有的是对美的感受，对校园的热爱，对自然智慧的赞叹，对其他知识的吸收，以及对开设这门课的感激……

（"携手"雕塑）放在胜因院前，就是昨天和今天的携手。老清华人与新清华人的携手。就是清华传统的继承，清华精神的发扬。这就是《清华学》研究清华，我想意义就在此。

这个园子带给你的，不只是顶级的教授和各种同辈大牛，还有它本身，就是一个无穷的宝藏。你不一定要都知道，但你必须知道如何知道更多，如何才算知道，如何知道自己不知道。在这个园子里，你拥有的，你能做的，是不是还有更多？

（12）总结展示

上课时间：2015 年 12 月 31 日（星期四）

上课地点：清华学堂 209 教室

这是最后一节课，每位同学介绍自己课程文章的大致想法，同时听取大家的意见。

有同学写"清华学与大学教育的意义"，从清华学这门课出发，思考大学教育的重要性。有同学写"院系调整"，探索其背后政治因素。有同学写清华园的中西园林比较。有同学写"王国维之死"，分析王国维自沉之谜。有同学写"为何学术"，将学术分为"纯粹的学术"和"功利的学术"。有同学写国学院的兴衰。有同学以清华园为第一人称写清华的历史变迁。有同学用散文的题材写"紫荆雕塑苑"的一些雕塑。每位同学介绍完毕，我和其他同学都会提出一些问题和建议。

坐在台下听他们讲解和大家讨论，我心中是满满的成就感。短短一学期 24 学时的课程，就能引发他们这么多思考！最后总结讲话时，我回顾了第一节课的讨论，即是否存在"清华学"，或者研究清华本身是否能够成为一门学问。提出"清华学"之概念，我的预期是让同学们"博学多识"和"发现身边的美"（见课程大纲），但是课程的发展显然超出了我的预期：同学们不仅长了很多见识，发现校园内一草一木、一花一石、建筑园林、规划设计、纪念碑"胜因院"等皆为学问，"工字厅"、"二校门"、"大礼堂"、"清华学堂"等都有故事，开始用美的眼光看待园子里的其他景物，而且开始用复杂的历史观审视过去的人物和事件，甚至分析"大学教育的意义"这样宽广的背景和思考"为何学术"这样深刻的问题。我觉得这一切得益于一个自由讨论的课堂，大家可以围绕某个主题随心所欲地发表自己的看法。我引用了马斯洛的话："我一生中经历过的最伟大的教育，教给我最多的人，一定是那些教会我认识我是哪种人的人和事。"① 在一个自由讨论的课堂上，同学们开始发现了自己，自己喜欢什么，自己关注什么，然后按照自己的想法思考和研究某个问题。我开玩笑说：当初选择上课时间，有老师警告我不要选择星期四晚上，因为同学们认为这是"水课"时间，也就是星期四晚上会安排那些不重要的课，同学们也不会很认真学习，而我偏偏选择这个时间，是想让大家在轻松的心情下学习。希望我的选择是正确的，大家学到了最重要的东西。当然，这一切毫无疑问也得益于我们有一个内涵丰富的园子。我开玩笑说：第一节课上，我说大家是"清华学"第一期学员，大家的收获事关"清华学"的成败！事实证明，我们的园子本身就是一个丰富多彩、独一无二的学习资源，同学们会有与众不同的收获。因此"清华学"成功了，今后我还会继续开设这门课。

这节课恰逢新年前夜，我祝大家新年快乐。我给大家带了老北京特产点心，大家边吃边聊，很开心。

2. 梦想成真——课程感想

2014 年 8 月，我来到清华大学工作。带着很多的人生规划，带着很多的事业理想，我却意外地爱上了这个园子，这个耳熟能详而又知之甚少的园子。随后几个月时间里，我骑车在校园里到处逛，如痴如醉地查找、阅读关于清华的所有资料，"不由分说"地邀请所有朋友来清华游览。终于，六个月后，即 2015 年 4 月，我撰写了文章《论清华学》，提出并论证了一个新的学科——"清华学"，并且开出了一份"清华学课程大纲"。更为"匪夷所思"的是，10 月份，"清华学"就开课了！而此刻，即 2016 年 1 月，一学期 24 学时的课程已经结束。一切都像梦一样。然而，这一切都是真的。

开设"清华学"课程是我的梦想，但是梦想成真，却取决于以下两个因素。

一是几位老师的鼎力相助：是教育研究院钟周老师盛情邀请和始终鼓

---

① 马斯洛：《动机与人格》，中国人民大学出版社 2007 年版，第 335 页。

励，才让我有勇气提出这个课程计划；是通识课程"大学历史与文化"项目负责人、数学系白峰杉老师精心设计和宽宏大量，才让我能够"随心所欲"安排自己的课程；是建筑系刘亦师和校史馆金富军老师的专业指点，才让我的"底气"越来越足。

二是全班同学的热情参与：是同学们在课堂上一双双清澈的眼睛，一次次热烈的讨论，还有实地考察中强烈的兴致，微信群中大量的信息，才让我越来越坚定，"越干越起劲"；是研究生助教方颖依同学全程组织安排，才让课程得以顺利进行。

在"清华学大纲"中，我提出"清华学"的目标是"博学多识；发现身边的美"。观摩同学们在第15周举行的大课课堂展示（在二百多名同学面前展示学习成果），特别是阅读同学们的课程作业，即"有关于院系调整的一些探讨"、"走进雕塑苑"、"会优秀，也要会生活"、"谈谈国学院"、"看客：清华眼中的大世界"、"清华园内中西结合的园林建筑设计"、"为何学术"和"浅谈王国维之死"，我觉得课程目标毫无疑问地实现了。不仅如此，在课程展示、课程作业、课堂讨论和课程感想中看到和听到以下内容，我觉得这个目标早被远远地超越了："院系调整"的背景是什么？"国学院"兴衰的原因是什么？"王国维之死"应该怎么看？"清华学"是"纯粹的学术"，清华园有悠久的历史和精美的园林。我觉得，一个学期的课程，同学们的历史观和审美观都得到了明显的提升。还有，有同学以第一人称撰写清华园的历史（"看客：清华眼中的大世界"），有同学将课程学习的方法运用到研究中（"走进雕塑苑"），有同学将课程上升到"会生活"的角度（"会优秀，也要会生活"），则着实令人惊喜了！当然，当有同学说出以下评价，我感到的是深深的欣慰："对我的认知方式进行了改变"、"让我对生活的态度也有所改变"、"多少日复一日地奔波在园子里的同学，终日惶惶，却从来没有体会到待在园子里的生活是多么的美丽"、"确乎让我部分明白了怎么上大学，怎么度过大学生活的问题"、"国学院这个主题的学习研究讨论给我带来了思维上的突破"、"通过对清华学的探究，我对我们要为什么而做学术研究又有了更深入的考虑"、"很大程度上拓宽了我的知识面，不只是关于清华，还有清华衍生出来的各方面知识"……

由于这是第一次开课，并且上课形式以讨论为主，我也收获多多。我对清华园的了解更多、更深了，我头脑中"清华学"的脉络和细节更加清晰了，"清华学"应该如何发展更加明确了。更为重要的是，我结识了一批热爱清华园的老师和同学们。孔子曰："德不孤必有邻。"有这么多老师和同学的支持，这门课一定会越开越好。

2014 年 9 月，参加学校组织的入职培训的时候，我当着一百多位新入职老师的面发下宏愿：我要用十年时间成为清华园的合格导游！何为清华园的"合格导游"？以清华园的丰富多彩和博大精深，不把清华当成一门学问去研究，恐怕是不可能成为"合格导游"的。这是一个更大的梦想，这个梦想也一定能够实现！（2016 年 1 月 15 日）

（四）讲课笔记之四："中美经贸关系中的法律问题"（清华大学法学院研究生课程）；"中国经济与法律制度"（清华大学法学院留学生课程）；"世界贸易组织法中国案例研究"（清华大学法学院本科生二年级课程）；2016 年春季学期

1. 什么样的课堂？（一）：三场辩论

本学期，我的三门专业课一字排开，全部闪亮登场："中美经贸关系中的法律问题"（研究生，周一下午四小节 1：30—4：55，四教 4306）、"中国经济与法律制度：WTO 中国案例的视角"（China Economic and Legal System: from the Perspective of China WTO Cases）（留学生，周三下午 2：00—4：50，法学楼 531）和"世界贸易组织法中国案例研究"（本科二年级，周五上午三小节，9：50—12：15）。

这些课程都是在清华第二次开设，课程大纲大体相同，但是第一次课，课堂上将是全新的面孔，他们将会七嘴八舌地发言。课堂上将会出现怎样的情况？我充满了期待，同时也不敢掉以轻心，课前将课程资料看了又看，对课堂前景想了又想。现在一周的课程结束了，却给我留下了长久的回味，同时也给我本学期课程提供了重要的启示。

（1）"中美经贸关系中的法律问题"

我向十几位同学介绍了课程的大致内容和安排，随后大家就中美经贸关系问题进行了初步讨论。我说这些内容都是来自我的实际工作经验。也许在同学们眼中，我是一个具有丰富经验的专家，我也在讲课中或多或少地故意介绍我在商务部和中国驻美大使馆的工作经历。但是我反复强调，我们的课程是研讨课，是选择中美关系中的一些重要问题交流看法；我的观点不一定正确，事实上我的很多同事与我的看法就很不一致。随后，根据同学们的发言，我将讨论引导到一个具体的问题，即知识产权，以及一个更加具体的案例，即"中国知识产权案"（DS 362）中所涉及的著作权法第 4 条第 1 款问题。讨论的焦点是：在知识产权问题上，如果中国的确做得不好，那么在美国向中国提出要求时，中国应该立即改正还是不要轻易改正？例如，如果中国知道著作权法第 4 条第 1 款不符合 WTO 规则，那么中国应该立即修改，还是等到 WTO 作出裁决之后再修改？对此，同学们众说纷纭，经过讨论越来越清晰，后来基本上形成了两种相反的观点。我没有表态，只是一个劲地"苏格拉底式"提问，请大家从国家个人和是非对错等不同角度进行思考。我还再三强调，不同人、不同看法，可能会影响到中美经贸关系的状况；此刻的讨论就表明，如果各位是负责谈判的官员，对于同一个问题，处理结果可能就不一样。

由此，我引出了"人"的问题。我说，根据我在商务部，特别担任外交官的经验，"事在人为"，事情是人做出来的，因此研究"中美经贸关系"，不能忘了处理这些关系的人，也就是说，在谈判桌两边坐着的是些什么人？前一天（21 日），美国前商务部部长 Donald Evans（2001—2005）在清华演讲"中美贸易关系的过去与未来"给了我很大启发。他没有大谈特谈中美之间存在的问题，而是充满深情地回忆自己第一次以商务部长的身份来中国所创造的一个"爱的故事"（love story）：在西部遇到了一对盲童兄弟，从此开始了十几年的资助和交往，以至于这次来中国主要是为了参加哥哥的婚礼！他想表达的是：当年来到中国，他想以实际行动告诉中国人，他是一个好人，他与中国谈贸易和投资等政策问题，是有利于中国经济发展和脱贫致富的，并且事实证明，他后来与中国的领导人一直能够保持坦诚对话，务实地解决问题。他说：坐到谈判桌边，你要让对方知道自己是个什么样的人？自己是来干什么的？这个讲座，有几位同学也去听了，我请他们分享了情况和感受。我还借题发挥，在班级微信群中发送了 Evans 的简历，并且让同学们与现任商务部部长的简历进行对比，猜测一下不同经历的人会如何不同地处理中美经贸关系问题。最后我给大家布置了一项作业：查找第七轮中美战略与经济对话成果清单所附的中美双方代表团成员资料，进行对比，并且写一个简短感想以便下节课分享。我说，希望大家能够经常想想"揭开中美关系面纱"，看看背后的那些人。也许，我们所研究的"中美经贸关系中的法律问题"，只是舞台上的木偶，看似热闹，实际上幕后有人操纵的，而知道了这些人，可能是有利于我们了解这些问题的。

这节课的作业还有两项：一是继续思考"是非对错"问题应该如何处理；二是研究"课程基本资料"中的 USTR：2015 Report to Congress On China's WTO Compliance 中的知识产权部分（12 页），以便下节课具体分析"是非对错"问题。"课程基本资料"是我认为这学期需要认真研读的资料，大体上包括了中美之间最新的所有问题，除了 USTR 报告之外，还有"第二十六届中美商贸联委会资料"（中英文，26 页）、"第七轮中美战略与经济对话资料"（中英文，98 页）和"习近平主席对美国进行国事访问成果清单（中英文，20 页）"。随着课程的进展和专题的变化，我还会不断提供专门资料。例如，这次课后我就给大家发送了"势力：美国对华贸易政策中的人与事"和"人走茶未凉：中外知识产权谈判那些人和事"，前者是我在美国工作期间的观察与思考，后者是来清华后的经历与回忆，都是写人的，也表明了我的一些观点，估计会对同学们有所启发。

中美交往日益频繁，中美关系日新月异，给本课程提供了丰富的资料。我觉得，这样的课堂讨论，对于同学们如何认识一些重要问题，甚至是将来如何处理一些重要问题，都是大有裨益的。上学期的课堂，我就多次指出：这样理性的讨论是不可多得的，在其他公共和私人场合，甚至是商务部和外交部这样的职业部门，都不一定有这样讨论。

（2）"中国经济与法律制度"

首先，我向外国同学介绍了课程计划，强调了课程资料的"中国特色"和上课方式的"杨氏风格"：资料来自 WTO 中国案例中介绍中国经济和法律制度的内容，为中国所特有，且详细与 WTO 规则进行对照分析；课堂以讨论为主。我强调了我的教学理念：中国法的课程，应该重点研究"中国特色"的制度，而不是研究各国都有的制度；法学院的课堂，应该以研讨为主，而不是听老师一个劲说。有同学问：课程中为何没有公司法？我笑着说：因为 WTO 案例没有涉及中国公司法。有同学问：您在其他课堂使用这种方法，同学们的反应如何？出乎意料的问题！在外国学生的课堂上，经常会出现这样的问题。我坦诚地回答：有人喜欢，有人痛恨，但是我仍然坚持这种方法。

这是第一次课，为课程概论，我请大家自我介绍并对课程资料中的以下三个问题谈谈看法：你对中国经济与法律制度了解多少以及与本国的差别？你对 WTO 了解多少？你对本课程的期待是什么？20 多个学生一一发言，我抓住一些发言借题发挥，例如有同学说学习过中国历史和文化，我就请她介绍一下中国历史和文化，因为中国经济与法律和历史文化是分不开的；有同学说是新闻专业的，我就请她讲讲对中国媒体和新闻制度的看法，并且说我们的课程中有涉及中国"文化法"的内容。更有意思的是，有同学知道中国的"十三五"，说其中涉及二胎政策和法治建设，于是我们当场决定下次课（概论第二次课）上讨论"国民经济和社会发展第十三个五年规划"，让这位同学把英文版发送给大家课前研习。不仅如此，我们还就为什么中国有这种计划而其他国家没有这种计划及其利弊问题进行了初步讨论。这些同学分别来自美国、澳大利亚、丹麦、加拿大、比利时、巴基斯坦、德国、荷兰、瑞士和中国香港，他们的国家和地区与这里的差别实在很大，相信课堂讨论能够澄清很多问题，帮助他们更好地了解中国。

课程介绍时，我举例说明"中国特色"的问题，即"中国知识产权案"所涉及的著作权法第 4 条第 1 款"依法禁止出版、传播的作品不受本法保护"。因此，课后作业就包括阅读课程资料中"著作权法"的部分，以便下节课跳过课程大纲中的"贸易法"而直接进入"著作权法"的讨论。我说，这些案例之间不一定有先后逻辑关系，所以这节课既然提到了著作权法，我们就可以直接讨论这个部分。当然，作业还包括就本次课堂讨论写一个总结，因为大家在发言中，已经交流了很多信息。

这样的课堂，老师很轻松的。老师不必口干舌燥地讲话，听着同学们的发言，中间插话提问，引导总结一下就可以了。老师也不必担心同学们刁钻古怪的问题，老师将问题抛给同学们，看着他们面红耳赤地辩论就行了！同学们很带劲，老师也感到有趣，并且师生都觉得增长了知识，提高了见识。其乐融融，皆大欢喜，何乐而不为？

（3）"世界贸易组织法中国案例研究"

"中国经济与法律制度"课间，一位同学问我这门课与"世界贸易组织法中国案例研究"课程有何不同，因为看上去好像都是学习 WTO 中国案例。我说，这些案例内容很丰富，两个课程所选择的资料完全不同，因为课程重点不同：留学生的课程，是选择介绍中国经济与法律制度的部分，而本科生课程，是研习其中的法律推理部分以及学习 WTO 知识。例如，"中国知识产权案"，前者选择的是著作权法第 4 条第 1 款的部分，而后者选择的是"刑事门槛"部分。后来，这位同学出现在后者的课堂上了，相信他会认同这样的区别。

这门课属于我的"金牌课程"，案例来自我从事 WTO 争端解决工作的核心感受部分，即法律推理部分，已经整学期开设三次，同学们都有非凡的收获。只是我"大胆"地将这门课前移到了二年级下学期，而以前只是在大三下（北师大）、大四上（清华）和研一（北大）开设。说是大胆，只是表面上的，因为也许会有人觉得同学们在法学基础尚未牢固的情况下看这些复杂的 WTO 案例可能会有困难。事实上没有问题的。我甚至曾经在大一上学期，在同学们刚刚入学两个月，严格说来还是高中生的情况下，就在讲座中使用过"刑事门槛"的案例，并且同学们的表现震惊得我专门写了一篇文章！我甚至觉得，这门课就应该早点开设，让同学们尽早知道什么才是法律，什么才是法律思维。

　　果然，在我介绍了课程大致内容，强调了中国使用法律手段解决国际争端在 WTO 的唯一性和裁决报告说理的充分性，因此这些案例是难能可贵的法律学习教材，并且在同学们就 WTO 提出了很多问题和看法之后，五十几位同学的讨论和注意力很快就集中到了黑板上的一句话上面："在没有强制保障机制的情况下，WTO 的规则、判决为何被有效、普遍遵守？"这是一位同学提出并且写到黑板上的一个问题。有同学谈了国际法得到遵守的原因，有同学介绍了 WTO 的制度，包括"执行之诉"和报复机制。我在这句话下面写写画画做出不同标记，总结和提出了一系列问题：WTO 没有强制保障机制吗？什么是强制保障机制？WTO 的规则、判决得到有效、普遍遵守吗？好像有人的看法是不同的？我请大家课后继续思考这个问题，下节课还要讨论。这个问题，我觉得真的很有意义。这位同学提出问题，就有一些同学发表自己的看法了，但是当他思考再三、字斟句酌地写在黑板上时，有些同学发现自己听问题时有误解，并且"作者"本人也多次澄清这句话的含义。我希望大家能够从这句话的讨论中，感受到语言表达严谨性的重要性，这可能是法律学习一个非常重要的方面。同时，我也借助这句话，引出大家的课后作业：学习 WTO 争端解决程序，以便下节课讨论。第一次课是概论，让同学们熟悉上课方法，了解基本知识。第二次课要专门研究争端解决程序，为随后的案例研讨做准备。今后的案例研习中，很多内容都是"条约解释"问题，也就是咬文嚼字、皓首穷经地理解某个条文的含义，因为两国的争端就涉及对 WTO 某个协议条文的不同理解。这仅仅是开始！

　　这节课的作业，还包括思考同学们所提出的众多问题，那些由于课堂时间所限而不能讨论的问题。在第一轮提出问题的过程中，我说，这些问题本身就汇集了大家关于 WTO 的信息，起到了相互启发和学习的作用，印证了我的"相互学习"课堂理念；也就是说，即使这些问题没有得到讨论和回答，我们已经开始学习 WTO 了！我还声明：这些问题不一定是让我回答的，而是可能成为大家讨论的主题，并且一个同学的问题在另外一个同学那里可能就有答案，因此请大家记录每一个问题，以便思考和回应时明确问题是什么以及是谁提出了问题。请大家课后思考这些问题，也许某个问题会成为下节课讨论的核心。前来旁听的北大课程上的同学，一位觉得上学期的课堂讨论意犹未尽的同学对大家建议道：课堂发言要趁早，否则讨论主题就被别人抢占了！

相同的课程内容，相同的上课方式，但是由于课堂主体即同学不同，课堂必定千变万化，多姿多彩。这样的课堂，同学们必定兴致盎然，收获多多，而老师也绝对不会感到重复的枯燥。对我来说，每周三次上课，是一次次与年轻人精神交流的幸福之旅。大家围绕特定主题进行讨论，他们在思考、学习、进步，我则跟着他们的脚步，享受着与他们共同成长的过程。我把自己的经验、知识、思想、信念等等呈现给他们，他们则用闪亮的目光给我鼓励和回馈。这学期，三个课堂就是我工作的重心所在，也是我的精神寄托所在。我知道，我会有很多发现，会受到很多启发，因此我对课堂充满了期待。（2016 年 2 月 28 日）

2. 什么样的课堂？（二）：竹子生长的声音

（1）"中美经贸关系中的法律问题"

同学们将搜集的信息汇到一起，"战略与经济对话"谈判桌两边坐着的中美代表的形象就大致展现在面前了。在这些信息基础上，大家分析了双方官员的教育背景和工作经历等可能对"中美经贸关系"所产生的影响，有人说各有所长，有人说高下立现，有人还发现了"勤奋、精英"等共同点。我请大家回到第一节课知识产权例子，从双方人员背景的角度说明这个问题为什么会提出？如何得到解决？大家似乎发现了一些规律：美方必然会重视知识产权保护问题，而中方的反应和处理方式也有一定特点。我请大家进一步分析一个更加具体的实例：法学院一楼以及遍布校园的复印店大量复印英文教材的现象。有同学的第一反应是没有什么问题，因为《著作权法》第二十二条"在下列情况下使用作品，可以不经著作权人许可，不向其支付报酬，……（一）为个人学习、研究或者欣赏，使用他人已经发表的作品……"我马上在微信群中给大家分享了一个文件，即国家五部委（全国

"扫黄打非"办公室会同教育部、国家工商总局、国家新闻出版广电总局、国家版权局）刚刚联合下发的《关于开展部分重点城市高校及其周边复印店专项治理行动的通知》以及其中特别提到的"依法查处盗版复印特别是盗版复印教材的行为"。关于这个通知与《著作权法》之间的关系，引起了同学们的思考。不仅如此，我还假设：如果"依法查处"是美方在商贸联委会上提出来的，而中方后来发布了这样的通知，这一事件给大家什么启示？

课堂上有一位中国台湾同学，我请他与大家分享当地的大学校园内复印店的状况，并且留下作业，请大家课后了解美国、欧洲和韩国等地的情况。中国台湾同学已经告诉大家，当地的大学复印店是不能这样整本复印的，而我期待着同学们下节课分享其他国家或地区的情况。也许通过复印店这个身边的例子，同学们对"知识产权"的"是非"问题会有进一步的认识，并且带着"是非观"去看待中美经贸问题。

（2）"中国经济与法律制度"

非常巧合的是，上课伊始，同学们在翻阅课程打印资料的时候就谈到了楼下复印店的问题。我笑着说：在另外一个班上，我请同学们了解其他国家的情况，而你们就是来自"其他国家"，你们的情况是什么样的呢？这些同学众口一词：这样复印是非法的！我接着问：那么大家怎么理解中国《著作权法》第二十二条以及国家五部委通知？同学们一头雾水，于是这就成了课后作业！

随后我们言归正传，讨论"十三五"。有同学用笔记本电脑给大家播放了一段四分钟卡通片，是我课前发送到班级微信群的关于"十三五"的宣传片。我们手头还有一些打印资料，包括"十三五"中文全文以及英文概要，是同学们课前自己找到分享的。同学们针对其中的一些主题，例如基础设施、绿色经济和反腐败等提出问题并进行了讨论，从而对"十三五"的大致内容有了初步了解。期间，我不断让他们提出问题，并且在他们短暂沉默、似乎在穷尽了问题的情况下提醒他们：为什么这份文件叫做"建议"，即"中共中央制定国民经济和社会发展第十三个五年规划的建议"？这个建议是怎么产生的？结果会是怎样？有同学发现了打印资料中提到了该建议产生的 11 个步骤及其疑问，例如对征求意见如何反馈；有同学提到了人大开会必定会通过这个建议以及人大的作用。讨论过程中，我们不时回到上节课所涉及的内容，即这样的计划对于经济和社会发展是否为必需？一位保加利亚同学坚定地认为：这是社会主义的做法，其实施过程存在是否公平的问题，例如全国统一计划可能不适用于地区差别很大的情况。还有同学认为，他们自己的国家不可能形成这样的计划，因为两党不可能达成这样的一致意见。我则举空气污染的例子，请他们思考国家是否应该有治理环境污染的战略，就像"十三五"中所表述的那样。最后我还说：下周就要召开人大会议，这个计划的通过情况，我们会跟踪，并且在计划通过后，我们拿到英文全文，可能会在课堂讨论中不时有所涉及。事实上，课后我还想：人大会议召开的情况，也应该成为我们"中国经济与法律制度"课程的讨论内容，因为这是中国政治生活的现实状况，一年一度发生，并且恰逢我们课程进行之中，是不可多得的教学素材。

特别值得提及的是，上节课我请大家写一个课堂讨论总结，同学们交上来了，我大喜过望！同学们不仅就讨论涉及的内容进行了梳理记录，分享了学习感受，而且对课堂讨论的方式进行了评价。其中一位同学盛赞这种"苏格拉底式"教学法，认为这种"同伴学习"和"自我教育"的方式非常有效。我受到很大的启发：也许在课程进行中，我需要经常让同学们写总结的。讨论式课堂，内容丰富，线索复杂，需要同学们课后"反刍"；大家分享信息和感想，必然会彼此启发，这就是将"同伴学习"从课堂延伸到了课外；不仅如此，书面表达还是对课堂发言的有益补充，不仅发言同学整理了思路，没有发言同学等于做了"书面发言"。目前，我已经要求另外两个课堂的同学，在每个专题结束后写一个总结，发布在网络学堂"课程讨论"专区和班级微信群中分享。

（3）"世界贸易组织法中国案例研究"

针对上节课的作业，我问大家有什么要说的。话音未落，一位同学就站到讲台前，完整介绍了 WTO 争端解决程序以及对"欧盟紧固件案"和"在没有强制保障机制的情况下，WTO 的规则、判决为何被有效、普遍遵守"这个问题的看法！这位同学一口气讲了近十分钟，大家报以热烈掌声！我再次感叹"同伴学习"的神奇效果：没有准备如此充分的同学可以从这位同学的介绍中很快了解整体情况，并且大家随之进行交流、讨论，加上老师的适当介入，形成了一个完美的"学习共同体"。

随后的讨论，基本上就是这样的一个"学习共同体"。我们从 WTO 的"强制保障机制"出发，讨论了国际法与国内法强制性的差异、国内法中民刑案件的差异以及个人、公司和国家为什么遵守法律等问题，涉及了"国际刑法"的特殊性问题，提到了"美国赌博案"中安提瓜胜诉后裁决执行问题，还集中讨论了 WTO"崩溃论"。随着同学们的发言，我有时追问，有时澄清，有时补充资料，仿佛一叶扁舟"随波逐流"。我不断提醒大家这些问题对于法律、国际法和 WTO 学习的重要性，认为这些内容都可以成为大家思考和研究的题目。例如，WTO 的裁决是否都得到了执行？是否存在拖延执行的情形？WTO 的未来是否不容乐观？这些问题都事关我们对 WTO 的基本认识。换句话说，一个执行不力的法律制度或一个日薄西山的国际组织，恐怕不值得我们用一个学期时间去学习。当然，在此过程中，我也援引了我写的、提供给同学们的一些文章，如《WTO 是模范国际法》，表达了我对 WTO 的热爱和信心。此外，我还在微信群中分享了欧盟最新发布的执行紧固件案裁决的文件，希望同学们课后阅读。

在"世界贸易组织法中国案例研究"课上，看着同学们认真思考，积极发言，目光中流露出或困惑或欣喜，我仿佛漫步竹林，听到了竹子生长的声音！二年级，20 岁，一群人，在老师的引导下，围绕一个个真实的案例，思考法律、国际。他们可能发现，法律学习原来可以如此有趣，如此引人深思；国际问题原来可以如此亲切，如此"合情合理"。对于这些"重要"问题，一堂课，甚至一学期课，他们可能都没有得到答案，但是同学们的发言和老师的提问，必定有助于他们形成"法律思维"和"国际视野"，而这恰恰是本课程的核心目标。

研究生年长一些，也许更为适合思考"中美经贸关系"这样宏观的问题，而留学生的学习目标是了解《中国经济与法律制度》，相信课堂讨论中一个个现实的例子都在帮助他们构建中国的形象。如果还是使用"漫步竹林"的例子，那么我就是听到了不同竹子生长的声音——我们家附近的"紫竹院公园"，据说"有竹类 50 余品种 40 余万株，遍布园内，形成 70 余处大小竹林。……有青竹、紫竹、斑竹、石竹、寿星竹、金镶玉竹。园内所种植的大量紫竹、斑竹、石竹、金银玉寿竹等珍品……尤其以紫竹为最有名气"。（2016 年 3 月 6 日）

3. 什么样的课堂？（三）：理念的形成

（1）"中美经贸关系中的法律问题"

关于复印店问题，同学们汇集了美国、欧洲和韩国等地的情况——通过在外留学的同学，通过查找资料，结论非常清楚：其他国家和地区是不能这么做的。随后的讨论集中在对于《著作权法》第二十二条的理解，特别是以下款项的分析："……（六）为学校课堂教学或者科学研究，翻译或者少量复制已经发表的作品，供教学或者科研人员使用，但不得出版发行……"具体到法学院一楼的复印店，大家讨论了店主、教师和同学的复印行为是否违法的问题。在此基础上，我回到课程主题，追问大家：如果上节课提到的通知中所说的"依法查处盗版复印特别是盗版复印教材的行为"是美方在商贸联委会上提出的，而同学们是中方代表，应该如何应对？如果作出了这样的承诺，那么又如何在现实中有效落实？从大家的发言情况看，在"复印店行为"违法这一是非问题已经清楚的情况下，似乎问题变得更加复杂了，因为大家想到了同学们上课教材和参考资料如何获得，国外广泛使用二手书的模式能否适用中国，侵权盗版屡禁不绝的根源是什么等现实问题。

我们还简单过了一下"课程基本资料"中的 USTR：2015 Report to Congress On China's WTO Compliance 中的知识产权部分，大家交换了看法。我请大家认真阅读报告，针对它提到的以下七个结论找到报告中相应的证据论证部分：中国知识产权执法不力，原因在于部委之间缺乏协调、缺少培训、人员不足、执法过程和结果缺乏透明度、民事执法的程序障碍、地方保护主义和腐败。我还请大家自己查找有关中国知识产权执法制度的资料以便与美国报告进行对比。对于"第七轮中美战略与经济对话资料"提到的一个具体问题，即"双方承诺打击违法生产、销售、出口假冒伪劣药物活性成分（APIs）"，我也请大家研究一下是怎么回事。

（2）"中国经济与法律制度"

这个班也对复印店问题进行了进一步讨论。有同学对"……（六）为学校课堂教学或者科学研究，翻译或者少量复制已经发表的作品，供教学或者科研人员使用，但不得出版发行……"中的"少量"进行了解释，认为判断复印店和师生的复印行为要参照这个标准；有同学们认为复印店的复印行为是一种"代理行为"，不应该认定为侵权；有同学则从保护作者经济权益的角度认为复印是一种侵权行为。我用三个"困惑"总结了大家的讨论：根据中国法律，复印店是否违法？为什么只有中国才有复印店这种情况？"通知"的专项行动与《著作权法》是什么关系？

当我准备转入下一个讨论主题的时候，有同学问：老师您的观点是什么？

留学生就这么大胆！

我笑着说：我没有隐藏什么观点，以上确实是我的困惑，但是如果问我对复印店行为的观点，那么像其中一位同学所说的那样，我认为是侵权的，复印店和师生都不应该这样做，但是我们应该思考为什么大家还在这么做？中国的具体情况是什么，也许就是我们学习"中国经济与法律制度"需要研究的问题之一。

这时，马上又有同学追问：如果是自助式复印店，那么复印店也侵权吗？

留学生就这么大胆！

我尴尬地笑着说：好问题！但是我没有想过这个问题，让我想想。这位同学的目光中满是得意！过了一会儿，我说自己的观点大致如下，不一定对，仅供参考：如果自助复印店张贴警示标语，说根据法律规定不允许整本书复印，或者说只允许复印百分之几，甚至自动设置了每次复印张数限制，那么复印店就应该免责，因为自助复印店与有人"明知故犯"帮助复印是不同的。此时，我看到这位同学的目光中呈现了满意。事实上，这个回答并不是我的发明，在美国大学图书馆的自助复印机前，我曾经看到过类似告示，并且多年前在纽约联合国图书馆曾经被拒绝过整本书复印，说法律规定复印不能超过 20 页。

随后，大家简单分享了课程资料"中国著作权法"的内容，我请大家详细阅读以便深入交流。上课伊始，我请大家打开微信群中我发送的关于正在召开的两会的新华网链接，问大家什么是两会？人大和政协有什么区别？代表是从哪里来的？为什么上节课有同学说肯定会批准通过"十三五"？他们边看边答，我则进一步追问，结果大家越说越乱，最后都在忙着手机和电脑屏幕，没空回答我的问题！我笑着说：大家课后认真阅读，下节课讨论，因为一年一度的两会恰好在我们的课程进行中召开，是我们研究"中国经济与法律制度"的绝好机会。大家点头认同。

（3）"世界贸易组织法中国案例研究"

我首先称赞大家写的课程总结和感想，并且借此声明我的理念，即将共同学习延伸到课后。这节课上，随着同学们的发言，我也多次声明我的"讨论式教学法"理念，包括我永远地开放式提问三大问题（读了案例资料后的"感想"、"疑问"或"评论"），"自由发言"阶段拓宽思路与"集中讨论"阶段深入研究相结合，讨论的问题为思考未讨论的问题提供思路，我不会打断同学们发言但是提醒言简意赅，准备充分的同学与准备不充分同学之间的相互影响，认真阅读课程资料的重要性，等等。这些澄清，是针对同学们心中可能存在的疑惑，因为大家毕竟不太熟悉这样的上课方法。我还请同学们自愿就大家的综述写"综述"和感想，当场就有同学自告奋勇，表示读大家的综述也有很多收获！我真的很开心，为同学们这种如饥似渴学习的精神。事实上，课堂进行中，同学们都在认真记录，踊跃发言。他们较真的样子，对我是一种莫大的鼓励，启发我思考课堂教学中的这种现象，即为什么大家在一个学习集体中会如此专注？集体学习会有什么样的神奇效果？看来，我需要读一些社会心理学，研究一下群体心理特征。我觉得，我的课堂就是一个巨大的学习"气场",大家在这里你追我赶、其乐无穷!

关于"中国知识产权案",有同学全面介绍了中美双方观点及专家组分析,有同学从国内法和国际法的角度阐明了案件争议的焦点,有同学说专家组分析很精细,有同学则对我将 criminal threshold 翻译为"刑事门槛"提出异议。随后,大家集中讨论了案例的一个分析中专家组思路是否倒置的问题,有同学说倒置是正确的,而有同学说没有倒置。我反复问大家:此刻讨论的问题是什么?有同学坦承自己"满脑子糨糊"。我借机道:请大家课后仔细阅读资料,看看到底问题在哪里?提出这个问题的同学也答应课后思考清楚一些,下午就在微信群中分享了。不仅如此,有同学无意中提到"非违反之诉",被我抓住,请大家课后研究这个看上去"莫名其妙"的概念。当然,我还请大家想想,同学们已经提出的哪个问题值得我们下节课集体讨论。

课程开始的时候,我们简单更新了"欧盟紧固件案"的情况,也就是欧盟在 2 月 26 日宣布废除这个反倾销措施的公告,并且对比解读了前后两次(即 1 月 18 日 WTO 裁决公布时和 2 月 27 日欧盟废除措施时)"商务部条约法律司负责人"就这个问题的讲话内容。我说,这个案件的执行以及商务部的表态,与我们前面两次概论课对 WTO 的讨论密切相关,事关我们对 WTO 的基本认识。我还借此"炫耀"自己曾经就是"商务部条约法律司负责人",负责这些案件的处理和新闻稿撰写!大家笑。

我感觉,经过三次课,我的课堂基本成形了。首先,同学们知道这个课堂是什么样子,课堂、课前和课后应该做什么。其次,他们明确了一些观念。著作权是否应该保护?中国经济与法律制度是什么状况?如何看待WTO?如果研究生没有形成对于知识产权的基本观念,那么研究中美之间在知识产权问题上的谈判与合作就是在缘木求鱼,不得要领。如果留学生不能正视中国的现实,那么研究中国的经济与法律制度就是雾里看花,不知所云。如果本科生对 WTO 的作用没有基本认识,那么研究 WTO 案例就是盲人瞎马,不知所终。一个没有立场的人是难以想象的,他为什么这么说,为什么这么做,都是糊里糊涂的。同理,一个没有理念的课堂也是匪夷所思的，同学们学的内容是什么，有什么意义，都是莫名其妙的。我觉得没有理念的课堂是浪费了大家时间，甚至可能是耽误了孩子们。

如果说一个课堂有一个课堂的风格，那么我的课堂风格已经形成了，同学们会在这种风格下，经过整学期的学习，形成自己的收获。（2016 年 3 月 13 日）

4. 什么样的课堂？（四）：课堂内外

（1）"中美经贸关系中的法律问题"

外国的技术，"该偷就偷"；大家都是这么发展的：美国"偷"英国，日本"偷"美国；国家利益至上……这些想法，在政府、企业和老百姓中很有市场，有些人甚至公开地这么说！我的想法当然不同，但是一直没有机会进行公开讨论。在这个课堂上，我们开诚布公地发表了各自观点。我建议同学们不要停留在这些听上去理所当然的说法上，而是进一步追问：后起国家或地区要赶超，必须借鉴先进国家的技术，这一点毫无疑问，但是借鉴的方式却有天壤之别，例如是"偷"还是"买"，请大家查找一些实证数据，看看日本等当年的实际情况，同时考察一下他们当年的侵权盗版情况是不是与我们国家现在一样严重；如果"该偷就偷"，那么如果"偷"习惯了，什么时候才开始停止不"偷"呢？"偷"的想法与国家公开宣布的鼓励创新政策，该如何协调？如果"国家利益至上"是正确的，那么什么才是国家利益呢？例如，利益是有短期利益和长期利益、真实利益和虚假利益之分的。

我明确表示：也许知识产权保护问题很复杂，但是作为法律人，我们似乎只相信法治（rule of law），即相信法治是国家治理的基本手段。具体到知识产权，只要是违反法律的行为，都应该依法查处。此外，我坚信保护知识产权是建立创新型国家的最主要途径，因为只有这样企业才能投入研发资源。我还表示，如果知识产权保护不力，那么中美在这个问题上的谈判，中国会始终处于不利地位。

从同学们课后提交的课堂讨论综述看，似乎大家普遍同意加强保护知识产权，认为这是解决中美这个问题的根本途径，尽管很多同学也提到了改善知识产权保护状况以及中美谈判的复杂性。我很开心能够"慷慨激昂"地向同学们陈述我的观点，尽管我反复强调：我的观点不一定正确，仅供参考，希望大家能够深入思考问题而不是停留在表面上。课后，一位同学专门写邮件谈了自己的看法，我就更有意外之喜了！

课上，我们还围绕美国报告中提到的七个结论，仔细查找了报告中的相关段落，澄清了一些内容。这也给大家提供了一个机会，思考一下该如何阅读该报告，包括注意新名词和细节。我决定一鼓作气，用两节课研究整体报告（共198页），让同学们对"中美经贸关系中的法律问题"有一个整体把握。课程开始，我们就一头扎进了知识产权相关问题的探讨中，希望这给大家提供了一种研究方法，用以看待和处理其他问题。也许这种由点及面、从局部到整体的"归纳法"，比蜻蜓点水、泛泛而谈的"演绎法"，是更为有效的学习方法。

（2）"中国经济与法律制度"

我们先讨论两会。这天恰逢两会结束，有同学读了关于"十三五"的表决结果：共2778名人大代表投赞成票，占代表人数97.27%。围绕这两个数字，我们展开了复杂而热烈的讨论：人大代表总共多少人？97.27%说明了什么？还有一些人为什么没有投赞成票？没有赞成对他们有什么不利后果？"十三五"是不是只有一个版本？没有赞成是否意味着提出了自己的版本还是仅仅"反对"或"弃权"？人大代表是如何表决的？后来，讨论又回到了前几次课的主题：人大代表是如何产生的？政协是干什么的？不仅如此，还有同学提到了中央政治局和七个常委的决定性作用，即在人大和政协之外的另外一套政治系统。期间，有同学播放了一段视频，对比了美国、英国和中国的领导人产生路径，是中央电视台拍摄的卡通片。我们越讨论问题越多。我建议大家阅读中国宪法中的政治体制部分，课后进一步思考。

果然，刚下课就有同学在微信群中分享了一个外国人写的介绍两会的文章，标题包括：*Who's really in charge? What exactly in the NPC? Wait a minute…China isn't a one party state? And what about the CPPCC? So then what's the point of the Two Sessions?* 还有同学提供了精确数字：2778个代表赞

成，53 个反对，25 个弃权。我很开心，大家显然从课堂讨论中产生了兴趣。不仅如此，课前有一位同学找到我，说准备以"十三五"为主题写硕士论文。我开心地说：好啊，我们可以讨论一下论文大纲！

我坦率地说：课程期间恰逢两会和"十三五"，提供了难得的机会，希望能够为"中国经济与法律制度"的学习提供一个更为丰富、广阔的背景，但是我们仍然要研究不那么"有趣"的案例，包括这节课的"中国著作权法"。随后，我们讨论了案例中的部分段落。我再次提醒大家，要认真阅读案例资料，并且注意课程大纲中所列举的思考题。例如，国家版权局是干什么的？我们讨论著作权保护问题，那么这个政府机关负责保护著作权吗？大家上网查资料，交流了一些看法。

（3）"世界贸易组织法中国案例研究"

有同学分享了课后对"非违反之诉"的研究结果，我则借机让同学们查找学习课程参考资料所提供链接中的法律文本和相关案例及其解释的方法，并且大谈我的学习理论：以问题为导向的学习是最为有效的；查找法律文本和相关案例，其实第一节课我就介绍过，但是大家没有什么印象，但是现在有了具体问题，即"非违反之诉"规定在哪个协议里？有什么相关案例？案例内容是什么？我们就会"如饥似渴"地学习相关内容，并且再也不会忘记。果然，大家立刻手忙脚乱地点击一个又一个链接，脸上露出或欣喜或焦虑的表情。随后，我们讨论了"非违反之诉"的理念，国内法以及其他国际法领域是否有相关概念，留下了很多"未解之谜"。我提醒：也许这是一个很好的学期作业题目！

此外，我还借机大谈我对案例讨论的理解。我说，经过两节或三节课的讨论，大家对本案的案情应该大致了解，特别是其中的法律推理部分应该十分清楚，但是案例讨论的目的，并不是就案说案，局限于案例的内容，而是希望像发动机一样，引发大家对其他法律问题的思考，例如"非违反之诉"并非本案的内容，还有其他更多有意思的问题。在回到案例讨论了一段时间，下课时间快到的时候，我问大家：如果课后向室友，甚至不是法律系的同学介绍我们两次课所讨论的案例是什么，大家会用什么样通俗易懂的方式表达？我希望这样能够将同学们的发散思路收回到案例上来，实现"有放有收"的学习效果。有三位同学做了尝试，我则追问了一些问题，在他们"张口结舌"之际，建议他们课后整理一下发到微信群中。他们说要更加仔细阅读案例，并且很快就分享了整理后的文件。也许通过课堂内外的交流，大家已经知道如何阅读下一个案例了。

下课时，我说明：本案涉及很多问题，甚至有老师说这个案例可以讨论一个学期！如果还有同学不明白这个案例说了什么，那么只有课后阅读，或者向其他同学请教了。我的潜台词是：如果两次课还不知道案例说了什么，那么是不能怪罪老师的，因为已经有那么多同学课上侃侃而谈、课后"没完没了"！也许这是同伴学习能够产生刺激和激励的作用。

课堂讨论的形式是"自由发言"和"集中讨论"相结合。自由发言开拓了思路，让同学们体验了问题和视角的复杂性和多样性。集中讨论澄清了问题，为同学们的思考提供了深入的路径。不仅如此，少数问题的澄清，却引发了更多的疑问，让同学们产生了很大的好奇心，以至于课堂上"大惑不解"、"心乱如麻"，下课后则"不依不饶"、"殚精竭虑"。因此，课堂讨论解决了学习中最为重要的一个问题，即学习动力。这样的学习动力下，同学们自然会"不计成本"地投入时间和精力，因为他们也许不是为了学习什么，不是为了得到高分，而是为了平息心中的疑惑和焦虑，来自课堂中"满天飞"的问题，也来自几个"学霸"一次次的发言。当然，"学霸"的课堂表现和课后分享，不仅是对其他人的"刺激"，同时还是对其他人学习的补充，是在"辅导"其他同学。"学霸"自己当然也更加"来劲"，自己的能力得到展现和提高，这是心理上最有满足感的事情。（2016 年 3 月20 日）

5. 什么样的课堂？（五）：课堂差异

（1）"中美经贸关系中的法律问题"

上课伊始，我请大家分享阅读美国整体报告的感想。有同学提到了美国对中国经济改革的评论；有同学提到了过渡性审查机制和贸易权开放问题；

有同学提到了电影进口的纠纷，包括什么是 revenue sharing 和 flat fee 制度及其区别；有同学提到美国认为中国政府对经济干预太多；有同学提到美国提出的非歧视、透明度等原则；有同学关注银行业和法律服务业承诺和执行问题；有同学关心"原材料案"，因为她所在的机械工程专业与钢铁、焦炭和稀土等有关……

我认真听着、记着，不时提问以澄清某些信息。后来，大家的讨论集中到美国指出的钢铁产能过剩对世界钢铁生产和价格所产生的负面影响这个主题，并且反复阅读相关段落。经管院大二同学还上台板书，给大家详细讲解经济学上的"比较优势"理论，大家则结合钢铁问题探讨这个理论的可适用性。我请大家课后继续研读这些段落，并且研究相关问题，以便下一节课深入讨论。

大家的阅读，显然是选择性的：有的读了概要，有的读了自己感兴趣的部分。我声明：不同同学读了不同部分，也许这正是讨论的必要性和价值所在，即大家优势互补、相互补充，也许汇集到一起就是整个报告的内容。当然，我也建议大家通过读目录和小标题，掌握报告的整体脉络，以便对全部情况有一个整体把握。

（2）"中国经济与法律制度"

这节课的主题是"中国贸易法"，我们讨论了商务部的职能和进出口许可制度的特点等内容。但是我发现，11 位同学中，多数人都没有阅读案例资料。当我问谁愿意介绍一下案例概要时，一位同学向另一位同学抬了抬下巴，意思是让他说！另一位同学则跟着起哄：他是本班最优秀的学生！大家哄笑。

于是，这位"最优秀"学生站起来，向大家详细介绍了案情，随后大家就一些问题进行了澄清和讨论。最后我笑着问每一位同学：为什么没有读案例？我问是不是太忙，没有时间，一位同学回答：课后时间倒是很多，但是往往时间越多越不抓紧！我说案例应该不是太难，对于很多母语为英语的同学，20 页也许只需要一个小时。一位同学说读了三个小时，是读一会儿、睡一会儿！一位同学说读完了，但是没有发现什么问题！一位同学说没有任何借口，应该读的！其他同学则坦承没有读！

我一边问，一边应和他们，承认自己也有这样那样类似的毛病。但是我强调：我们的课堂是讨论式的，没有看资料就说不出什么有价值的内容；当然听听其他同学发言也会有所收获，但是"求人不如求己"！最后我请大家课后结合本专题的引导性问题，例如中国外贸法与货物进出口条例之间的关系，商务部与许可证局的关系，等等，详细阅读报告，并且研究中国国务院的组织机构，特别是看看商务部在其中的位置。我强调，这些引导性问题是帮助大家阅读思考的，我不愿意上课就逐个回答这些问题，而是鼓励大家自己提出任何问题，因为自己的问题才是真问题。

（3）"世界贸易组织法中国案例研究"

这个课堂就截然不同了！当我问大家读了"中国出版物和音像制品案"之后，有什么问题、感想和评论，或者能否介绍一下案情时，有 13 位同学先后发言，用去了 100 分钟时间，以至于我不得不强制课间休息，让竖起桌签的另外四位同学等等，而在剩下的半小时集中讨论后，仍然有三位同学没有发言机会！于是我开心地评论道：看来大家踊跃发言了，这很好，同时也对我们的课堂时间提出了挑战，建议大家今后的发言言简意赅，口述要点，少读条文。

我们集中讨论的问题，是上诉机构报告第 230 段，即为什么上诉机构认为此处的中国议定书条款确保了中国可以援引 GATT 第 20 条进行抗辩。全班同学一起读，好几个同学轮番发言，最后还是成为了本次课的作业之一，即研究上诉机构的论证思路。不久，就有三位同学在微信群中发表了看法。我看着手机偷着乐！看来同学们开始较真了，这样的学习动力是作为老师求之不得的呀！

大家自由发言的时候，我经常"插播"一些鼓励、追问和点评的话，于是发言越来越踊跃，内容越来越丰富。有同学综述案情之后，我提醒道：在听别人讲的时候，要思考他说得对不对、你听得懂不懂。有同学认为上诉机构并没有提出清晰的分析思路，我提醒道：大家是否同意这位同学的观点？有同学详细介绍了本案的实质性争议，即中国的措施是否符合 GATT 第

20 条的条件，我提醒道：我们这部分案例的重点是"能否援引"而非"是否满足"，但是那个问题也很有趣，应该成为大家自己研究的题目；有同学提到了美国对中国批评的合理性，我提醒道：我们讨论的重点虽然是上诉机构裁决的思路，即法律推理的过程，但是课堂讨论鼓励大家分散思维，从不同角度思考问题，这样才能更加相互受益；有同学提到了 WTO 裁决与美国法院判决的差别，我提醒道：大家可以思考一下为什么 WTO 裁决写得这么详细。此外，还有几位旁听的研究生同学从议定书在 WTO 法律体系中的地位、WTO 是否有"遵循先例"制度等宏观角度提出了问题，提醒大家思考。还有，在讨论进行中，有同学赞同上诉机构的思路，但是我提醒道：在我们随后要研究的案例，即"中国原材料案"和"中国稀土案"中，上诉机构却认为中国的措施无权援引 GATT 第 20 条，学有余力的同学可以提前读一下！

讨论前，我还点评了大家的课堂综述情况，在肯定这些综述的质量和总结其作用即课后回顾和课堂补充的同时，建议大家多写一些感想，因为总结仅仅是回忆和学习课程内容，但是感想却是思考，也许更为重要。此外，我还鼓励大家分享其他相关内容，例如有同学受到商务部新闻发言人在"欧盟紧固件案"上的表态，在微信群中分享了"外交语言"的问题，就十分有趣。最后，我也鼓励大家就其他同学的综述发表看法，就像已经有同学做的那样。

课程开始，有同学介绍了我即将参选上诉机构成员的情况。大家开心地看着我。我借机道：4 月我要去日内瓦面试，会给大家带礼物；期间课程会请具体办理 WTO 案件的大律师讲解案例；清华可能是全世界 WTO 师资最为丰富的学校了，因为有现任上诉机构成员张月姣老师，长期教授 WTO 的吕晓杰老师，国际著名专家秦娅老师，希望大家能够多选关于 WTO 的课程！

三个课堂有很大不同。研究生成熟、沉稳，我需要与他们一起找到研究问题的方法，包括把握大局与深入探讨，即点面结合。留学生活泼、"轻浮"，我需要想方设法让他们踏实一点，经常要将问题形象化和具体化。而本科生积极、踊跃，我所需要做的，则是在鼓励和引导的同时，更好地把握时间！

但是有一点却是共同的，即在课堂上，我需要根据同学们的表现，随时随地调整上课的方式和节奏，就好像是拿着照相机的游人，随着景致的不同，不断调整焦距甚至经常更换镜头。以我上课的经验看，没有两个班是完全相同的，即使同样的课程、同样的年级和背景，一旦让同学们主导课堂，必然是千差万别、千姿百态的，仿佛姹紫嫣红、百花争艳的花园，令人目不暇接。作为游人，当然喜欢这样的园林，而作为老师，我也是乐在其中、乐此不疲！（2016 年 3 月 27 日）

6. 什么样的课堂？（六）：点面结合

（1）"中美经贸关系中的法律问题"

有同学介绍了在微信群中分享的"钢铁工业十二五发展规划"，大家对照阅读了美国报告中提到的中国钢铁产能和出口增长数据。期间有同学认为，经过详细阅读报告，发现美国的观点很多都是有论证的，上节课由于阅读不足而造成的争论已经没有必要了！

大家的讨论，从美国对中国钢铁业发展的"指责"，延伸到了中美之间的"原材料案"和"稀土案"，以及两案涉及的《关贸总协定》与《中国加入 WTO 议定书》关系问题。有同学介绍了另一位老师课堂上介绍的观点以及布置的作业，还有一位同学介绍了《世界贸易组织法中国案例研究》上的相关讨论——这个班上有两位同学是"跨课堂"的。大家围绕这个问题进行了深入讨论，发现这两个法律问题的关系问题确实比较复杂，需要进一步研究。我总结道：美国报告中很多地方提到了中国政策和措施不符合 WTO 规则和承诺，但是一旦诉诸 WTO 争端解决机制，问题可能就没有那么简单了，需要充分证明，甚至会涉及复杂的法律解释问题。

（2）"中国经济与法律制度"

这节课，基本上是围绕商务部的职能和商务部部长的职位展开的。

上课伊始，就有同学自告奋勇上台板书，绘制了中国政府结构图，随后大家围绕党和政府的关系展开热烈。我请他们课后继续研究。

另一位同学在教室另外一面墙的黑板上绘制了国务院的体系，也就是上节课留下的作业。他介绍了总理、副总理、国务委员和部长的人数及职责。我追问了商务部的下设司局名称和数量，以及本案涉及的进出口许可证管理局、五矿化工进出口商会和招标委员会等机构在商务部系统中的位置。课后，有几位同学在微信群中分享查到的中国政府机构图标和中国政治制度介绍文章。

（3）"世界贸易组织法中国案例研究"

关于本案最为核心的内容，即上诉机构报告第 230 段中对 GATT 与议定书之间关系的分析，课前已经有五位同学在微信群中分享了四份总结和评论，我自然而然地把课堂交给了他们，请他们上台介绍自己的理解，而"听众"主要听他们之间是否有分歧、与自己的理解有什么不同以及有什么问题。我觉得，这是对这五位同学课前勤奋努力和乐于分享的明确鼓励。

他们的介绍，肯定是角度不同的，甚至观点是针锋相对的：有同学认为上诉机构解释清楚了，但是有同学认为上诉机构太随意了，特别是结合了即将讨论的"中国原材料案"和"中国稀土案"中上诉机构的相反结论之后！这引起了大家的激烈辩论。期间，我不断要求发言同学澄清一些问题，特别是在一位同学"一带而过"提到法律解释的时候，我揪住"大做文章"，涉及了国内法的解释，国际法的解释，特别是《维也纳条约法公约》第 31条。我追问：国内法的解释方法是什么？法律依据是什么？与国际法解释方法有什么不同？为什么会不同？在我一连串的追问下，大家议论纷纷，课堂一度陷入"混乱"！对这个问题的讨论，给大家的案例阅读方法论提了一个醒，即 WTO 专家组和上诉机构解释法律是有"套路"和"章法"的，同时也为计划的对第 31 条的专门讨论开了一个头。当然，回到 230 段，我追问同学们：上诉机构在此处是否使用了第 31 条的方法？如果不是，那么是什么方法？凭什么使用这种方法？

下课了，我让"意犹未尽"的同学在微信群中分享看法，并且采用"激将法"，提醒大家：要想完全理解 230 段，可能需要提前阅读下一节课的案例，即"中国原材料案"和"中国稀土案"；我发现有些同学已经读完了！

每个课堂，大家通过深挖一两个问题，不仅深入理解了学习内容，而且带出了大量的相关知识。此外，这样的"点面结合"，引起了大家极大的学习兴趣。通过课堂讨论，同学们发现了自己的不足，会自己去查找资料，认真钻研，并且会主动分享信息和感想。经过这几节课，同学们应该认同了我的课堂理论：课堂时间有限，只能采取这种方法。大家似乎乐在其中了。（2016年4月3日）

7. 什么样的课堂？（七）：思考

（1）"中美经贸关系中的法律问题"

过去三周，我在日内瓦参加WTO上诉机构成员竞选。离开前最后一节课上，我们就简单讨论过上诉机构成员竞选问题，同学们很关心，所以回来后理应给同学们一个交代。我给大家带了瑞士巧克力，还有WTO总部照片的明信片以及带有WTO标志的小夹子。迎着大家期待的目光，我笑眯眯地问：对于过去三周发生了什么，大家有什么问题？同学们显然有些意外，先是犹犹豫豫、后来大大方方地提问了：你做了什么？结果怎样？那么多国家代表见面都聊什么？选举委员会问了什么问题？与另外一个中国候选人是否有交流？对其他候选人有什么不同评价？有什么内幕消息？是否当选与任期届满的张月姣大法官有没有关系？与中国代表团是否有交流？住哪儿？吃什么？有没有旅游？竞选流程是什么？选拔标准是什么？张月姣大法官离任后做什么？印象最深的是什么？韩国那位法官连任怎么样了？结果是怎么决定的？你是怎么准备的？有没有紧张？……

听了这些问题，我很开心地说：希望大家已经从这些提问中得到启发了：为什么同样一件事情，会有这么多不同的角度和问题？随后我一一回答了这些问题，最后又就其中的一两个问题进行了交流。

接下来，我们进入课程主题，即课程大纲中的"四、WTO争端解决问题"。此前，已经有同学在班级微信群中转发了一张统计表，是中美之间发生的 26 个 WTO 案件名称及其链接，所以我请这位同学简单介绍一下总体情况。另外，此前我还提醒大家阅读 USTR 报告中关于中美之间案件的情况。很快就有同学提到最近发生的一个案件，即关于中国外贸出口示范基地的案件（DS489），双方签署了谅解备忘录。我说：这个备忘录恰恰是我在 WTO 期间，中美双方大使换函签署的。于是，课堂剩下的时间，主要集中在讨论这个案件，包括双方争议究竟是什么，备忘录内容是什么，备忘录的性质是什么，等等。

根据课堂讨论的情况，我布置了作业，请大家课后准备，以便下节课讨论：①示范基地案的情况以及备忘录的内容；②相关的出口基地案（DS450）的情况；③中国起诉美国的案件；④中美案件的整体情况。

（2）"中国经济与法律制度"

听李森律师讲中国商业秘密法。我邀请他代课，他认真准备了四次课。

课后，我们简单交流了教学法问题。作为听众，我强烈感到课堂真是非常特殊的场合：一个老师和一群学生聚集在一起，目的是什么？如何最为有效地实现这些目的？师生是怎样的心理状态？如何使得课堂成为"奇妙的课堂"？这里面学问大了，非有教育学、心理学和教学法方面的理论知识以及丰富的课堂实践不能全面、准确总结之。我的"讨论式教学法"只是一种尝试，并且仅仅是开始。我会继续探索、总结。多么奇妙的旅程啊！

给同学们送了巧克力、明信片和小夹子。

（3）"世界贸易组织法中国案例研究"

也送了以上三件小礼品。此外，课前还在微信群中发了一份总结报告"WTO 成员关注的问题"，归纳了面试中的问题以及部分问题的背景分析。

我问大家对这些问题是否有疑问和答案，有几位同学就以下几个问题提出了想法：工作中的冲突如何解决？上诉机构是否应该对协议"填补空白"？上诉机构是否相对于"三权分立"国家中的法院？专家组和上诉机构是否为秘书处所控制？TPP 是否会替代 WTO？发展中国家权利如何保护？协议制定中的"故意模糊"问题如何解决？……随后，有同学就部分想法发表了自己的评论和意见，并就"故意模糊"等问题较为深入地讨论，最后我向大家交代了我是如何回答这些问题的以及当时的"心理活动"。

这部分内容结束后，我们开始讨论前三节课的内容，即三位律师分别讲解的欧盟紧固件案（DS397）、美国反倾销和反补贴案（DS379）和中国电子支付案（DS413）。我的观点是：这三位律师经验丰富、专业精湛，而这些案件则内涵丰富、精彩纷呈，因此我们需要停下来消化一下，而不是急着赶路。我问大家：对于这三位律师讲授的三个案件，有什么疑问或者有什么最为强烈的感想？于是，有同学提到了"国家责任条款"，有同学提到了"非市场经济待遇"，有同学提到了中国是否有贸易政策等问题。随后，大家比较集中地讨论了中国入世议定书第15条的市场经济待遇问题，从文本到文章。一位研究生同学对此比较有研究，给大家讲解了此事的来龙去脉。我说：这个问题具有学术性和现实性，大家可以自行研究。

我去WTO参加活动，这是一个很好的机会，引起大家对课程内容的兴趣。但是我没有采取主动介绍的方式，而是采取一贯的提问方式。课堂上，我也反复强调：我们的课堂鼓励思考和辩论，而不是听老师讲、做笔记。提问中，同学们已经相互受到启发，而我的介绍也具有了针对性。不仅如此，就其中一些问题，我们还进行了深入探讨，起到了"以点带面"的效果。

几个星期没见同学们，期间的课程，我请朋友们替代。"中美经贸关系中的法律问题"，是商务部和驻美大使馆的前同事（胡盛涛和刘东），分别讲授美国外资安全审查制度和国际经贸谈判；《中国经济与法律制度》，是李森律师，讲授他所专长的中国诉讼法和知识产权法等制度；"世界贸易组织法"，是蒲凌尘、彭俊和肖瑾律师，介绍三个亲自办理的案件。加上我介绍上诉机构竞选经历，我觉得是在把最好礼物奉献给最好的学生。看到课堂上出现一个个有价值的问题，看到同学们如饥似渴地学习和思考，我心中感到深深的欣慰。已经有同学在分享的课堂感想中提到我是热爱自己课堂的老师。他们很聪明，心中有数的。其实，课堂对我来说，是莫大的精神享受。

（2016年5月1日）

8. 什么样的课堂？（八）：理解

（1）"中美经贸关系中的法律问题"

放假停课。

（2）"中国经济与法律制度"

放假停课。

（3）"世界贸易组织法中国案例研究"

按照课程计划，这节课讨论"中国原材料案"和"中国稀土案"中的GATT第20条适用问题，而前一个案例是"中国出版物和音像制品案"该条适用问题。这是关于这个问题的系列案件，WTO专家组和上诉机构有很多创新之处，也让众多专家学者讨论不休。这是一个关于法律解释的经典案例，拿到课堂上讨论，能够带出来非常多重要的法律问题。

果然，当我问大家对案例的疑问和感想的时候，以下问题出现了：第20条的性质究竟是什么？为什么主权在谈判时用过一次，适用时就不能再用了？以下评论也出现了：专家组发表的"单独意见"更有说服力，专家组和上诉机构事实上采取的是"文本主义"解释方法。随后的讨论，集中在"主权"问题上，有同学认为不能违反"自然资源永久主权原则"，而有同学则认为本案涉及的并非"主权"问题，而是"解释"问题。本案涉及问题很多，但是大家的讨论似乎围绕着中国入世议定书与GATT之间的关系进行，并没有很复杂、很艰深的感觉，而我也反复提醒大家澄清自己的观点和问题，使得讨论主题越来越清晰。不仅如此，我也指出了我对"单独意见"中一个问题的特别兴趣，即出口税是否应该遵守"最惠国待遇"义务。我说，这个问题就是专家组开庭时，秘书Gabrielle Marceau给专家组递纸条后，专家组提出的问题！我还答应把当事方的回答提供给大家研究。

课堂讨论留下了若干思考题：如何理解"最惠国待遇"义务与GATT第20条的关系，如何解释条约中的"silence"问题，《维也纳条约法公约》所说的"善意解释"（in good faith）是什么含义，"*expression unius est exclusion alterius*"（明确其一即排除其他）是什么样的法律解释方法。此外，我还请大家简述"单独意见"的观点和四份报告的内容及其递进关系。

这是一个非常复杂的案件，但是课堂讨论却在帮助大家一点点理解。大家似乎并没有表现出畏难情绪，而是积极发言，并且不断回到裁决报告的文本中，仔细阅读。此外，看看课堂讨论中所产生的那些思考题，特别是法律解释问题，是多么新奇而重要啊！我相信，如果没有这样的讨论，有些同学可能直到毕业也没有机会遇到这么有趣的法律问题！真实而有趣的法律问题，也许会对同学们的法律思维训练产生积极的影响，甚至影响到他们对法律本身的兴趣——原来法律是可以这么有趣的！

我自己当然也兴致盎然。尽管这个案例已经多次用过，但是每个课堂的切入点和涉及面都是不同的，让我感到十分奇妙，以至于情不自禁地投入讨论之中。这种思维交流的乐趣，恐怕是最高的精神享受吧！（2016 年 5 月 8 日）

9. 什么样的课堂？（九）：同伴学习

（1）"中美经贸关系中的法律问题"

课前，已经有一位同学将 3 个案件［"出口基地案"（DS450）、"示范基地案"（489）和"名牌产品案"（DS387）］的信息发送到微信群中，所以我先请这位同学介绍案情，随后大家交流了看法。我提醒大家：可以从 WTO 官方网站查找这些案件的"第一手资料"，而微信群中分享的是中文网站，最多属于"第二手资料"。大家随即上网查找，并且在微信群中分享。不仅如此，大家还提到了更多的案件，特别是作为原告的案件，包括"美国钢铁保障措施案"（DS252）、"美国禽肉案"（DS392）和"美国虾案"（DS422）。大家发现，中国作为原告的案件，报告只有美国和欧盟，并且措施基本上都是"贸易救济"措施，而中国作为被告的案件，情况就复杂很多。我们对其中的原因进行了推测和分析。

有同学在别的课程中学习过美国反倾销调查中的"归零"（zeroing）做法，向大家介绍了 DS422 案和一系列其他案例，大家进行了热烈讨论。大家发现，这个案件技术上非常复杂，不容易说清楚。

（2）"中国经济与法律制度"

这是我从日内瓦回来后第一次在这个班上课，于是我"履行诺言"，先向大家介绍日内瓦面试情况。我仍然是让大家先提问。同学们很活跃，问题五花八门，从面试什么问题到吃不吃中餐，从见了什么人到谁出的差旅费，从竞选结果何时揭晓到WTO总干事长什么样，应有尽有。针对我的回答，又有更多的问题提出来！大家很自由，很开心。

回到我们的课程，"中国海关法"，大家就没有那么活跃了，显然是多数人没有阅读课程资料！大家在泛泛而谈地提了几个问题后，我开始回到资料后面所附的"引导性问题"，也就是我根据案例资料所提出的"思考题"。很快，课堂就出现出这样的情景：一位同学站到黑板前，板书介绍《海关法》、《知识产权海关保护条例》、《知识产权海关保护条例实施办法》和《海关总署公告2007年第16号关于没收侵犯知识产权货物依法拍卖有关事宜》等四个法律文件的内容及其等级关系，其他同学提出了问题，我也追问了立法机关分别是谁以及同学们各自国家的立法体制是不是相同等问题。大家很有兴趣，我请大家课后对比各自国家的立法体制，以便下节课交流。此外，我还明确请大家对照资料后面的九个引导性问题阅读案例资料。

（3）"世界贸易组织法中国案例研究"

上课伊始，我先问大家对微信群中的三个信息有什么疑问或评论。这些信息是我在课前发送给大家的，分别是美国就一个中国案件（DS427）的执行措施提起新的程序，美国不同意一位上诉机构成员（张胜和）连任和欧洲议会对是否给予中国市场经济地位的讨论。大家交流了一些看法，内容包括：上诉机构事件对"法官"独立审判的影响以及上诉机构裁决案件中可能存在问题；"法官"独立性与行政干预的磨合；欧盟市场经济五条标准；欧盟保护产业的动机。我也发表了自己的看法。我说：在我们课程进行期间遇到这些事件，是我们的幸运，同时也表明这门课程充满活力；我们遇到的有些问题，例如"法官独立性"问题，几乎可以称作法律的原始问题，即在国内司法体制中早已盖棺定论的问题，但是在国际法上却出现了，给我们的法律学习提供了难得的资料；作为法律人和学习 WTO 的学生，看待这些问题，应该与大众有不同的视角，即不是人云亦云，而是要从法律和专业的角度进行分析；例如，DS427 案，我们知道这是一个"执行之诉"案件；上诉机构问题，我们会首先查看美国是否在法律上有权这么做；而对于市场经济地位问题，我们知道这涉及对中国入世议定书第 15 条的解释。我建议大家关注一些最新发展的事件，例如南海仲裁问题，大家可以与 WTO 争端解决制度进行对比，但是大家必须读完裁决书后才能发表意见，而不应该跟风乱说。

　　课间休息后，我们回到了上节课留下的六个问题。同学们果然有备而来：有同学全面评述了对"单独意见"的看法，并且表示与上节课的看法有所不同；有同学查找了关于"善意解释"和"silence"的案例汇编和相关书籍（Treaty Interpretation by the WTO Appellate Body）；有同学从字典（Black's Law Dictionary）到文献介绍了那个拉丁文词汇的含义和使用；有同学阅读了我在课后提供的案例资料，综合评述了"最惠国待遇"问题。更有同学综述了 4 份报告的内容！看到大家的学习达到了如此的深度，我很开心，顺便提醒大家：写案例综述是法律学习的基本功，也就是用条理清楚、言简意赅的语言将复杂的案件复述出来。我鼓励大家下课试试看。

　　关于课前课后主动学习，这三个班有所不同，从本科生、研究生到留学生递减。但是每个班上都有那么几位同学积极发言，以至于出现了有些同学讲、有些同学听的局面。这是我课堂上的常规情景。我的心态是：何乐不为？！我给大家的发言机会是平等的，但是有些同学脱颖而出，成为班上的"学霸"，并且带领大家一起学习，岂非可乐不可求的效果？也许"沉默"的同学有"搭便车"的嫌疑，课前没有阅读资料，就等着其他同学讲解，但是只要课堂讨论中有所收获，我也乐见其成。一些同学讲，一些同学听，各得其所，共同进步，岂不美哉！同伴学习的效果，是师生学习所不能替代的，同学们的课程总结感想中对一些同学的高度赞扬就是很好的证据。课堂上，老师的任务，就是要给这种同伴学习的场景"添砖加瓦"、"添油加醋"，甚至"煽风点火"。（2016 年 5 月 15 日）

10. 什么样的课堂？（十）：结合时事

（1）"中美经贸关系中的法律问题"

这堂课的内容，是"临时插播"的——讨论 Claire Reade 最近在对外经贸大学的一次讲座。Claire 是老朋友了，曾经在 USTR 工作八年，负责中国事务，现在回到了律师事务所和研究机构。她的讲座，我称名为"美国国际贸易政策的最新发展"，我在现场听了，言简意赅，深入浅出，对当前美国的贸易政策现状和走向作出了精辟透彻的阐释和分析，是不可多得的教学资料。

我请同学们课前先听录音。上课伊始，我就问大家的感想。大家查阅了她的简历，发现她应该是我们课程的主要阅读资料 USTR 报告的主要策划者。有些同学也发现了她的讲座与该报告风格的一致性。随后，一位现场听过讲座的同学（我给大家转发过讲座通知）介绍了自己的 10 个问题，就同学们提出的问题和感想作出了回应，并且全面介绍了讲座的内容。最后，我们集体听了一遍全部录音，并且就美国贸易政策的几大目标进行了澄清和讨论。我再次强调：这个讲座不可多得，希望大家课后再下工夫，争取听懂所有内容。我还澄清：听懂不仅仅是听懂英文，而且是听懂每个内容的意思，例如听众为什么会在好几个地方发出笑声？我还表示：如果有几位同学愿意组成学习小组研讨这个讲座，我也愿意参加。

（2）"中国经济与法律制度"

关于四个法律文件之间的关系，一位同学站到黑板前，板书并复述了上节课的内容，但是大家提出了很多问题。经过讨论，关系更加清晰了，明确了机构和内容两条线，即人大—国务院—海关总署，法律—法规—规章。在此基础上，大家与各自国家的立法体制进行了对比，发现中国的制度与美国、澳大利亚等有很大差别，而与欧盟的差别更大。

有趣的是，我们就课程内容之外的两个问题进行了反复讨论。一是课程考核。在课程大纲中，我只是要求大家就课程相关内容写一篇作业，由我结合课堂表现给出分数。但是大家提出了一系列问题：何时提交？字数多少？

如何判断作业的质量？课堂表现成绩占比多少？……二是下节课的安排。根据我的课程计划，是每个专题两次课，而下节课是本学期剩下的单次课了。那么，这次课我们做什么？是按照课程计划学习"中国刑法"，还是学习大纲中的最后一个，即"中国经济制度"？或者还有什么其他建议？我把这个问题留给了同学们，欢迎大家就此提出方案。

（3）"世界贸易组织法中国案例研究"

我们先讨论了上诉机构给所有 WTO 成员的"公开信"，即上诉机构作为一个集体对成员连任受到阻碍所持有的立场。在大家纷纷表达意见后，我也分享了自己的想法和角度，特别是"公开信"的措辞。我认为，短短一页纸，却颇为耐人寻味，值得反复研究。最后，我还坦陈将这个问题拿到课堂进行讨论的主要原因：这是一个不可多得的"原始法律问题"——如何保障法官独立性，这在国内法中早已明确，其中就包括法官终身制，但是在国际法领域，却成为了一个现实问题，提醒大家思考司法制度中的一些基本问题，并且将国内法治与国际法治进行对比。当然，对这个问题的思考，也是与我们学习 WTO 密切相关。至于这件事情甚至与任课老师相关，这就更是"可遇不可求"了！

随后，我们进入正题，讨论"中国电子支付案"专家组报告。大家先是提出了观点和疑问，随后我们集中讨论了两个问题，即第 119 段的分析是否充分和为什么要用"industry sources"。后一个问题，经过两位同学发言，很快得到了澄清，但是对于前一个问题，大家的阅读却延伸到前面的若干段落，并且形成了不同意见。更为有趣的是，在大家花费了半个小时进行讨论仍然没有澄清的时候，首先提出这个问题的同学怀疑道：这个问题的讨论有没有意义？这个怀疑得到了另外一位同学的附和。我解释道：我们所讨论的，是对于一份判决书中一个内容的理解，当然是有意义的。不仅如此，我还建议大家课后查找涉案中国承诺条款中金融词汇的含义，以便判断第 119 段的分析是否充分。最后，我还给大家另外布置了一个作业：专家组和上诉机构解释条约的方法是什么？我解释说：上一次的课程综述中，一位同学感觉 WTO 裁决中解释条约似乎没有什么固定的方法，但是我有不同理解。我笑着论证道：本案专家组报告和"稀土案"上诉机构报告以及以前的案例都明确提到了《维也纳条约法公约》第 31 条和第 32 条，而我们的课堂讨论中也涉及了这两条之外的习惯解释方法，即"有效解释"和"*expression unius est exclusion alterius*"（明确其一即排除其他），这些不都是明确的解释方法吗？我声明：我是论证不一定正确，请大家课后研究一下，特别是看看 WTO 网站上总结的 Principles and Concepts of General International Law Related to Dispute Settlement 中的案例情况。

结合最新进展，促进课程内容的学习，这似乎是我的一贯做法，同学们应该是很喜欢的——"理论联系实际"，本来就应该是这样的。而根据同学们的课堂发言决定课程内容的走向，也是我的课堂的重要特色，这一点也许同学们至今都未完全习惯，以至于会怀疑所讨论问题的意义。作为老师，我当然胸有成竹，清楚课堂上一言一行的目的和价值，并且调动一切课堂资源，包括抓住看上去不重要的内容和幼稚的问题，为课程学习服务。事实上，同学们任何问题都可以提出来，恰恰证明了课堂的开放、民主和自由，这是我最为企求的课堂情景，因为这说明同学们在思考，在倾听，在进步。当然，我并非放任不管，而是积极引导。在三节课上，都先是"天马行空"，"问题满天飞"，后来却能够"放慢脚步"，"平心静气"地研究一两个问题，这当然都是我"牵着风筝的线"。不仅如此，我还会利用讨论的进展，强调我认为最重要的问题。例如，条约解释方法，基本上是我从外部引入的，因为我觉得经过一个学期的案例学习，是时候归纳一下基本方法了，而此刻恰恰出现了同学对条约解释方法的疑问，于是我借题发挥，通过"论证"，将这个问题从"幕后"推到了"前台"。通过下节课的讨论，这个问题应该基本成型，并且成为课程的总结内容，完美实现我的教学目标，即通过案例和法律解释培养法律思维和法律推理能力。只不过，这一切都是在"大道无形"的情景下悄无声息地进行的，以至于同学们不知不觉，甚至怀疑所讨论问题的意义。最后一节课，我会向大家挑明这一点，希望他们在回顾这学期课程的时候，能够有恍然大悟的感觉。（2016 年 5 月 22 日）

11. 什么样的课堂？（十一）：切入点

（1）"中美经贸关系中的法律问题"

这次课的主题是"贸易救济问题"，课程大纲中提醒了基本内容：贸易救济法律制度，美国对中国产品采取的贸易救济措施，中国对美国产品采取的贸易救济措施。然而，我们却是从一则新闻"商务部贸易救济调查局负责人就美国作出普碳和合金钢板反倾销反补贴调查损害初裁发表谈话"切入的。根据这个新闻的内容，我问了大家一系列问题：什么是反倾销？什么是反补贴？什么是损害初裁？美国国际贸易委员会是什么机构？什么是普碳和合金钢板？"不生产此类产品"怎么还可以采取反倾销和反补贴措施？大家一边查找资料，一边交流想法，后来我的板书形成了两大板块：美国的贸易救济法律制度及其主管部门，中国的相应制度及其部门。

不仅如此，我们还集中讨论了反倾销的调查程序以及本案涉及的两种产品的情况。最后，我提醒大家阅读课程资料，即 USTR 报告中的相关段落，即第 47—53 页。我们围绕美国指责中国将贸易救济用作"报复工具"的问题，进一步澄清了贸易救济制度的目的。课程结束，微信群中留下了一系列资料："美国反倾销法令及调查流程简介"、美国国际贸易委员会的官方网站介绍、"反补贴调查基本规则"、"美国贸易救济法"、美国商务部及其国际贸易署官方网站、"美国反倾销和反补贴手册"、"进出口公平贸易法律法规规章汇编"、"应对国外贸易救济调查指南"等。因此，这节课的作业也自然而然形成了：概述美国和中国的贸易救济法律、机构及其相互之间的案件，新闻所述案件的详细情况，USTR 报告的相关内容。

（2）"中国经济与法律制度"

这是本学期最后一次实质性课程了，恰逢班上一位 LLM 学生的论文是关于中国法律史以及"十三五"期间法治建设计划的，我是指导老师，于是就请她介绍论文。我对同学们说：这篇论文与本学期课程"中国经济与法律制度"密切相关，希望这位同学的介绍和大家的论文，能够给我们的课程提供一个更为宽广的背景。

这位同学讲得很好，从古代法律到现代法律，从"文革"到"改革开放"，从党的十八届四中全会"依法治国"的文件到"十三五"的实施计划。边讲边讨论，有同学提出"十三五"能否得到落实，还不能确定，而我也追问"十三五"是否会成为中国法制史上的重要事件，因为此前我简单介绍了中国历史和中国法制史以及历史分期问题。我觉得，这样的讨论，不仅有利于大家学习中国法制史，而且有助于这位同学完善自己的论文。

（3）"世界贸易组织法中国案例研究"

我们讨论了 WTO 条约解释的方法，基本上是按照后来我在黑板上写下的思路：专家组和上诉机构使用了《维也纳条约法公约》，但是运用到个案中却呈现出千差万别的特点，那么条约解释是否有规律可循？结合大家的讨论，我也介绍了自己的理解：规律包括"自由贸易理念"和"自圆其说"的说理。我还把我写的课程参考书《WTO 中国案例评析》中的相关段落拍照发给他们看，证明我一直是这么认为的。最后我评论道：对这个问题的讨论，是对我们这学期所学案例的很好归纳和总结。

在剩下时间里，我们又讨论了上诉机构成员竞选的最新动态，即美国公布的关于反对张胜和法官连任的理由。在听了大家的发言后，我也介绍了自己的想法：现状和历史。现状是指仔细研读美国的声明、相关文件和四个案例，弄清楚美国究竟说了些什么。历史是指阅读国内司法体制中法官制度建立与发展的历史，以及考察国际法的发展历史，看看是否有所借鉴。我说：这个问题的本质，是关于法官的独立性和可控性之间的平衡问题，国内法中已经有成熟的经验，但是仍然不断出现的问题，例如美国最高法院去年做出的关于同性恋婚姻的判决，就引起了轩然大波，包括在这个事项属于法院司法还是国会立法的权限方面存在的分歧。

虽然每节课有大致的内容框架，但是似乎都有自然而然的切入点，从一个案例新闻，一个同学论文，到一个具体话题。这个切入点是耳熟能详的内容，所以大家可能不会觉得突兀，是那种悄无声息、"无缝对接"的感觉。然而，一旦切入，就会越走越深入，越走越宽广，发现越来越多的问题。我基本上是"借力发力"，抓住一个事件，或者揪住同学们的一两句发言"大做文章"，从而实现我的教学目标。我觉得，每节课都有一种"水到渠成"、"浑然天成"的感觉，从一个问题过渡到另一个问题，不知不觉下课铃就响了。（2016 年 5 月 29 日）

12. 什么样的课堂？（十二）：收获

（1）"中美经贸关系中的法律问题"

这是最后一节课（6 月 6 日），是同学们的作业展示课，即每个同学都介绍自己课程作业的纲要或想法，随后大家提问和讨论。我再次声明"学习共同体"的教学理念，即大家相互学习。事实上，这个学期都是这样上课的。

同学们计划撰写的课程作业，涉及以下几个主题：美国反倾销法中的"归零法"对中美经贸关系的影响，WTO《补贴与反补贴协定》中的补贴利益基准问题，中国外贸法第 7 条是否不符合 WTO 规则，《补贴与反补贴协定》的正义性分析，"中国汽车零部件案"中的关税和国内税问题，中国WTO 诉讼实力和成效，WTO 案件第三方作用，从美国角度看中国执行 WTO裁决，知识产权案的执行解读，负面清单问题，第三方非金融支付机构问题，等等。

以上题目，看上去就有不少需要澄清之处，而同学们介绍之后，果然引起了大家的提问和讨论。针对一个同学的问题，必定对其他同学也起到了启发作用。因此，这节课不仅总结了整个学期的学习成果，进一步拓宽和加深了同学们的知识面，而且从文章写作的角度也提供了很多启示。

另外值得注意的是，课程主题是"中美经贸关系中的法律问题"，但是同学们的研究却普遍借助 WTO 案例选择一个具体问题。课程进行中，我们虽然主要讨论中美关系中的问题，但是一直是在 USTR 报告，即美国认为中国执行 WTO 承诺中存在的问题这个大背景下进行的，并且穿插结合了不少WTO 中国案例。同学们的选题，明显受到了课程内容的影响，甚至绝大多数内容都是课堂上或多或少讨论过的。课堂讨论分为"自由发言"和"集中讨论"两个阶段，有些问题一带而过，有些问题则"纠缠不休"。同学们根据自己的兴趣选择比较深入地进行思考，这应该是我最为期待的课程效果了。

注：

前一周（5月30日）的课堂情况如下：

课前，已经有同学在微信群中发送了几份资料，有美国国际贸易委员会网站上公布的对中国发起的反倾销、反补贴和保障措施案件表，有 WTO 网站上提供的三种措施情况。我们从这些数字入手，核对中美之间互相采取的这些措施的数字。数字大致核对清楚后，我请大家面对黑板上的数字对照发表感想，随后我们的讨论沿着两条主线进行："入世"对中美经贸关系的影响；贸易救济法律制度。对于前者，我们的讨论涉及了 WTO 的反倾销、反补贴和保障措施协议作为规范的作用，贸易救济措施在中美之间贸易量中所占的比例，诉诸 WTO 的案件占所有贸易救济措施的比例等。而对于后者，我们则追根求源，探讨了三种制度的区别以及背后的经济学理论和现实。满满一黑板的文字，形象地展现了课堂内容的丰富性。

（2）"中国经济与法律制度"

这节课是同学们的作业展示——由于课程安排的原因，同学们的作业已经完成了。大家展示的内容包括：中国法治的未来，全国人大的代表性与基层选举之间关系，中国政治制度，中国知识产权制度（知识产权案的视角），中国的国际金融管制与世界贸易组织，从刑法修改看中国法治建设，中国知识产权法律，中国的刑法制度，中国著作权法，中国加入 WTO，中国的现代化之路，国际背景下的中国经济与法律制度，等等。

听着他们的介绍和讨论，我心中感慨：这些外国学生对中国有更进一步的理解了。这些内容，多数是课堂上讨论过的，少数内容看似课堂没有涉及过，但是介绍中，他们都或多或少提到了从课堂讨论中受到的启发。我希望他们会觉得，这是一门与众不同的关于中国的课程，不是老师系统介绍中国，而是他们通过一个个事件和案件具体思考中国。

事实上，按照我的要求，他们在作业的最后，专门增加了一部分，是对课程的总结和评价。大家都提到了上课方式的别具一格和自己参与的独特收获。有同学更是从理论角度总结了这种"自我教育"方式的优势。当然，也有同学提出了改进的建议。

（3）"世界贸易组织法中国案例研究"

这节课开始，我们做了一个小小的民主实验，即如何公平地确定哪些同学介绍自己的作业想法。上节课结束时，我就表达了以下想法：最后一节课是作业展示，但是班级有39名同学，不可能每个同学都上台，而我觉得宝贵的课堂时间也不应该用于每个同学"蜻蜓点水"式的介绍，而是应该用于几个问题的深入探讨。因此，我请就如何公平选择发言同学提出建议，同时将作业大纲分享到微信群中作为补充。

课前，有几位同学提出了方案：按专题分组、扔骰子、随机数表法、让平时不太发言的同学介绍、自愿发言。我把英文版《正义论》的封面发给大家看，并且把其中"正义两原则"的段落照片发到群里。我让同学们就每个方案都进行了试验和讨论。在我的追问下，大家发现很多方案都存在"公平性"或"可操作性"的问题。在我就"随机数表法"加"平时不太发言"法的方案不断追问之下，提案同学不知所措，说"干脆老师决定"！我笑着说：民主好、专制不好，这一点是定论，但是如何落实民主，却是非常复杂的，以至于经常出现课堂上的情况，即效率不高，使得大家放弃对民主的信心。随后，我在群里发了一本书《可操作的民主》的封面，建议大家看看民主决策是如何在中国乡村得到施行的。

最后，我采取"专制"的手段，指定了"随机数表法"。我说，"民主"的方法，应该是大家投票决定，但是投票仍然要注意选民参与的代表性和真实性，以及"多数暴政"，即少数人权利如何保护问题。一个小时的小小讨论，希望能够引起同学们大大的思考。

根据"随机数表法"确定的顺序，共有五位同学发言，包括善意解释原则、超WTO义务解释问题、上诉机构对WTO协定序言的应用、从张胜和事件看WTO机制的漏洞、FTA/WTO等。没有时间限制，讨论很充分。

最后一节课，是同学们一学期学习收获的展示。从作业情况看，他们不仅收获了专业知识，而且收获了学习方法。同学们深入阅读研讨课程资料，并且结合层出不穷的新闻事件，相关主题的知识面和认识角度都有明显的进步。不仅如此，他们还体验了一种自主学习的方法，在自我阅读思考、同学观点碰撞和老师精心指导中，一点点成长，表现为课程结束时，他们仿佛睁开眼睛，自己观察和分析世界。

一位旁听"世界贸易组织法中国案例研究"课程的研究生评论道："通过同学们的学习，老师的收获应该也是挺多的。"这个角度很独特，竟然想到了老师的收获！这位同学说对了，我的确有很多收获。整整一个学期，每周三次在课堂上倾听各种各样的发言，参与各个主题的讨论，怎么会没有收获呢？首先我收获了感动，因为我看到了同学们辛勤的努力。其次我收获了欣慰，因为我看到了同学们明显的进步。最后我收获了信心，因为从同学们的课堂表现中，我觉得他们很有希望，而他们有希望，我们这个社会也就有希望。(2016 年 6 月 8 日)

附录　课程评价

一、渔于学海之深，思在大道之远

北京大学法学院 2018 级博士生　马铭骏

在上学期杨老师给北大研究生开设的 WTO 案例课上，就一直听闻清华有一门内容一样的本科课，而同学们的参与热情远远在我们之上。怀着巨大的好奇心，本学期开学之初我就跟杨老师请求旁听这门课，想见识见识清华本科生的风采。但是杨老师建议我们来听一听现在这门"中美经贸关系中的法律问题"，内容更有意思。就这样，我和几位北大的同学意外地与这门课结缘，而其涉及内容之广、令我收获之大也远远超出了我的想象。

（一）包罗万象，万象归一

尽管都是讨论课，但从课堂形式看，"中美经贸关系"与"WTO 案例"有不小的区别。每次上课前，我们总要花至少半节课的时间回顾上一周有关中美关系的重要新闻，看看"特老师"给我们布置了什么作业。而之后课堂讨论的走向，一方面取决于课程计划中的专题，另一方面也取决于这些重要新闻的内容。不像"WTO 案例"一样划定了阅读范围（尽管没有划定讨论范围），"中美经贸关系"的阅读材料要宽广得多，可以讨论的内容也更多。

而就在我们课程进行的期间，中美之间似乎正经历着一段极为特殊的时期，这也让课程涉及的内容急剧膨胀。中美贸易战打打停停，双方层层加码；中美谈判风云突变，双方互相指责；华为被列入实体清单，对华科技封锁全面展开。美国内部也并不安宁，"通俄门"调查结果扑朔迷离，让人浮想联翩；特朗普反复无常的个性更是中美关系未来最大的不确定性之一。而就在我们课程结束于G20峰会召开之际，中美两国元首的一通电话又引起了国际社会的极大关注乃至金融市场的剧烈震荡。

贸易战、中美谈判、华为案、"通俄门"、"习特会"，这些看似互不相关的事件却又互相影响，在中美关系中发挥着至关重要的作用。那么，在这一系列事件中，是否能找到一条贯穿始终的"主线"呢？中美贸易摩擦之中最本质的矛盾究竟在哪里？对于这个问题，最初几节课我心中并没有确定的答案。从美国对中国展开的301调查以及其对中国对WTO规则遵守情况的指控来看，争议的焦点似乎在于中国的知识产权问题；而特朗普的言论以及不断加码的关税，又让人感到所谓的贸易逆差才是症结所在。

哈佛大学Mark WU教授的讲座回应了这一问题，他认为中美冲突的实质是"道路冲突"，或者说，是"中国道路"或China Inc.道路与WTO规则乃至整个现行的国际经贸规则的冲突，中国"入世"以来惊人的发展速度也让这一矛盾变得日渐突出。中美关系后来的发展似乎也逐渐印证了Mark WU教授的判断。美国在中美谈判中的要价并不仅仅是知识产权方面的修法或是贸易逆差的缩减，而关乎中国经济体制的结构性改革；美日欧六次的"三方声明"似乎也越来越直接地指向了中国"扭曲市场"的经济模式。

美国之所以对"中国道路"感到焦虑，更大的原因恐怕在于其对于中国相对优势的快速缩减，而现有的国际经贸规则又无法限制"中国道路"在其中获得某种优势竞争地位。思考到这一层，美国对于华为，乃至更早的中兴所采取的一系列措施也就可以得到解释。既然多边贸易体制无法限制中国，那用单边的武器乃至法律之外的方式打击中国发展就成了必然的选项。

尽管课上涵盖的内容颇为丰富，但是这些内容都没有超出中美的核心矛盾。只有抓住了这条主线，才能更好地解读过去、理解当下、预测未来。正所谓"包罗万象、万象归一"，这也应该是我们做学问的一种追求——最大限度地广泛涉猎，最大限度地抽象归纳。

（二）政治家的格局，法学家的严谨

"中美经贸关系"这一庞大的主题决定了，要学好的这门课，就要具有政治家一般的格局和眼光。但这门课程的全名是"中美经贸关系中的法律问题"，从语法上看，"中美经贸关系"只是"法律问题"的限定与修饰，我们最终讨论与学习的内容仍然是"法律问题"。

这门课给我的一大启示，就是作为一名法学学者要如何去研究中美关系问题。中美关系本身是一个国际政治与国际关系问题，它们有专门学科的学者进行研究；而即使是限定在中美经贸关系，经济学家对相关问题的解读又更有权威与深度。法学学者，特别是国际经济法的学者，对这一问题是否还有研究的余地呢？

我认为，法学学者要想作出有价值的研究，就应当具备"政治家的格局"与"法学家的严谨"。实际上，后者也是杨老师在课上反复强调的。比如，贸易战加征关税虽然是个连普通百姓都知道的事实，但是却没有多少人能准确地说出中美双方加征关税的初始文件在哪、加征关税的具体税率与对象、加征关税的国内与国际法律依据等，而一名优秀的法学学者就应该去仔细求证这些最基础的事实问题。"法学家的严谨"还体现在对于文本的敏感性。在涉及对于某些概念、表述、段落的分析与理解时，就像 WTO 的专家组与上诉机构在解释文本时做的那样，法学学者不能满足于字面的理解或是文本的"通常含义"，而应当从更广泛的上下文、目的与宗旨等角度进行更加全面的思考。

但徒有"法学家的严谨"，做出来的研究可能是没有"灵魂"的；它就像是一个熟练的工匠按照图纸重复制作的作品，虽然精美却永远无法成为艺术品。所谓"政治家的格局"，就要求研究者对于所有的"法外因素"都进行尽可能地涉猎，通过广泛的阅读、长期的关注，形成一种突破法学范围的思维格局，甚至是哲学的思想高度。只有具有了这样的一种思想境界，我们的研究才是历史、客观、公正的，观点才是经得起时间考验的。

正如关注中美问题，如果我们不去了解美国政策的决策过程、决策者们的经历与关注点、决策层内部的主要分歧，那么相关的研究做出来至少是缺乏了某些关键视角的。特朗普上台后的所作所为让我们更加真切地感受到，决策者本身的个性在极大程度上会影响一个国家政策的形式和内容。如果不去了解特朗普其人，而是仅仅从美国的措施与政策中去推测美国的战略意图，就自然会进入一种"理性假设"的误区。这种"屁股决定脑袋"的思路，实际上完全否认了特朗普本人这一"异常因素"对于美国决策的影响，这种思路至少是值得怀疑的。

所以，一个负责任的法学研究者，也应该对"法外因素"进行必要的了解与学习。相关的知识并不一定要直接体现在最终的研究与作品中，但这种格局上的提升必定能让文章上升一个档次。我想，这也是我们每节课都要花大半节课回顾前一周资讯的主要原因。

（三）"鱼"与"渔"

古人有云："授人以鱼不如授人以渔。"鱼是目的，捕鱼是手段，鱼能解一时之饥，却不能让人赖以为生，如果想永远有鱼吃，那就要学会捕鱼的方法。从学生的角度来说，把"鱼"（知识）带回家，不如学会"捕鱼"的技术（学习的方法）。因为知识是很容易更新换代，也很容易被遗忘的，能让我们在多年之后依然受用并且记忆犹新的，只有可能是一种获取知识的能力与方式，因为这种"渔"的技能我们能够反复实践、不断提升。

那么，在这门课上，我们都学到了哪些"渔"的技能呢？

首先，我们研究中美经贸关系，依赖的是官方发布的原始资料，而快速搜寻这些资料的能力是我们获得的第一项技能。尽管有搜索引擎的辅助，很多材料我们大概也能猜到出处，但是只有去亲自寻找了才能有自己的心得和经验。比如要寻找某一个WTO会议的文件，就至少有根据文件编号、关键词、涉及国家来进行搜索的选择，而如何搜索最快、最准，这个只能通过反复实践来总结经验。

其次，这门课也让我们学习到了关注相关资讯的渠道，并养成了持续关注的习惯。与搜集原始资料不同，为了研究，我们需要长时间持续不断地对与中美关系相关的资讯进行关注。我时常会困惑老师们如何了解学术的前沿、获取最新的信息，而杨老师在课程群上分享的资料实际上都为我们提供了很好的获取资讯的渠道。

此外，还有一个重要的技能，我认为是一种提出并回答"合理问题"的研究思路。当课堂上出现新的议题时，杨老师总会引导大家提出一些"合理的问题"。我认为这种"合理的问题"，实际上就是一个非专业的"门外汉"看到某一新的概念时，根据自己的逻辑与常识会提出的疑问。而作为一个研究者，其研究的前提就是能够详细地回答每一个"合理的问题"。此外，这些问题不但是研究者需要回应的疑问，往往也是读者希望获取的信息。因此，如果能把握这种研究思路，不但能让文章思路更加清晰、减少常识性错误，同时也能增强文章的可读性，让读者能够跟上作者的思维节奏。

中美博弈必然是未来数十年内国际政治、经济的主旋律。我相信，课堂上对于中美经贸关系的探索绝不是我们研究的终点。相反，它带给我们的感受与赋予我们的技能，会让我们持续地走在研究的前沿，在历史浪潮的风云变幻中继续探寻真理。

（2019 年清华大学法学院研究生课程"中美经贸关系中的法律问题"）

二、初时逼仄，复行豁然：横向与纵向的探索

清华大学法学院 2018 级本科生　陈子晗

（一）

> 回忆这整个过程中，通往 WTO 世界的大门缓缓打开，有"初极
> 狭，才通人"的艰难，但又偶有"复行数十步，豁然开朗"的欢喜。
>
> ——蒋钜

在 2020 年春的这个特殊时刻，我们在线上相遇，在杨老师的引领下，我们逐渐走进了 WTO 课的思维殿堂。如果 WTO 是一个悠长的隧道，那它一定是全过程地延伸到一学期的学习和生活中，且每一次走过最深最狭窄处后都会迎来令人舒心的豁然开朗之境。笔者根据同学们感想的相同点从横向的角度总结了一节 WTO 课始末的四个阶段。

1. "汲汲求索"

大家在课程感想中都普遍突出了课前准备和预习的重要性，可以说这一前置程序是本课程能否成功的关键性步骤，因为只有在充分阅读材料，进行课外检索的基础上我们才能很好掌握案情的发生和经过，才能在细节和看似平凡的地方中发现奥秘。在相关材料方面，孙一榕同学就指出运用好所有资料是一件很重要的事，首先就应该把老师给我们的阅读范围阅读两次以上，第一次是理解加记忆，第二次带上思考，此外还要灵活地运用相关学术资料

和在数据库进行检索。的确阅读指定材料是为了更好理解问题提出的案例背景，而当你需要扩宽思路或为你的想法寻求法律或事实依据时就需要运用好检索的工具，法律检索也是这个课堂上思考的重要组成部分，尤其是在法学课堂上，所有的观点应当是"思出有因"，需要法条来"背书"就决定了检索的重要性。同时这种前置性的课堂更能激发主动学习的积极性和动力，正如王佳琦同学所说："再没有什么能比'马上要上课了，可能会要讨论发言'更能倒逼我检索资料、阅读文本、梳理逻辑的东西了。"此外，全过程的参与也体现在课下的互助学习小组，例如刘明新等同学以一个细节问题探讨为契机，建立了"学习共同体"，极大促进了学习的合作，在前期准备和后期反思阶段发挥了重要作用。

2. "脑洞全开"

如果讨论是骨骼的话，问题的提出便是灵魂。很多同学都在综述中谈到本课程非格式化和无初始设定的特点，所有的讨论方向都是未知的，当杨老师在第一节课说"我也不知道接下来会讨论什么内容"时，刚开始还有同学在综述中表达了震惊的感受，但后来大家会发现这才是这一课程特有的魅力，"问题模式"才能最大程度发挥同学们的主观能动性，在充满自由弹性的氛围下去进行深入探讨，由此才能达到同学们所说的"岁岁年年花相似，年年岁岁人不同"的讨论效果。虽然讨论背景可能相同，但正是因为每个人开脑洞的方式不一样，由此才会带来更多样性的思考路径，在灵活中向宽处和深处发散。此外，开脑洞的过程也是对获取的信息进行创造性处理的过程，只有在充分掌握信息基础上才能有理有据提出问题，这也是对主动式学习的倒逼。然而需要注意的是，如孙一榕等同学就提到了不要无中生问，也就是不要为了提问而提问，每一个问题都必须经过深思熟虑和打磨，且这些新鲜的观点都要以原始的法条作为依据展开。武佩瑶同学也提到课堂直接从同学们自由提问开始可以避免浪费时间在大家或许能够自己掌握的部分，达到既有趣又有压力的状态。这样虽然提高了课程的挑战性和刺激性，但却大大提高了我们的学习效率，因为"横向"的积累不多，视野和思路没有打开，往往就会遇到很多问题容易陷入思维的僵局。在纵向深入的同时还是要带着更强的问题意识去扩宽广度。

从"信息爆炸"到"问题叠增"，其实每位同学处理信息的观察角度并不一样，有些同学喜欢从文本分析入手，有些同学更喜欢进行法律逻辑的讨论和探索，有些同学则更倾向于背景性和政策性问题。这些不同的切入点和思维的多维度让这堂课变得更具多样性，也会更有碰撞感。更有同学指出良好"问题环境"的营造离不开杨老师的鼓励和包容，即使最初提的不是很成熟的问题，经过讨论与澄清也有可能成为一个非常具有讨论价值的问题。此外，在不同专题中的知识点和问题是可以联系在一起的，有的时候一个小问题往往也会改变整个讨论的方向，现在看似没有意义的问题但是可能在未来的某次讨论中就会很有启发性很多问题，所以很多时候完全可以建立超链接将某些部分进行打包处理。因此发散性思维在"延伸"中得以生长。

3. "你来我往"

不同于普通课堂上只需要不断地"输入"老师的讲解，此课程中同学们的不断"输出"成为主力。从输入和输出两端上来说，讨论本身一定是以输出为核心，而输出的质和量既离不开饱满的内容，也离不开清晰的话语逻辑。在内容上虽然有很高的自由度，但是在灵活和有弹性的同时，需要对讨论基础有坚实的掌握。在表述上，更有同学表示："脑海中对于某一问题的看法颇有条理，而解除静音之后，脑子里就是一团乱麻，手忙脚乱。"因此在研究材料、阅读报告、进行思考分析的同时，语言和文字表达也很关键。童曼祺同学就联想到了"纠错式学习法"，可能有的时候为了他人更好理解往往提问方会将问题牵涉的背景或原文一起呈现，但又可能过于冗长，倘若表述本就不够清晰，就会产生很多交流成本和额外工作，需要花一定时间来进行"澄清"，以统一在思想上的理解。

除了本案的核心争点和重要背景外，童曼祺同学还从内容体系上总结了一个经典搭配：即"某领域专业知识+专家组论证思路+解释方法"，的确每个专题具有第一点的特殊性，而后两点几乎是每一个专题都会进行讨论的内容，尤其是专家组的论证是否合理，符合其制度定位和各式解释方法问题是很受同学们青睐的话题。在内容本身以外，很多同学也谈到了讨论顺序安排的问题，最开始老师建议我们的讨论遵循从简单到复杂、从外围向核心的思考顺序，由浅入深，先解决看起来容易解决的问题。这样从相对独立的较边缘问题逐渐过渡到中心问题可以很好地理清思路，具有渐进性，但何晨雯同学也提到可能存在的问题，就是倘若所有的中心问题都放在最后讲可能会有些问题无法进行深入讨论，且有的时候从简单地开始讨论却发现中间隐藏着很多复杂的问题。在解决时间紧张问题上，崔家乐同学也提出了一个想法：即可以让大家在课后就不同的问题进行研究，而不是所有人都只针对一两道题思考，大家选择的问题不一样，在课堂分享环节就能拓宽讨论的范围，但他也认为这样虽然讨论的内容丰富了，但每个问题的讨论深度绝对不及所有人都只针对一个问题思考那样，毕竟一个人的所思所想还是过于单薄和局限了。可见同学们都对顺次安排有自己独到的见解，不过在笔者看来，在充分把握时间的前提下，循序剪辑式的安排是最能促进我们的思维的，可以说在这一点上，量需要给质让步。最后还有一个重要的地方便是学会聆听，懂得如何抓取其他同学传递的信息，并进行自己的思考，赞成或不赞成，或与自己的思路相碰撞产生出新的想法都能使得整个讨论的层次更加丰富，从而更有意义。

4."回望来路"

在学期最开始，同学们都普遍认为缺乏一种收束感，可能来自于发散之后的手足无措，因此都在综述中表达了希望老师画龙点睛的愿望。而在后来的课程综述中，大家渐渐发现其实随着大家思维的发散以及不断地质疑会让我们走出案件本身，最后又在不断地讨论之中回到案件之中，可能正是这种不自觉的自我收束更让我们拥有角色的转换，让我们不仅仅是阅读者，也让我们体验到了站在裁判者以及作为客观第三方的角度思考问题。

此外，写综述是一个很好的复盘过程，能够有效帮助我们在凌乱发散之后去寻找微妙的关联，重新倒推我们思考的来路，在一方面可以更好地了解同学们思考时的路径特征，也能更好地将我们在讨论时遇到的问题和收获串联起来，由此形成一个有机的整体。而当我们来进行总结的时候也会发现很多类似或相关的问题，可以促进我们对不同知识进行比较和类比，催生更多更深刻的问题。

正如姬瑜所说："两个多小时的课时中，我们的讨论像一棵树，从树干出发，在可能引发激烈讨论的地方长出枝丫，经过头脑风暴又回到树干，走向下一个枝丫。"

（二）

"金庸在《天龙八部》里写武林群雄大会，天下英雄好汉齐聚一堂，各显绝技。不过，这里没有江湖的恩怨情仇腥风血雨，有的只是观点的交锋，思想的碰撞。"

——顾芗

在 WTO 的江湖中，这个课堂一定是初出茅庐小侠客的必备真经，徐徐读之，每个人都从羞涩与不安走向了自由和勇敢，思想的碰撞也越来越激烈。在纵向上，从第一周到第十六周，同学们都在某一方面完成了自己的蜕变，整个课堂的风格也在不断演变。

1. 功力渐增

从最开始面对海量的资料，大家都表示感觉到手足无措，感到十分不适，在课堂上也不能完整进行记录和记忆，更是不能跟上群体思维的足迹，但若不思考则很有可能被群体的思维马车远远地甩在身后，这也迫使我们要不断更新自己的信息和思维方式，此外丰富的内容和绵长的案例也需要我们慢慢去阅读。在一节课结束时，最初大家也对没有达成共识而感到疑惑，总认为缺乏一点什么。但渐渐地，正如毛思敏同学所说："我们已经完成了从'感觉如何'到'依据什么'、从'泛泛而谈'到'简明概要'的蜕变。"

在笔者看来，这是一群懂得反思的人，当我们遇到初始的不适应时，正是不适应促使我们去更新自己的知识，完善自己的能力，去反思自身，从而做到对环境的适应。例如，有同学就提到自己的批判思维有待提高，也有同学为自己制定了扩展知识面的计划，还有同学划分了从预习到总结的阶段并进行了思考。甚至在领略到讨论课魅力时，还有同学反思了高等教育制度，认为学校的教学改革是必不可少、刻不容缓的，更多类似的课堂应当出现，因为在这样一节课所获取的知识量和自己思考的能力提升，与之前所学所有课程是无法进行衡量的。

同学们在一个又一个烧脑的话题中绝处求生，有同学指出因为法学和规则的制定形成是一个发展的过程，要通过比较，在细节中发现不同，思考其变化的原因，因此想要在某一方面得到提升，在拼命积累的同时，还需要做到细致入微地思考，而这不仅需要耗费脑力，也是对于毅力的考验。因为只有通过不断的叩问自己、不断地反思、不断地补充知识才能将误解和批判分离开来，这一过程仿佛沙中淘金，需要很多的耐心和坚持。但真正当我们熬过来时，才会探索到细微之处的美丽，例如米田宗弘同学就曾描述自己被判词迷住的场景，甚至久久不能入睡。至少有五位同学都提到了知识产权案这一个转折点，在案例思维量加大的同时，同学们也发现自己的思考力在不断提升，尤其是在知识产权案以后出现了更多的灵感，"渐入佳境"。

此外，还有不少同学描述了自己从羞于开口到侃侃而谈的过程，在这当中是自由度和自信力的提升。很多位同学都有感触，认为自己变得越来越自信了，愿意去挑战自己，走出自己的舒适区，去和他人进行观点碰撞，而表述也在训练中变得更清晰、有条理。也正是因为讨论课的自由环境营造了自信力的土壤，在这个环境里会对每一个人的观点保持尊重和理解，并且能够让开口说话的同学得到深刻的领悟，因此在减少阻力，增加激励过程中，越来越多的同学愿意自信地站出来开口说话。

2. 十八般武器

我们的讨论有思维和载体两大生产力。

在思维上，即批判性思考和交流沟通。批判性思考，主要指的也是提问题的能力，有同学指出有些本来以为并不复杂的问题，经过同学们的不断澄清，一下子就变得有了深度。第一节课中只有孙一榕同学一人对某一观点提出了相反的对冲意见，而随着课程的不断发展，越来越多的同学愿意进行质疑性的思考，便敢于提出相反的观点，在后半学期不止一次课中出现了两种观点对峙的情况，后面的发言的同学也会自归属到某一观点之下，虽然最后并不一定会达成"和解"，虽然没有得到一个"标准答案"，但正是因为这种对冲性，可以使得思考更加深入和谨慎。甚至同学们也在综述中记录到某一次课中老师和几位同学的观点不一样，最后也是进一步促进了讨论的深入程度。而这会让我们收获更多，正如有同学表示自己为了巩固和捍卫某个观点，所愿意付出的努力，自然比单纯为了记诵某个观点时愿意付出的多多了。此外姬瑜也提到这种平等对话的讨论方式是很重要的，不仅是同学们思维的交流，还越来越有和专家组及上诉机构平等对话的感觉。

在载体上，主要体现于文献的分享和整理模式，有不少同学都提到了1+1大于2这一关键词，也就是说每个同学都可以在同等时间内获取相较自己一人阅读而言数倍的有效信息，这样可以大大提高阅读的效率。在技术上，微信群和石墨文档无疑是新的生产力代表，我们可以依据课前石墨文档上的问题清单和预讨论，课上由浅入深、从简到繁的讨论思路，课后焦点问题的总结深入，由此合作可以获得更多问题，也可以解决独自苦苦思索都无法理顺的逻辑思路，提高集体学习的效率。而这也是在疫情中别样的体验。

3. 极限翻转

在后八周中，我们尝试了翻转课堂，也就是邀请同学来担任主持人，接过老师前八周的接力棒。很多同学都表示这是第一次尝试真正的"翻转课堂"，而不是仅仅由同学做部分演讲。是在学生自己的引领下自主地发现问题、引导思路、归纳焦点、深入讨论。

和前八周相比，后八周课堂的体验也会有所不同。首先，几乎所有同学都提到了老师这一角色的转变，杨老师变成了"学生"，且作为"学生"的杨老师表现得比其他人都要积极。而这对于课堂有两大益处，同学们指出在老师变成"学生"后，杨老师和我们分享了更多有趣的消息，此外更能带动气氛和同学们之间的思维碰撞，老师也会时不时提出发人深省的提问，使得问题在一层层交流中显露核心，总体使得讨论的效率亦较前几周的课堂有所提高。这也源自于"杨氏讨论法"中的"主持中立"设定，因为在真正自由的讨论课中，主持人就应当成为一个思维碰撞的平台，中立地引导同学们进行选择和发言，由此才会真正实现思维活力，后面的同学主持也延续了老师的这样一种风格，而老师却变成了思想的巨量输出者，没有了之前"中立"的抑制作用，老师能更好地为我们带来更深刻、更新鲜的知识和问题。

其次，同学主持讨论的节奏更快一些，武佩瑶同学认为或许是由于主持同学在我们对问题或表述的澄清上手下留情，没有层层追问，此外在同学进行主持时，往往也会对时间把控感到紧张，所以可能在问题讨论时更多注重了涉及面，讨论的内容相对更加宽泛，信息量变得越来越大，但可能停留在某一问题上的时间较前半学期有减少，深入程度也有降低。此外，不同于老师主持的精准把控，有同学认为同学主持会更有一种莫名的贴切感，因为同学会按照同学的视角来看待问题，可能可以更好符合听众的预期，更好促进交流和互动，发言人也会减少一点心理压力。

每位同学主持的侧重点也会不一样，风格各异。有的同学会注重问题之间的逻辑，有的同学注重问题覆盖的广度，有同学是自由主持，也有同学是基于事先准备好的文本，少引导，多发言，多澄清，只在必要时进行观点汇总，希望更高效地进行表述。因此不同的课堂选择会在不同方面得以体现，有的可以提高效率，有的更方便树立思路，进行复盘，但另外可能会使问题变得比较琐碎和孤立，使得不能进行联想催生新的思考。但无论怎样，这对于主持的同学来说都是一种考验，他们都需要谨慎地作出每一个选择，说出每一句话。六周以来未变的是同学们的中心讨论地位，不会受主持人的变化而变化，而不断尝试不同的主持风格也能使得课堂更丰富有趣。

虽然老师在后八周并未主持，但一直发挥着很重要的作用，因此翻转课堂就在主持人明线和老师暗线加持中应运而生。

（三）

如果说之前的课是老师作为优秀的司机带着同学们走，这堂课上就让我感觉是在一艘赛艇上，每一个同学的观点都非常重要，而老师则在赛艇的最前方指引讨论的方向。

——祖艺澈

可以说在这样的课堂上，杨老师起到了很重要的引导和润滑的作用。老师在边界上进行了极为精准的把控，正如同学所述不存在漫无边际的讨论、不过分延展话题。此外老师教会了我们法律人的言语根基，正如有同学记录的一样，杨老师强调在表达观点时要有依据，虽然看法可以是幼稚的、片面的甚至是错误的，但这都没有关系，唯一需要注意的是必须言必有据，一定要是贴合案例，有所支撑的。在这样一个有聚焦、有发散的课堂上，以学生为主持者，老师融入讨论群体，解除"老师—学生"关系的桎梏，舒服且自由。此外杨老师的关注是细致入微的，老师会细心关注每一个人，就有不少同学在综述中写到老师会专门对自己的付出表示肯定，也有最初比较害羞的同学记录到老师曾向他询问为何之前不爱发言，并循循善诱，从此打开了自己的"话匣子"。总之，是老师的鼓励和支持在默默地为同学们的成长助力。

杨老师在同学们心中是"亦师亦友"，是"宽容而包容"的，是"富有情趣"的，他也在用行动教会我们"法律人心中没有最正确的答案，而是要用自己的知识去不断探索和判断。"

（2020年清华大学法学院本科生课程"世界贸易组织法中国案例研究"）

三、钓鱼之术

西南政法大学国际法学院 2020 级研究生　严玉

WTO 与区域贸易法律实务，该门课程是由来自清华的杨国华老师负责教授。在上课之前，同学们都按捺不住期待的心想尽快与老师进行学习。一方面，杨国华老师本身不仅曾经在外经贸部条约法律司工作，先后从事国际贸易法、国际投资法、国际知识产权等实务工作，还在清华开设"世界贸易组织法"系列课程；另一方面，身为国际法的学生，掌握 WTO 多边贸易机制更是义不容辞之事。此等学习良机，岂能不乐哉。

（一）授课模式

该门课程，杨老师一改传统的教学模式，采用"face to face"圆桌研讨式的方式进行上课。由老师坐在中间，同学们挨着坐成一圈，面对面地交流问题。不仅拉近了同学老师之间的距离，同时还能带动课堂气氛。最重要的是，在课堂上，杨老师扮演了一个指引者而非演讲者的角色，课堂的主要时间是让同学们按照自己课前的预习提问，并且针对提问互相进行解答，让大家积极思考，鼓励大家大胆展示自己的观点。

（二）同学们的心路历程

一开始，大家的内心都是紧张不安甚至有点迷茫。第一次上课以前，大家对 WTO、TPP 和 RCEP 等国际贸易机制知之甚少。虽然杨老师事先给大家发了英文版本的 TPP 文本和 World Trade Report 2011 进行阅读思考，但是纯英文版本的文件还是给大家带来了不小的挑战。这份紧张迷茫也延续进了

第一节课。但是这份不安随着课程的进行逐渐烟消云散，同学们也渐入佳境，提出的问题不再局限于概念性的，对于规则框架也有了更为深刻的理解。

情绪转折点之一发生在第二节课，也许是有了圆桌讨论式上课的经验，也许大家阅读英文文本越发熟练。课堂气氛融洽，同学们不再局限于提出自己在学习过程中的疑问，会进一步就课前自我的研究学习对他人的问题进行解答。最让我印象深刻的就是关于"对角累积规则"概念的解读。徐泽楠、张芳芳和陈碧娜同学分别就自己的理解对该概念进行解释，并且以关系图的方式来方便大家理解。

转折点之二，2020 年 11 月 15 日《区域全面伙伴经济关系协定》正式签署（下文简称 RCEP），老师对签署给予了高度评价，更是将其视作中国的第二次"入世"。杨老师之后主持了一场"RCEP 变与不变"的学术研讨会，我们有幸参与，聆听各位学者对于该议题的看法。杨国华老师分别从法律、政治和经济三个方面来分析 RCEP 对中国带来的影响，韩立余老师更是提出，我们应当立足高处，结合国际背景去分析 RCEP 是进步还是退步，等等，这些都像是海洋上的灯塔一样指引着同学们该如何去研究 RCEP 文本。

（三）学习收获

1. 钓鱼之术

"授人以鱼不如授人以渔"，这是杨国华老师在授课过程中秉承的理念。钓鱼之术也是同学们在课堂中最大的收获。

就 RCEP 而言，老师先提出 RCEP 对中国会带来何种影响？同学们众说纷纭，提出了 RCEP 有利于出国留学、旅游和购物，将极有利于提高生活水平；RCEP 相比于 TPP 在金融保险方面更加谨慎，这也许是警惕于东南亚金融危机。但是同学提出这样的疑问，既然中国已经加入 RCEP 了，那是否还有必要再加入 TPP。对于这一问题，老师并没有马上解答课堂疑问，而是进一步让我们轮流发表自己对 TPP 和 RCEP 的异同的看法。其实同学在比较

TPP 与 RCEP 文本的过程中，不仅掌握了异同之处，对于中国是否加入 TPP，即现在的 CPTPP 已经有了较为明晰的观点。在此基础之上，老师进一步提出 RCEP 和 TPP 哪种规则更加利于推动多边贸易机制，同学们更是讨论得热火朝天。虽然最终并没有明确的答案，但是从 RCEP 对中国的影响，到 TPP 与 RCEP 异同的比较，再进一步到 RCEP 与 TPP 哪种机制更有利于多边贸易机制，这三个问题层层递进，老师不会直接解答，但会用这三个问题来引导大家思考和如何查找相关信息来支撑自己的观点，同学们也在互相交换观点以及寻找资料的过程中逐渐对 RCEP 有了大概的轮廓，并且知道自己在研究过程中该沿着哪个方向出发。

除了掌握以问题思维为导向进行思考的方法，我们还需要从宏观落实到微处。在 TPP 文本第二章 D 节关税配额管理中的第 2. 30 条分配中的第四小条有个脚注，For greater certainty, nothing in this paragraph shall prevent a Party from applying a different in-quota rate of customs duty to goods from other Parties, as set out in that Party's Schedule to Annex 2-D (Tariff Commitments), than that applied to the same goods of non-Parties under a TRQ established under the WTO Agreement. Further, nothing in this paragraph requires a Party to change the in-quota quantity of any TRQ established under the WTO Agreement. 而就是这小小的脚注，其中却包含了若干专有名词，比如 Tariff Commitments, in-quota rate，除了要掌握专有名词的意思，我们更需要抛弃惰性思维，将其中所涉及的 WTO 中相关的规定寻来细读，只有将两个版本的规定进行结合阅读才能有所发现。这番操作下来着实让同学们吃惊不小。我们注意到在平时的学习中，需要做到更为细致的观察以及文本的串联对比。

2. 返璞归真

想要对 TPP、RCEP 有所真正的研究，杨老师也告诫我们需要落实到英文文本中进行阅读比较，不能太过依赖中文文本进行阅读。两种文本之间还是存在着不小的差异，在英文文本中有个单词 national nomenclatures，中文文本解释为国别关税税则，但同学们相应的去寻找这一概念，发现结果并不是自己想要的，然后自行将单词拆分翻译。

课程结束，大家心中唯有感慨："路漫漫其修远兮，吾将上下而求索"。也正如韦应物在《赋得沙际路送从叔象》中所指："独树沙边人迹稀，欲行愁远暮钟时。野泉几处侵应尽，不遇山僧知问谁。"感谢杨老师像诗中的山僧一样带领我们在国际贸易知识的海洋中上下求索，也祝大家"长风破浪会有时，直挂云帆济沧海"。

（2020年西南政法大学国际法学院研究生课程"WTO与区域贸易法律实务"）

参 考 文 献

讨论式教学法探索过程中，曾经参考过以下书籍，其中*为重点参考书籍。

一、教育学理念

1. 单中惠等：《西方教育思想史》，教育科学出版社 2007 年版。

2. *单中惠等：《西方教育学名著提要》，江西人民出版社 2004 年版。

3. 贾馥茗：《西方教育学名著述要》，世界图书出版社 2011 年版。

4. *[美] 杜普伊斯等：《历史视野中的西方教育哲学》，北京师范大学出版社 2008 年版。

5. 盖青：《美国 20 世纪教育实践研究》，广东教育出版社 2010 年版。

6. [爱尔兰] 弗拉纳根：《最伟大的教育家：从苏格拉底到杜威》，华东师范大学出版社 2009 年版。

7. 周洪宇主编：《中外名家教育美文选》，湖北教育出版社 2012 年版。

8. 张法琨等选编：《古希腊教育论著选》，人民教育出版社 2007 年版。

9. 单中惠等编：《杜威在华教育演讲》，教育科学出版社 2007 年版。

10. 赵祥麟等编：《杜威教育名篇》，教育科学出版社 2006 年版。

11. [美] 杜威：《我们怎样思维经验与教育》，人民教育出版社 2005 年版。

12. [英] 罗素：《罗素论教育》，人民教育出版社 2009 年版。

13. [美] 杜威：《民主主义与教育》，人民教育出版社 2001 年版。

14. [英] 能：《教育原理》，人民教育出版社 2005 年版。

15. [英] 帕尔默：《教育究竟是什么：100 位思想家论教育》，北京大学出版社 2008 年版。

16. [英] 怀特海：《教育的目的》，文汇出版社 2012 年版。

17. [英] 赫胥黎：《赫胥黎自由教育论》，商务印书馆 2014 年版。

18. 王国维等：《教育学教育通论现代教育原理》，北京联合出版社 2014 年版。

19. ［法］卢梭：《爱弥儿》（上下），商务印书馆 2011 年版。

20. 联合国教科文组织：《教育：财富蕴藏其中》，教育科学出版社 1996 年版。

21. *哈佛委员会：《哈佛通识教育红皮书》，北京大学出版社 2012 年版。

22. Harvard Committee：*General Education in a Free Society*：*Report of the Harvard Committee*, Harvard University Press 1955.

二. 教学理论与方法

23. *郑葳：《学习共同体：文化生态学习环境的理想架构》，教育科学出版社 2007 年版。

24. 赵键：《学习共同体的建构》，上海教育出版社 2008 年版。

25. ［日］佐藤学：《学校的挑战：重建学习共同体》，华东师范大学出版社 2010 年版。

26. *［美］辛普森等：《杜威与教学的艺术》，中国轻工业出版社 2009 年版。

27. Douglas Simpson, Michael Jackson and Judy Aycock, *John Dewey and the Art of Teaching*：*Toward Reflective and Imaginative Practice*, Sage Publications, Inc., 2005.

28. ［捷］夸美纽斯：《大教学论、教学法解析》，人民教育出版社 2006 年版。

29. *［美］安德森等：《学习、教学和评估的分类学：布卢姆教学目标分类学修订版》，华东师范大学出版社 2008 年版。

30. ［美］加涅等：《教学设计原理》（第五版），华东师范大学出版社 2007 年版。

31. *［美］丹通尼奥等：《课堂提问的艺术：发展教师的有效提问技能》，中国轻工业出版社 2006 年版。

32. ［美］海尔等：《学生为中心的课堂讨论》，中国轻工业出版社 2009 年版。

33. *［美］布鲁克菲尔德等：《实用讨论式教学法》（第二版），中国轻工业出版社 2011 年版。

34. *陈时见等：《参与式教学》，高等教育出版社 2012 年版。

35. ［英］狄龙等：《如何成为一名出色的教师》，人民教育出版社 2010 年版。

36. *［美］帕尔默：《教学勇气：漫步教师心灵》，华东师范大学出版社 2005 年版。

37. *［美］阿兰兹：《学会教学》（第六版），华东师范大学出版社 2007 年版。

38. ［美］巴雷等：《追求专业化发展：以自己为资源》，北京师范大学出版社 2007 年版。

39. *［英］斯坦豪斯：《课程研究与课程编制入门》，春秋出版社 1989 年版。

40. Lawrence Stenhouse, *An Introduction to Curriculum Research and Development*, Heinemann Educational Books Ltd, London, 1975.

41. Lawrence Stenhouse, ed, *Curriculum Research and Development in Action*, Heinemann Educational Books Ltd, London, 1980.

42. 王向华：《对话教育论纲》，教育科学出版社 2009 年版。

43. ［英］劳里劳德：《反思大学教学——有效运用学习技术的对话模式》，华东师范大学出版社 2011 年版。

44. ［美］鲍里奇：《有效教学方法》（第四版），江苏教育出版社 2002 年版。

45. *［美］阿克夫等：《翻转式学习：21 世纪学习的革命》，中国人民大学出版社 2015 年版。

46. ［美］开普希等：《以学生为中心的翻转教学 11 法》，中国青年出版社 2015 年版。

47. ［美］哈伯：《慕课：人人可以上大学》，中国人民大学出版社 2015 年版。

48. *高文等：《建构主义教育研究》，教育科学出版社 2008 年版。

49. 张雅军：《建构主义指导下的自主学习理论与实践》（英文），华中师范大学出版社 2012 年版。

50. 李森主编：《解读结构主义教育思想》，广东教育出版社 2007 年版。

51. ［瑞士］皮亚杰：《结构主义》，商务印书馆 1984 年版。

52. ［俄］维果茨基：《思维与语言》，北京大学出版社 2010 年版。

53. 余震球：《维果茨基教育论著选》，人民教育出版社 2005 年版。

54. *［美］华生：《行为主义》，北京大学出版社 2012 年版。

55. ［美］华生：《行为主义讲演录》，现代出版社 2010 年版。

56. 赵长林：《解读行为主义教育思想》，广东教育出版社 2007 年版。

57. 赵同森：《解读人本主义教育思想》，广东教育出版社 2006 年版。

三．心理学与教育心理学

58. *［美］马斯洛：《动机与人格》（第三版），中国人民大学出版社 2007 年版。

59. Abraham Maslow, *Motivation and Personality*, Harper & Row, Publishers, Inc., 1954.

60. *［美］罗杰斯：《自由学习》，北京师范大学出版社 2006 年版。

61. *［美］罗杰斯：《卡尔罗杰斯对话录》，中国人民大学出版社 2008 年版。

62. *［美］罗杰斯：《卡尔罗杰斯著作精粹》，中国人民大学出版社 2006 年版。

63. 皮连生：《学与教的心理学》，华东师范大学出版社 2009 年版。

64. ［美］贝克：《婴儿、儿童和青少年》（第五版），上海人民出版社 2008 年版。

65. ［美］奥姆罗德：《教育心理学精要——指导有效教学的主要理念》（第三版），中国人民大学出版社 2013 年版。

66. *［美］埃根等：《教育心理学——课堂之窗》（第四版），北京大学出版社 2009 年版。

67. ［美］Sousa 等：《心智、脑与教育：教育神经科学对课堂教学的启示》，华东师范大学出版社 2013 年版。

68. ［美］埃奥等：《心理学：关于女性》（第二版），上海人民出版社 2012 年版。

69. ［美］《心理学：关于男性》（第八版），金梅尔等，上海人民出版社 2012 年版。

70. 郑新蓉：《性别与教育》，教育科学出版社 2005 年版。

71. *［美］波伊曼：《知识论导论：我们能知道什么》，中国人民大学出版社 2008 年版。

72. *［美］索尔所等：《认知心理学》（第七版），上海人民出版社 2008 年版。

73. *［美］安德森：《认知心理学及其启示》（第七版），人民邮电出版社 2012 年版。

74. ［英］克里斯普等：《社会心理学精要》，北京大学出版社 2008 年版。

75. ［德］米策尔：《心理学入门》，中央编译出版社 2015 年版。

四、大学

76. ［美］帕利坎：《大学理念重审：与纽曼对话》，北京大学出版社 2008 年版。

77. ［美］梅兹格：《美国大学时代的学术自由》，北京大学出版社 2010 年版。

78. ［英］史密斯等：《后现代大学来临？》，北京大学出版社 2010 年版。

79. ［德］包尔生：《德国大学与大学学习》，人民教育出版社 2009 年版。

80. ［美］科恩：《美国高等教育通史》，北京大学出版社 2010 年版。

81. ［美］维赛：《美国现代大学的崛起》，北京大学出版社 2011 年版。

82. *［英］巴尼特：《高等教育理念》，北京大学出版社 2012 年版。

83. *［美］杜罗：《哈佛新鲜人——我在法学院的故事》，法律出版社 2012 年版。

84. Andrew Delbanco, *College*, Princeton University Press, 2012.

85. *［美］德尔班科：《大学：过去、现在与未来：迷失的大学教育》，中信出版社 2014 年版。

86. ［美］斯马特等：《高等教育学》（第十七版），江苏教育出版社 2009 年版。

87. 沈曦等：《大学教学的多维透视》，中国社会科学出版社 2012 年版。

88. ［美］博伊斯：《给大学新教员的建议》，北京大学出版社 2007 年版。

89. ［美］吴尔夫：《教授是怎样炼成的：未来大学教师培养的改进策略》，北京大学出版社 2011 年版。

五、中国大学与大学生

90. *薛涌：《北大批判》，江苏文艺出版社 2009 年版。

91. 薛涌：《美国大学原来是这样的》，漓江出版社 2011 年版。

92. 谢泳等：《逝去的大学》，同心出版社 2005 年版。

93. 丁东等：《大学沉思录》，广西师范大学出版社 2005 年版。

94. 蔡映辉：《中国大学生期望研究》，福建教育出版社 2011 年版。

95. 陈红英等：《大学生心理健康教程》，武汉大学出版社 2012 年版。

96. 黄希庭主编：《大学生心理健康教育》，华东师范大学出版社 2004 年版。

97. 蓝狮子：《我们聊一聊：15 位名人给大学生的 34 封私人信件》，中信出版社 2011 年版。

98. 唐汉卫等：《大学生活：困惑与反思》，山东人民出版社 2010 年版。

99. 刘道玉：《创造：一流大学之魂》，武汉大学出版社 2009 年版。

100. 刘道玉：《拓荒与呐喊：一个大学校长的教改历程》，世界知识出版社 2011 年版。

101. 解廷民：《法学专业：大学生职业发展与就业指导》，高等教育出版社 2008 年版。

102. 刘佳等：《法律教育学》，社会科学文献出版社 2012 年版。

103. 岳彩申等：《卓越法律人才教育培养研究》，法律出版社 2012 年版。

六、其他：市场营销、传播学、社会学等

104. ［美］凯林等：《市场营销》（插图修订第七版普及版），世界图书出版社 2012 年版。

105. ［美］卢卡斯：《演讲的艺术》（第八版），复旦大学出版社 2007 年版。

106. ［美］施拉姆：《传播学概论》（第二版），中国人民大学出版社 2010 年版。

107. ［美］马特拉等：《传播学简史》，中国人民大学出版社 2008 年版。

108. ［荷］麦奎尔：《受众分析》，中国人民大学出版社 2006 年版。

109. 魏南江：《节目主持艺术学》，中国广播影视出版社 2015 年版。

110. ［英］吉登斯等：《社会学》（第七版，上下），北京大学出版社 2015 年版。

111. ［古希腊］柏拉图：《柏拉图对话集》，商务印书馆 2004 年版。

112. ［美］罗尔斯：《正义论》（修订版），中国社会科学出版社 2009 年版。

113. ［美］罗尔斯：《作为公平的正义：正义新论》，中国社会科学出版社 2011 年版。